大人の遠足
BOOK

The 300 top Mountains of Japan.

日本三百名山
山あるきガイド
上

日本三百名山
山あるきガイド 上
Contents

阿寒岳(雌阿寒岳)

大雪山

樽前山のタルマエソウ

八幡平

帝釈山・田代山

八甲田山

安達太良山のエゾアジサイ

安達太良山

太郎山

至仏山

◎表紙写真
［上段：左上から時計回りに］ニセイカウシュッペ山（北海道）のエゾノツガザクラ・谷川岳（関東）・鷲羽岳と双六小屋（北アルプス）・白馬岳（北アルプス）・秋田駒ヶ岳（東北）・武甲山（関東）
［下段：左上から時計回りに］蔵王山（東北）・鹿島槍ヶ岳（北アルプス）・唐松岳（北アルプス）・尾瀬ヶ原と至仏山（関東）・暑寒別岳と雨竜沼湿原（北海道）・至仏山から見た燧ヶ岳と尾瀬ヶ原（関東・東北）

北アルプスと
その周辺

谷川岳

仙ノ倉山

赤城山

荒船山

白馬岳

鷲羽岳

乗鞍岳のウサギギク

剱岳

立山のライチョウ

白馬三山と八方池

コラム

本書の使い方

本書は、公益社団法人 日本山岳会が選定した「日本三百名山」に含まれるすべての山を上巻・下巻に分けて紹介したものです。個性溢れる山々が名を連ねるこれら三百名山には、初級レベルで無理なく登れるコースも多い反面、岩場や不明瞭な箇所のある難コースも数多く含まれています。上・中級コースはもちろんのこと、初級コースにも部分的に困難な箇所が含まれていることがありますので、登山レベルやコース概要、地図、そして地元自治体の情報などをしっかりとご確認いただき、無理のない計画でお出かけください。なお、本書では実際には301の山を掲載しています。これについてはP9の「日本三百名山について」をご一読ください。

① **②**

北 **②**

1400m以上の高低差を登る世界自然遺産の山

羅臼岳（らうすだけ） **③**

百

標高1661m

北海道

登山レベル：中級

技術度：★★
体力度：★★★

④

日　程：前夜泊日帰り

総歩行時間：7時間10分

総歩行距離：13.5km

累積標高差：登り1487m
　　　　　　下り1487m

登山適期：7月中旬〜9月下旬

地形図▶1：25000「羅臼」「硫黄山」「知床五湖」

三角点▶二等

ハイマツが広がる羅臼平から見た羅臼岳山頂部。夏の間、ハイマツ脇の草地では、アオノツガザクラ、エゾキンバイソウ、エゾコザクラ、メアカンフスマ、エゾツツジ、イワギキョウ、チングルマなどさまざまな花が咲く

上級

中級

初級

羅臼岳

🏔 山の魅力

羅臼岳は世界遺産・知床半島の最高峰。岩が積み重なった山頂からは知床半島の山々やオホーツク海、根室海峡が眼前に広がり、遠く国後島などの北方領 **⑤** 土も見渡せる。夏、雪渓沿いや羅臼平周辺ではいっせいに高山植物が咲き乱れ見事だ。下山後の野趣あふれる岩尾別温泉の露天風呂も楽しみのひとつ。

＞＞＞ DATA

公共交通機関【往復】JR釧網本線知床斜里駅→斜里バス（約50分）→ウトロ温泉バスターミナル→タクシー（約20分）→岩尾別温泉

マイカー 女満別空港から国道39・334号、道道93号経由で知床岩尾別温泉まで約110km。木下小屋前およびホテル地の涯の脇の芝生部分に駐車できる。ホテル地の涯の駐車場は宿泊者用のため利用できない。

ヒント 知床斜里駅を始発バスに乗ってもウトロ

到着は9時過ぎとなり、日帰りでの山頂往復は厳しい。公共交通利用の場合は前日にウトロや岩尾別温泉泊になる。下山後に知床五湖観光などを加えるなら、女満別空港からのレンタカー利用が便利。

問合せ先

斜里町観光協会	☎0152-22-2125
羅臼ビジターセンター	☎0153-87-2828
斜里バス本社	☎0152-23-3145
ウトロ観光ハイヤー	☎0152-24-2121

⑥

① 山のナンバーについて

山のナンバーに関して、編集部では301山をエリアごとに分け、北海道から九州へと順にナンバリングしました。

② 山名について

広く使われている山名を記してありますが、たとえば東北地方の船形山のように、宮城県側では船形山、山形県側では御所山とよばれている場合などは、船形山（御所山）と括弧付きで表記しました。また、釈迦ヶ岳（高原山）、水晶岳（黒岳）のように広く知られる別名がある場合、さらには鳳凰三山のように山群名の知名度が高い場合も、観音岳（鳳凰三山）という形で山名を併記しました。

③ 山名横の火山マークについて

気象庁によって活火山に指定されている111の火山のうち、日本三百名山に含まれる山については、山名の横に火山マークを付けました。なお、常時観測火山はP10をご参照ください。

④ 登山データ

　百 日本百名山、**二百** 日本二百名山、**三百** 日本三百名山を表します。※日本三百名山についてはP9下を参照。

標高 紹介する山の最高点標高値（三角点のある場所ではなく、その山の最も高い地点）を表記しました。コース上の最高地点ではない場合もあります。なお、最高点標高値は国土地理院「日本の主な山岳標高1003山」に準じています。

都道府県名 山頂のある都道府県名を表記しました。山頂が複数の都道府県にまたがる場合は、紹介したコースの登山口がある都道府県名を先に表記しました。

登山レベル コースの難易度を総合的に示したものですが、あくまでも目安とお考えください。

【初級】危険箇所や迷いやすい箇所はほとんどないものの、一部に危険の少ない岩場やクサリ場、ロープ場、急な登り下りのあるコース。ある程度の登山経験が必要で、初心者の場合は経験者の同行が必要となります。技術度・体力度とも★～★★程度のレベル。

【中級】技術、体力とも初級より高いレベルを要求されるコース。歩行時間や標高差は初級と同等であっても、多くのピークや岩稜、エスケープルートがなく天候急変時の対応が難しいコース、難しい岩場や岩稜のあるコース、迷いやすい箇所・分岐があるコースなども中級となります。初級者が歩く場合は、中級者以上の同行が必要です。技術度・体力度とも★★★～★★★★程度のレベル。

【上級】歩き通すのに相当な技術が必要なコース。強靱な体力、豊富な経験が要求されます。基本的に、技術度・体力度のどちらかに★★★★★のレベルがあれば上級としていますが、体力度が星5でも技術度が低いケースもあります。逆に、技術度・体力度の星数が最高で4つの場合も、総合的に見て上級とする場合があります。

【技術度】
★……道標が完備され登山道の傾斜がゆるく、難所もない。
★★……整備された歩きやすい登山道で、危険箇所が少ない。小規模で傾斜のゆるい岩場やクサリ場、ガレ場などがある。
★★★……おおむね歩きやすいものの、通過に注意を要する岩場などがある。
★★★★……急傾斜の岩場や困難で長いクサリ場、道がわかりづらい箇所や分岐があり、難所を安全に通過できる技術と経験が求められる。時に読図術も要求される。
★★★★★……滑落・転落の危険のあるヤセ尾根や浮き石の多い急峻な岩場、踏み跡の不明瞭な難所が連続する。トラブルの際の対応力も求められる。

【体力度】
★……1日の歩行時間が4時間未満で、累積標高差が500m未満。
★★……1日の歩行時間が6時間未満で、累積標高差が1000m未満。

★★★……1日の歩行時間が7時間未満で、累積標高差が1500m未満。
★★★★……1日の歩行時間が9時間未満で、累積標高差が2500m未満。
★★★★★……1日の歩行時間が9時間以上、もしくは累積標高差が2500m以上。

日程 日帰り、もしくは山麓または山小屋（避難小屋）泊の日程を表記しました。前夜泊日帰りの表記はコースが長いことを示していますので、前夜のうちに登山口に到着しているか、登山口周辺に宿泊することが望まれます。東北から日本アルプスにかけては首都圏発、関西以西は大阪発を基準にしています。また、北海道、九州については最寄りの空港を起点としています。

総歩行時間 歩き始めから山頂を経て、バス停や駅、駐車場に下山するまでの歩行時間の合計で、地図内の赤いコース線上にあるポイント間の歩行タイムの合計を示しています。休憩時間は含まれていませんので、計画を立てる際は休憩時間のプラスアルファをご考慮ください。なお、歩行時間には個人差があり、ザックの重量、人数、天候などによっても異なってきますので、余裕あるスケジュールを組んでください。また、逆コースを歩く場合、歩行時間が大きく異なることがありますのでご注意ください。

総歩行距離 歩き始めから山頂を経て、バス停や駅、駐車場に下山するまでの歩行距離の合計です。地形図をもとにコースの斜面に沿って算出してありますが、実際の歩行距離とは若干の差があります。

登山適期 紹介したコースを登るのに適した期間です。積雪がある山の場合は、残雪がほぼ消えて登山道が凍結する心配のなくなる時期から降雪があるまでの時期を目安としています。また、標高が低い山では6月下旬～9月上旬の暑い時期は適期からはずすこともあります。なお、残雪の量（その年の降雪量）や梅雨入り・梅雨明けの時期によって適期は前後しますので、山行計画を立てる際はその年の状況をしっかりとご確認ください。

地形図 紹介したコース全体が含まれる、国土地理院が発行する「1:25000地形図」の名称を記載しました。

三角点 紹介した山の山頂にある三角点等数を表記しました。山には一等から四等までが設置されていますが、あくまでも三角測量の基準点となるものであり、標高の高い山が一等というわけではありません。また、三角点がない山も多数あります。下巻P154のコラムもご参照ください。

累積標高差の算出方法

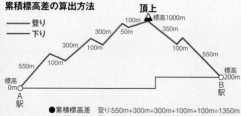

凡例：
━━ 登り
━━ 下り

頂上　△標高1000m

標高0m A駅 — 550m — 100m — 300m — 300m — 100m — 50m — 100m — 350m — 100m — 550m — 標高200m B駅

●累積標高差
登り：550m＋300m＋300m＋100m＋100m＝1350m
（A駅→頂上→B駅）
下り：100m＋100m＋350m＋550m＝1100m

※往復コースおよび、登山口と下山口が同じ場所となる周回コースの場合、累積標高差は登り・下りとも同じ数字になる。

●累積標高差

本書では、単純標高差（登山コースの最高地点の標高から最低地点の標高を引いたもの）ではなく累積標高差を表記しました。累積標高差とは、登山口から下山口までのコース中の登った高度と下った高度のそれぞれ「累計」を表したものです。累積標高差の算出方法はイラストに示しましたが、アップダウンを何度も繰り返すコースでの累積標高差は、単純標高差と比べて大きくなる特徴があります。そのため、体力度をはかる目安として、より実際的な数値となります。この累積標高差が1500mを越えると、それなりに体力が要求されるコースであることを意識して臨んでください。なお、往復コースの場合、あるいはA地点から登ってA地点に戻るといった周回登山の場合は、登り・下りとも同じ数字となります。

※参考：標高差300mを登るのに約1時間が目安となります。

次ページもお読みください▶▶▶

❺ 山の魅力

特有の自然や動植物、独特の風貌、歴史、山岳宗教的背景など、それぞれの山が持つ魅力を紹介しました。

❻ DATA

公共交通機関 鉄道駅から路線バスやコミュニティバスを利用して最も早く紹介の登山口に到着できる交通手段を表記しました。路線バスがない地域ではタクシーでのアクセスを紹介しましたが、駅からレンタカーを利用したほうが安上が

りになる場合もありますので、その点もご留意ください。

マイカー 原則として最寄りの高速道路のICからの経路を表記してあります。

ヒント アクセスに関するヒントを掲載しています。夜行高速バスを利用できるコースではそのアクセスも紹介しましたが、睡眠不足による疲労には十分な注意が必要です。

問合せ先 当該コースの情報を得ることのできる市町村役場や、アクセスに利用する交通機関などの電話番号です。ただし市町村役場の場合、登山道の詳細については把握していない場合があります。

地図の見方

本書に掲載されている地図は国土地理院発行の地形図をもとに制作されています。

①登山の際は、国土地理院発行の2万5000分の1地形図の携行をおすすめします。

②地図上のコースや山小屋などの施設は、自然災害などの影響で本書の発行後に変更、閉鎖されること等がありますので、事前に最新情報をご確認ください。

③地図上にある花の掲載位置はおおよそのエリアを示すもので、花の咲く場所を正確に示したものではありません。

④各山の地図の縮尺率は統一されていません。山行に利用する場合、あるいは地図から距離を割り出す際は、当該地図の縮尺率にご留意ください。

⑤三百名山の多くの山は、国立公園、国定公園、県立（都立・府立・道立）自然公園内のエリアにあります。これらのエリアでは緊急時を除き、キャンプ指定地以外でのテント設営やたき火は禁止されています。テントに泊まって縦走等をする場合は、本書の地図に記したキャンプ指定地（地図記号の凡例を参照）での幕営をお願いします。

地図記号の凡例

記号	説明	記号	説明
	本文で紹介している登山コース	1945 三角点	碑
○ ▲	登山コースのポイント（山マークは山頂）	1945 標高点	学校
←0:30	登山コースポイント間のコースタイム	有人小屋	警察署・交番
	サブコースとして紹介している登山コース	避難小屋	郵便局
	本書で紹介していない主な登山コース・エスケープコース	水場	市役所
	その他の主な登山道	トイレ	町村役場
	有料道路	花	寺院
1	国道	登山ポスト	神社
	幅3m以上の車道	駐車場	ゴルフ場
	幅3m未満の車道や林道（軽車道）	バス停	発電所・変電所
	県界	キャンプ場	温泉
	市町村界	ホテル・旅館	史跡・名勝
	鉄道（JR）	道の駅	
	鉄道（私鉄）		
	ケーブルカー		
	ロープウェイ・ゴンドラ		
	リフト		

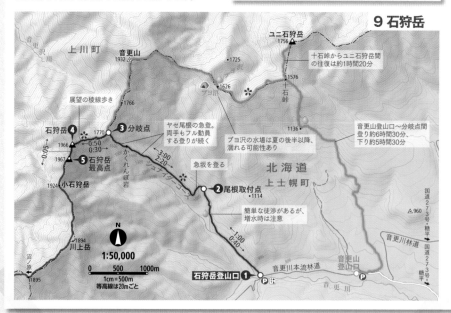

9 石狩岳

ユニ石狩岳 1756

十石峠からユニ石狩岳間の往復は約1時間20分

上川町

音更山 1932

1725

1626 ブヨ沼

1766

展望の稜線歩き

音更山登山口〜分岐点間 登り約6時間30分 下り約5時間30分

石狩岳 ❹ 1770

❸ 分岐点

ヤセ尾根の急登。両手もフル動員する登りが続く

ブヨ沼の水場は夏の後半以降、涸れる可能性あり

1966 0:50 / 0:30

❺ 石狩岳最高点 1967

かくれんぼ岩

3:00 / 2:20

急坂を登る

北海道 上士幌町

1136

1924 小石狩岳

シュナイダー

❷ 尾根取付点 1114

簡単な徒渉があるが、増水時は注意

△ 960

音更川林道

1894 川上岳

1:50,000

1:00 / 0:40

国道273号〜糠平〜国道273号〜糠平

沼ノ原 1895

0 500 1000m

1cm=500m
等高線は20mごと

石狩岳登山口 ❶

音更川本流林道

音更山登山口

音更川

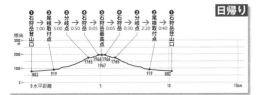

日帰り

① 石狩岳登山口 → 1:00 → ② 尾根取付点 → 0:50 → ③ 分岐点 → 0:05 → ④ 石狩岳 → 0:05 → ⑤ 石狩岳最高点 → 0:30 → ③ 分岐点 → 2:20 → ② 尾根取付点 → 0:40 → ① 石狩岳登山口

標高 3000m 2000 1000 0　水平距離　5　10　15km
1765 1966 1966 1967　919　802　802　919

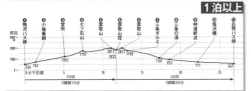

1泊以上

① 幌鹿沢バス停 → ② 小槍乗越 → ③ 笠原 → ④ セツ石山 → ⑤ 雪取山 → ⑥ 雪取山荘 → ⑦ 三条ダム湖 → ⑧ 三条の湯 → ⑨ 林道終点 → ⑩ 幌鹿沢橋 → ⑪ 幌鹿沢バス停

標高 3000m 2000 1000 0　水平距離
53k 742 1242 2017 2017 1833 1762 1101 711 567
1日目　5時間15分　　2日目　5時間30分
5　10　15　20　25

コースの選定について

各山について登山道の状態や整備状況、コースタイム、アクセスなどを総合的に判断し、もっとも登りやすいと思われる、さらに、できる限り最短時間で登れるコースを紹介しました。ただし、"登りやすい"の判断基準はあくまでも"その山では"の意味であり、すべての登山者にとって登りやすいということではありません。おでかけの際は、当該コースの難易度やコースタイムを参考にしてご判断ください。

❼ コース概要

ガイド文にある赤い丸の数字はコース中のおもなポイントと、そのポイントを通過する順番を示しています。この数字は地図および高低図の数字とも合致していますので、地図や高低図と照らし合わせながらお読みください。

❽ プランニングのヒント

当該コースを歩く際の参考になると思われるポイントを紹介しました。コース概要とともに必ずお読みください。

●本書のデータは2023年7月現在のものです。アクセスに利用するバスの運行や、コラムで紹介した山小屋などの利用料、営業期間・時間、定休日などは変更となる場合もあります。事前に最新情報をご確認ください。
●各コースの累積標高差とコース距離の算出および、高低図の作成にあたっては、DAN杉本さん制作のソフト『カシミール3D』を利用させていただきました。

高低図

コース全体のおおよその距離と標高、傾斜を表した図です。標高（縦軸）と距離（横軸）の比率が異なるため、傾斜については実際の傾斜とは一致していません。また、山頂以外の標高には若干の誤差がありますので、あくまでも登り下りの目安としてください。

日帰りコース コース中の通過ポイントとコースタイムを掲載してあります。通過ポイントの名称とコースタイムの数字は、コース概要および地図に記載されたものと一致しています。

1泊以上コース 山小屋や避難小屋、テントに泊まるコースについては、1日あたりの総歩行時間を記載しました。通過ポイントごとのコースタイムは地図をご参照ください。

コース概要 ①石狩岳登山口からシュナイダーコースに入り、沢を渡った先の②尾根取付点から急登を開始する。山腹の急坂を越えて尾根筋に出ると、尾根は次第にやせ、露岩が目立つようになる。尾根の後半に現れる"かくれんぼ岩"の前後は木や岩、ロープをつかんで❼ ③分岐点に出るとほっとひと息。ヤセ尾根を伝って山頂を目指す。たどり着いた④石狩岳は大パノラマ。⑤石狩岳最高点を往復したら、慎重に往路を戻ろう。

プランニングのヒント 登山口までタクシーを利用する場合は、帯広駅からバス便のある上士幌町での前泊が便利。マイカーの場合は、登山口の駐車場で車中泊する人も多いようだ。テントを担いで歩ける健脚の人なら、石狩岳の北にある音更山を越えて❽ 石狩岳経由で下る　音更山～十石峠間のブヨ沼にはテ○○がある。ただし近くの水場は夏の後半以降、涸れていることもあるので十分な水を用意しておきたい。

安全のヒント

尾根取付点から稜線の分岐点までは大変な急登が続く。特にかくれんぼ岩の前後のあたりからは、岩場やロープ場を交えて両手も総動員の登りとなる。あせらずにじっくりと高度を上げるとともに、下る際は滑落に注意したい。手を頻繁に使うので、手袋があると重宝する。石狩岳の稜線部や山頂付近にはヒグマが出没するといわれる。遠方にヒグマが見えた際は、いなくなるまで行動をストップするか、潔く引き返すのが賢明だろう。

尾根取付点までの沢沿いの道は土砂で歩道が○○歩かれる。常時開放している小○が、増水時は渡れないことも。

山頂へと続くハイマツ帯の急登

Column

---

❾ コラム・欄外情報

本文で紹介できなかったコースの注意点や、山小屋（避難小屋）、立ち寄り温泉、周辺観光などに関する情報を掲載しています。
【!】当該コースを歩く際の安全チェックポイント、火山情報などを紹介しました。
【Column】「安全のヒント」「花と自然」「サブコース」の3テーマのなかから、1～2テーマを掲載しています。「サブコース」で紹介したコースは、地図中において緑のコース線で紹介しました。

日本三百名山とは

公益社団法人 日本山岳会が1978年に選定した300の名山のこと。深田久弥が選定した日本百名山はそのままに、そこでは取り上げられなかった200山を新たに加えたものです。こののちの1984年には、深田久弥のファンクラブである深田クラブが独自に、日本百名山に100山をプラスした日本二百名山を選定しています。この日本二百名山に選定された山はほぼすべてが三百名山にも含まれていますが、唯一の例外がありました。三百名山に選定された山上ヶ岳（奈良県）が二百名山では除かれ、その代わりに荒沢岳（新潟県）が加えられたことです。本書ではこの荒沢岳も紹介しましたので、掲載した山は合わせて301山となっています。

活火山に
指定されている三百名山

火山大国の日本では、三百名山にも活火山が多い。

平穏を保ち続けている状況にあっても、

いつ噴火が起こるのか予測することは不可能だ。

不測の事態に迅速に対応するためにも、

噴火の可能性を常に念頭において

行動することが必要になっている。

※コースガイドでは、ここに記載した山名の横に 🧍 マークを付け、活火山であることを示しています。

利尻山
羅臼岳
羊蹄山
ニセコアンヌプリ
北海道駒ヶ岳
樽前山
阿寒岳（雌阿寒岳）
大雪山
十勝岳
岩木山
八甲田山
八幡平
秋田駒ヶ岳
岩手山
鳥海山
栗駒山
磐梯山
蔵王山
燧ヶ岳
妙高山
新潟焼山
吾妻山（一切経山）
安達太良山
弥陀ヶ原
焼岳
那須岳
高原山
男体山
白山
日光白根山
赤城山
榛名山
三瓶山
箱根山
由布岳
雲仙岳
富士山
浅間山
御嶽山
草津白根山
乗鞍岳
鶴見岳
久住山（九重山）
阿蘇山
開聞岳
霧島山
桜島

①気象庁によって活火山に指定されている111火山のうち、日本三百名山に含まれる火山を図示。このうち富山県の弥陀ヶ原は立山西麓にある火砕流堆積物の台地だが、立山連峰自体は火山ではないため、気象庁では「弥陀ヶ原」と表記している。

②赤字の火山は、火山監視・警報センターにおいて火山活動を24時間体制で監視している火山（常時観測火山）。

※参考資料：気象庁HPより

北海道

利尻山①

北海道

⑤天塩岳
⑥ニセイカウシュッペ山
⑦大雪山
トムラウシ山
オプタテシケ山⑩　⑨石狩岳
⑧
十勝岳⑪　⑫ニペソツ山

②羅臼岳
③斜里岳
④阿寒岳(雌阿寒岳)

暑寒別岳⑲

⑰芦別岳
⑱夕張岳

⑳余市岳

ニセコアンヌプリ㉓　㉒羊蹄山(後方羊蹄山)

㉑樽前山

⑬幌尻岳
⑭カムイエクウチカウシ山
⑮ペテガリ岳
⑯神威岳

㉔狩場山

㉕北海道駒ヶ岳

㉖大千軒岳

海上にそびえ立つ最北の百名山

利尻山（利尻岳）
りしりざん　りしりだけ

百

標高**1721m**（南峰）

北海道

登山レベル：**上級**

技術度：★★★
体力度：★★★★

日　程：日帰り

総歩行時間：**9時間5分**

総歩行距離：**12.3km**

累積標高差：**登り1577m**
　　　　　　　　下り1577m

登山適期：**6月下旬〜10月上旬**

地形図▶1：25000「鴛泊」「雄忠志内」
　　　　　　　「仙法志」「鬼脇」
三角点▶二等

オタトマリ沼から見た鋭い姿の利尻山。登山コースは鴛泊コースと沓形コースの2本があるが、紹介の鴛泊コースのほうが難易度はやや低い

🏔 山の魅力

利尻島にそびえる、最北の日本百名山。鋭く尖った姿は島の象徴でもあり、6月下旬から8月にかけては、利尻島固有種のリシリヒナゲシやボタンキンバイなど、数多くの希少な高山植物に彩られる。山頂からは、間近の礼文島や北海道北部のサロベツ原野をはじめ、遠く樺太（サハリン）まで見渡せる。

>>> DATA

公共交通機関 【往復】稚内港→ハートランドフェリー（約1時間40分）→鴛泊フェリーターミナル→タクシー（約10分）→利尻北麓野営場

マイカー 鴛泊フェリーターミナルから道道108・105号を経由して利尻北麓野営場まで約4km。野営場の駐車場は利用者専用なので、すぐ下にある一般用駐車場を利用する（無料）。一般用駐車場から野営場までは徒歩数分。

ヒント 利尻島へは、新千歳空港から全日空（季節運航）の、また札幌の丘珠空港から北海道エアシステムの航空便もある。なお、マイカーを利用する場合、下山後に島内観光をするのでなければ、稚内フェリーターミナルの駐車場に車を停め、鴛泊フェリーターミナルからタクシーを利用したほうが安上がりだ。

問合せ先

利尻富士町産業振興課　☎0163-82-1114
ハートランドフェリー　☎0570-09-8010
富士ハイヤー　　　　　☎0163-82-1181

❶利尻北麓野営場 →3:00→ ❷長官山 →1:40→ ❸沓形分岐 →0:20→ ❹利尻山 →0:15→ ❸沓形分岐 →1:20→ ❷長官山 →2:30→ ❶利尻北麓野営場

標高 3000m / 2000 / 1000 / 0

1582　1719　1582
1219　　　　1219
207　　　　　　　　　　207

0水平距離　　5　　10　　15km

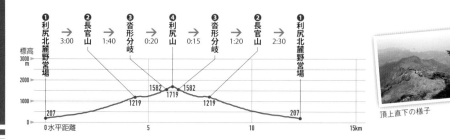

頂上直下の様子

欄外情報 キャンプ場◎登山口付近に利尻島ファミリーキャンプ場「ゆ〜に」と利尻北麓野営場がある。近くには利尻富士温泉があり、夏は毎日営業する。問い合わせは、いずれも利尻富士町産業振興課まで。

コース概要 **①利尻北麓野営場**から針葉樹林の道を行くと甘露水（日本最北の名水百選）に出合う。水を補給し、この先のポン山分岐で右方向に進んで樹林帯の山道を歩く。やがて北稜とよばれる尾根道となり、傾斜を増した道は八合目にあたる**②長官山**に至る。道はいったんゆるやかになり、利尻山避難小屋の先から再び傾斜が強まる。急斜面をしばらく進むと、沓形コースが合流する九合目半の**③沓形分岐**だ。ここからはもうひと息で**④利尻山**北峰の頂上（最高峰の南峰は立入禁止）。大パノラマが待っている。下山は慎重に往路を戻る。

プランニングのヒント 沓形分岐で合流する沓形コースは、登山口の見返台園地まで車で入れるため、紹介した鴛泊コースに比べ1時間ほどコースタイムが短くなる。ただし、上部の三眺山から先は崩壊地のトラバースなどの険しい道が続き、鴛泊コースよりは難易度が高くなる。入山者が少なめで、静かな登山ができるコースでもある。

利尻山では携帯トイレの携行がルールとなっている。トイレブースは六合目半、利尻山避難小屋、そして九合目にある。

Column

安全のヒント

沓形分岐の手前から利尻山頂上にかけては、急斜面のうえ、路面もやや荒れ気味。ロープの張られた箇所などもあり、下山時はスリップや転倒しないよう慎重に歩きたい。

花と自然

利尻山にはリシリヒナゲシ、ボタンキンバイ、リシリアザミといった利尻島固有種のほかに、リシリオウギ、リシリブシなどの希少種も多く見られる。花期は6月下旬～8月。

ボタンキンバイ

1
利尻山
〔利尻岳〕

1 利尻山

1:55,000
500　1000m
1cm=550m
等高線は20mごと

利尻富士温泉・鴛泊港・利尻空港
ポン山 444
・413
利尻北麓野営場①
ポン山分岐
甘露水
・194
四合目
北海道
利尻富士町
・265
・405
鴛泊コース
コース唯一の水場で日本名水百選
・248
・335
五合目
2:30
3:00
・663
六合目（第一見晴台）
・761
七合目（七曲り）
・411
携帯トイレブース
北稜
・778
利尻町
・361
818
急斜面がひたすら続く
長官山② 1219
携帯トイレブース（7月上旬まで）
・670
・384
利尻山避難小屋
・781
携帯トイレブース
見返台園地～沓形分岐間 登り約4時間、下り約3時間
・624
1:40
九合目
1:20
・1003
携帯トイレブース
リシリヒナゲシなどの多くの花が見られる
③沓形分岐
荒れた急斜面。スリップ注意
七合目避難小屋 623
礼文岩
沓形コース
展望台
0:15
④利尻山
348
0:20
駒犬の坂 906
1719 **北峰**
ローソク岩
見返台園地
五合目
沓形港
携帯トイレブース
△1461 **三眺山**
南峰 1721
・1004

羅臼岳
らうすだけ

1400ｍ以上の高低差を登る世界自然遺産の山

百

標高1661m

北海道

登山レベル：中級

技術度：★★
体力度：★★★

日　程：前夜泊日帰り

総歩行時間：**7時間10分**

総歩行距離：**13.5km**

累積標高差：登り**1487m**
　　　　　　下り**1487m**

登山適期：7月中旬～9月下旬

地形図▶1：25000「羅臼」「硫黄山」
　　　　　　　　「知床五湖」

三角点▶二等

ハイマツが広がる羅臼平から見た羅臼岳山頂部。夏の間、ハイマツ脇の草地では、アオノツガザクラ、エゾキンバイソウ、エゾコザクラ、メアカンフスマ、エゾツツジ、イワギキョウ、チングルマなどさまざまな花が咲く

上級

中級

初級

羅臼岳

山の魅力

羅臼岳は世界遺産・知床半島の最高峰。岩が積み重なった山頂からは知床半島の山々やオホーツク海、根室海峡が眼前に広がり、遠く国後島などの北方領土も見渡せる。夏、雪渓沿いや羅臼平周辺ではいっせいに高山植物が咲き乱れ見事だ。下山後の野趣あふれる岩尾別温泉の露天風呂も楽しみのひとつ。

>>> DATA

公共交通機関【往復】JR釧網本線知床斜里駅→斜里バス（約50分）→ウトロ温泉バスターミナル→タクシー（約20分）→岩尾別温泉

マイカー　女満別空港から国道39・334号、道道93号経由で岩尾別温泉まで約110km。木下小屋前とホテル地の涯の脇の芝生部分に駐車できる。ホテル地の涯の駐車場は宿泊者用のため利用できない。

ヒント　知床斜里駅を始発バスに乗ってもウトロ

到着は9時過ぎとなり、日帰りでの山頂往復は厳しい。公共交通利用の場合は前日にウトロや岩尾別温泉泊になる。下山後に知床五湖観光などを加えるなら、女満別空港からのレンタカー利用が便利。

問合せ先

知床斜里町観光協会	☎0152-22-2125
羅臼ビジターセンター	☎0153-87-2828
斜里バス本社	☎0152-23-3145
ウトロ観光ハイヤー	☎0152-24-2121

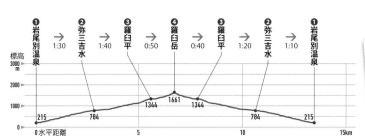

① 岩尾別温泉 →1:30→ ② 弥三吉水 →1:40→ ③ 羅臼平 →0:50→ ④ 羅臼岳 →0:40→ ③ 羅臼平 →1:20→ ② 弥三吉水 →1:10→ ① 岩尾別温泉

標高3000m　2000　1000　0

215　784　1344　1661　1344　784　215

0水平距離　5　10　15km

羅臼岳山頂よりオホーツク海を見渡す

欄外情報　山小屋◎木下小屋：温泉あり。☎0152-24-2824。素泊まり2500円。6月中旬～9月下旬。
ホテル地の涯：☎0152-24-2331。1泊2食1万5400円～（季節、人数により変更）。4月下旬～10月下旬。

コース概要 登山口は**❶岩尾別温泉**（いわおべつおんせん）の木下小屋の脇にある。はじめは広葉樹林のなかを急登していく。尾根筋に出て、しばらくするとオホーツク展望地とよばれる岩場に出る。再び樹林に囲まれた尾根道を行くと**❷弥三吉水**（やさきちみず）の水場に到着。さらに樹林帯を登っていくと、傾斜がゆるみ極楽平に到着する。ひと息いれて仙人坂を急登すれば、三ツ峰やサシルイ岳などが望める場所に出る。銀冷水を経て沢状地形を登り詰めると**❸羅臼平**（らうすだいら）で羅臼岳山頂が大きく見える。硫黄山方面への道を分け、右へハイマツの中を登り、最後に岩場を登れば**❹羅臼岳**（らうすだけ）の山頂だ。下山は往路を下る。

プランニングのヒント 歩行時間が長く高低差があるため、休憩などを含めると往復には8〜9時間は見ておきたい。早出を心がけ、できれば岩尾別温泉に前泊しておくと安心だ。7月いっぱいは沢筋などに雪が残っているので、事前に状況を確認し、軽アイゼンなどを用意することも検討したい。

大沢などでは夏の間も雪渓が残り、ぬかるんでいることがある。コース外歩行は植物も傷めるので注意を。

2

羅臼岳

2 羅臼岳

岩尾別温泉 ❶

ホテル地の涯
木下小屋

オホーツク展望地
•559

1:10
1:30

岩尾別コース

❷ 弥三吉水

展望のよい岩峰。周囲はイワキンバイやシコタンソウなど花が多い

△439

極楽平
仙人坂
携帯トイレブース

銀冷水

大沢は7月中旬まで雪渓が残る

1:20
1:40

斜里町

渇水状態の時もある

羅臼平 ❸

岩清水

羅臼岳 ❹

1661

0:50
0:40

360度の大展望が広がる

•1329

硫黄山

1459

南岳

天ノ池
（要煮沸）
フードロッカー

二ツ池
地ノ池

二ツ池キャンプ地

1450

オッカバケ岳

ミクリ沼

•1298

（要煮沸）

•1564

サシルイ岳

フードロッカー

（秋は不確実）

•1367

三ツ峰キャンプ地

1509

三ツ峰

フードロッカー

羅臼コースはあまり整備されていない上級者向きのコース

屏風岩
1005

北海道

羅臼町

N

1:62,000

0 500 1000m

1cm=620m
等高線は20mごと

羅臼温泉

赤イ川

木道路

334

沢を登り、だれもが感嘆する美しい山の頂へ

斜里岳
（しゃりだけ）

上級
中級
初級

斜里岳

百

標高1547m

北海道

登山レベル：中級

技術度：★★★
体力度：★★

日　程：日帰り

総歩行時間：5時間20分

総歩行距離：9.8km

累積標高差：登り1115m
**　　　　　　下り1115m**

登山適期：7月上旬〜10月上旬

地形図▶1:25000「斜里岳」
三角点▶二等

ジャガイモ畑の先に複数のピークを並べる斜里岳。清岳荘からの標高差は850mほどで、好天ならそれほど苦労することなく登頂できる

山の魅力

知床半島の付け根に利尻岳や鳥海山にも似たきれいな姿を見せる斜里岳。複数のピークを持ち、山系的には知床連山とつながっているが、独立峰の趣も見せる。広い裾野と端麗な山容はまさに秀峰。沢伝いに旧道ルートを登り、下山には尾根ルートの新道を選ぶ周回コースを行く。

>>> DATA

公共交通機関【往復】JR釧網本線清里町駅→タクシー（約30分）→清岳荘

マイカー 道東自動車道・阿寒ICから清岳荘まで約130km。女満別空港からは約60km。無料駐車場あり（約45台）。ただし、車中泊の場合は1台520円。

ヒント JR清里町駅を発車する列車は1日5〜6本なので、アクセスにはマイカーかレンタカーを利用することが望ましい。札幌からの高速バスでは、北海道中央バスのイーグルライナー札幌〜知床線が利用できる。朝5時台に清里町新栄に到着するので、タクシーを予約しておけば清里町駅からとさほど変わらない時間で清岳荘に到着できる。

問合せ先

清里町企画政策課 ☎0152-25-3601
きよさと観光協会（清岳荘） ☎0152-25-4111
北海道中央バス（イーグルライナー）☎0570-200-600
清里ハイヤー ☎0152-25-2538

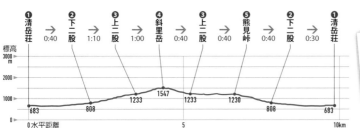

①清岳荘 →0:40 ②下二股 →1:10 ③上二股 →1:00 ④斜里岳 →0:40 ③上二股 →0:40 ⑤熊見峠 →0:40 ②下二股 →0:30 ①清岳荘

標高3000m / 2000 / 1000

683　808　1233　1547　1233　1230　808　683

0水平距離　5　10km

斜里岳山頂

欄外情報 山小屋◎清岳荘：公営の山小屋で宿泊（有料）もできる。素泊まりが基本で、寝具などは有料で借りることができる。携帯トイレの販売・回収も行っている。なお、施設内の水は飲料用には利用不可。

コース概要 ❶清岳荘の脇からスタート。森を抜け、いったん林道に出る。林道終点の旧清岳荘跡を過ぎ、山道を少し進んだところから一ノ沢に降り立つ。ここから上二股までは沢伝いに歩く。20回ほどの徒渉があるが、増水時でなければ靴を濡らすことはないだろう。やがて新道が別れる❷下二股で、ここから先は傾斜も急になり、滝がいくつも現れる。流れが消える❸上二俣からは、急坂を馬の背まで登る。展望の開ける道を行けばやがて❹斜里岳の頂だ。知床連山、オホーツク海など展望がすばらしい。下りは❸上二股まで戻り、新道の❺熊見峠へ向かう。峠から下二股までは猛烈な急坂なのでスリップに注意して下ろう。❷下二股からは❶清岳荘まで往路を戻る。

プランニングのヒント 沢沿いのコースを歩くため、雨が予想されるとき、あるいは雨後は入山を控えたい。旧道コースは沢伝いの道で、赤布を目印に進む。沢登り経験者なら沢の中を登るのも楽しいだろう。

馬の背下の急坂は胸突き八丁とよばれる。小さな雪渓が残っていることが多いが、キックステップで登れるだろう。

サブコース

斜里町のはずれの林道から北尾根をたどる三井コースがある。長いコースで岩稜歩きもあり、健脚向き。豊里登山口～斜里岳間は、登り約3時間20分、下り約2時間30分（中級）。

花と自然

夏の斜里岳は花が豊富。北アルプスの3000m峰に咲くようなイチゲやキンバイなどが目立つが、チシマやエゾ、メアカンなどの地名がついていて、いずれも北海道特有の花だ。

白くかわいいエゾイチゲ

3
斜里岳

3 斜里岳

❶清岳荘
（要煮沸）
•887
•1145
北海道
斜里町
清里町
•1138
•829
•1075
•750
清里コース
林道終点
一ノ沢川
徒渉が続く
-0:30
0:40
❷下二股
旧道（沢）コース
旧道コースは滝が連続する
-0:55
1:10
•1009
ジグザグの急な下りがひたすら続く
❹斜里岳
▲1547
大展望が広がる山頂
斜里岳神社
この道は廃道になっている
•1417
馬の背
-0:40
1:00→
上二股 ❸
胸突き八丁のガレ場の登り
携帯トイレブース
竜神ノ池
❺熊見峠
-0:40
1:00→
新道（尾根）コース
1250
-0:40→
1508
標津町

豊里登山口～斜里岳間登り約3時間20分、下り約2時間30分

北尾根
↑豊里登山口
三井コース
玉石沢

N
1:25,000
250　500m
1cm＝250m
等高線は10mごと

山上の火山ガスとガレ場、ザレ場が注意ポイント

阿寒岳（雌阿寒岳）
（あかんだけ　めあかんだけ）

百

標高1499m（雌阿寒岳）

北海道

登山レベル：初級

技術度：★★
体力度：★★

日　程：前夜泊日帰り

総歩行時間：3時間30分

総歩行距離：7.2km

累積標高差：登り794m
**　　　　　　下り860m**

登山適期：6月中旬〜10月中旬

地形図▶1：25000「雌阿寒岳」「オンネトー」
三角点▶一等

雌阿寒岳から眺めた大皿火口と阿寒湖。遠方右にそびえる山は雄阿寒岳。阿寒岳とは、この雌阿寒岳と雄阿寒岳の総称をいう

山の魅力

北海道三大秘湖として知られるオンネトーの東にそびえる活火山、雌阿寒岳と、阿寒湖畔の雄阿寒岳の総称が阿寒岳。ここで紹介する雌阿寒岳は、アカエゾマツの深い森や荒涼とした火口風景、頂上からの大展望が魅力だ。山上にはメアカンフスマやメアカンキンバイといった固有種の花も咲いている。

>>> DATA

公共交通機関【往復】JR根室本線釧路駅→阿寒バス（約2時間）→阿寒湖バスセンター→タクシー（約20分）→雌阿寒温泉

マイカー　釧路空港から国道240・241号、道道949号経由で雌阿寒温泉まで約73km。雌阿寒温泉とオンネトーにそれぞれ駐車場がある。オンネトーから雌阿寒温泉までは徒歩約1時間。

ヒント　バスは釧路空港も経由し、阿寒湖バスセンターまでは約1時間20分。タクシーは事前に予約をしておくこと。公共交通利用の場合は前日に雌阿寒温泉に泊まるのが一般的。登山前後に阿寒湖や釧路湿原、摩周湖などの観光を加えるならレンタカー利用が便利。

問合せ先
足寄町経済課　☎0156-28-3863
あしょろ観光協会　☎0156-25-6131
阿寒バス　☎0154-37-2221
阿寒ハイヤー　☎0154-67-3311

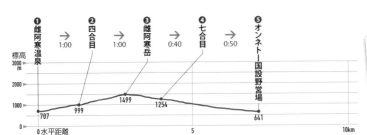

❶雌阿寒温泉 1:00 ❷四合目 1:00 ❸雌阿寒岳 0:40 ❹七合目 0:50 ❺オンネトー国設野営場

標高 707 999 1499 1254 641

オンネトーから雌阿寒岳（左）と阿寒富士を望む

欄外情報 前泊◎山の宿 野中温泉（国民宿舎）：☎0156-29-7321。1泊2食8000円〜、日帰り入浴500円。

コース概要 ❶雌阿寒温泉(めあかんおんせん)にある野中温泉の手前の登山口から、まずはアカエゾマツの純林の中を折り返しながら登っていく。徐々に木々が低くなってくるとハイマツ帯となり❷四合目(よんごうめ)に到着。展望も開けてきて、原生林の奥には大雪山系の山々が見えてくる。ここから傾斜がきつくなり、ジグザグに登っていくと樹海のなかにオンネトーが見えてくる。さらに急登すれば火口を眼下にする外輪山にたどりつき、やがて❸雌阿寒岳(かんだけ)の山頂だ。下山は火口壁を時計回りに進んでから、阿寒富士への道が分岐する❹七合目(ななごうめ)へと下る。オンネトーを眼下にハイマツ帯、アカエゾマツの森を下り、❺オンネトー国設野営場(こくせつやえいじょう)へ。

プランニングのヒント タクシー利用の場合、帰りはオンネトー国設野営場へまで来てもらえば早い。コースは長いが、雌阿寒岳から阿寒湖畔コースを下ることもできる。時間があれば、翌日、阿寒湖の東岸にそびえる雄阿寒岳に登ってみるのもいい。

> 山上は日光を遮るものがない。夏は日焼けや熱中症にも気をつけたい。入道雲の様子にも目を向け、雷雨にも注意。

Column

安全のヒント

今も盛んに蒸気ガスを上げる雌阿寒岳では、風向きによっては硫黄臭が流れてくる。山上などで昼食をとる際は風向きにも注意したい。入山前に火山情報などもチェック。

サブコース

七合目から阿寒富士を往復するのもよい。ただし、傾斜がきつく斜面は砂礫と火山灰で靴がもぐる。下りでは足を滑らせやすいので、トレッキングポールでバランスをとろう。

七合目へと下る途中から見た阿寒富士

4

阿寒岳（雌阿寒岳）

4 阿寒岳

阿寒湖畔温泉・釧路駅 →

北海道
足寄町

241

• 532   • 607
564   • 667
• 526
• 624   • 738   873   雌阿寒コース   999   ❷ 四合目
六合目
雌阿寒温泉 ❶
（野中温泉）   0:40 / 1:00
公共駐車場   0:40 / 1:00   急斜面の登りが続く
錦沼

• 951   • 1155   **阿寒岳**
• 1278
• 1163

• 656   • 734   森林限界を超える   八合目   • 1415   剣ヶ峰
オンネトー～   • 1328
雌阿寒温泉間   889•   1298   ❸ 雌阿寒岳   雌阿寒岳登山口・阿寒湖畔温泉
徒歩約1時間   1339•   阿寒湖畔コース   七合目

669•   メアカンキンバイ   赤沼   • 1057
など花が多い   • 1256   噴気ガスに注意
P   658
0:50 / 1:20   944•   五合目オンネトーコース   ❹ 七合目   釧路市
オンネトー
国設野営場 ❺   740   0:40 / 1:00   • 1238
• 605   阿寒富士   • 978
張り出したアカエゾマツの根に   1476•
つまづかないように下る

N

1:50,000
0   500   1000m
1cm=500m   • 653   展望のよい山頂   阿寒富士へは歩きづらい急斜面を
等高線は20mごと   オンネトー湯の滝   878•   白糠町   行く。登り約30分、下り約20分。

動植物の宝庫でもある三角錐の美しい峰を行く

天塩岳

（てしおだけ）

二百

標高**1558m**

北海道

登山レベル：中級

技術度：★★★
体力度：★★★

日　程：日帰り

総歩行時間：**6時間40分**

総歩行距離：**12.7km**

累積標高差：登り**1107m**
　　　　　　下り**1107m**

登山適期：**7月上旬～10月上旬**

地形図▶1：25000「天塩岳」「宇江内山」
三角点▶一等

新道から眺めた天塩岳。三角錐形の姿が美しい。高山植物を楽しむのなら、6月下旬～7月がいいだろう

上級
中級
初級

天塩岳

🏔 山の魅力

道北に位置する北見山地の最高峰。「天塩岳道立自然公園」に指定され、山稜部にはキバナシャクナゲ、エゾイチゲ、エゾツツジなど数多くの高山植物が自生する。北海道のみに生息するエゾナキウサギの生息地としても知られる。山頂からの大雪山系の雄大な眺めも魅力のひとつだ。

>>> DATA

公共交通機関 【往復】JR石北本線愛別駅→タクシー（約1時間）→天塩岳ヒュッテ。または、JR宗谷本線士別駅→タクシー（約1時間20分）→天塩岳ヒュッテ

マイカー 旭川紋別自動車道・愛別ICから道道101号、ポンテシオ湖を経て、天塩岳ヒュッテまで約40km。天塩岳ヒュッテに隣接して大きな駐車場（無料）がある。

ヒント JRでアクセスする場合、石北本線の愛別駅、宗谷本線士別駅とも7時台の到着が最初で、登山のスタートは9時前後になってしまう。天塩岳ヒュッテに前泊するか、レンタカーを活用したい。

問合せ先
士別市朝日支所地域生活課　☎0165-28-2121
愛別ハイヤー　☎01658-6-5234
士別ハイヤー　☎0165-23-5000

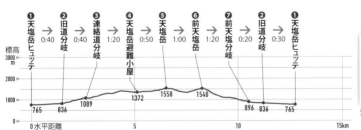

❶天塩岳ヒュッテ →0:40 ❷旧道分岐 →0:40 ❸連絡道分岐 →1:20 ❹天塩岳避難小屋 →0:50 ❺天塩岳 →1:00 ❻前天塩岳 →1:20 ❼前天塩分岐 →0:20 ❷旧道分岐 →0:30 ❶天塩岳ヒュッテ

標高3000m / 2000 / 1000

765　836　1089　1372　1558　1540　896　836　765

0 水平距離　　　5　　　10　　　15km

登山口の天塩岳ヒュッテ

欄外情報 前泊◎食事付きで前泊したいなら、士別市の公営施設・朝日地域交流施設「和が舎」（わがや）（☎0165-28-2339）がおすすめ。温泉はないが、リーズナブルでのんびりくつろげる。登山口から30kmほど。

コース概要 ❶**天塩岳ヒュッテ**から沢沿いを歩く。何度か沢を渡ると❷**旧道分岐**だ。ここは右に行き、沢沿いに歩く。道はほどなく沢を離れ、急斜面を経て❸**連絡道分岐**に至る。尾根道を歩き、天塩岳が間近に望める円山を越えれば、❹**天塩岳避難小屋**からひと登りで❺**天塩岳**だ。展望を楽しんだら前天塩岳に向かおう。少し先の分岐は左に行き、鞍部からの登り返しの途中で山頂迂回路の分岐を左に見送れば❻**前天塩岳**。下りは前天塩コースを行くが、途中まで急斜面が続くので慎重に。道がゆるやかになれば、沢沿いに天塩岳へと突き上げる旧道が合流する❼**前天塩分岐**で、さらに沢沿いに歩くと❷**旧道分岐**。あとは往路を戻る。

プランニングのヒント 登山口の天塩岳ヒュッテにはトイレ以外にも炊事場や薪が用意されている。夏の週末は混雑するのでテントを持参すると安心だが、ここに前泊してのんびり登るのも楽しい。管理人は不在で、予約は不要で無料。寝具、炊事用具が必要。

前天塩分岐から沢を詰めて天塩岳へと登るのが旧道。遅くまで雪渓が残るので初級者には厳しいが、一度は歩きたい道。

花と自然

天塩岳で出会いたいのは、何といってもエゾナキウサギ。運がよければ、円山や山頂付近の岩場で日光浴する姿が見られるかもしれない。「キチッキチッ」「ピィッピィッ」という鳴き声が聞こえたらチャンスだ。チングルマ咲くお花畑もみどころ。

円山のエゾナキウサギ

チングルマ

5
天塩岳

5 天塩岳

週末はたいへん混雑する

キャンプ場
天塩岳
❶ 天塩岳ヒュッテ
P
新道登山口
滝不橋
• 1151
• 908
• 1358
• 1450
• 1358
北海道
士別市
新道
天塩川
❷ 旧道分岐
0:30 / 0:40
0:20
❼ 前天塩分岐
急斜面。スリップや転倒に注意
前天塩岳
❻
1540
1394
1138
0:40 / 0:20
連絡道
連絡道分岐 ❸
1105
急斜面が続く
1317
新道
前天塩コース
1:20 / 1:50
山頂迂回路分岐
1351
ラクダ岩
1:00 / 1:10
• 908
• 1043
円山
1433
0:50 / 1:20
遅くまで雪渓が残る。初級者は避けよう
1216
滝上町
天塩岳避難小屋 ❹
1465
西天塩岳
1396
1558
❺ 天塩岳
1470
右の道に行かないように
N
1:50,000
500 1000m
1cm=500m
等高線は20mごと

大雪山に対峙してそびえる花いっぱいの山

ニセイカウシュッペ山

三百
標高**1883m**

北海道

登山レベル:初級

技術度:★★
体力度:★★

日　程:前夜泊日帰り

総歩行時間:**4時間40分**

総歩行距離:**10.9km**

累積標高差:登り**818m**
　　　　　下り**818m**

登山適期:**7月上旬～9月下旬**

地形図▶1:25000「万景壁」
三角点▶二等

大雪山から見たニセイカウシュッペ山（左端の山）。右の平らな山は稜線通しにつながる平山などで、大きな山塊であることがわかる

🏔 山の魅力

層雲峡をはさんで大雪山と向かい合う花の山。登山道の上部ではそこここに高山植物が咲き誇り、山頂や見晴台からの大雪山の眺めは飽きることがない。

登山道から見下ろす広大な原生林は北海道ならではのものだ。コース中に危険な箇所はなく、初級者でも十分に歩き通すことができるだろう。

>>> DATA

公共交通機関 【往復】JR石北本線上川駅→タクシー（約40分）→登山口

マイカー 旭川紋別自動車道・上川層雲峡ICから国道39・273号、古川砂金越林道を経由して登山口まで約25km。登山口に広い駐車スペースがある。

ヒント 登山口へと続く古川砂金越林道は2023年6月現在、途中の上川町道の工事のため全面通行止め。工事は2026年11月までの予定で、その間は登山口に行くことができない（登山不可能）。工事の進捗状況は上川町の公式HPに掲載される。なお、林道入口のゲートはだれでも自由に開閉できるようになっているが、通過後はきちんと閉めておこう。

問合せ先

上川町建設水道課　☎01658-2-4060
上川中部森林管理署　☎0166-61-0206
層雲峡観光ハイヤー　☎01658-2-1181

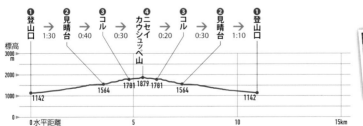

❶登山口		❷見晴台		❸コル		❹ニセイカウシュッペ山		❸コル		❷見晴台		❶登山口
	1:30		0:40		0:30		0:20		0:30		1:10	

標高
3000m
2000
1000

1142　　　1564　1781 1879 1781　1564　　　1142

0 水平距離　　　5　　　10　　　15km

チングルマの果穂

欄外情報 立ち寄り温泉 ◎黒岳の湯:大雪山の北麓、層雲峡温泉にある3階建ての上川町営天然温泉。☎01658-5-3333。入浴料600円。10～21時。無休。

コース概要 ❶登山口から少しの間、広い道を進み、ダケカンバの森を登る。しばらくゆるやかな道を行けば展望がだんだんと開け、大雪山が望めるようになる。前方にニセイカウシュッペ山や大槍を望みつつ登ると❷見晴台に到着する。いったん樹林に入り、そこを抜けると高山植物が目立つようになる。ちょっとした岩場を越えると❸コルで、ここから大槍の北側を巻く道を行く。山頂まではあと少し。少し下って登り返し、山頂手前のピークの西側を行けば❹ニセイカウシュッペ山の山頂だ。下山は花を眺めつつ往路を戻る。

プランニングのヒント ニセイカウシュッペ山の近くには、大雪山（百名山）をはじめ、天塩岳（二百名山）、石狩岳（二百名山）、ニペソツ山（二百名山）、トムラウシ山（百名山）、十勝岳（百名山）といった本書でも紹介している名山が目白押し。マイカーやレンタカーを利用する場合は、層雲峡温泉などに宿泊して複数の山を登るのも楽しそうだ。

比較的楽に登れるとはいえ、北海道の山であることに変わりはなく、天気の急変による気温低下には十分注意したい。

花と自然

コース脇ではエゾノツガザクラ、エゾコザクラ、ヒメイソツツジ、エゾツツジ、チシマギキョウなど多くの高山植物が見られる。上部のシナノキンバイやチングルマの大群落は一見の価値がある。

エゾノツガザクラ（上）とミヤマキンバイ（下）

1306・芦ノ台

6 ニセイカウシュッペ山

・1036

・994

古川砂金越林道

・1365

茅刈別第三支川

茅刈別第四支川

茅刈別川

・1521

町道工事のため、2026年11月まで通行止めの予定。詳細はP22ヒント参照

P ❶登山口

・1422

北海道
上川町

ダケカンバの森を歩く

・1574

・1061

大雪山やニセイカウシュッペ山が望める

大きな眺めが広がる

❹ニセイカウシュッペ山
・1883
△1879

比麻良山
1796

・1371

いったん樹林に入る

0:30
0:40

0:20
0:30

アンギラス
（軍艦山）

・1811

遠軽町

N

1:50,000

500   1000m

1cm＝500m
等高線は20mごと

・1533
展望台

❷見晴台

0:30
0:40

❸コル

・大槍

大雪山
カムイミンタラ（神の遊び場）を行くロングトレイル
（だいせつざん）

百

標高2291m（旭岳）

北海道

登山レベル：中級

技術度：★★★
体力度：★★★★

日 程：前夜泊日帰り

総歩行時間：7時間30分

総歩行距離：13km

累積標高差：登り1189m
　　　　　　下り1273m

登山適期：7月上旬〜8月下旬

地形図▶1：25000「旭岳」「愛山渓温泉」
　　　　「層雲峡」

三角点▶一等

最高峰・旭岳の北東にある御鉢平は噴火で生まれた巨大カルデラ。かつてはカルデラ湖があったといわれる

🗻 山の魅力

お花畑、雪渓、大展望と山登りの楽しさのすべてが詰まった北海道最高峰。だれもが憧れる山旅のひとつ、銀座コース縦走は、北の大地の屋根ともいえる大雪山の魅力を存分に味わうことができる。7月中旬〜8月上旬がベストだろう。登り下りともにロープウェイを使えるのがありがたい。

>>> DATA

公共交通機関 【行き】JR函館本線旭川駅→旭川電気軌道バス（約1時間40分）→大雪山旭岳ロープウェイ旭岳駅→ロープウェイ（10分）→姿見駅 【帰り】大雪山層雲峡・黒岳ロープウェイ七合目駅→黒岳リフト＋ロープウェイ（約25分）→層雲峡駅→道北バス（約30分）→JR石北本線上川駅またはJR函館本線旭川駅

マイカー 道央自動車道・旭川北ICから道道37・1160号を経由して旭岳駅まで約50km。

ヒント 縦走ルートのため、1日で踏破するとなると、前泊して朝一番のロープウェイに乗りたい。

問合せ先
東川町経済振興課	☎0166-82-2111
上川町産業経済課	☎01658-2-4058
旭川電気軌道バス	☎0166-23-3355
道北バス総合案内	☎0166-23-4161
大雪山旭岳ロープウェイ	☎0166-68-9111
大雪山層雲峡・黒岳ロープウェイ	☎01658-5-3031

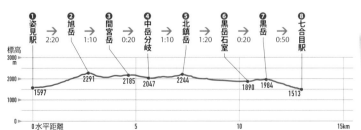

❶姿見駅 →2:20 ❷旭岳 →1:10 ❸間宮岳 →0:20 ❹中岳分岐 →1:10 ❺北鎮岳 →1:20 ❻黒岳石室 →0:20 ❼黒岳 →0:50 ❽七合目駅

標高 3000m / 2000 / 1000 / 0

1597　2291　2185　2047　2244　1890　1984　1513

水平距離 0　5　10　15km

黒岳側からの北鎮岳（奥）と桂月岳。手前は黒岳石室

欄外情報 山小屋◎黒岳石室：避難小屋（要協力金）だが、例年6月下旬から9月下旬の間は管理人が常駐する。素泊まりのみで、炊事用具・寝具は持参する。売店・テント場あり。☎01658-5-3031（りんゆう観光）。

コース概要

　北海道の最高峰は旭岳、2番目が北鎮岳。この2つの高山をつなぐ縦走のスタートだ。

　ロープウェイの❶姿見駅を出ると正面に旭岳の威容が迫る。旭岳石室（避難小屋）の立つ姿見ノ池畔まで登れば、ここは旭岳撮影の絶好ポイントだ。石室からは急な勾配となって尾根道に変わる。草木は少なく、岩と砂礫の道が続く。左手の谷は地獄谷で、水蒸気の噴気がよく見える。登りが一段落したところが金庫岩で、そこからひと登りで❷旭岳の山頂。姿見駅からは標高差700mほどだ。

　広い山頂からは四方の景色がすばらしい。これから目指す間宮岳や北鎮岳の様子がよくわかることだろう。南側には白雲岳や遠くトムラウシ山、十勝連山も望める。

　山頂からお花畑の中をいったん下り、熊ヶ岳火口を左に見てさらにひと登りすれば❸間宮岳だ。御鉢平の大火口が眼下に広がる。❹中岳分岐を経て中岳を越えれば北鎮分岐。ひと頑張りで❺北鎮岳の頂に立つことができる。北鎮岳からはいったん分岐に戻り、雲の平を経て❻黒岳石室へ。万が一の際はここに宿泊することができる。

　石室からひと登りすると黒岳が正面に見えてくる。ハイマツと砂礫の道を進めば❼黒岳だ。黒岳からはジグザグ道を急下降してリフトの❽七合目駅へ。

プランニングのヒント

　旭川駅からバス利用の場合、ロープウェイ駅着が遅いため日帰り縦走は難しくなる。旭岳温泉に前泊したほうがいい。七合目駅からの最終リフトは、夏の最盛期で17時30分。

　なお、このコースは北海道で最も標高の高い稜線を歩く。天候の急転に備え、夏でもしっかりした防寒・防風対策をして臨みたい。コース中で避難できるのは黒岳石室。エスケープルートとしては、中岳分岐から

旭岳の山頂は広く、視界のないときなどは迷いやすい。ロープが張られているので、方角をしっかり見定めて行動したい。

夏の早い時期、北鎮岳からの下り斜面は雪渓が残っていることが多い。朝晩は凍っていることもあるので注意が必要だ。

花と自然

　大雪山の花の時期は7月の初旬がベスト。何十種類もの可憐な花たちが咲き競う。8月後半に紅黄葉が始まる。また、古大雪火山の爆発でできた御鉢平のカルデラも興味深い。昔はカルデラ湖が広がっていたという。

エゾノツガザクラとチングルマ（白）

クロユリ

裾合平を経て姿見駅に至る登山道がある。

サブコース

　マイカーが回送できない場合は、旭岳から間宮岳を越え、中岳分岐〜裾合平〜姿見駅という周回コースを取ることができる。また、東側の銀泉台から北岳を経て旭岳に至るコースは、大雪山の固有種、ホソバウルップソウを見ることができる。北面の愛山渓温泉からのコースはバスこそ使えないが、コース途中から湿原や池塘の点在する道を歩く。各コースタイムは地図参照。

カムイミンタラ（神の遊び場）を行く山旅

7

大雪山

7 大雪山

↟JR上川駅・愛山上川IC

ポンアンタロマ川

愛山渓温泉

バスはないので
タクシーを利用する

🅿

愛山渓ヒュッテ
愛山渓倶楽部

雲井ヶ原湿原

愛別岳沢

三十三曲坂

愛山渓温泉〜裾合分岐間
登り約4時間40分、
下り約3時間50分

一ノ沼
四ノ沼
二ノ沼

松仙園
三ノ沼

八島分岐

半月ノ沼
五ノ沼

木道が敷かれ
た快適な道

沼ノ平
六ノ沼

大沼

小沼

ビウケナイ沼

ピウケナイ川第三ノ沢川

昇天ノ滝
村雨ノ滝

滝ノ上分岐

銀明水

当麻乗越

五色池
ビウケナイ沢

裾合分岐

裾合平

愛別岳
△2113

永山岳
•1978

比布
•2197

安足間岳 2194

当麻岳
2076

増水時は徒渉が困難になる

小塚   大塚•

中岳分岐〜裾合分岐間
登り約1時間50分、
下り約1時間20分

中岳温泉
(施設な

エゾコザクラや
エゾタカネスミレなど

裾合分岐〜姿見駅
間は約1時間50分
(逆コース約2時間)

地獄滝沢
コジキ沢
御田ノ沢
瓢沼

夫婦池

姿見駅 ❶

姿見平

(携帯トイレブース)
旭岳石室

北海道最高峰

姿見

地獄谷

急な勾配の尾根道

旭岳
•2291 ❷

金庫岩
ニセ金庫岩

熊ヶ岳
2210•

裏旭
キャンプ指定地

←1:40

後旭
•22

←1:40
2:20

お花畑のなかを
行く道

JR旭川駅・旭川空港

旭岳温泉

駒止滝

勇駒別
湯の沼
🅿

🅿

旭岳駅
🅿

旭岳

大雪山旭岳ロープウェイ

第一天女ヶ原

旭岳ビジターセンター

旭岳スキー場

第二天女ヶ原

東川青少年
キャンプ場

幣の滝

東川

裾平

小旭岳
•1654

北海道
上川町

上川岳
・1884

白水温泉♨

凌雲岳
・2125

桂月岳
1938

万が一の際には
避難できる

黒岳
7

黒岳
・1984

マネキ岩

ジグザグ道の急下降

鋸岳
42

北鎮平

北布平

北海道第二の高峰

黒岳石室キャンプ指定地

御鉢平の眺め

雲の平

2244
5 北鎮岳

北鎮分岐
2020

御鉢の外周は風が強い

大雪山
（ヌタプカウシペ）

有毒温泉
（立ち入り禁止）

御鉢平

4 中岳分岐

岳
13

1:00
1:10

3 間宮岳
185

松田岳
・2136

荒井岳

大雪山

北海岳
・2149

北海平

烏帽子岳
・2072

大雪山の固有種・
ホソバウルップソウなどが咲く

北海岳〜黒岳石室間は
1時間20分の下り

赤岳
2078 △

五色岳
・2038

小泉岳
2158

小泉平

コマクサ平

第二花園

第一花園

東平

東岳
・2067

コマクサをはじめ
花が多い

森林パトロール
銀泉台事務所

銀泉台〜間宮岳間
登り約6時間30分、
下り約5時間20分

白雲岳
2230 △

展望よい

小鉢平

白雲岳キャンプ指定地

白雲岳避難小屋

小白雲岳
・1966

緑岳
（松浦岳）
△ 2020

米沢ケルン

大雪山
（ヌタプカウシペ）

高原温泉分岐・忠別岳

大雪高原温泉

JR旭川駅・上川層雲峡IC

神仙橋

地獄谷

層雲橋

銀泉台

大雪湖

層雲峡温泉

39

層雲峡黒岳の湯

層雲峡

層雲峡ビジターセンター

層雲峡駅

層雲峡

楯岩

紅葉谷

大雪山層雲峡・ロープウェイ・黒岳

見晴台

黒岳駅

（駅の水道施設）

黒岳五合目駅

1417

黒岳リフト

1:20
0:50

登山事務所

8 七合目駅

2:10
1:20

6 黒岳石室

0:15
0:20

大雪湖・層雲峡方面

（夏期運行）

銀泉台

P

N

1:50,000

0   500   1000m

1cm＝500m
等高線は20mごと

長い登山道をたどって花咲く山上の楽園へ

トムラウシ山

百

標高**2141**m

北海道

登山レベル：**上級**

技術度：★★★★
体力度：★★★★★

日　程：前夜泊日帰り

総歩行時間：**9時間35分**

総歩行距離：**17.4km**

累積標高差：登り**1536**m
　　　　　　下り**1536**m

登山適期：7月上旬～9月下旬

地形図 ▶ 1：25000「トムラウシ山」
　　　　「オプタテシケ山」
三角点 ▶ 一等

トムラウシ山上部の岩稜帯。風雨にさらされる場所でもあるので、真夏であっても十分な防寒・防風対策を考えておこう

🔺 山の魅力

大雪山の南、北海道のほぼ中央に位置し、大雪山同様、カムイミンタラ（神々の遊ぶ庭）と称される山。山上の湖沼群や数多くの高山植物、山上に重なる岩の造形など、山全体が自然の庭園のよう。一方で、歩行時間はとても長く、経験を積んだ、体力に自信のある登山者向きの山でもある。

>>> DATA

公共交通機関 【往復】JR根室本線新得駅→タクシー（約1時間20分）→短縮登山口

マイカー 道東自動車道・十勝清水ICから国道274号、道道718号などを経由して短縮登山口の駐車スペースまで約76km。収容は30台前後。

ヒント 7月中旬～10月上旬の特定日、夏期は新得駅から1日2便、秋期は新得・帯広の各駅から1日1便ずつ、北海道拓殖バスがトムラウシ温泉まで季節バスを運行する。予約者優先。空港からレンタカーを利用する場合は、とかち帯広空港から短縮登山口まで約120km。

問合せ先

新得町産業課　☎0156-64-0522
新得町観光協会（駅前レンタカー）
　　　　　　　☎0156-64-0522
北海道拓殖バス　☎0155-31-8811
新得ハイヤー　☎0156-64-5155
トムラウシ温泉東大雪荘 ☎0156-65-3021

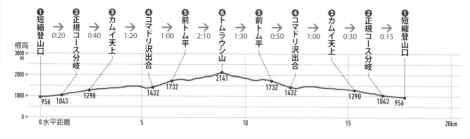

❶短縮登山口 →0:20 ❷正規コース分岐 →0:40 ❸カムイ天上 →1:20 ❹コマドリ沢出合 →1:00 ❺前トム平 →2:10 ❻トムラウシ山 →1:30 ❺前トム平 →0:50 ❹コマドリ沢出合 →1:00 ❸カムイ天上 →0:30 ❷正規コース分岐 →0:15 ❶短縮登山口

標高3000m / 2000 / 1000 / 0m

956　1043　1290　1432　1732　2141　1732　1432　1290　1043　956

0水平距離　　5　　10　　15　　20km

欄外情報 登山の注意点◎北海道の2000m峰は夏でも天気次第で冬の気温になる。好天時と悪天時の落差が激しいので、装備は万全の状態で臨むようにしたい。

コース概要 ❶短縮登山口から笹原の道を行くと❷正規コース分岐に至る。尾根道を行くと❸カムイ天上で、ここから台地状の広い尾根道を行く。徐々に高度を上げ、いったん下って沢を遡れば❹コマドリ沢出合。7月下旬まで残る雪渓を登って岩礫の道を行けば❺前トム平。ハイマツの斜面を登ってトムラウシ公園を過ぎ、南沼キャンプ指定地の4叉路を右に行く。急坂を登ると大展望の❻トムラウシ山の山頂だ。下りは往路を戻る。

プランニングのヒント 公共交通機関利用の場合、トムラウシ温泉東大雪荘に前泊しても、短縮登山口への送迎はなく、正規コースを登ると往復で約3時間のプラスになる。タクシーを呼ぶと料金もかさむので、新得町市街に前泊して夜中に短縮登山口にタクシーで向かうという選択肢も考えたい。やはり、マイカーかレンタカーを利用する山だろう。なお、東大雪荘は大変混雑する。早めの予約が望ましい。

休憩時間を含めると10時間を超えるロングコースだが、トイレは起点の短縮登山口とトムラウシ山山頂直下の南沼キャンプ指定地（携帯トイレブース）のみ。携帯トイレは必ず持参すること。

安全のヒント

7月下旬頃まで、コマドリ沢出合、トムラウシ公園あたりには雪が残る。視界不良時には残雪の向こうの登山道が見えなくなるので、道迷いには十分注意したい。7月上旬あたりだとさらに雪は多く残り、道迷い遭難のほとんどは前述の2カ所付近で発生している。また、長いコースのため、総行動時間は11〜12時間を想定しておきたい。朝4時頃からスタートするとともに、時間切れを想定してヘッドランプは必携だ（どの山でも必携だが…）。

トムラウシ山の山頂

8 トムラウシ山

1:50,000
0　500　1000m
1cm=500m
等高線は20mごと

大雪山、十勝連峰など主要山岳が見渡せる

7月下旬頃まで雪渓が残る

岩礫の急斜面をペンキ印を頼りに進む

急斜面のジグザグの下り

近年、ぬかるんだ道が整備され、歩きやすくなっている

北海道
新得町

トムラウシ温泉〜正規コース分岐間
登り1時間40分、下り1時間20分

右図へ

左図へ

どっしりとした山容をもつ石狩連峰の主峰

石狩岳
（いしかりだけ）

北海道

登山レベル：**上級**

技術度：★★★★
体力度：★★★★

日　程：**前夜泊日帰り**

総歩行時間：**8時間30分**

総歩行距離：**10.2km**

累積標高差：登り**1243m**
　　　　　　下り**1243m**

登山適期：**6月下旬～9月下旬**

地形図▶1：25000「石狩岳」
三角点▶なし

分岐点付近から見上げた石狩
岳（左のピーク）。尾根筋の
ハイマツ帯のなかに登山コー
スが続いている

山の魅力

大雪山の南東、石狩連峰の主峰で、沼ノ原湿原を経てトムラウシ山や大雪山とつながっている。北海道一の大河、石狩川の水源でもあり、標高1500～1600m付近から森林限界を迎える山上の眺めはすばらしい。登るのに苦労する山ではあるものの、道内外からの登山者を惹きつけてやまない。

>>> DATA

公共交通機関　【往復】JR根室本線帯広駅→十勝バスまたは北海道拓殖バス（約1時間10分～1時間20分）→上士幌交通ターミナル→タクシー（約1時間20分）→石狩岳登山口

マイカー　道東自動車道・音更帯広ICから国道241・273号、音更川本流林道などを経由して石狩岳登山口まで約80km。登山口に無料駐車場あり。

ヒント　登山口に通じる林道は、台風などの被害によって通行止めとなることがある。事前に問い合わせてから出かけるようにしたい。

問合せ先
上士幌町商工観光課　　　　　☎01564-2-4291
十勝西部森林管理署東大雪支署（林道状況）
　　　　　　　　　　　　　　☎01564-2-2141
十勝バス（帯広駅）　　　　　☎0155-23-5171
北海道拓殖バス　　　　　　　☎0155-31-8811
上士幌タクシー　　　　　　　☎01564-2-2504

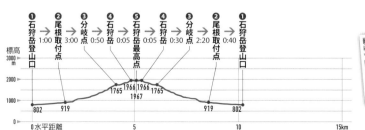

| 標高 3000m | ❶石狩岳登山口 | 1:00 | ❷尾根取付点 | 1:00 | ❸分岐点 | 0:50 | ❹石狩岳 | 0:05 | ❺石狩岳最高点 | 0:05 | ❹石狩岳 | 0:30 | ❸分岐点 | 2:20 | ❷尾根取付点 | 0:40 | ❶石狩岳登山口 |

802　919　　　1765 1966 1966 1765　　919　802
　　　　　　　　　　1967

0 水平距離　　　　　　5　　　　　　　10　　　　15km

秋の石狩岳

欄外情報　立ち寄り温泉◎ぬかびら源泉郷：糠平湖畔にある温泉地。日帰り入浴できる施設が6カ所ある。入浴料や営業時間は各施設によって異なる。上士幌町観光協会☎01564-7-7272。

コース概要 ❶石狩岳登山口からシュナイダーコースに入り、沢を渡った先の❷尾根取付点から急登を開始する。山腹の急坂を終えて尾根筋に出ると、尾根は次第にやせ、露岩が目立つようになる。尾根の後半に現れる"かくれんぼ岩"の前後は木や岩、ロープをつかんでの激登りだ。❸分岐点に出るとほっとひと息。ヤセ尾根を伝って山頂を目指す。たどり着いた❹石狩岳は大パノラマ。❺石狩岳最高点を往復したら、慎重に往路を戻ろう。

プランニングのヒント 登山口までタクシーを利用する場合は、帯広駅からバス便のある上士幌町での前泊が便利。マイカーの場合は、登山口の駐車場で車中泊する人も多いようだ。テントを担いで歩ける健脚の人なら、石狩岳の北にある音更山を登って十石峠経由で下るのもいい。音更山〜十石峠間のブヨ沼にはテント場がある。ただし近くの水場は夏の後半以降、涸れていることもあるので十分な水を用意しておきたい。

尾根取付点までの沢沿いの道は上部で徒渉がある。通常は問題ないが、増水時は靴を濡らさないと渡れなくなる。

安全のヒント

尾根取付点から稜線の分岐点までは大変な急登が続く。特にかくれんぼ岩の前後のあたりからは、岩場やロープ場も交えて両手も総動員の登りとなる。あせらずにじっくりと高度を上げるとともに、下る際は滑落に注意したい。手を頻繁に使うので、手袋があると重宝する。石狩岳の稜線部や山頂付近にはヒグマが出没するといわれる。遠方にヒグマが見えた際は、いなくなるまで行動をストップするか、潔く引き返すのが賢明だろう。

山頂へと続くハイマツ帯の急登

鋭い山容が印象的な十勝連峰最北の山

オプタテシケ山

美瑛富士側から見たオプタテシケ山。山頂のすぐ左に見える双耳峰はトムラウシ山で、左遠方の残雪の峰々は大雪山系

三百

標高2013m

北海道

登山レベル:上級

技術度:★★★
体力度:★★★★★

日 程:前夜泊日帰り

総歩行時間:9時間40分

総歩行距離:18.8km

累積標高差:登り1602m
　　　　　　下り1602m

登山適期:7月中旬〜9月下旬

地形図▶1:25000「オプタテシケ山」
三角点▶三等

上級
中級
初級

オプタテシケ山

山の魅力

ラベンダーで知られる美瑛、富良野エリアの東側に連なる十勝連峰最北の山。美瑛から眺めた三角形の姿が印象的だ。この山の北側でいったん標高を下げた稜線は、トムラウシ山を経て大雪山系へとつながっている。歩行時間が長いため経験者向きのコースだが、稜線上は花咲く桃源郷のようだ。

>>> DATA

公共交通機関【往復】JR富良野線美瑛駅→タクシー（約30分）→美瑛富士登山口

マイカー 道央自動車道・旭川鷹栖ICから道道146・90号、国道237号、道道966号、涸沢林道などを経由して美瑛富士登山口先の無料駐車場まで約54km。

ヒント 美瑛駅から白金温泉までは道北バスの運行がある。1日5便程度と少ないが、白金温泉に前泊する際には利用できる。マイカーやレンタカーの場合、美瑛富士登山口に通じる涸沢林道は夏期の登山シーズンのみ通行可。林道入口のゲートは無施錠だが、ゲート通過後はきちんと閉めておこう。

問合せ先
美瑛町商工観光交流課　☎0166-92-4321
上川中部森林管理署　☎0166-61-0206
道北バス総合案内　☎0166-23-4161
美瑛ハイヤー　☎0166-92-1181

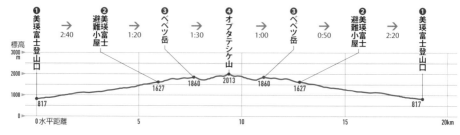

① 美瑛富士登山口　→ 2:40 → ② 避難小屋 美瑛富士　→ 1:20 → ③ ベベツ岳　→ 1:30 → ④ オプタテシケ山　→ 1:00 → ③ ベベツ岳　→ 0:50 → ② 避難小屋 美瑛富士　→ 2:20 → ① 美瑛富士登山口

標高3000m／817／1627／1860／2013／1860／1627／817
0水平距離　5　10　15　20km

欄外情報 立ち寄り温泉◎美瑛町国民保養センター:美瑛富士登山口からほど近い白金温泉にある町営の日帰り温泉。宿泊施設はない。☎0166-94-3016。入浴料300円。9時30分〜20時(冬期は〜18時)。月曜休。

コース概要 ❶美瑛富士登山口をスタートし、アカエゾマツの森を行く。緩急織り交ぜながら高度を上げると、道は山腹を斜上するようになり、岩がごろごろした天然庭園に到着する。次第に花々が目立つようになり、やがて❷美瑛富士避難小屋。ここにはテント場もある。小屋の先で左にコースを取り、石垣山の東斜面を通って❸ベベツ岳へ。ベベツ岳から岩場を慎重に下降し、急斜面を登り返したところが西峰で、もうひと頑張りすれば❹オプタテシケ山の頂だ。高度感あふれる狭い頂は大パノラマ。下りは往路を慎重に戻ろう。

プランニングのヒント 白金温泉街から美瑛富士登山口までは3.5kmほど。白金温泉に前泊しても、宿の車で登山口まで送迎してもらえない場合は往復で2時間以上のプラスとなり、日帰り登山はかなり難しくなる。美瑛富士避難小屋に泊まるつもりなら問題はないが、やはりマイカーやレンタカーでのアクセスに適したコースといえるだろう。

美瑛富士避難小屋近くの水場は、夏の終わりには涸れていることもある。なお、小屋の宿泊には携帯トイレが必要。

花と自然

Column

美瑛富士避難小屋からベベツ岳を経てオプタテシケ山に至る稜線上には数多くの高山植物が咲き誇る。イワブクロ、チシマギキョウ、エゾコザクラ、エゾイソツツジなど北海道らしい花がいっぱいだ。

チシマギキョウ（上）とイワブクロ（下）

10 オプタテシケ山

北海道
美瑛町

❶ 美瑛富士登山口

P

オヤウシナイ滝

アバレ川

・1096
・878

・1031

・1116

天然庭園

←2:20
2:40→

涸れ沢を横切る

盛夏には涸れる

美瑛富士避難小屋 ❷
美瑛富士キャンプ指定地

美瑛富士 ・1888

美瑛富士避難小屋から美瑛岳を経て望岳台まで約5時間

携帯トイレブースあり

美瑛富士避難小屋から十勝岳を経て望岳台まで約6時間

石垣山
1822

石垣山の東斜面を通過する

ベベツ岳 ❸
1860

←0:50
1:20→

←1:00
1:30→

西峰
1728

急斜面

きつい登り返し

岩場。下りは特に慎重に

双子池キャンプ指定地へ往復約3時間30分

オプタテシケ山 ❹
2013

双子池キャンプ指定地・トムラウシ山

・1249

新得町

オプタテシケ川

N

1:50,000

500　1000m

1cm＝500m
等高線は20mごと

美瑛岳
2052

望岳台　　十勝岳

活火山を体感しながら十勝連峰の最高峰へ

十勝岳
（とかちだけ）

百

標高2077m

北海道

登山レベル：中級

技術度：★★★
体力度：★★★

日　程：日帰り

総歩行時間：7時間35分

総歩行距離：16.3km

累積標高差：登り1451m
**　　　　　　下り1451m**

登山適期：7月上旬～8月下旬

地形図 ▶ 1:25000「白金温泉」
三角点 ▶ なし

望岳台から見る十勝岳（中央奥のいちばん高い山）。美瑛町、上富良野町、新得町の3町にまたがり、このエリアのシンボル的存在

🔺 山の魅力

富良野の平野から望む十勝連峰は、大雪山系ともども、北海道の屋根とよぶのにふさわしい。前十勝など噴煙を上げる火山やいくつもの火口を従えて鋭くそびえるのが盟主・十勝岳である。雄大で複雑な火山地形の中を歩くコースだが、足元には可憐な高山植物も見ることができる。

>>> DATA

公共交通機関【往復】JR富良野線美瑛駅→道北バス（約30分）→白金温泉バス停

マイカー　道央自動車道・旭川鷹栖ICから国道237号、道道966号、白金温泉を経由して、望岳台まで約54km。望岳台に無料駐車場あり（約50台）。

ヒント　バスはほかに、上富良野駅からの上富良野町営バス十勝岳線（1日4便）を吹上温泉保養センター白銀荘バス停で下車し、そこから登ることで紹介したコースに合流することができる。また、ふらのバスのラベンダー号が旭川駅～旭川空港～美瑛駅～上富良野駅～新富良野プリンスホテル間を1日8便ほど結んでいるので、旭川空港からはこれを利用すると便利。

問合せ先
美瑛町商工観光交流課　☎0166-92-4321
かみふらの十勝岳観光協会　☎0167-45-3150
道北バス総合案内　☎0166-23-4161
ふらのバス　☎0167-23-3131

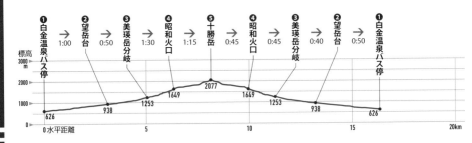

❶白金温泉バス停	→	❷望岳台	→	❸美瑛岳分岐	→	❹昭和火口	→	❺十勝岳	→	❹昭和火口	→	❸美瑛岳分岐	→	❷望岳台	→	❶白金温泉バス停
	1:00		0:50		1:30		1:15		0:45		0:45		0:40		0:50	

標高3000m / 2000 / 1000 / 0　水平距離

626　938　1253　1649　2077　1649　1253　938　626

5　　10　　15　　20km

欄外情報　山小屋◎十勝岳避難小屋：一般に開放されている無人小屋で、緊急時などに利用できるほか、休憩なども可。ただし宿泊する場合は、寝具や食料、水、炊事用具が必要となる。

コース概要 ❶白金温泉バス停から遊歩道を1時間ほど歩けば❷望岳台。その名のとおり十勝岳や美瑛岳、上富良野岳を正面に望むことができる。❸美瑛岳分岐を過ぎて十勝岳避難小屋まではゆるい火砕物帯の登りだが、小屋の脇からは急な尾根道となる。一段落したところが❹昭和火口で、右左に火口を見おろすことができる。広い砂礫帯の先には十勝岳が高くそびえている。しばらくは草木の見えないザレた道を行くが、すぐに急坂となり十勝岳の肩まではジグザグ道。ここから山頂までは火山岩が重なる登りにくい道で、山頂に近づくほどに急登となる。たどり着いた❺十勝岳の頂は大岩がゴロゴロし、すばらしい展望が広がる。下山は落石や転倒に注意するとともに、砂礫の場所は特に丁寧に歩きたい。

プランニングのヒント 望岳台までマイカーかタクシーを利用すれば往復で約2時間、時間短縮が図れる。また、ヒントで触れた白銀荘から登っても歩行時間に差はない。

昭和火口から先は火山礫の砂漠エリアとなっている。広くて迷いやすい地形なので、視界が悪いときは気をつけよう。

サブコース

十勝岳往復ではもの足りない向きには美瑛岳を経由して下山するコースがおすすめ。大きな起伏のある主稜線を行く気分のいい道だ。美瑛岳付近はすばらしいお花畑が広がる。ただし、美瑛岳分岐までの下り道が急坂の悪路だ。十勝岳〜美瑛岳〜美瑛岳分岐間は約4時間40分(中級・健脚向き)。

一面に広がる美瑛岳のお花畑

11

十勝岳

右図へ
白金コース
第二展望台
第三展望台
北海道
美瑛町
❷望岳台
防災シェルターがある
硫黄沢川
美瑛岳分岐
❸
1258
富良野川
九条武子歌碑
吹上温泉
十勝岳避難小屋
岩につけられたペンキ印を頼りに登る
❶白金温泉バス停
JR美瑛駅
旭川空港
観光案内所
国立大雪青少年交流の家
遊歩道
オプタテシケ山〜トムラウシ山
第一展望台
左図へ
遊歩道
硫黄沢川
ウグイス谷

吹上温泉保養センター白銀荘
吹上露天の湯
上富良野町

十勝岳から美瑛岳を経由して美瑛岳分岐まで約4時間40分
雲ノ平
勝瑛ノ滝
北向沢
ポンピシカリ

美瑛岳
2052

荒々しい十勝岳の姿が眺められる

0:45
1:30
❹昭和火口
北向火口
スリバチ火口
広い場所で、ガス発生時は方向を見失いやすい
新得町
ドメット川

1:50,000
0 500 1000m
1cm=500m
等高線は20mごと
大正火口
1646
62-II火口
前十勝
グラウンド火口
❺
十勝岳
2077
鋸岳
平ヶ岳
広い稜線歩きだが、ガス発生時は道がわかりづらい

岩礫のきつい尾根登り
上ホロカメットク山・富良野岳へ
十勝岳新得コース登山口へ

鋭いスタイル、花咲く独立峰の頂に立つ

ニペソツ山
（やま）

二百

標高2013m

北海道

登山レベル：上級

技術度：★★★★
体力度：★★★★★

日　程：前夜泊日帰り

総歩行時間：10時間50分

総歩行距離：25km

累積標高差：登り1799m
**　　　　　下り1799m**

登山適期：6月下旬～9月下旬

地形図▶1：25000「ニペソツ山」
三角点▶なし

天狗岳付近から見たニペソツ山。花咲く気持ちのいい稜線歩きが楽しい。ヤセ尾根が続くので行動は慎重に

🔺 山の魅力

トムラウシ山の南東、石狩岳の南に位置する、北海道で最も東の2000m峰。槍のように尖ったかっこいい山容のうえに山上には数多くの高山植物が咲き競

い人気が高い。深田久弥が『日本百名山』執筆後にこの山に登り、ニペソツには申し訳なかった、と別の著書に記したことはよく知られるエピソードだ。

>>> DATA

公共交通機関【往復】JR根室本線帯広駅→十勝バスまたは北海道拓殖バス（約1時間10分～1時間20分）→上士幌交通ターミナル→タクシー（約1時間10分）→林道ゲート

マイカー　道東自動車道・音更帯広ICから国道241・273号などを経由して林道ゲートまで約70km。駐車スペースは2カ所・約15台。

ヒント　日帰りとして紹介したが、休憩時間を入

れると12時間近い長丁場だけに、前天狗キャンプ指定地での1泊がベスト。最低地上高の高い車なら登山口まで車で入れ、歩行時間が1時間短縮できる。

問合せ先

上士幌町商工観光課	☎01564-2-4291
十勝西部森林管理署東大雪支署（林道状況）	☎01564-2-2141
十勝バス（帯広駅）	☎0155-23-5171
北海道拓殖バス	☎0155-31-8811
上士幌タクシー	☎01564-2-2504

標高断面図：

①林道ゲート (680) →0:30→ ②登山口 (811) →1:10→ ③三条沼 (1157) →1:40→ ④1662mピーク (1662) →1:10→ ⑤キャンプ指定地 (1869) →1:30→ ⑥ニペソツ山 (2013) →1:10→ ⑤キャンプ指定地 (1869) →0:50→ ④1662mピーク (1662) →1:20→ ③三条沼 (1157) →1:00→ ②登山口 (811) →0:30→ ①林道ゲート (680)

標高3000m／2000m／1000m／0
0 水平距離　5　10　15　20　25km

欄外情報　立ち寄り温泉◎幌加温泉湯元 鹿の谷：林道ゲート近くにある一軒宿。自炊のみの宿で、一人1泊5000円（布団付き）。標準的な調理器具や食器、調味料あり。☎01564-4-2163。入浴料600円。9～18時。

コース概要 ❶林道ゲートから林道歩きで❷登山口へ。登山道に入り標高を上げていくが、❸三条沼まではぬかるみや水たまりなど歩きづらい箇所がある。三条沼からさらに登るとやがて展望台に出る。シャクナゲとダケカンバの道を登って❹1662mピークを越え、急登を交えていくと稜線上の前天狗にある❺キャンプ指定地に着く。ここから下ると天狗平。天狗岳へと登り返していったん下り、最後の登りにかかる。気持ちのよい稜線を歩き、左へ大きく方向を変えると好展望の❻ニペソツ山山頂だ。下山は往路を慎重に引き返そう。

プランニングのヒント ニペソツ山の貴重種、トカチビランジが咲くのは7月下旬〜8月上旬頃だが、崖上に咲くため近づいての観察は困難。ツクモグサの場合は例年6月上旬頃になる。この頃はまだ残雪が多い。なお、登山口までタクシーを利用してアクセスする際は、登山口近くの幌加温泉湯元鹿の谷(P36欄外参照)での前泊が便利。

前天狗キャンプ指定地(10張弱)は混雑する。その際は、十六ノ沢コース側へ1時間ほど下った天狗のコルのキャンプ指定地(2〜3張)を利用する手もある。

花と自然

ニペソツ山の山上部には、生息エリアが極めて限定されているトカチビランジ、ツクモグサなどの貴重な高山植物が咲く。これらの花だけを求めて登る人も少なくないが、7〜8月なら他の花もいろいろ見られる。

ツクモグサ(上)とミヤマアズマギク(下)

12

ニペソツ山

12 ニペソツ山

1:50,000

0　500　1000m
1cm=500m
等高線は20mごと

登山口への林道が通行止めのため、実質的に通行不可。開通は未定

林道は長期通行止め

新得町

小天狗・1681

天狗のコル

前天狗 1888
携帯トイレブース

❺キャンプ指定地

天狗岳 1868
天狗平

天狗岳は北西側を歩く

・1536

レ状の稜線を歩く。
リップ注意

❹1662mピーク

展望台

1472・

幌加温泉コース

❸三条沼

ぬかるみ

・1111

登山口

下図へ

杉沢橋

杉沢出合登山口

糠平国道

音更川

・1618

・1080

・1293

・1625

・1416

・847

北海道
上士幌町

❻ニペソツ山
2013▲

・1523

・1329

ぬかるみや段差のある林道

❷登山口

上図へ

ユウンナイ川

幌加温泉湯元 鹿の谷
立ち寄り入浴可

・937

❶林道ゲート

幌加温泉 673

分岐に標識あり

国道39号

国道273号
糠平・帯広

困難な徒渉を繰り返し、日高山脈最高峰の頂に立つ

幌尻岳
（ぼろしりだけ）

標高2052m

北海道

登山レベル：**上級**

技術度：★★★★★
体力度：★★★★

日　程：**2泊3日**

総歩行時間：**18時間**

| 1日目：**4時間30分** |
| 2日目：**9時間20分** |
| 3日目：**4時間10分** |

総歩行距離：**29.1km**

累積標高差：登り**2381m**
　　　　　　下り**2381m**

登山適期：**7月上旬～9月中旬**

地形図▶1：25000「幌尻岳」
　　　　「ヌカンライ岳」「二岐岳」
三角点▶二等

新冠側からの道が合流する頂
上直下を行く。長かった道も
あとわずかだが、帰りも気が
抜けない

🗻 山の魅力

日高山系の最高峰。カールとお花畑、原生の森と北海道らしい山旅が味わえる。その分、アプローチは長く、避難小屋利用（幌尻山荘）の山行となる。食料や寝具、炊事用具が必要だ。幌尻山荘までは額平川を遡って十数回の徒渉があるが、これも北の山らしい難易度の高い山登りといえる。

>>> DATA

公共交通機関【往復】JR日高本線鵡川駅→道南バス（約1時間30分・富川大町で乗り換え）→振内案内所→タクシー（約20分）→とよぬか山荘→シャトルバス（約1時間）→林道第二ゲート

マイカー　日高自動車道・日高富川ICから国道237号、道道71・845・638号を経由してとよぬか山荘の駐車場（無料）まで約58km。山荘でシャトルバスに乗り換える。

ヒント　富川大町へは、札幌から道南バス「高速ペガサス号」が1日3便運行している。シャトルバスととよぬか山荘および幌尻山荘の宿泊は、とよぬか山荘に事前予約すること。

問合せ先

平取町観光商工課	☎01457-3-7703
とよぬか山荘	☎01457-3-3568
道南バス平取営業所	☎01457-2-2311
振内交通	☎01457-3-3021
平取ハイヤー	☎01457-2-3181

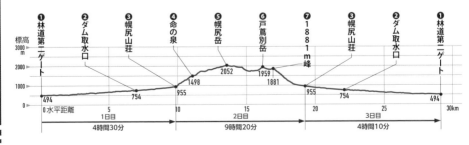

標高（m）

❶林道第二ゲート 494
❷ダム取水口 754
❸幌尻山荘 955
❹命の泉 1498
❺幌尻岳 2052
❻戸蔦別岳 1959
❼1881m峰 1881
❸幌尻山荘 955
❷ダム取水口 754
❶林道第二ゲート 494

0水平距離　5　10　15　20　25　30km
1日目　　　　2日目　　　　3日目
4時間30分　9時間20分　4時間10分

欄外情報　山小屋◎幌尻山荘：ハイシーズンは管理人が常駐しているが、シャトルバスと同様に完全予約制。利用料一人2000円。別途、トイレ使用料一人1000円。食料や炊事用具は必携だが、寝具は有料貸出あり。予約はとよぬか山荘まで。

コース概要

シャトルバス終点の**❶林道第二ゲート**から林道を歩き、**❷ダム取水口**から登山道に入る。額平川沿いの道は途中から本流を右へ左へと何度も徒渉することになり、幌尻山荘までの徒渉が幌尻岳登山の核心ともいえる。**❸幌尻山荘**からは**❹命の泉**を経て**❺幌尻岳**、**❻戸蔦別岳**と周回する。高山植物と氷河圏谷を巡る尾根の縦走だ。戸蔦別岳から**❼1881m峰**を経て**❸幌尻山荘**への下りの後半は数回の徒渉があるので、こちらも注意が必要。帰路は往路の額平川を下るが、増水時は通行不能になるので、日程には余裕がほしい。

> ダム取水口から先の登山道は、川べりの細い道なので細心の注意が必要。熊除け鈴などのヒグマ対策もしっかりと。

プランニングのヒント

徒渉に備え、登山靴とは別に沢登り用の靴を用意するといい。日程や天気次第で戸蔦別岳を割愛して幌尻岳往復とした場合、幌尻山荘1泊ですませることも可能だが、やや健脚向きだ。なお、幌尻岳南側の新冠ポロシリ山荘からも登山道が延びている。林道歩きが大変長いが、基本的に徒渉はないコースだ。

花と自然

日高山脈には氷河期の名残ともいえるカール（氷河に削られた椀状の谷。圏谷）がたくさん残されている。幌尻岳には北カールのほかにも東カール、七ツ沼カールがあり、戸蔦別岳にもAカール、Bカールなどがあって稜線からはっきりと見ることができる。豊富な残雪から流れ出す川や池などがよくわかることだろう。七ツ沼カール（テント泊は道の許可が必要）は「日本の地質百選」にも選定されている。また、カールはヒグマやシカなどの楽園ともなっている。

稜線から見た幌尻岳の北カール

13 幌尻岳

❶ 林道第二ゲート

ここまでシャトルバスが入る

奥幌尻橋

額平林道

苫茶古留志山 △997

幌振橋

2:10 2:20

チロロ川本流ゲート

二岐沢・二ノ沢出合

日高町

帯広市

1856

1630

ヌカビラ岳 △1808

トツタの泉

徒渉の連続。増水時通行不可

北戸蔦別カール

1912

❼1881m峰

六ノ沢出合までひたすら急斜面の下り

北戸蔦別岳

戸蔦別カール

1881

0:30

0:20

1959

平取町

ダム取水口 ❷

ここまでは林道歩き

1359

洗心ノ滝

幌尻山荘 **❸**

幌尻山荘

2:00 2:10

六ノ沢出合

2:30 3:40

戸蔦別岳 ❻

1:20 1:50

命の泉 ❹

テント泊禁止

1766

七ツ沼カール

花多い

1:40 2:30

N

1:66,000

0 500 1000m
1cm＝660m
等高線は20mごと

ヌカンライ岳 △1518

北海道 新冠町

1627

四ノ沢出合〜幌尻山荘間は徒渉が連続する。増水時通行不可

北カール

1829

急斜面の登りが続く

2:30 2:10

ガス時迷いやすい

肩

新冠ポロシリ山荘

幌尻岳 ❺

2052

東カール

日本三百名山最難関の山のひとつ"カムエク"

カムイエクウチカウシ山

二百

標高1979m

北海道

登山レベル：**上級**

技術度：★★★★★
体力度：★★★★★

日　程：前夜泊2泊3日

総歩行時間：**17時間40分**

| 1日目：4時間 |
| 2日目：9時間40分 |
| 3日目：4時間 |

総歩行距離：**31.6km**

累積標高差：登り**2507m**
　　　　　　下り**2507m**

登山適期：**7月上旬〜10月上旬**

地形図▶1：25000「札内川上流」
三角点▶一等

帯広側から眺めたカムイエク
ウチカウシ山（中央の鋭峰）。
登行欲をそそる三角錐形の美
しいスタイルが印象的だ

🏔 山の魅力

日高山脈のほぼ中央にそびえる三角錐形の美しい山で、日高山脈では幌尻岳に次いで第2の高峰。"カムエク"の愛称を持つ。三百名山のなかでは最難関の山のひとつといわれ、徒渉、沢登り、雪渓歩き、ルートファインディングなど高度な技術が要求される。その分、山頂に立ったときの喜びもまた格別だ。

>>> DATA

公共交通機関【往復】JR根室本線帯広駅→タクシー（約1時間10分）→札内川ヒュッテ。または、とかち帯広空港→タクシー（約50分）→札内川ヒュッテ

マイカー 帯広・広尾自動車道・帯広川西ICから国道236号、道道55・111号を経由して札内川ヒュッテまで約60km。とかち帯広空港からは、道道109号、国道236号、道道55・111号を経由して約40km。ヒュッテから約1km先の林道ゲートの無料駐車場を利用する。

ヒント 公共交通機関利用の場合、帯広駅または空港から札内川ヒュッテに向かう途中の中札内村までは十勝バスが運行しているが、村内には宿が少なく、タクシー会社もないため、駅か空港から直接、レンタカーやタクシーで向かったほうが効率的だろう。

問合せ先
中札内村産業課　　　　　☎0155-67-2495
日高山脈山岳センター　　☎0155-69-4378
十勝バス（帯広駅）　　　☎0155-23-5171

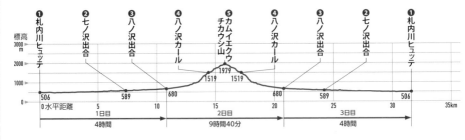

標高 3000m 2000 1000 0

①札内川ヒュッテ 506 — ②七ノ沢出合 589 — ③八ノ沢出合 680 — ④八ノ沢カール — ⑤カムイエクウチカウシ山 1979／1519 1519 — ④八ノ沢カール 680 — ③八ノ沢出合 589 — ②七ノ沢出合 — ①札内川ヒュッテ 506

水平距離 0　5　10　15　20　25　30　35km
1日目（4時間）　2日目（9時間40分）　3日目（4時間）

欄外情報 山小屋◎札内川ヒュッテ：林道ゲートの手前に立つ無人の山小屋。利用料は無料。トイレ、シンク、ストーブ、薪などはあるが、水道施設はない。問い合わせは中札内村産業課まで。

コース概要 ❶札内川ヒュッテからトンネルを抜け、林道を歩く。❷七ノ沢出合から沢歩きになるが、林道ゲートからここまで自転車で来る人も多い。広い沢筋を行くと❸八ノ沢出合。ここから八ノ沢を遡る。雪渓や滝の高巻きに注意しつつ高度を上げれば、❹八ノ沢カールに到着する。福岡大生の追悼レリーフに黙祷し、踏み跡をたどって稜線に出る。ハイマツの茂る急峻な岩尾根をたどれば❺カムイエクウチカウシ山の頂だ。下りは往路を慎重に戻る。

プランニングのヒント このコース紹介では八ノ沢出合にテントを張り、できるだけ軽いザックで往復するパターンを想定したが、八ノ沢カールにテントを張る人も少なくない。カールはヒグマの縄張りともいわれるが、山々に囲まれた絶好のロケーションだ。この場合は1泊2日の行程となる。八ノ沢出合にテントを張る場合も、足の強い人なら下山後にテントを撤収してそのまま札内川ヒュッテに戻ることもできる。

1970年、九州の大学の5人パーティのうち3人がヒグマに襲われ命を落とす遭難が起きている。ヒグマ対策も入念に。

安全のヒント

このコースは明確な登山道はなく、八ノ沢カールの手前までほぼ沢登りスタイルとなる。七ノ沢出合から八ノ沢カールまでは渓流靴か地下足袋、カールから先は登山靴で登る人が多い。高難度の滝登りなどはないが、徒渉や高巻き、雪渓歩きの際はルートファインディング能力がコースタイムを左右する。GPSを活用したい。増水にも注意が必要だ。ハイマツのなかの踏み跡をたどる部分もあってズボンが傷みやすいので、やや厚手の履き古したもので歩くといい。

八ノ沢の雪渓。踏み抜きに注意したい

14 カムイエクウチカウシ山

北海道
中札内村 △1628

増水に注意してテントを張りたい

八ノ沢出合 ❸

徒渉や水量によっては高巻きを繰り返す

八ノ沢カールまでは沢登りの要素が強い

・1903
1732
・1730

三股

←4:00→
3:00→

・1320 ・1200

2:00←

下山時、下る方向を間違えないように

❺カムイエクウチカウシ山
△1979

❹八ノ沢カール
追悼レリーフ
急坂 コル
←1:40→
1:00→ 1853 ・1807

狭い岩尾根。滑落に要注意

新ひだか町

・1227
七ノ沢出合 ❷

・1134

・813

ここまで林道

←2:00→

ひたすら林道を歩く

左図へ

・933

林道ゲート
P あかしや
トンネル

またたび橋

札内川ヒュッテ ❶
山岳センター・中札内市街

・748
・1065 ・1146

N

1:65,000
0　500　1000m
1cm=650m
等高線は20mごと

・1407
・1194

上図へ

14

カムイエクウチカウシ山

3つのカールを抱える、南日高の女王

ペテガリ岳

標高1736m

北海道

登山レベル：上級

技術度：★★★★
体力度：★★★★★

日　程：前夜泊2泊3日

総歩行時間：18時間20分

1日目：3時間50分

2日目：10時間50分

3日目：3時間40分

歩行距離：32.5km

累積標高差：登り2922m

下り2922m

登山適期：6月下旬～9月下旬

地形図▶1：25000「ピリガイ山」
三角点▶二等

山頂へと続く西尾根からペテガリ岳を望む。山頂へと続く登山道が見えているが、これが最後の標高差500mの登りとなる

上級
中級
初級

ペテガリ岳

🏔 山の魅力

厳冬期登山の難しさから、かつては"遙かなる山"ともよばれた南日高の盟主。現代の、しかも夏であってもそう簡単な山ではなく、一般登山者なら避難小屋に2～3泊しなければその頂を往復することはできない。氷河の侵食作用によってできたカールを3つもち、"南日高の女王"の別名もある。

>>> DATA

公共交通機関【往復】道南バス「高速ペガサス号」荻伏市街バス停→タクシー（約1時間・要予約）→神威山荘

マイカー　日高自動車道・日高厚賀ICから道道208号、国道235号、道道348号、元浦川林道を経由して、神威山荘まで約90km。神威山荘に数台分の駐車場（無料）。神威山荘の700～800m手前の路肩にも駐車可。

ヒント　荻伏市街へは、札幌から道南バス運行の「高速ペガサス号」を利用する。元浦川林道は路肩崩壊

等で通行止めになることがある。道路状況を事前に役場等で要確認。

問合せ先

新ひだか町まちづくり推進課 ☎0146-49-0294
浦河町商工観光課 ☎0146-26-9014
道南バス（高速ペガサス号） ☎0146-42-1231
三石ハイヤー（新ひだか町） ☎0146-33-2616
日交ハイヤー（浦河町） ☎0146-22-3151

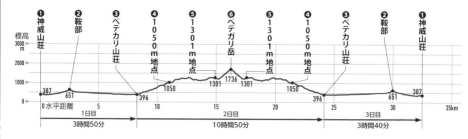

標高
3000
m
2000
1000
0

① 神威山荘　② 鞍部　③ ペテガリ山荘　④ 1050m地点　⑤ 1301m地点　⑥ ペテガリ岳　⑤ 1301m地点　④ 1050m地点　③ ペテガリ山荘　② 鞍部　① 神威山荘

387　651　396　1050　1301　1736　1301　1050　396　651　387

0 水平距離　5　10　15　20　25　30　35km

1日目　3時間50分　｜　2日目　10時間50分　｜　3日目　3時間40分

欄外情報 立ち寄り温泉◎静内温泉：国道235号からすぐ。旧東静内駅から約4kmの場所にある新ひだか町営温泉。☎0146-44-2111。入浴料550円。10～22時。月曜休（祝日の場合は翌日休）。

1日目 元浦川林道を❶**神威山荘**から少し戻り、林道分岐からニシュオマナイ川へと下る。ここが最初の徒渉となるが、この先は支流を遡るため、唯一の徒渉らしい徒渉となる。徒渉後はしばらく支流沿いを歩き、やがて細い沢を詰めていく。水量は少なく、踏み跡もはっきりしている。要所には目印の赤テープなどもあるので、迷うことはないだろう。水量次第で登山靴で歩くこともできるが、ここはやはり、沢登りシューズのほうが安定して歩けるはず。

小滝を過ぎ、泥状の道から笹の斜面を登れば❷**鞍部**で、ここからは反対側に下る。出合った沢を渡って林道に出ると、あとは林道をひたすら歩くのみ。最後に橋を渡って1kmほどで❸**ペテガリ山荘**だ。

2日目 本日は、ペテガリ岳を往復するだけだが、ペテガリ山荘からペテガリ岳山頂まで単純標高差だけでみても1300m以上ある。途中には登り返しが何度もあって、標高差以上に登りがいを感じることだろう。危険箇所はないものの、ひたすら体力勝負の道。途中に水場はないので、暑い時期なら十分すぎるほどの水を用意しておこう。

❸**ペテカリ山荘**横の木製の登山口看板から山に入る。少しの間、小沢沿いに進み、砂防ダムの先から山腹の斜面に取り付く。ジグザグの急斜面が続くが、道はしっかりしていて登りやすい。やがて尾根筋となり、しばらく登ると❹**1050m地点**に到着する。主稜線のヤオロマップ岳や独特のスタイルを持つ1839m峰が望めるだろう。

ここから1301m地点までは何度も登り下りを繰り返す疲れる道。山頂までの最後の登りに備えて余力を残すためにも、あせらず着実に歩きたいところだ。

やがて山頂までの最後のピーク、❺**1301m地点**。いったん急下降し、鞍部か

> ペテガリ岳の往復は早発ちが原則だが、ヒグマを視認しづらい暗い時間に歩き出すのは避けたほうがいいだろう。

> ペテガリ岳の登りでは何度か笹原を歩く。こうした場所にはダニが多く、下山後は体のチェックを忘れないように。

歩行時間が長く、神威山荘からペテカリ山荘への途中の鞍部までは、困難ではないとはいえ沢歩きもしなくてはならず、ザックの軽量化は一つのポイントとなる。真夏ならシュラフを持たずにシュラフカバーにするなど、あらゆる部分で少しずつの軽量化を図りたい。また、初日スタート直後のニシュオマナイ川の徒渉は沢登りシューズやズック、サンダルなどが必要になる。その後は水量次第だが、鞍部の前後は沢登りシューズで歩くのがおすすめ。

鞍部下の小沢を登る

ら標高差500mの最後の登りに突入する。

この急登はほぼ一直線。ぐんぐん高度が上がる快感もあるが、ペテガリ岳最大の難所ともいえる。笹をつかんで体を引き上げるような場所も現れるので、とにかく一歩一歩確実に刻んでいきたい。

周囲はやがて笹の斜面からダケカンバ、そしてハイマツの原へと変わり、徐々に景色も開けてくる。山頂はもう間近。ひと頑張りで❻**ペテガリ岳**の待望の頂だ。

たどり着いた山頂は大パノラマ。鋭峰が

ペテカリ山荘付近の林道を歩く

山頂付近から眺めた日高山脈の主稜線

ペテガリ岳登山の出発点、神威山荘

重なり合う日高山脈の眺めには、誰もが感動をおぼえることだろう。

山頂からは往路を戻るが、長い下りが待っている。山頂で十分休むとともに、ストックをフルに活用し、今宵再び宿泊する❸ペテガリ山荘（さんそう）まで丁寧に下りたい。

3日目 ❸ペテガリ山荘から❶神威山荘（かむいさんそう）まで往路を戻るだけの日。とはいえ、❷鞍部（あんぶ）からの小沢の下りはくれぐれも慎重に。また、雨天時には、ニシュオマナイ川などの急な増水に十分気をつけよう。

プランニングのヒント

神威山荘から鞍部を越えてペテカリ山荘までの道は片道4時間前後で、2日目のペテガリ岳登頂後、そのまま神威山荘まで戻りたくなるが、ペテカリ山荘からの山頂往復は10時間以上見ておく必要があり、よほど強靭な脚力の持ち主でない限りはその日のうちに神威山荘まで戻るのは難しい。

ペテカリ山荘へは静内ダムから車道が通じているが、通行できるのは地元の関係者だけで、一般車は通行できない。神威山荘を経由せずにペテカリ山荘までアプローチできるのはこの道路だけだが、静内ダムゲートから東の沢林道ゲートを経由してペテカリ山荘まで約40kmを歩かなければならず、現実的な選択とはいえない。

なお、アクセスのヒントでも触れたが、元浦川林道は路肩崩壊等で通行止めになることがあり、その場合、元浦川林道ゲートから神威山荘まで約13kmを歩かなければならない。4時間前後スケジュールが狂うことになるので、林道の道路状況については山行の直前に浦河町役場に確認しておくといいだろう。

サブコース

実質的に、ここで紹介したコース以外に一般登山者が歩けるコースはない。ペテガリ岳の東側、大樹町のペテガリ橋からポンヤオロマップ岳を経由してペテガリ岳山頂へと至る東尾根や、ペテガリ岳の南北に連なる主稜線を歩いた記録はブログなどでも散見するが、いずれも、テントや食料、大量の水を担ぎ、けっして明瞭とはいえない登山道を数日間歩くこととなり、北海道の山を知り尽くした熟練者のみが挑戦できるコースだ。むしろ、神威山荘を拠点として神威岳に登る（P46〜47）ほうが、サブコースとはいえないものの、より実際的といえる。けっして楽なコースではないが、日高の名山を二山登るプランは魅力的だ。

山小屋情報

●神威山荘：元浦川林道終点。要協力金。☎0146-22-3953（浦河町ファミリースポーツセンター）。　●ペテカリ山荘：ペテガリ岳登山口。要協力金500円。☎0146-49-0294（新ひだか町まちづくり推進課）。　※いずれも無人の避難小屋であり、宿泊には寝具や食料、炊事用具、ヘッドランプなどの準備が必要となる。

初日はペテカリ山荘までなので、10時頃までに歩き出すことができるなら神威山荘に前泊する必要はない。

上級 中級 初級 ペテガリ岳

・742

・1224

・1054

・1647

大樹町

ポンヤオロマップ岳

大パノラマ

6 ペテガリ岳

1736

1573

東尾根

北海道

新ひだか町

登り下りを何度も繰り返す。
非常に疲れる道

1293

両手も総動員の急斜面

1:10
1:30

2:10
2:40

1050m地点 **4** 1050

展望が開ける

1301

5 1301m地点

1:20
2:00

ジグザグの急斜面

山頂への余力を残すため、
このあたりは急がずじっくりと

コイカクシュサツナイ川

3 ペテカリ山荘

車の通れる林道だが、
関係者以外通行不可

ベッピリガイ山
△1307

中ノ岳
1519

・743

長い林道を歩く。徒渉はない

・825

1445

2:20
2:30

徒渉

ベッピリガイ沢川

笹の斜面を登る

776

支流を詰めていく。
水量は少なめ

931

2
鞍部

・1061

広い沢の徒渉。登山靴の場合なら、
ズックで渡ってからズックをこの
あたりにデポしておくといいが、
この徒渉から鞍部を越えた先の林
道までは沢登りシューズが歩きや
すくておすすめ

林道分岐

P

1:30
1:10

1 神威山荘

P

ニシュオマナ
イ川

神威山荘（P46

浦河町

・912

・665

元浦川林道

・1250

徒渉を繰り返す

N

1:50,000

500   1000m

1cm=500m
等高線は20mごと

国道235号

"神の山"の名を持つ山はコースの3分の2が沢歩き

神威岳
（かむいだけ）

三百

標高1600m

北海道

登山レベル：**上級**

技術度：★★★★
体力度：★★★★

日　程：前夜泊日帰り

総歩行時間：**8時間40分**

総歩行距離：**11.3km**

累積標高差：登り**1351m**
　　　　　　下り**1351m**

登山適期：**6月下旬〜9月下旬**

地形図▶1：25000「神威岳」「元浦川上流」
　　　　「ピリガイ山」

三角点▶二等

主稜線から見上げた神威岳（左のピーク）。ときどきのお花畑を交えながらハイマツ帯を登っていく

山の魅力

同名の山は北海道内にいくつもあるが、その最高峰。神威岳の意は"神の山"（アイヌ語はカムイヌプリ）で、ソエマツ岳、ピリカヌプリとともに、南日高三山とよばれることもある。コースは沢登りの要素も含まれ、また、急勾配の長い登りが続くため、強い体力とルートファインディング技術が要求される。

>>> DATA

公共交通機関【往復】道南バス「高速ペガサス号」荻伏市街バス停→タクシー（約1時間・要予約）→神威山荘

マイカー　日高自動車道・日高厚賀ICから道道208号、国道235号、道道348号、元浦川林道を経由して、神威山荘まで約90km。神威山荘に数台分の駐車場（無料）。神威山荘の700〜800mほど手前の路肩にも駐車可。

ヒント　荻伏市街へは、札幌から道南バス運行の「高速ペガサス号」を利用する。元浦川林道は路肩崩壊等で通行止めになることがある。道路状況を事前に役場等で要確認。

問合せ先

浦河町商工観光課	☎0146-26-9014
道南バス（高速ペガサス号）	☎0146-42-1231
三石ハイヤー（新ひだか町）	☎0146-33-2616
日交ハイヤー（浦河町）	☎0146-22-3151

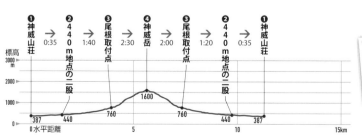

標高
3000m

2000

1000

❶神威山荘 387 →0:35 ❷440m地点の二股 440 →1:40 ❸尾根取付点 760 →2:30 ❹神威岳 1600 →2:00 ❸尾根取付点 760 →1:20 ❷440m地点の二股 440 →0:35 ❶神威山荘 387

0 水平距離　　　5　　　10　　15km

山頂付近からの日高山脈

欄外情報　立ち寄り温泉◎みついし昆布温泉蔵三（くらぞう）：国道235号沿い。船の形をした海舟露天風呂から目の前の太平洋が望める。☎0146-34-2300。入浴料550円。10〜22時。無休。

コース概要

❶神威山荘（かむいさんそう）から少し林道を歩くとニシュオマナイ川の河原に出る。ここが最初の徒渉点だ。川を渡ってしばらく右岸（上流から見て右の岸）の踏み跡を行くと、❷440m地点の二股（ちてんふたまた）に出る。本流をまっすぐ進む形で歩き、何度も徒渉を繰り返す。徒渉地点には赤テープなどで目印が付けられているので注意して歩こう。しばらく沢を詰めると標高710m地点の二股で、右に行けばほどなく❸尾根取付点（おねとりつきてん）だ。ここからは猛烈な急坂が始まる。両手もフル動員してのつらい登りとなることだろう。やっとの思いで主稜線に出て、最後の急登をこなすと❹神威岳（かむいだけ）のパノラマの頂だ。下りは往路を戻るがくれぐれも慎重に。

プランニングのヒント

前泊する場合、浦河市街近辺で宿泊すれば炊事などの手間が省けるが、神威岳の往復はほぼ丸一日かかる。少しでも余裕をもって歩きたい場合は神威山荘に前泊するのがベストだろう。余分な荷物は山荘にデポして神威岳を往復しよう。

神威山荘は避難小屋（要協力金）であり、宿泊する場合は、寝具や炊事用具、ヘッドランプなどの準備が必要となる。

安全のヒント

神威山荘から尾根取付点までの沢沿いの道は徒渉箇所が何度も現れる。沢登りシューズを履いたほうが効率よく快適に歩ける。沢登りシューズは尾根取付点にデポし、ここから登山靴に履き替えるといい。このコースは、コース全体の3分の2が沢歩きとなるので、増水には十分な注意が必要だ。少しでも増水すると徒渉は困難になる。前日に強い雨だったり、当日に雨予報があるとき、沢の水に濁りが見られるときなどは入山を中止しよう。

ニシュオマナイ川を徒渉する

16 神威岳

ベテカリ山荘（P42）

新ひだか町

776

1493

友七の沢川

本流と支流を間違えないように

最初の徒渉点。ここからしばらく右岸を歩く

1244

大樹町

❷440m地点の二股

710m地点の二股

←0:35→

1:20
1:40

ニシュオマナイ川

500

沢登りシューズはここにデポする

林道分岐

❶神威山荘

尾根取付点❸

主稜線までヤブに覆われた猛烈な急坂が続く

元浦川林道

•665

2:00
2:30

国境稜線分岐

1000
1100
1200
1300
1400
1500

△1600

北海道
浦河町

•1250

❹神威岳

440m地点の二股から710m地点の二股まで、赤テープなどを目印に何度も徒渉を繰り返す。増水時注意

N

1:50,000

0   500   1000m
1cm＝500m
等高線は20mごと

•859

•956

荒々しい岩壁とお花畑に目を見張る

芦別岳
（あしべつだけ）

二百

標高**1726**m

北海道

登山レベル：**中級**

技術度：★★
体力度：★★★★

日　程：**日帰り**

総歩行時間：**7時間50分**

総歩行距離：**13km**

累積標高差：登り**1549**m
　　　　　　下り**1549**m

登山適期：**6月下旬〜10月下旬**

地形図▶1：25000「芦別岳」
三角点▶二等

山麓から眺めた芦別岳（中央奥）。北海道では珍しいアルペン的な風貌に人気が集まっている

⛰ 山の魅力

山頂周辺のお花畑と、北海道では珍しい岩壁の連なりに魅了される山。見る方角によっては「北海道の槍」などとも称され、アルパインクライマーも多くやってくる。かつては、北斜面のユーフレ川沿いの上級コース（旧道）のみだったが、近年は危険箇所の少ない新道がメインコースとなった。

>>> DATA

公共交通機関【往復】JR根室本線山部駅（2024年廃駅予定）→タクシー（約10分）→山部自然公園太陽の里

マイカー　道央自動車道・滝川ICから国道38号→富良野市山部→道道706号で山部自然公園太陽の里まで約70km。登山口の前に約10台分の駐車場がある。

ヒント　JR山部駅から太陽の里まで徒歩だと約50分。園内にある太陽の里ふれあいの家では食事付きの宿泊ができ、また、キャンプ場は無料で利用できる。

問合せ先

富良野市商工観光課　☎0167-39-2312
山部自然公園太陽の里キャンプ場
　　　　　　　　　　☎0167-42-3445
富良野タクシー　　　☎0167-22-5001
中央ハイヤー　　　　☎0120-414-818

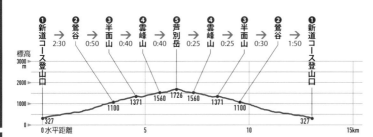

❶新道コース登山口		❷鴬谷		❸半面山		❹雲峰山		❺芦別岳		❹雲峰山		❸半面山		❷鴬谷		❶新道コース登山口
	2:30		0:50		0:40		0:40		0:40		0:25		0:25		0:30		1:50	

標高
3000m
2000
1000
0

327　　1100　1371　1560　1726　1560　1371　1100　　327

0水平距離　　　5　　　10　　15km

雲峰山から振り返った屏風岩

欄外情報　自然◎運がよければホンドオコジョよりひとまわり大きいエゾオコジョに出会える。雲峰山周辺の岩場やハイマツの間から可愛らしい姿を見せてくれることだろう。

コース概要 太陽の里キャンプ場南側が❶**新道コース登山口**。いきなり急登が始まる。最短距離（新道）で一気に山頂を目指すため息が切れる。急登にあえぐこと約2時間半で❷**鶯谷**に着く。この先、小ピークの❸**半面山**でようやく芦別岳が見えてくる。熊の沼からは歩きやすい。鋭く天空に突き出た屏風岩を右手に見ながらジグザグに高度を稼ぐ。❹**雲峰山**はりっぱなピークになっていて、北尾根に続く大岩壁も望める。ここからは最後の急登。いったん下って登り返す。山頂直下は足元がすくみそうな絶壁だ。❺**芦別岳**の山頂からは大雪、十勝、日高の雄大な景色が満喫できる。下りは往路を慎重に戻る。

プランニングのヒント 登山行程が長いので、朝早く出発するために、登山口にある山部自然公園太陽の里で前泊したい。ユーフレ川沿いの旧道は歩行時間が長く、また岩稜歩きもある上級コースとなるため、一般には新道コースを歩くのがおすすめだ。

登りは急登が続き、北海道とはいえ水の消費は激しい。コースの途中に水場はないので十分に持参してほしい。

Column

花と自然

山頂直下の急登ではハイオトギリ、タカネグンナイフウロ、ウサギギクなどが咲き誇っている。ハイオトギリやウメバチソウの群生の中にもハクサンチドリやチングルマなどが交ざり、最後は大量のイワギキョウに見守られながら山頂に到達する。

タカネグンナイフウロ

ウサギギク

17 芦別岳

• 1331
御茶々岳

槙柏山
• 1184

芦別市

夫婦岩 • 1429

旧道は歩行時間が長く、岩稜の通過もある上級レベルのコース

• 542

十
三
線
川

北海道
富良野市

温水池

北尾根
• 1457

ユーフレ小屋

• 741

旧道

旧道登山口

• 885

ユ
|
フ
レ
川

ふれあいの家
山部自然公園太陽の里

ふ
れ
あ
い

急坂

観
太
郎
コ
ー
ス

鶯谷 ❷
1107

:2:30
1:50

617

P

• 1579

雲峰山
❹

屏風岩
• 1485

急坂。下山は慎重に

0:40
0:25

1560

新道

半面山まで急登が続く。水場がないので、暑い時期は水をたっぷり持つこと

新
道
コ
ー
ス
登
山
口

❶

山
部
駅
・
国
道
38
号

△
1726

0:40
0:25

0:50
0:30

0:40
0:25
1377

道がいったんゆるやかになる

紅
葉
川

❺ 芦別岳

❸ 半面山

N

南富良野町

1:50,000

0   500   1000m

1cm＝500m
等高線は20mごと

• 475

西
三
号
線

花を求め、つらい登りのロングコースを行く

夕張岳
（ゆうばりだけ）

二百

標高1668m

北海道

登山レベル：中級

技術度：★★
体力度：★★★★

日　程：日帰り

総歩行時間：7時間20分

総歩行距離：12.9km

累積標高差：登り1254m
　　　　　　下り1254m

登山適期：6月下旬〜10月中旬

地形図▶1:25000「滝ノ沢岳」「夕張岳」
三角点▶一等

夕張市のシューパロ湖付近から望む夕張岳（中央右の台形の山）。左側の尖った山は、コース途中で山腹を巻く前岳

上級
中級
初級

夕張岳

山の魅力

山頂周辺の蛇紋岩メランジュ（蛇紋岩中に多種の岩石を取り込んだ地質体）帯とその周辺に咲き乱れる高山植物群落は国の天然記念物として指定され、独特の景観を見せてくれる。花の名山にふさわしく、ユウバリの名を冠する希少種だけでも10種類以上を目にすることができる。

>>> DATA

公共交通機関 【往復】JR石勝線新夕張駅→タクシー（約1時間）→林道終点登山口

マイカー 道東自動車道・夕張ICから国道274・452号、シューパロトンネル、市道、鹿島支線林道を経由して林道終点登山口まで約33km。林道終点付近に無料駐車場（約20台）あり。

ヒント 鹿島支線林道のゲート開放は例年、6月中旬〜9月下旬。林道は狭く、走行は普通乗用車まで。予告なしの通行止めも発生するので、事前に空知森林管理署に問い合わせを。なお、アクセスや登山情報については、夕張ヒュッテの共同管理者であるユウバリコザクラの会のHP（http://yuparikozakura.org/）が詳しい。

問合せ先
夕張市教育委員会（夕張岳ヒュッテ）　☎0123-57-7711
空知森林管理署　☎0126-22-1940
夕張第一交通　☎0123-52-4141
丸北ハイヤー　☎0123-59-7500

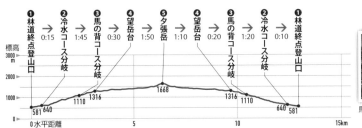

❶林道終点登山口 → 0:15 ❷冷水コース分岐 → 1:45 ❸馬の背コース分岐 → 0:30 ❹望岳台 → 1:50 ❺夕張岳 → 1:10 ❹望岳台 → 0:20 ❸馬の背コース分岐 → 1:20 ❷冷水コース分岐 → 0:10 ❶林道終点登山口

標高
3000m
2000
1000

581 640　1110　1316　　1668　　1316 1110　640 581

0水平距離　　　　5　　　　　　10　　　　　15km

馬の背コースからの前岳

欄外情報 山小屋◎夕張岳ヒュッテ：6月中旬から8月下旬まで管理人が常駐し、9月は週末と休前日のみ駐在。他の時期は避難小屋となる。宿泊協力金は一人1500円（テント泊一人1500円）。食料、炊事用具、寝具は持参する。予約不要。

コース概要 ❶林道終点登山口から15分ほどで❷冷水コース分岐。左へと馬の背コースに入り、すぐに現れる夕張岳ヒュッテで登山情報を確認する。水も十分に準備しておこう。長い尾根道を登り、❸馬の背コース分岐で冷水コースと合流すれば❹望岳台は間もなく。夕張岳の山頂も大きく望める。花の咲く湿原帯やガマ岩を過ぎ、吹き通しから最後の急登をひと登りで❺夕張岳だ。下りは馬の背コース分岐まで戻り、冷水コースを下る。途中の水場の冷水は、疲れた体に染み入る。❷冷水コース分岐からは来た道を❶林道終点登山口へ。

プランニングのヒント 歩行時間が長いため、花をゆっくり眺めるには、できれば夕張岳ヒュッテで前泊したい。寝具などの余分な荷物はここにデポしておけばいい。山頂手前に広がる高層湿原や蛇紋岩地帯のお花畑、そして山頂からの雄大な展望を心ゆくまで楽しむには、十分な余裕をもったスケジュールが不可欠だ。

ロングコースであることを意識し、ペース配分を考えて登ろう。山頂までの距離表示が数カ所にあり、いい目安になる。

花と自然

夕張岳は「花の百名山」にも選定されている。ユウバリソウをはじめユウバリコザクラ、ユウバリリンドウ、ユウバリタンポポ、ユウバリトリカブト、ユキバヒゴタイなど珍しい花たちのオンパレードだ。

ユキバヒゴタイ

ミヤマリンドウ

18 夕張岳

体力勝負の長いコースだが、圧倒される景観が待つ

暑寒別岳
<small>しょかんべつだけ</small>

二百

標高**1492**m

北海道

登山レベル：**上級**

技術度：★★★
体力度：★★★★★

日　程：**前夜泊日帰り**

総歩行時間：**10時間**

総歩行距離：**21km**

累積標高差：登り**1339**m
　　　　　　下り**1590**m

登山適期：**6月下旬～10月上旬**

地形図▶1：25000「暑寒別岳」
三角点▶一等

雨竜沼湿原から見た暑寒別岳（中央右）。湿原から暑寒別岳の山頂までは休憩を含まずに4時間ほどかかる

🏔 山の魅力

暑寒別岳、南暑寒岳と両山の名前は似ているが、それぞれに個性をもったすばらしい展望を見せる。2つの山を縦走する醍醐味は健脚者のみが味わえるものだ。雨竜沼湿原の池塘に広がる高山植物は天空のお花畑。天気に恵まれれば、いっときも目を離せない景観が眼前に広がり続ける。

▶▶▶ DATA

公共交通機関 【行き】JR函館本線滝川駅→空知中央バス（約30分）→雨竜市街→タクシー→（約50分）→南暑寒荘　【帰り】暑寒荘→タクシー（約50分）→留萌市街→沿岸バス（約2時間15分）→JR函館本線札幌駅。または、沿岸バス（約1時間30分）→JR函館本線旭川駅

マイカー 道央自動車道・滝川ICから国道38・451号、道道432号を経由して南暑寒荘まで約40km。登山口に無料の駐車場（約150台）あり。

ヒント マイカーの場合、ドライバーが2人以上いれば、レンタカーを下山口に配車しておくといい。

問合せ先

雨竜町産業建設課	☎0125-77-2248
増毛町商工観光課	☎0164-53-3332
空知中央バス滝川営業所	☎0125-24-6191
沿岸バス留萌営業所	☎0164-42-1701
雨竜ハイヤー（雨竜）	☎0125-77-2206
小鳩交通（タクシー・留萌）	☎0120-325-818

① 南暑寒荘 →1:30→ ② 雨竜沼湿原入口 →0:50→ ③ 雨竜沼湿原展望台 →1:40→ ④ 南暑寒岳 →2:30→ ⑤ 暑寒別岳 →1:40→ ⑥ 五合目 →1:50→ ⑦ 暑寒荘

標高 3000m / 2000 / 1000

543　847　865　1296　1492　855　292

0 水平距離　5　10　15　20　25km

欄外情報 山小屋◎南暑寒荘はシャワーがあり、管理人が常駐。要協力金（500円）。予約不要。暑寒荘も無料の小屋で、昼間は管理人が常駐。予約不要。いずれも寝具や食料は要持参。

コース概要　❶**南暑寒荘**から渓谷第1吊橋を渡ると登山道になる。しばらくすると白竜ノ滝があり、渓谷第2吊橋からは急登になる。傾斜がゆるめば❷**雨竜沼湿原入口**だ。暑寒別岳を望む湿原は時計回りの一方通行で、ここから南暑寒岳を目指す。急階段を登ると❸**雨竜沼湿原展望台**。道はだんだんと急になり、やがて❹**南暑寒岳**の頂に飛び出す。山頂からはいったん急下降し、なだらかなピークを一つ越えて登り返す。たどり着いた❺**暑寒別岳**は絶景の頂だ。山頂からは北に下る。すぐに箸別コースを右に分け、八合目の扇風岩まではガレ場を下る。❻**五合目**までは気を抜けないが、あとはゆるやかな下りが❼**暑寒荘**へと続く。

プランニングのヒント　ここでは南暑寒岳から暑寒別岳への縦走を日帰りコースとして紹介しているが、コースタイム以上に体力を消耗するコースであり、また、ヒグマも出没する。できれば南暑寒岳、暑寒別岳はそれぞれ往復登山で歩くのがおすすめ。

白竜ノ滝の前後に架かる吊り橋は10月中旬〜6月中旬の間、撤去される。この時期は暑寒荘側から暑寒別岳のみの往復登山となる。

安全のヒント

登山道の雪渓は7月中旬まで残る。危険な斜度はないが、踏み抜きなどには注意しよう。また、このエリアはヒグマが出没するので、早朝の入山や単独行は避けたい。虫除け対策も万全に。なお、南暑寒岳まで登って時間に余裕がないときは、引き返したほうが無難だ。

コース上に残る雪渓

19 暑寒別岳

ゴンドラを使ってパノラマの頂へ快適登山

余市岳
（よいちだけ）

北海道

登山レベル:**初級**

技術度:★★
体力度:★

日　程:**日帰り**

総歩行時間:**2時間40分**

総歩行距離:**8.5km**

累積標高差:**登り438m**
　　　　　　下り438m

登山適期:**6月下旬〜10月上旬**

地形図▶1:25000「余市岳」
三角点▶一等

見晴台付近から眺めた余市岳。近くに見えるが、鞍部にいったん下りてからの登り返しが急で、最後にひと汗かかされる

上級　中級　初級　余市岳

🔺 山の魅力

赤井川村と札幌市との境にそびえ、両自治体の最高峰でもある。朝里岳（あさりだけ）、白井岳（しらいだけ）と合わせて余市三山ともよばれ、山頂からは

富士山のような羊蹄山、積丹半島、小樽の街並みなど、雄大な展望が広がる。途中までゴンドラを使うことができれば、初級者でも手軽に山頂に立てる。

>>> DATA

公共交通機関【往復】JR函館本線小樽駅→タクシー（約40分）→朝里岳パノラマゴンドラ山麓駅→ゴンドラ（15分）→朝里山頂駅

マイカー　札幌自動車道・朝里ICから道道956号、望洋台トンネル、道道393号などを経由してキロロリゾートの無料駐車場まで約25km。

ヒント　キロロリゾートへの夏期の路線バスはなく、マイカーかレンタカー、タクシーの利用が前提となる。

ただしキロロリゾートに宿泊する場合は、JR函館本線小樽築港駅から専用バスが出ている。朝里岳パノラマゴンドラはこれまで、7月から10月初旬にかけてのグリーンシーズンにも運行されていたが、2023年は運休しており、2024年以降の運行は未定。ゴンドラと専用バスの運行についてはキロロリゾートまで事前に問い合わせを。

問合せ先
赤井川村産業課　　　☎0135-48-6276
キロロリゾート　　　☎0135-34-7171

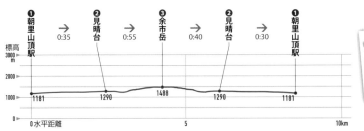

❶朝里山頂駅	→ 0:35	❷見晴台	→ 0:55	❸余市岳	→ 0:40	❷見晴台	→ 0:30	❶朝里山頂駅

標高
3000m

2000

1000

1181　　　　1290　　　　1488　　　　1290　　　　1181

0 水平距離　　　　　　　　5　　　　　　　　10km

余市岳山頂の山名表示板

欄外情報 立ち寄り温泉◎赤井川カルデラ温泉:赤井川村役場の近くにある村営の日帰り温泉。赤井川村山中牧場のソフトクリームが人気。☎0135-34-6441。入浴料400円。10〜21時。月曜休（祝日の場合は翌日）。

コース概要 ❶朝里山頂駅から登山道入口へと向かう。登山道に入って旧展望台を見送り、笹原に囲まれたなだらかな道を行く。しばらく歩いて尾根に乗れば旧登山道が合流する❷見晴台だ。ここからいったん下り、定山渓への道を左に見送ると急登が始まる。途中には滑りやすい泥地や根の張った場所もあるので転倒には注意したい。道が平らになって頂上部に出れば❸余市岳の頂は間もなくだ。下りは往路を戻ろう。

プランニングのヒント ゴンドラ朝里山頂駅発の最終便は15時30分。コースタイムの短い山ではあるが、出発時間が遅かった場合は乗り遅れないように気をつけたい。紹介したコースは体力的に楽な行程だが、見晴台先の鞍部から山頂部まではなかなかの急登が続く。ペース配分はしっかりと。なお、北海道の山はどこでもそうだが、ここも登山中にヒグマの糞を見かけたなどの報告がある。熊鈴を鳴らすなど、ヒグマ対策は常に怠りなく。

見晴台先の鞍部から定山渓方面への道が分岐するが、未整備の箇所が多いため、安易に立ち入らないようにしたい。

Column

サブコース

キロロリゾート駐車場先のゲートから林道歩きを経て山頂に至る旧登山道は自然もたっぷり残り、よく歩かれている。ゴンドラ朝里山頂駅からのコースとは見晴台で合流するが、林道歩きが4㎞近くあり、徒渉もある。単純標高差も900mを超えるため、なかなか歩きがいのあるコースだ。6月中旬頃までは沢筋に雪が残っていることもあるので、6月下旬以降に歩くといいだろう。所要時間は登り約3時間20分、下り約2時間40分。登山レベルは中級。

旧登山道入口に立つ案内

20

余市岳

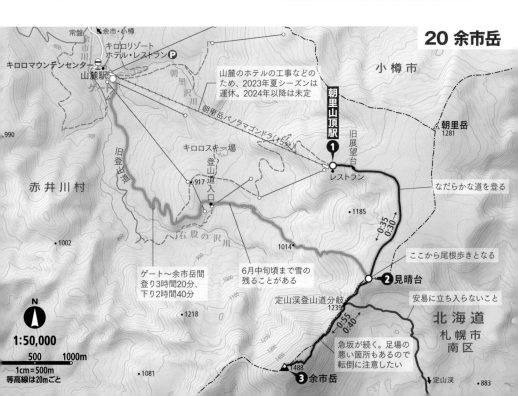

20 余市岳

常盤　余市・小樽

キロロリゾート　ホテル・レストラン P

キロロマウンテンセンター

山麓駅

小樽市

朝里岳 1281

山麓のホテルの工事などのため、2023年夏シーズンは運休。2024年以降は未定

赤井川村

旧登山道

朝里沢川

朝里岳パノラマゴンドラ(15分)

キロロスキー場

登山道入口

917

右股の沢川

1002

1014

1185

朝里山頂駅 ❶

旧展望台

レストラン

なだらかな道を登る

0:35 / 0:30

ここから尾根歩きとなる

❷見晴台

安易に立ち入らないこと

北海道

札幌市　南区

ゲート〜余市岳間登り3時間20分、下り2時間40分

6月中旬頃まで雪の残ることがある

定山渓登山道分岐　1239

0:55 / 0:40

急坂が続く。足場の悪い箇所もあるので転倒に注意したい

1218

1081

1488

❸ 余市岳

定山渓

883

990

700

N

1:50,000

500　1000m

1cm＝500m

等高線は20mごと

特異なスタイルの溶岩ドームを間近に眺める

樽前山

（たるまえざん）

二百

標高1041m

北海道

登山レベル:初級

技術度:★
体力度:★

日　程:日帰り

総歩行時間:3時間15分

総歩行距離:7.4km

累積標高差:登り625m
　　　　　　下り625m

登山適期:6月上旬〜9月下旬

地形図▶1:25000「樽前山」「風不死岳」
三角点▶一等

支笏湖畔から見る樽前山。外輪山と溶岩ドームがはっきりわかる。特異な山容なので遠くの山や飛行機などからも見分けることができる

🗻 山の魅力

支笏湖の南にそびえる活火山で、大きなカルデラとその中央に盛り上がる溶岩ドームが不思議な景観をつくり出している。登山そのものは半日コースといえるが、特異な火山地形や豊富な高山植物など内容は濃い。札幌や苫小牧に近いこともあり、格好のハイキングコースとして地元の人が多く訪れる。

>>> DATA

公共交通機関【往復】JR千歳線千歳駅→タクシー（約50分）→7合目登山口

マイカー　道央自動車道・苫小牧西ICから道道141号を経由して7合目登山口まで約16km。無料駐車場あり（約50台）。

ヒント　千歳駅または新千歳空港から支笏湖畔までは北海道中央バスで行くことができるが、そのあとが長い車道・林道歩きとなるのでマイカー、レンタカー、タクシーの利用が便利。また、タクシーの場合、JR室蘭本線苫小牧駅からでもアクセスできる。距離的に大きな差はない。なお、千歳駅前、苫小牧駅前にはそれぞれタクシーが常駐している。

問合せ先

苫小牧市観光振興課	☎0144-32-6448
千歳市観光課	☎0123-24-0377
千歳交通（タクシー）	☎0123-23-3121
苫小牧第一観光ハイヤー	☎0144-74-3131

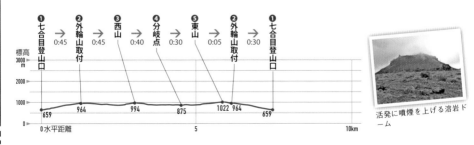

❶七合目登山口 → ❷外輪山取付 0:45 → ❸西山 0:45 → ❹分岐点 0:40 → ❺東山 0:30 → ❷外輪山取付 0:05 → ❶七合目登山口 0:30

標高 3000m
2000
1000
659　964　994　875　1022 964　659
0 水平距離　　　　　5　　　　　10km

活発に噴煙を上げる溶岩ドーム

欄外情報　火山情報◎樽前山の噴火警戒レベルは、現在「1」（活火山であることに留意）。ただし、溶岩ドームおよびその近辺では常に、火山ガスや火山灰噴出に対する警戒が必要だ。

コース概要 ❶七合目登山口の駐車場脇からスタート。カンバやハンノキの低木帯を抜けると見晴台がある。ぐんぐん高度を上げて❷外輪山取付に出ると正面に溶岩ドームが現れ噴煙を上げている。ドームはもちろん火口原にも立ち入り禁止だ。ここから南へと西山を目指す。樽前山神社奥宮から西山までの間は火山ガスが流れることがあるため、すみやかに通過したい。火口原西側の登山道が合流すれば❸西山の頂はすぐ。すばらしい展望の西山から外輪山を北へと歩けば❹分岐点だ。風不死岳へと向かう道を北西に分け、東へと東山を目指す。❺東山からは❷外輪山取付へ戻り、❶七合目登山口まで往路をのんびり下ろう。

プランニングのヒント 七合目登山口の樽前山七合目ヒュッテは緊急避難小屋のため、宿泊などはできない。また、樽前山だけでは物足りない人は風不死岳を往復するのもいい。分岐点から往復3時間程度で、山頂からの眺めはすばらしい。

溶岩ドームは樽前山熔岩円頂丘ともよばれる天然記念物。噴気を吸い込まないようにマスクなどがあるといいだろう。

花と自然

夏の時期、樽前山の山頂部でいっせいに花開くのがタルマエソウ（タルマイソウ）だ。ゴマノハグサ科のイワブクロの別名で、この山に多く見られることからタルマエソウの名がついた。火山砂礫の荒れ地に咲くことが多く、鳥海山など東北の山でも見ることができる。淡い紫色の大きくてきれいな花である。夏の終わりには葉がきれいに紅葉する。北海道洞爺湖サミット（2008年）の際に発行された記念切手のひとつにもタルマエソウが描かれている。

樽前山名物のタルマエソウ

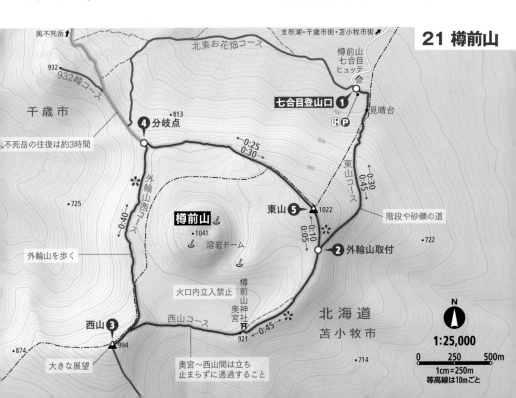

21 樽前山

支笏湖・千歳市街・苫小牧市街

北東お花畑コース

風不死岳

932

932峰コース

樽前山
七合目
ヒュッテ

七合目登山口 ❶

見晴台

千歳市

•813

❹分岐点

不死岳の往復は約3時間

0:25
0:30

東
山
コ
ー
ス

•725

外
輪
山
西
コ
ー
ス

0:40

0:30
0:45

樽前山

1041

溶岩ドーム

東山 ❺ ▲1022

階段や砂礫の道

外輪山を歩く

0:10
0:05

❷外輪山取付

•722

火口内立入禁止

樽
前
山
神
社
奥
宮

北 海 道

苫小牧市

西山コース

西山 ❸

0:45

921

▲994

•714

•874.

大きな展望

奥宮～西山間は立ち止まらずに通過すること

N

1:25,000

0   250   500m

1cm=250m
等高線は10mごと

ハードな登りが待っている蝦夷の富士

羊蹄山（後方羊蹄山）

百
標高**1898m**
北海道

登山レベル：**上級**

技術度：★★★
体力度：★★★★★

日　程：**前夜泊日帰り**

総歩行時間：**9時間45分**

総歩行距離：**16.5km**

累積標高差：登り**1798m**
　　　　　　下り**1798m**

登山適期：**6月下旬〜9月下旬**

地形図▶1：25000「羊蹄山」「倶知安」
「ニセコアンヌプリ」
三角点▶一等

山麓（喜茂別町）から見上げた羊蹄山。コニーデ型成層火山で、どの方向からでも富士山のような端正な姿を見せる

山の魅力

ご当地富士としては最も富士山に似ているといわれるのが、蝦夷富士の別名を持つ羊蹄山だ。火口のある山頂は5町村もの境界となっている。高山植物や野鳥、小型ほ乳類の宝庫としても知られ、山頂の周辺は「後方羊蹄山の高山植物群」として国の天然記念物に指定されている。

>>> DATA

公共交通機関【往復】JR函館本線倶知安駅→道南バス（約35分）→羊蹄自然公園入口バス停。または、倶知安駅→タクシー（約30分）→真狩キャンプ場。

マイカー　道央自動車道・豊浦ICから国道37号、道道97・66号を経由して真狩キャンプ場手前の登山者用駐車場（無料）まで約37km。道央自動車道・札幌ICからは国道230・276号、道道66号を経由して約90km。駐車場から真狩登山口までは徒歩5分。

ヒント　倶知安駅からタクシーを往復で利用すると、歩行時間を約1時間カットできる。登山者用駐車場の収容台数は多いが、高山植物や紅葉の時期の週末、そして夏休み期間はたいへん混雑する。早めに到着したい。

問合せ先
真狩村企画情報課　☎0136-45-3613
道南バス倶知安営業所　☎0136-22-1558
ニセコ国際交通（タクシー）　☎0136-22-1171
羊蹄ハイヤー　☎0136-45-2740

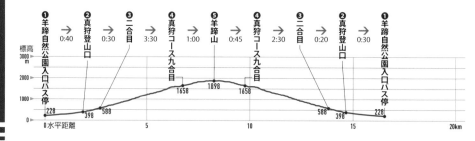

①羊蹄自然公園入口バス停		②真狩登山口		③二合目		④真狩コース九合目		⑤羊蹄山		④真狩コース九合目		③二合目		②真狩登山口		①羊蹄自然公園入口バス停
	0:40		0:30		3:30		1:00		0:45		2:30		0:20		0:30	

標高3000m / 2000 / 1000 / 0

228　398　588　1658　1898　1658　588　398　228

0 水平距離　　　5　　　10　　　15　　　20km

欄外情報　山小屋◎羊蹄山避難小屋：山頂西側。6月中旬〜10月上旬は管理人が常駐。利用料一人2000円。トイレのみの利用は要協力金。寝具、食料、水は持参。倶知安町観光商工課（☎0136-23-3388）まで要事前連絡。

コース概要 ❶羊蹄自然公園入口バス停からしばらく車道を歩く。車道終点の真狩キャンプ場の先が❷真狩登山口だ。登山口からしばらくはゆるやかな登りを行く。ほどなく、休憩に適した❸二合目に到着する。ここから少し歩くと急登が始まり、急登は山頂の外輪山まで続く。眼下に真狩村の中心地や洞爺湖が望める四合目、標高1000mを超える五合目と過ぎ、六合目を越えたあたりから岩場が目立ち始める。高山植物の目立つ道を登るとやがて❹真狩コース九合目で、ここは右へと山頂を目指す。最後のひと登りに汗をかけば、パノラマの広がる❺羊蹄山山頂だ。下山は急下降に注意しつつ、往路を戻る。

プランニングのヒント 山頂に立って時間に余裕があるときは、外輪山を半時計回りに一周して下ってもいい。約30分のプラスだ。なお、山頂へは四方から4本のコースがあるが、どこから登っても累積標高差は1500m前後あり、容易には登れない。

真狩コース九合目の北側に羊蹄山避難小屋がある。水と食事の提供はないが、寝具レンタルはあり、緊急時にはありがたい存在だ。

安全のヒント

外輪山には4つのコース（真狩、比羅夫、京極、喜茂別）からの分岐点がある。濃霧時は帰りの下山方向の標識を見落とすことがないように注意したい。また、上部は日光を浴び続けることになるが、コース中には水場がない。十分な水を用意して入山することが大切だ。

外輪山では分岐に注意

22 羊蹄山

古くからのコースで、深田久弥もこれを登った

外輪山を一周すると約30分のプラス

比羅夫コース九合目

羊蹄山避難小屋（素泊まり）

1684

0:45 / 1:00

△1893
△1898

❺羊蹄山（後方羊蹄山）

登山口との標高差は最も少ないコースだが、コース上部に不明瞭箇所がある

京極登山口

京極町

1396

640

喜茂別コース

喜茂別町

岩場が多くなる

後方羊蹄山の高山植物群

1091・

ニセコ町

❹九合目 真狩コース

1321

六合目

四合目

2:30 / 3:30

山頂への最短距離コース。登山道が崩壊気味の箇所がある

喜茂別登山口

喜茂別登山口～羊蹄山間 登り4時間30分、下り3時間10分

425

京極

二合目❸

南コブ △650

0:20 / 0:30

距離こそ長いが、4本のコース中では比較的勾配がゆるく、登山道の状態も良好

❷真狩登山口

金刀比羅宮

328・ 0:30 / 0:40

真狩キャンプ場

羊蹄自然公園

羊蹄湧水山

比羅夫駅 1843 北山

北海道 真狩村

新陽

配水池

北十線

❶羊蹄自然公園入口バス停

1:60,000

0   500   1000m

1cm=600m

等高線は20mごと

N

遮るもののないパノラマに歓声が上がる

ニセコアンヌプリ

三百

標高1308m

北海道

登山レベル：初級

技術度：★★
体力度：★

日　程：日帰り

総歩行時間：2時間50分

総歩行距離：5.2km

累積標高差：登り563m
**　　　　　　下り563m**

登山適期：6月上旬〜10月上旬

地形図▶1：25000「ニセコアンヌプリ」
三角点▶一等

山麓から見上げたニセコアン
ヌプリ。関東の筑波山に似た
雰囲気をもった双耳峰だ。冬
には各国からスキーヤーが押
し寄せる

🏔 山の魅力

南斜面と東斜面はすべて国際的なスキー場になって
いて、東斜面の倶知安町にあるニセコグラン・ヒラ
フスキー場は東洋のサンモリッツと称される。ニセ
コアンヌプリはこれらのスキー場の象徴ともいえる
山だ。短いコースだが、数多くの高山植物や山頂か
らの大展望など、登山の魅力は十分に備わっている。

>>> DATA

🚌 **公共交通機関**【往復】JR函館本線ニセコ駅→ニセコバ
ス（約1時間15分）→五色温泉郷バス停

🚗 **マイカー**　道央自動車道（黒松内新道）・黒松内IC
から国道5号、道道58号などを経由して五色温泉郷まで
約40km。駐車場は有料・無料あり。

💡 **ヒント**　五色温泉郷へのバスは土曜・休日の1日
2往復のみ。運行期間は7月中旬〜10月上旬だが、事前
に要確認。当日に山頂を往復するにはニセコ駅を午前10

時台に出発する午前便に乗らないと難しくなる。また、札
幌から北海道中央バスとニセコバスがニセコ市街まで高
速バスを運行している。

📞 **問合せ先**
ニセコ町商工観光課　☎0136-44-2121
ニセコ町五色温泉インフォメーションセンター　☎0136-59-2200
ニセコリゾート観光協会（タクシー等）　☎0136-44-2468
ニセコバス本社営業所　☎0136-44-2001
北海道中央バス札幌ターミナル　☎0570-200-600

❶五色温泉郷バス停　→1:40　❷ニセコアンヌプリ　→1:10　❶五色温泉郷バス停

標高3000m / 2000 / 1000

745　　1308　　745

0水平距離　　　5　　　10km

ニセコアンヌプリの登山口

欄外情報　立ち寄り温泉 ◎五色温泉旅館　☎0136-58-2707。入浴料800円。9〜20時。前泊してニセコアンヌプリとイワ
オヌプリをセットで登るのもおすすめ。

コース概要 ❶**五色温泉郷バス停**からキャンプ場へと歩く。登山口はキャンプ場の横にあり、ここから山道となる。最初のうちはぬかるんでいることが多いので、滑らないよう気をつけたい。それほど傾斜の強くない道を登っていくと見返坂コース分岐で、この先から尾根筋の道となる。傾斜が徐々にきつくなり、ガレ場も現れるが、道がゆるやかになれば❷**ニセコアンヌプリ**の山頂は目の前だ。羊蹄山などの眺めを楽しんだら往路を戻ろう。

プランニングのヒント 短時間で登れる山なので、もし時間がない場合はニセコアンヌプリ国際スキー場のゴンドラを利用して登れば、山頂駅から約1時間で山頂に立てる。これが最短コースだ。ニセコアンヌプリの登山ではバス便がたいへん少ないため必然的にタクシーの利用が多くなるが、その場合、五色温泉郷からニセコアンヌプリに登り、帰りはニセコアンヌプリ国際スキー場に下山するという方法も考えられる。

もし歩き足りなければ西側のイワオヌプリを登ってもいい。往復2時間20分ほどで、コース中に通過困難箇所はない。

花と自然

高い山ではないが、イソツツジやウコンウツギ、チシマギキョウ、マイヅルソウ、ハクサンチドリ、エゾゼンテイカ、アカモノなど花々の多い山だ。初夏の山麓のジャガイモの花も一見の価値あり。

イソツツジ（上）と山麓のジャガイモの花（下）

23 ニセコアンヌプリ

蘭越町

イワオヌプリ

・894

五色温泉～
イワオヌプリ間
往復約2時間20分

倶知安駅▲

・746

ニセコ
HANAZONO
リゾートスキー場

鏡沼

北海道
倶知安町

インフォメーションセンター

五色温泉

五色温泉旅館

❶
五
色
温
泉
郷
バ
ス
停

登山口

ニセコ五色温泉野営場

ぬかるみあり

見返坂コース

見返坂コース分岐

ニセコ町

・855

ガレ場あり。
歩行注意

西峰

大パノラマ

❷ニセコアンヌプリ
避難小屋
1308

・1:10
1:40

1065

ここから尾根の登りになる

ニセコ グラン・
ヒラフスキー場

・865

・1005

イワ山
839

・768

・913

山頂駅から山頂まで
約1時間。下り約40分

ニ
セ
コ
ア
ン
ヌ
プ
リ
国
際
ス
キ
ー
場

山
頂
駅

ニセコビレッジ
スキーリゾート

△971

N

1:25,000

0   250   500m

1cm=250m
等高線は10mごと

セコアンヌプリ国際スキー場↓

山麓駅↓

日本海を間近に望む、道南の最高峰

狩場山
かりばやま

標高1520m

北海道

登山レベル:初級

技術度:★★
体力度:★★

日　程:日帰り

総歩行時間:**4時間35分**

総歩行距離:**7.4km**

累積標高差:登り**866m**
　　　　　　下り**866m**

登山適期:**6月下旬〜10月上旬**

地形図▶1:25000「狩場山」
三角点▶一等

日本海側から見た狩場山(中央左寄りの残雪の多い山)。アクセスに恵まれない分、原生の自然が色濃く残る山だ

🏔 山の魅力

渡島半島の根っこの部分、日本海に突き出た茂津多岬からせり上がった頂点が狩場山。山麓にある賀老高原のブナ林や山頂付近の高山植物、山頂からの日本海の眺めと、みどころの多い山だ。道南の最高点である山頂には一等三角点が立つ。下山後にはぜひ、賀老高原にある賀老の滝に立ち寄ってみたい。

>>> DATA

公共交通機関【往復】JR函館本線黒松内駅→ニセコバス(約35分)→寿都ターミナルバス停→ニセコバス(約40分)→賀老通りバス停→タクシー(約30分)→新道登山口

マイカー　道央自動車道(黒松内新道)・黒松内ICから国道5号、道道265・523号、国道229号などを経由して新道登山口の駐車スペースまで約62km。駐車スペースまでは舗装路が続く。

ヒント　公共交通機関利用の場合、黒松内駅から7時台の初便バスに乗れば、十分に日帰りが可能。とはいえせっかくなので、島牧村に前泊か後泊したほうが楽しい。狩場山の山麓には千走川温泉があり、日本海沿いにはユースホステルや民宿が点在している。

問合せ先
島牧村企画課　　　　　　　☎0136-75-6212
ニセコバス寿都ターミナル　☎0136-62-2047
島牧ハイヤー　　　　　　　☎0136-74-5447

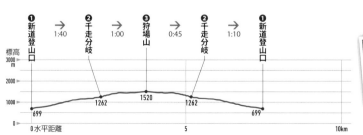

| ①新道登山口 | → 1:40 | ②千走分岐 | → 1:00 | ③狩場山 | → 0:45 | ②千走分岐 | → 1:10 | ①新道登山口 |

標高3000m / 2000 / 1000

699 / 1262 / 1520 / 1262 / 699

0 水平距離　　　　　5　　　　　10km

山麓の美しい渓流

欄外情報　立ち寄り温泉◎千走川温泉旅館:登山口に向かう途中、千走川沿いにある一軒宿の温泉。茶色い湯が登山の疲れをほぐしてくれる。☎0136-74-5409。入浴料500円。13〜20時。不定休。

コース概要 ❶新道登山口（しんどうとざんぐち）に立つ狩場登山道入口の標識から山に入る。しばらく樹林帯を登る。一合目からスタートする合目表示が十になったら山頂だ。五合目になると視界が開き始め、六合目を過ぎた先で❷千走分岐（ちはせぶんき）となる。草原を行き、続いて低木帯を歩くと南狩場のピーク。山頂まではもうひと息だ。ゆるやかな草原になると親沼・小沼の池塘が現れ、ほどなく❸狩場山（かりばやま）の山頂に到着する。下りは往路を戻ろう。

プランニングのヒント 狩場山では新道登山口からのコースのみが一般的で、途中で合流する真駒内コースや山頂から東に延びる千走旧道コースは整備が行き届いていない箇所もあるので、安易に歩かないほうがいい。この山は標高の割に雪解けが遅く、7月に入っても上部には雪渓が残る。不安な場合は軽アイゼンを用意しておこう。また下山時、真駒内コース分岐から真駒内コースを下ってしまうケースも多いので、こちらも注意したい。

> 狩場山の登山道ではヒグマの目撃情報がある。熊鈴や熊スプレーなど熊除け対策をしておくことをおすすめしたい。

花と自然

登山口から4kmほど手前にある賀老の滝は落差70m、滝幅35mの大滝。北海道一の滝との評もある。「日本の滝百選」にも選ばれていて、周囲にはキャンプ場や遊歩道が整備されている。珍しい天然の炭酸水（ドラゴンウォーター）も湧いている。時間があったら立ち寄りたい。

滝つぼに虹がかかる賀老の滝

24

狩場山

24 狩場山

- 855
- 1001
- 1354
- 東狩場山 △1319
- 989
- ❸狩場山 1520
- 茂津多コース
- 1:00 0:45
- 池塘がある
- 1464 南狩場
- 7月上旬まで雪渓・雪田の残ることがある
- 登山口まで舗装路
- 島牧村
- 泊・千走川温泉・国道229号
- 賀老高原キャンプ場
- 1303
- 966
- ❷千走分岐（八合目）
- 下山時、真駒内コースを下らないよう注意
- ドラゴンウォーター
- 北海道 せたな町
- 1214
- 六合目
- 1:40 1:10
- 真駒内コース
- 千走新道
- ❶新道登山口
- 林道賀老線
- 滝見学のための歩道あり（2023年7月現在、通行止）
- 1001
- 合目
- 868
- 597
- 524
- 急登が続く
- N
- 1:50,000
- 0　500　1000m
- 1cm=500m
- 等高線は20mごと
- 1053
- 狩場山山小屋

渡島半島のシンボルを山頂の手前まで往復

北海道駒ヶ岳

（ほっかいどうこまがたけ）

南西麓から見上げた北海道駒ヶ岳。尖っているピークが剣ヶ峰で、大沼公園から眺めるとその姿はより鋭さを増す

二百

標高1131m（剣ヶ峰）

北海道

登山レベル：初級

技術度：★
体力度：★

日　程：日帰り

総歩行時間：2時間20分

総歩行距離：3.7km

累積標高差：登り411m
　　　　　　　下り411m

登山適期：6月中旬〜10月中旬

地形図▶1：25000「駒ヶ岳」
三角点▶なし

山の魅力

函館から30kmほど北に位置する活火山。南麓の大沼公園から見た姿は"北海道の槍ヶ岳"とよんでもいいほどの鋭峰だが、眺める方向で驚くほど姿を変える山でもある。蝦夷駒ヶ岳、渡島駒ヶ岳、渡島富士などの別名も持つ。現在は火山活動の影響で馬ノ背から先は行けないが、馬ノ背までは家族連れでも登れる。

>>> DATA

公共交通機関【往復】JR函館本線大沼公園駅→タクシー（約20分）→六合目登山口

マイカー　道央自動車道・大沼公園ICから道道149号などを経由して六合目登山口まで約7km。登山口に大きな駐車場あり。無料。

ヒント　駅から登山口まで歩く場合は、大沼公園駅の隣駅の赤井川駅から六合目登山口まで約1時間30分。赤井川駅に特急は停車しないため、運行時間は要確認。なお、JR北海道新幹線新函館北斗駅からは六合目登山口までタクシーで約35分。新函館北斗駅前にはレンタカー各社の営業所がある。また、函館空港からレンタカーを利用する場合は、六合目登山口まで約42km。

問合せ先
森町商工労働観光課　☎01374-7-1284
森町防災交通課（火山情報）　☎01374-7-1282
からまつハイヤー　☎0138-67-1010

| ❶六合目登山口 | → 1:20 | ❷馬ノ背 | → 1:00 | ❶六合目登山口 |

標高3000m / 2000 / 1000

487　　897　　487

0水平距離　1　2　3　4　5km

大沼公園と北海道駒ヶ岳

欄外情報　立ち寄り温泉◎駒ヶ峯温泉 ちゃっぷ林館：赤井川駅からほど近い場所にあり、浴室から北海道駒ヶ岳を望むことができる。☎01374-5-2880。入浴料500円。10〜21時。不定休。

コース概要 駒ヶ岳山頂の剣ヶ峰が望める**①六合目登山口**から広い砂礫の赤井川コースをほぼ直線的に登る。火山灰地なので小石で滑らないよう注意して歩く。登るにつれて剣ヶ峰の形が、北アルプス・槍ヶ岳のような姿からギザギザした岩峰の連なりのような姿に変わっていく。振り返れば、大沼・小沼の青い湖面が見えることだろう。花はそう多くないが、白い実をつけるシラタマノキなどを見ることができる。やがて、道標が立ち、ベンチの置かれた**②馬ノ背**に到着する。左に剣ヶ峰、右に砂原岳の岩峰が望め、もう少し先に行きたい衝動にかられるが、登れるのはここまで。ゆっくり休んで往路を戻ることにしよう。

登山道は日陰がなく、途中に水場もない。短時間のコースとはいえ、水の準備と日焼け対策はしっかりして歩こう。

プランニングのヒント 火山防災の規制上、このコースを歩けるのは9〜15時。駐車場には15時までに戻ること。また、大千軒岳、狩場山、羊蹄山、ニセコアンヌプリが150km圏内にある。これらの山を併せて登るのもいいだろう。

安全のヒント

火山防災のため、山頂の火口部から半径4kmの区域内への立ち入りが規制されているが、例年6月1日から10月31日の期間、ここで紹介した赤井川コースに限って規制が緩和されている（降雪により閉山時期が変わることもある）。最終地点の馬ノ背には規制ロープが張られていて、この先は小規模な噴火でも噴石等が飛来する危険があるので絶対に入らないように。また、噴火の際の救助活動のため、登山届を六合目登山口の登山ポストに必ず投函すること。

コース途中から見た剣ヶ峰

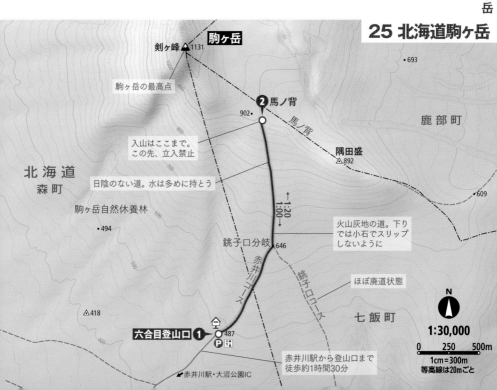

25 北海道駒ヶ岳

駒ヶ岳

剣ヶ峰 ▲1131

• 693

駒ヶ岳の最高点

②馬ノ背

902•

馬ノ背

鹿部町

入山はここまで。
この先、立入禁止

隅田盛
▲892

北海道
森町

日陰のない道。水は多めに持とう

• 609

駒ヶ岳自然休養林

• 494

↑1:20
1:00↓

銚子口分岐 646

火山灰地の道。下りでは小石でスリップしないように

赤井川コース

銚子口コース

ほぼ廃道状態

▲418

七飯町

六合目登山口 ①

487

P

1:30,000

0 250 500m

1cm＝300m
等高線は20mごと

赤井川駅から登山口まで
徒歩約1時間30分

➡赤井川駅・大沼公園IC

N

北海道最南端、展望の花の百名山

大千軒岳
（だいせんげんだけ）

三百

標高1072m

北海道

登山レベル：初級

技術度：★
体力度：★

日　程：日帰り

総歩行時間：3時間

総歩行距離：6.2km

累積標高差：登り566m
　　　　　　下り566m

登山適期：6月中旬〜10月上旬

地形図▶1：25000「大千軒岳」
三角点▶一等

十字架の立つ千軒平から振り返った大千軒岳。視界のいい日なら、山頂から津軽半島や下北半島も間近に望むことができる

山の魅力

渡島半島の最南端、北の小京都とよばれ、桜の名所としても知られる松前町の北部に位置する。山頂から千軒平にかけての一帯には数多くの高山植物が咲き誇り、「花の百名山」にも選定されている。日本海や津軽海峡、本州の岩木山なども望める展望はすばらしく、花の時期は多くの登山者がやってくる。

>>> DATA

公共交通機関【往復】JR北海道新幹線・いさりび鉄道木古内駅→函館バス（約1時間30分）→松城バス停→タクシー（約1時間20分）→新道登山口

マイカー　函館・江差自動車道・木古内ICから国道228号、道道607号、石崎松前林道を経由して新道登山口まで約85km。新道登山口に約10台収容の無料駐車場がある。

ヒント　公共交通機関のみを利用してアクセスする場合、鉄道、バスとも本数が少なく早朝便もないため日帰りは難しく、松前町に前泊する必要がある。マイカーかレンタカーを使ってアクセスする山といえる。

問合せ先

松前町商工観光課	☎0139-42-2640
道南いさりび鉄道	☎0138-83-1977
函館バス松前出張所	☎0139-42-2015
松前さくらハイヤー	☎0139-42-5515

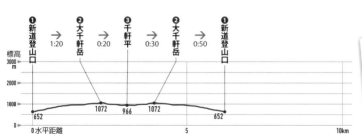

❶新道登山口 → 1:20 → ❷大千軒岳 → 0:20 → ❸千軒平 → 0:30 → ❷大千軒岳 → 0:50 → ❶新道登山口

標高　m　3000　2000　1000

652　1072　966　1072　652

0　水平距離　5　10km

コースから見た渡島半島の山々

欄外情報　立ち寄り温泉◎松前温泉休養センター：松前町の市街から約5km。松前杉をふんだんに使った和風建築と広い温泉が人気の町営温泉施設。☎0139-42-4919。入浴料400円。11〜21時。火曜休。

コース概要 ❶**新道登山口**（しんどうとざんぐち）からしばらくの間、ブナ林の急坂を登る。本日一番の踏ん張りどころだ。ダケカンバが目立つようになると傾斜もゆるみはじめ、ミヤマハンノキなどの低木帯から笹原を歩くようになる。周囲には高山植物が目立つようになり、やがて❷**大千軒岳**の山頂に到着する。山頂からは十字架の立つ❸**千軒平**（せんげんだいら）を往復しよう。登り下りはいくらかあるものの、お花畑のプロムナードだ。❷**大千軒岳**に戻ったら往路を下る。

プランニングのヒント 花を楽しむのなら、松前町に前泊して1日をたっぷりと使いたい。紹介した松前新道は初心者でも十分楽しめるが、千軒平へと登って大千軒岳を目指す松前旧道や、福島町側からやはり千軒平を経て登る知内川コース（千軒コース）はややグレードが上がる。特に知内川コースは、金山番所跡や蝦夷キリシタン殉教の地などのみどころこそ多いものの、歩行時間は7時間を超える健脚者向きとなる。

千軒平に立つ十字架は、大千軒岳山麓で殉教した106人の蝦夷キリシタンを慰霊するもの。そっと手を合わせたい。

花と自然

花の山として知られる大千軒岳は、固有種こそないものの、あらゆる種類の花が楽しめる。みどころは山頂から江良岳を経て千軒平に至る尾根筋で、花の時期には滞在時間が延びること間違いなしだ。

エゾフウロ（上）とハクサンチドリ（下）

26 大千軒岳

上ノ国町

•796

石崎川

•819

•447

住川

ブナ林の急坂を登る

974

松前新道

燈明岳 •931

本州の岩木山も望める

体力に自信のある人向け。中級レベルコース。登り約4時間、下り約3時間

❶新道登山口

0:50
1:20

❷大千軒岳

△1072

千軒清水

江良岳

0:30
0:20

知内川コース

金山番所跡
蝦夷キリシタン殉教の地

△589

広い河原

P

石崎松前林道

松前旧道

844

966

❸千軒平

十字架の立つ平坦地

•647

北海道
福島町

新道よりややグレードが高い。千軒平まで登り約1時間40分、下り約1時間

前千軒岳
1056

抜戸

P

•408

377

国道228号

日道登山口

P

松前町

N

•975

奥二股沢川

奥二股登山口

•529

町道澄川線

知内川

•582

•607

1:50,000

0　　500　　1000m

1cm＝500m
等高線は20mごと

国道228号・松前市街

•500

沢コースの難敵・徒渉
と しょう

登山道は大半が尾根か沢につけられているだけに、沢沿いの
コースを歩くことも多い。その際によく遭遇するのが徒渉だ。

徒渉のポイント

　徒渉とは、橋のない沢を歩いて渡ることをいう。その際は、以下の3つのポイントに留意する必要がある。

❶飛び石づたいに足裏の摩擦を利用し、丁寧に渡る。石は滑りやすいので、ストックを水底につけて支えにしてもよい。

❷渡る際、足場が不安定な浮き石しかない時は、あえて浅瀬に足を置くほうが安全なこともある。

❸思いのほか水流が強いこともあるので、水深が膝より深い場合は無理に渡らない。

　また、沢コースでは徒渉のほかに、増水や高巻きからの滑落、へつり（水流脇の岩場などを横へと移動すること）、二俣での進路の見極めなどに注意したい。

　本書で紹介する登山コースは一部を除き一般的な登山道なので、沢靴までは必要なく、登山靴で十分だろう。登山靴は3cm程度の水深なら水は入ってこない。

高難易度・幌尻岳の徒渉

　北海道の山は、日本アルプスなど人気の山域のように登山道が整備されておらず、橋が架かっていない沢も多い。それだけに徒渉が多くなる。三百名山の中ではカムイエクウチカウシ山（P40）やペテガリ岳（P42）、神威岳（P46）などがその代表だ。そんな中でも難易度が高いのが、日本百名山の幌尻岳（P38）だろう。

　幌尻岳は、コース前半は額平川沿いを歩くが、その際、15回前後にわたる徒渉を繰り返す。渇水時でも膝ほど、雪解け時期や雨後は股下ほどの水深で、水流の強い箇所もある。通過の際のポイントとしては、

❶事前の天候チェック（雨の場合は諦める）。

❷渓流靴など沢用の足回りを用意（ヘルメットも用意したい）。

❸行動中に天候が悪くなった場合、無理に動かず幌尻山荘に待機する。

❹水が濁っているときは徒渉しない。
などが挙げられる。

浮き石に足を置いた際の捻挫にも注意

水深が深い場合ザックが濡れないようにしたい

東北

青森県

㉘岩木山　㉗八甲田山
㉙白神岳

森吉山㉞　八幡平
太平山㉟　㉚岩手山
㉛　㊱姫神山
㉝㉜
秋田駒ヶ岳　乳頭山（烏帽子岳）
㊳和賀岳　　㊲早池峰山

岩手県

秋田県

㊺鳥海山　㊵焼石岳　　㊴五葉山
神室山㊷　㊶栗駒山

山形県

摩耶山　㊹月山
㊺　　　　㊾船形山（御所山）
以東岳　　㊿泉ヶ岳
㊻　㊼朝日岳
㊽祝瓶山　51蔵王山

新潟県

宮城県

飯豊山52　吾妻山
53　54一切経山
磐梯山55　56安達太良山

会津朝日岳　57大滝根山
58　59二岐山
会津駒ヶ岳61　60七ヶ岳
64　63　62荒海山
燧ヶ岳　帝釈山

福島県

栃木県

パノラマの山稜から紅葉が絶品の湿原へと下る

八甲田山
（はっこうださん）

百

標高**1585m**（八甲田大岳）

青森県

登山レベル：**初級**

技術度：★★
体力度：★★

日　程：**日帰り**

総歩行時間：**4時間45分**

総歩行距離：**9km**

累積標高差：登り**506m**
　　　　　　下り**933m**

登山適期：**6月下旬〜10月下旬**

地形図▶1：25000「雲谷」「田代平」
　　　　　「酸ヶ湯」「八甲田山」
三角点▶一等

上毛無岱の西端から下毛無岱を見下ろす。湿原の木道をたどり、写真左上の樹林帯に入って酸ヶ湯へと下る

山の魅力

東北を代表する名山のひとつ。山頂からの大展望、夏の高山植物も登山者を飽きさせないが、何といっても秋の紅葉時の毛無岱湿原がすばらしい。草紅葉に赤や黄色の木々の紅黄葉が交じったその彩りの見事さには、感嘆の声を上げずにいられない。難所はなく、初級者でも無理なく歩けるだろう。

>>> DATA

公共交通機関　【行き】JR東北新幹線新青森駅→JRバス東北（約55分）→八甲田ロープウェー駅前（山麓駅）バス停→ロープウェー（約10分）→山頂公園駅　【帰り】酸ヶ湯温泉バス停→JRバス東北（約1時間20分）→新青森駅

マイカー　東北自動車道・黒石ICから国道102・394・103号を経由して八甲田ロープウェー山麓駅まで約30km。山麓駅に約350台分の無料駐車場がある。青森自動車道・青森中央IC、東北自動車道・青森ICからもほぼ同距離でアクセスできる。

ヒント　JRバスは通年運行。ロープウェイも通年運行で、始発は9時。運行間隔は15〜20分。なお、酸ヶ湯温泉の宿泊者には青森駅〜酸ヶ湯温泉間の送迎バスがある（1日2往復・要予約）。

問合せ先

青森市観光課　　　　☎017-734-5179
JRバス東北青森支店　☎017-723-1621
八甲田ロープウェー　☎017-738-0343

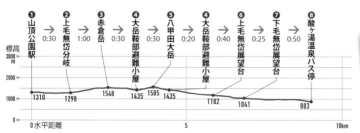

①山頂公園駅 →0:30 ②上毛無岱分岐 →1:00 ③赤倉岳 →0:30 ④大岳鞍部避難小屋 →0:30 ⑤八甲田大岳 →0:20 ④大岳鞍部避難小屋 →0:40 ⑥上毛無岱展望台 →0:25 ⑦下毛無岱展望台 →0:50 ⑧酸ヶ湯温泉バス停

標高
3000
m

2000

1000

0

1310　1298　　1548　1435　1585　1435　　1182　1041　　　883

0 水平距離　　　　　　　　　　　5　　　　　　　　　　　10km

山頂公園駅からの赤倉岳、井戸岳、八甲田大岳（左から）

欄外情報　酸ヶ湯温泉◎ヒバ千人風呂で知られる湯治場。群馬県の四万温泉、栃木県の日光湯元温泉とともに1954年、国民保養温泉地の第1号として指定された。☎017-738-6400。日帰り入浴は1000円。7時〜17時30分。無休。

コース概要 ❶山頂公園駅から八甲田大岳や田茂萢湿原を眺めながらゆるやかに遊歩道を下れば❷上毛無岱分岐。ここは赤倉岳に向けて正面の登山道に入る。道は樹林からハイマツの尾根へと変わり、急な木段を登る。八甲田温泉への分岐点を過ぎ、赤倉岳の噴火口伝いに歩く。小さな祠が見えてくれば❸赤倉岳だ。続いて荒涼とした噴火口を持つ井戸岳を過ぎ、木段と岩屑の道を下れば❹大岳鞍部避難小屋。ここから❺八甲田大岳の往復は1時間とかからない。往復後は、西へとやや急な樹林帯を下る。湿原の木道をしばらく歩けば❻上毛無岱展望台に至る。木段を急下降し、木道を❼下毛無岱展望台へ。展望台からは樹林へと変わり、城ヶ倉温泉への道を右に見送れば、間もなく❽酸ヶ湯温泉バス停だ。

プランニングのヒント マイカーの場合、酸ヶ湯温泉から仙人岱を経由して八甲田大岳に登り、上毛無岱、下毛無岱を経て酸ヶ湯温泉に戻るコースがとれる（地図参照）。

大岳鞍部避難小屋を利用する場合、寝具や炊事用具はもちろん、付近に水場もないので注意したい（トイレあり）。

安全のヒント

赤倉岳の噴火口沿いに続く道は左側が切れ落ちている。強風時や濃霧時などの悪天候時は転落に注意したい。また、コースの終盤以外は樹林が少なく、全体的に風の影響を受けやすい。北東北の山だけあって、悪天候時は真夏でもアルプス並みに気温が低下するので、風が強く気温の下がった日は防風対策を怠りなく。なお、歩き始めてほどなくの上毛無岱分岐から、唯一の時短コースとして宮様コースが下っているが、ぬかるみが多いので歩行には注意したい。

深く切れ落ちた赤倉岳の火口縁

27 八甲田山

1:50,000

0　　500　　1000m
1cm＝500m
等高線は20mごと

青森県
青森市

十和田市

❶ 山頂公園駅
八甲田ロープウェー
田茂萢岳
田茂萢湿原ゴードライン
高山植物展望台
❷ 上毛無岱分岐
唯一の時短コース
湿原展望台 1324
ニセ田茂萢岳
木段は濡れていると滑りやすい
五色岩 1521
噴火口の縁をたどる。強風時注意
赤倉岳 ❸ 1548
赤倉沼
井戸岳
❼ 毛無岱展望台
下毛無岱
木造展望台
上毛無岱
❻ 上毛無岱展望台
八甲田大岳 ❺ 1585
❹ 大岳鞍部避難小屋
山頂周辺は花が多い
城ヶ倉分岐
湯坂
火山性ガスが発生している
八甲田山
鏡沼
小岳 1478
高田大岳 1559
大岳・小岳鞍部
❽ 酸ヶ湯温泉バス停
酸ヶ湯温泉
仙人岱 八甲田清水
仙人岱ヒュッテ
酸ヶ湯温泉〜八甲田大岳間登り約2時間20分、下り約1時間50分
地獄沼
酸ヶ湯キャンプ場
東北大学付属植物園八甲田山分園
硫黄岳 1360
石倉岳 1202
八甲田十和田ゴールドライン
103
空川
小川
田代平キャンプ場
雛岳 1240

津軽平野にすくっと立つ独立峰

岩木山
いわきさん

百

標高**1625m**

青森県

登山レベル:中級

技術度:★★★
体力度:★★★

日　程:前夜発日帰り

総歩行時間:7時間

総歩行距離:7.4km

累積標高差:登り1462m
　　　　　　　下り389m

登山適期:6月中旬～10月中旬

地形図▶1:25000「岩木山」
三角点▶一等

鳥の海噴火口付近から岩木山の頂上を見上げる。頂上手前の二のおみ坂、三のおみ坂は岩のごろごろした急斜面で落石や転倒に注意が必要

上級
中級
初級

岩木山

🏔 山の魅力

津軽富士ともよばれ、津軽半島の付け根に大きな裾野を広げる。優雅な姿に反して山頂部は岩に覆われ、山頂へは急峻なガレ場の登りが待っている。コースは四方から通じているが、岩木山神社の里宮から山頂の奥宮へと百沢コースを登り、バス便のある岩木山八合目へと下るコースを紹介しよう。

>>> DATA

公共交通機関　【行き】JR奥羽本線弘前駅→弘南バス（約40分）→岩木山神社前バス停
【帰り】スカイライン八合目バス停→弘南バス（約30分）→岳温泉前バス停→弘南バス（約55分）→弘前駅

マイカー　東北自動車道・大鰐弘前ICから国道7号、県道260・3号を経由して登山道入口にある百沢スキー場の駐車場まで約28km。無料（約20台）。

ヒント　マイカーの場合、帰りは八合目からバスで岩木山神社前バス停へ向かい、さらに駐車場まで歩いて戻る必要がある。登下山とも津軽岩木スカイライン八合目をベースにする場合は、弘前バスターミナルから出発する岩木スカイラインシャトルバスが往復運賃も割安で便利だ。

問合せ先
弘前市観光課　　　　　　　　☎0172-35-1128
弘南バス弘前バスターミナル　☎0172-36-5061
津軽岩木スカイライン（リフト）☎0172-83-2314

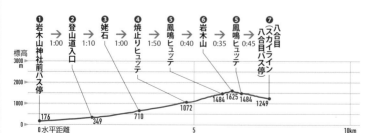

① 岩木山神社前バス停 → 1:00 → ② 登山道入口 → 1:10 → ③ 姥石 → 1:00 → ④ 焼止りヒュッテ → 1:50 → ⑤ 鳳鳴ヒュッテ → 0:40 → ⑥ 岩木山 → 0:35 → ⑤ 鳳鳴ヒュッテ → 0:45 → ⑦ 八合目（スカイライン八合目バス停）

標高
3000m
2000
1000
0

176　　349　　710　　1072　　1484 1625 1484　1249

0 水平距離　　　　　　5　　　　　　10km

二のおみ坂からの鳳鳴
ヒュッテ

欄外情報 嶽温泉郷◎300年以上の歴史を持ち、マタギ料理などの特色ある料理が楽しめる。お得な湯めぐり手形を発売しており、1枚で3軒までの立ち寄り入浴が可能。嶽温泉旅館組合☎0172-83-2130

コース概要 ❶岩木山神社前バス停（いわきさんじんじゃまえ・てい）から神苑桜林公園、岩木山百沢スキー場のゲレンデを経て❷登山道入口（ざんどういりぐち）へ。樹林の道を歩き、少し傾斜がきつくなると❸姥石（うばいし）だ。なおも樹林を行くと❹焼止りヒュッテ（やけどま・避難小屋）に至り、ここからコースの核心部ともいえる大沢の登りになる。滝の迂回などもあるのでスリップに注意しつつ歩きたい。錫杖清水、種蒔苗代を過ぎ、急斜面を詰めれば❺鳳鳴ヒュッテ（ほうめい・避難小屋）。ここから二のおみ坂、三のおみ坂の急なガレ場を注意深く登れば、モニュメントの立つ❻岩木山（いわきさん）の山頂だ。下りは❺鳳鳴ヒュッテまで往路を戻り、分岐を西へ進み❼八合目（はちごうめ）（スカイライン八合目バス停）を目指す。

プランニングのヒント 往路に通過する大沢は、残雪が多いと困難になる。残雪の状況を事前にしっかり確認したい。下りで疲労をおぼえたら八合目までリフトで下ってもいい。行き帰りともリフトを使えば、体力に自信のない人でも山頂往復が可能だ。

鳳鳴ヒュッテから山頂へと続く二のおみ坂、三のおみ坂は急峻なガレ場。落石と下山時の転倒には十分に注意する。

花と自然

岩木山の固有種として知られるのが、ハクサンコザクラの変種ともいわれ、イワテコザクラとの別名も持つミチノクコザクラ（絶滅危惧Ⅱ類）だ。濃いピンクと白の花があり、白花はシロバナミチノクコザクラともよばれる。花期は6月下旬〜7月中旬頃だが、この花が多く見られる百沢コースの大沢周辺は、花期にはまだ残雪があることも多い。ミチノクコザクラは鳳鳴ヒュッテから津軽岩木スカイライン八合目に向かう登山道脇にも見ることができる。

ミチノクコザクラ

28 岩木山

二のおみ坂では落石に注意
スカイライン八合目
0:45 / 1:00
三のおみ坂
岩木山 ❻
1625
岩木山神社奥宮
厳鬼山
0:35 / 0:40
弥生コース
弥生
青森スプリング・スキーリゾート
赤倉

珍ヶ沢町
黒森 △887

津軽岩木スカイライン

❺鳳鳴ヒュッテ
種蒔苗代
錫杖清水
坊主コロバシ
1:50 / 1:30
△1502
鳥海山
鳥の海噴火口
登山リフト
リフト海口駅
リフト八合目分岐

❼八合目（スカイライン八合目バス停）
岩木山八合目駅
巨木の森入口
嶽コース

狭い沢を遡る。雪渓がある時は通過に苦労しコースタイムが余計にかかる

△1067
❹焼止りヒュッテ
864
百沢コース
1:00 / 0:45
百沢スキー場
本木沢川
•405

ミチノクコザクラ

体力や時間があれば、そのまま嶽コースを下ってもいい（下り2時間）。長い下りだが、途中に見事なブナ林がある

湯段沢

嶽温泉

△561

青森県
弘前市

柴柄沢

668 △
❸姥石
鼻こくり
石切沢
七曲り
1:10 / 0:55

❷登山道入口
神苑桜林公園
岩木山神社里宮
岩木山神社前バス停 ❶
弘前市街
1:00 / 0:50

P お山の駅岩木さんぽ館
嶽温泉前 P

N
1:50,000
0　　500　　1000m
1cm=500m
等高線は20mごと

約20台。マイカー利用の場合はここに停めるとよい

百沢スキー場 P

小森山 324▲

小松野
百沢温泉

岩木山総合公園

岩木高原

アソベの森いわき荘（立ち寄り入浴可）
東北自然歩道
小森山

ブナの輝く緑と世界自然遺産の広大さに息をのむ

白神岳
（しらかみだけ）

二百

標高 **1235m**（最高点）

青森県

登山レベル：**中級**

技術度：★★
体力度：★★★★

日　程：前夜泊日帰り

総歩行時間：**8時間40分**

総歩行距離：**19.2km**

累積標高差：登り**1443m**
　　　　　　下り**1443m**

登山適期：**5月下旬～10月中旬**

地形図 ▶ 1：25000「白神岳」「十二湖」
三角点 ▶ 一等

山麓のサクラの間から白神岳
を望む。白神岳の北側には
33の湖沼が点在する十二湖
があるので、立ち寄ってみる
といい

上級
中級
初級

白神岳

🗻 山の魅力

世界最大級の規模を誇るブナの原生林を有する白神山地は、1993年の世界自然遺産への登録以来、訪れる人が後を絶たない。このエリアの盟主ともいえるのが白神岳だ。山腹のブナ林、山頂付近のお花畑、山頂からの大展望などみどころが多い。歩行時間が長く、手軽にとはいかないが、一度は登りたい山だ。

>>> DATA

公共交通機関【往復】JR五能線十二湖駅→タクシー（約15分・要予約）→白神岳登山口

マイカー 秋田自動車道・能代南ICから国道101号などを経由して白神岳登山口の駐車場（無料）まで約50km。

ヒント 白神岳登山口駅に停車する列車は極めて少なく、また、五能線を走るリゾートしらかみ号は白神岳登山口駅には停車しないため、鉄道でのアクセスには無理がある。前泊地または十二湖駅からタクシーを利用するか、JR秋田駅、大館能代空港からレンタカーを利用することをおすすめしたい。

問合せ先

深浦町観光課	☎0173-74-4412
深浦町観光協会	☎0173-82-0875
岩崎タクシー	☎0173-77-2131
深浦小型タクシー	☎0173-74-2309

① 白神岳登山口 → 0:50 → ② 二股分岐 → 1:40 → ③ マテ山分岐 → 2:00 → ④ 大峰分岐 → 0:20 → ⑤ 白神岳 → 0:20 → ④ 大峰分岐 → 1:30 → ③ マテ山分岐 → 1:20 → ② 二股分岐 → 0:40 → ① 白神岳登山口

標高3000m

188　394　826　1212　1232　1212　826　394　188

0 水平距離　5　10　15km

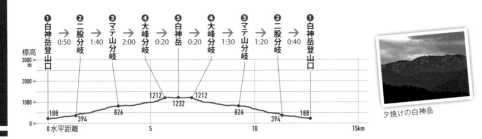

夕焼けの白神岳

欄外情報 立ち寄り入浴◎アオーネ白神十二湖：十二湖入口にある、ログコテージ中心の宿泊施設。温泉ではないが日帰り入浴ができる。☎0173-77-3311。入浴料500円。15～21時。冬期休。

コース概要 ❶白神岳登山口（しらかみだけとざんぐち）から車道を進むと旧登山口がある。登山道に入り、ブナとヒバの混交林を登る。やがて❷二股分岐（ふたまたぶんき）で、左のマテ山コースへ。山腹の道を進むと最後の水場がある。なおも進むと道は左に急カーブし、急斜面を九十九折に登る。❸マテ山分岐（やまぶんき）に出ると尾根道になり、美しいブナ林の中を進んでいく。ダケカンバが現れるようになると道は傾斜を増し、右前方に白神岳の山頂が見えてくる。草原帯になれば❹大峰分岐（おおみねぶんき）で、右へ続く稜線をたどる。トイレ舎と白神岳大周満天避難小屋を経て、ひと登りで大展望の❺白神岳（しらかみだけ）山頂へ。下山は往路を慎重に引き返す。

プランニングのヒント 白神岳登山口駅から白神岳登山口へ歩く場合は、登り40分、下り35分。歩行時間が長いためか山頂部の避難小屋に宿泊する登山者を見かけるが、あくまでも緊急時の利用としたい（地元の深浦町役場も、緊急時以外は利用を控えてほしいと呼びかけている）。

白神岳の山頂部には白神岳大周満天避難小屋とトイレがある。悪天候や体調不良で行動が厳しくなったときには心強い味方だ。

花と自然

白神山地においてブナの原生林が占める面積は約1億7000万㎡といわれる。白神岳のブナ林はそのほんの一部だが、6月の輝くような新緑の黄緑、9月中旬〜10月上旬の紅葉のオレンジ色を堪能したい。

ブナ林の新緑（上）と紅葉（下）

Column

29

白神岳

29 白神岳

十二湖駅・深浦市街・アオーネ白神十二湖

2023年6月現在、登山口に通じる車道が土砂崩れで通行止め。その影響でマテ山コース、二股コース、十二湖コースとも通行止め。復旧は未定

白神岳登山口駅〜白神岳登山口間
登り40分、下り35分

御神木のブナ

急斜面の道

蟶山 842

❸マテ山分岐

急斜面の道

マテ山コース

977

旧登山口

日野林道

❶白神岳登山口

323

0:40
0:50

1:20
1:40

ブナ林

1:30
2:00

ブナ林

❹大峰分岐
1235

0:20

草原帯を歩く

・216

・409

大峰川

黒崎川

白神岳登山口駅

・158

ブナ林

❷二股分岐

二股コース

1232

❺白神岳

白神岳大周満天避難小屋

164

青森県
深浦町

・557

やや荒れていて、徒渉や不明瞭な箇所もあるので立ち入らないほうが無難

・658

・1025

N

1:50,000

0　500　1000m

1cm=500m
等高線は20mごと

・870

・223

・558

能代

標高差が少なく初級者でも無理なく歩ける

八幡平

（はちまんたい）

百

標高1613m

岩手県・秋田県

登山レベル：初級

技術度：★

体力度：★

日　程：日帰り

総歩行時間：**3時間5分**

総歩行距離：**7.4km**

累積標高差：登り441m
　　　　　　下り255m

登山適期：6月上旬〜10月下旬

地形図▶1:25000「茶臼岳」「八幡平」
三角点▶二等

八幡沼やガマ沼の周囲はアオ
モリトドマツの森で、冬は樹
氷になる。湿原には木道が延
び、夏にはさまざまな高山植
物が花を咲かせる

🔺 山の魅力

岩手・秋田県境に広がる高原状の山で、山上には沼や湿原が点在し、夏は多くの高山植物に彩られる。最高点の八幡平山頂に立つだけなら、県境登山口からわずか30分だが、これでは物足りない。茶臼口から源太森を越えて歩けば、充実の山旅となる。山間や山麓の趣ある温泉巡りも楽しみたい。

>>> DATA

公共交通機関【行き】JR東北新幹線盛岡駅→岩手県北自動車バス（約2時間）→茶臼口バス停　【帰り】八幡平頂上バス停→岩手県北自動車バス（約2時間）→JR東北新幹線盛岡駅

マイカー　東北自動車道・松尾八幡平ICから県道45・23号（八幡平アスピーテライン）経由で茶臼口まで約21km。周辺に2カ所の駐車場があるがスペースは狭い。県境登山口には大きな有料駐車場がある。

ヒント　盛岡駅から八幡平頂上行きのバス（散策バス）は9時台発で茶臼口には11時台着。帰路の八幡平からのバスは15時台に散策バスと路線バス（要乗り換え）が1本ずつ。細かな時間は年ごとに変わるので、乗り遅れないよう、事前に要確認。マイカーやレンタカーの場合、帰路は路線バスに乗り、茶臼口で車を回収する。

問合せ先
八幡平市観光協会　　　☎0195-78-3500
岩手県北自動車本社　　☎019-641-1212

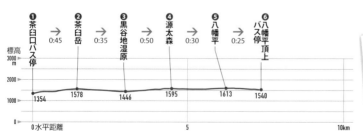

| ❶茶臼口バス停 | → 0:45 | ❷茶臼岳 | → 0:35 | ❸黒谷地湿原 | → 0:50 | ❹源太森 | → 0:30 | ❺八幡平 | → 0:25 | ❻八幡平頂上バス停 |

標高
3000
m
2000
1000
1354　1578　1446　1595　1613　1540
0水平距離　　　　　5　　　　　10km

黒谷地湿原に咲くニッコウ
キスゲ

欄外情報　山小屋◎茶臼山荘・陵雲荘：ともに無人避難小屋で無料。　藤七温泉彩雲荘：☎090-1495-0950、1泊2食付1万3250円〜、日帰り入浴650円。　蒸ノ湯：☎0186-31-2131。1泊2食付1万5550円〜、日帰り入浴700円。

コース概要 ❶茶臼口バス停から笹原の急坂を登る。背後には岩手山が大きい。しばらくで茶臼山荘。ひと息入れたら❷茶臼岳を往復し、山荘からゆるやかに下っていくと❸黒谷地湿原だ。展望デッキからはニッコウキスゲやワタスゲの群落が見渡せる。湿原を抜けアオモリトドマツの森を登ると❹源太森だ。山頂からは八幡沼や八幡平の山頂が見渡せる。これを下ると八幡平の平原になる。木道沿いには花々が咲き、秋は草紅葉が見事。八幡沼から陵雲荘、ガマ沼と登れば❺八幡平の山頂で展望デッキがある。下山は❻八幡平頂上バス停へ。

プランニングのヒント 八幡平の山頂からは長沼コースをたどり、ふけの湯へも下れる（約2時間35分）。ただし、ふけの湯から田沢湖駅行きの羽後交通バスと秋北バスは期間限定・土日運行（2023は運休。24年以降は未定）。マイカーで八幡平頂上の駐車場を起点に回る場合はキスゲ通りから源太森に立ち、本コースで駐車場に戻る。

八幡平の湿原は日差しを遮る木々が少ないので、夏は熱射病に気をつけ水分補給を忘れずに。雷雨にも注意したい。

安全のヒント

コース中は大きな危険箇所はないが、木道は濡れていると滑るので注意。シーズン中は多くの観光客もやってくるので、木道では一列になり、すれ違いに配慮したい。

サブコース

八幡平頂上バス停から南にそびえる畚岳を往復するのもよい。八幡平三大眺望地で山頂からは360度の展望。車道を15分ほど歩き、笹の尾根道を登る。往復約1時間30分。

ピラミダルな山容の畚岳

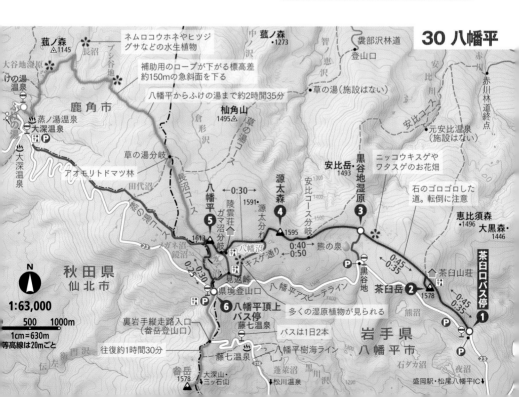

30 八幡平

菰ノ森 △1145

ネムロコウホネやヒツジグサなどの水生植物

補助用のロープが下がる標高差約150mの急斜面を下る

八幡平からふけの湯まで約2時間35分

菰ノ森 ・1273

曩部沢林道

登山口

草の湯（施設はない）

赤川林道終点

大谷地湿原

けの湯温泉

鹿角市

蒸ノ湯温泉

大深温泉

大深温泉

アオモリトドマツ林

草の湯分岐

田代沼

杣角山 1495△

倉形沢

長沼コース

元安比温泉（施設はない）

安比岳 1493

黒谷地湿原

ニッコウキスゲやワタスゲのお花畑

石のゴロゴロした道。転倒に注意

恵比須森 ・1496

大黒森 1446

八幡平 ❺

陵雲荘 ガマ沼分岐

源太森 ❹

△1595

←0:30→ 1591・

安比コース分岐

八幡沼

源太分岐

0:40 熊の泉

0:50

0:45 0:35

茶臼山荘

茶臼口バス停 ❶

秋田県
仙北市

1613

キスゲ通り

見返峠

0:25 0:30

県境登山口

黒谷地

茶臼岳 ❷ 1578

0:45 0:35

N

1:63,000

500 1000m
1cm=630m
等高線は20mごと

裏岩手縦走路入口
（畚岳登山口）

❻八幡平頂上
バス停

藤七温泉

八幡平アスピーテライン

多くの湿原植物が見られる

熊沼

岩手県
八幡平市

往復約1時間30分

藤七温泉

八幡平樹海ライン

バスは1日2本

畚岳 1578

大深山・三ツ石山

蓬莱沼 黒沼

松川温泉

石ダカ沼

夜沼

盛岡駅・松尾八幡平IC→

伝石沢

お花畑に大展望。魅力満載の柳沢コースを行く

岩手山
（いわてさん）

標高**2038**m（薬師岳）

岩手県

登山レベル：**上級**

技術度：★★★
体力度：★★★★★

日　程：前夜泊日帰り

総歩行時間：**9時間45分**

総歩行距離：**11.3km**

累積標高差：登り**1466m**
　　　　　　下り**1466m**

登山適期：**7月上旬〜10月中旬**

地形図▶1：25000「姥屋敷」「大更」
三角点▶一等

八幡平アスピーテラインから見た岩手山。山頂から右へと続くギザギザの稜線は鬼ヶ城で、手前の断崖状の尾根は屏風尾根

山の魅力

南部富士の別名をもつ、岩手県を代表する山。石川啄木の歌集『一握の砂』にある「ふるさとの山はありがたきかな」の"ふるさとの山"でもある。山頂部一帯のコマクサの群落は国内屈指の規模だ。活火山ではあるが、近年に限っては平穏な状態を保っている。登山コースはどれも長く、健脚向きの山。

>>> DATA

公共交通機関【往復】JR東北新幹線盛岡駅→タクシー（約40分）→馬返し

マイカー 東北自動車道・滝沢ICから国道4・282号、県道278号などを経由して約10km。馬返しに約100台収容の無料駐車場あり。

ヒント マイカーの場合、コマクサの最盛期（コラム参照）の休日は駐車場がたいへん混雑するので、早めの到着を。タクシーは盛岡駅前に常駐している。

問合せ先
滝沢市観光物産課　☎019-656-6534
滝沢市観光物産協会　☎019-601-6327
滝沢交通（タクシー）　☎019-694-3277
岩手中央タクシー　☎019-622-8686
みたけタクシー　☎019-641-4482

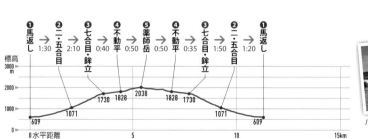

①馬返し →1:30 ②二・五合目 →2:10 ③七合目・鉾立 →0:40 ④不動平 →0:50 ⑤薬師岳 →0:50 ④不動平 →0:35 ③七合目・鉾立 →1:50 ②二・五合目 →1:20 ①馬返し

標高3000m　609　1071　1730　1828　2038　1828　1730　1071　609
0水平距離　5　10　15km

八合目避難小屋

欄外情報 山小屋◎八合目避難小屋：宿泊協力金（1700円）が必要だが、毛布の貸し出し（有料）やカップ麺などの販売もある。夏・秋は管理人も常駐。トイレ・水あり。予約不要（5人以上の利用は市役所に事前連絡を）。

コース概要 ❶**馬返し**の駐車場からキャンプ場を抜け、鬼又清水の水場で登山道に入る。落葉樹林の坂道を歩くと道は二分するが、すぐに合流する。この先、❷**二・五合目**でも道は二分する。左は日光を浴びるが見晴らしがよく、右は樹林帯の道だ。いずれも砂礫で歩きづらい急斜面が❸**七合目・鉾立**まで続く。ここから道はゆるやかになり、八合目避難小屋を過ぎると❹**不動平**。砂礫の道を進めば「お鉢」とよばれる火口縁に飛び出す。時計回りに火口縁を歩くと最高峰の❺**薬師岳**だ。下山は往路を戻るが、砂礫でのスリップに注意しよう。

岩手山は常時観測火山に指定される活火山。現在は弱い噴気があるレベル。

プランニングのヒント 首都圏からの場合、東北新幹線の盛岡駅着は最も早い便でも8時台後半になるので、日帰りはほぼ無理。歩行時間が長いコースなので、山麓での前泊だけでなく、八合目の避難小屋（欄外情報参照）での宿泊を前提にしても面白いだろう。この避難小屋は時間切れなどの際にもたいへんありがたい存在だ。

花と自然

山頂部の火口縁には、国内でも屈指といわれる規模のコマクサ群落が広がっている。最盛期は例年、7月上旬～中旬あたり。不動平も花が多いところで、濃いピンクのエゾツツジなどが咲いている。

砂礫地に咲くコマクサ（上）とエゾツツジ（下）

31

岩手山

31 岩手山

岩手県
八幡平市

焼走り登山口・大更
焼走り溶岩流

コマクサの大群落

国の特別天然記念物。一帯が溶岩塊で覆われている

ツルハシの分れ

平笠不動避難小屋

三十六童子

1419

茶臼岳

屏風尾根

1660

倉岳

岩手山

第1噴出口跡
1251
第2噴出口跡

焼走りコース

焼走り登山口～薬師岳間
登り約4時間30分、
下り約3時間

薬師岳 ❺

1:00
0:50

お鉢巡りは強風時や濃霧時は通らないこと

陸上自衛隊
岩手山演習場

砂礫の道。
スリップ注意

2038

御苗代湖

妙高岳

御室火口
岩手山神社奥宮

新道は樹林帯で日陰が多い

平笠不動分岐
0:50
0:40

お鉢の火口縁

Y字路分岐

下降地点分岐

六合目

2:10
1:50

二・五合目 ❷

滝沢市

花畑コース

鬼ヶ城

鬼ヶ城コース

御神坂コース

不動平 ❹

1828

不動平

新道
1730

御旧道

五合目

1294
三合目

柳沢コース

七合目・鉾立

0:40
0:35

御倉石

一合目
二合目
坪ノ平
大ナメリ

五合目
四合目
三合目

1:30
1:20

改め所

必ず給水しておくこと

避難小屋
八合目避難小屋

桶の淵
鬼又清水
馬返しキャンプ場

登山口

❶ 馬返し

609

雫石町

1369

旧道は展望はいいが樹林がない。盛夏の通行は避けたい

夏山シーズン中は管理人が常駐する

N

1:50,000

500   1000m

1cm=500m
等高線は20mごと

1035

862

御神坂駐車場

JR盛岡駅・滝沢IC

秘湯の乳頭温泉郷から高層湿原の山をめぐる

乳頭山（烏帽子岳）

にゅうとうさん（えぼしだけ）

三百

標高1478m

秋田県・岩手県

登山レベル：**初級**

技術度：★★
体力度：★★

日　程：**日帰り**

総歩行時間：**4時間40分**

総歩行距離：**9.7km**

累積標高差：登り**737m**
　　　　　　下り**737m**

登山適期：**6月中旬～10月下旬**

地形図▶1：25000「秋田駒ケ岳」
三角点▶三等

独特のスタイルをした乳頭山。
岩手側では烏帽子岳とよび、
国土地理院の地形図には両方
の名が記されている

山の魅力

秋田県側から見ると女性の乳頭を連想させることから「乳頭山」、岩手県側から見ると烏帽子に似ることから「烏帽子岳」。高山植物が咲く山頂からの展望は飽きることがなく、田代平などの高層湿原歩きも楽しい。登山口には秘境といわれる乳頭温泉郷があり、1泊すればより充実する。

>>> DATA

公共交通機関【往復】JR秋田新幹線田沢湖駅→羽後交通バス（約40分）→乳頭温泉バス停

マイカー 東北自動車道・盛岡ICから国道46・341号、県道127・194号を経由して乳頭温泉郷の駐車場まで約57km。温泉郷内には何カ所か無料駐車場がある（宿の駐車場には停めないこと）。秋田自動車道・大曲ICからも時間的、距離的に大きな差はない。

ヒント 連休時や花のシーズン、紅葉時の週末の駐車場はとても混雑する。早朝から満車になることもあるので、夜中に到着して車中泊するか、いずれかの温泉宿に前泊することが望ましい。

問合せ先
仙北市観光課　　　　　　　☎0187-43-3352
田沢湖観光情報センター　　☎0187-43-2111
羽後交通田沢湖営業所　　　☎0187-43-1511

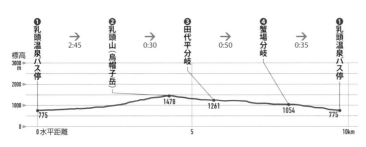

標高
3000m

① 乳頭温泉バス停　→ 2:45 → ② 乳頭山（烏帽子岳）　→ 0:30 → ③ 田代平分岐　→ 0:50 → ④ 蟹場分岐　→ 0:35 → ① 乳頭温泉バス停

2000
775　　　　　　　　1478　　1261　　　　　1054　　　775
1000

0 水平距離　　　　　　　　5　　　　　　　10km

田代平山荘

欄外情報 山小屋◎田代平山荘：無人開放の避難小屋。若干の寝具のみ備えられているが、宿泊する際は寝具や食料、水、炊事用具を持参すること。夜は冷え込むので、防寒着も忘れずに。

コース概要 ❶乳頭温泉バス停から孫六温泉に向かう。孫六温泉の先で黒湯への道を右に見送り、沢沿いの道を行く。やがて砂防ダムが現れるので、堰堤の横を通っていったんブナ林に入る。再び沢沿いを歩き、一本松温泉たっこの湯(河原の自然湯)を過ぎ、沢から離れてブナ林を登る。しばらく汗をかくと道は木道となり、田代平からのコースと合流する。山頂は近いが、山頂部の南東側は鋭く切れ落ちた崩壊地になっているので行動は慎重に。ほどなく大展望地❷乳頭山(烏帽子岳)だ。下山はまず、田代平山荘を目指す。山荘のすぐ先の❸田代平分岐を右に行き、高層湿原の田代平を経て❹蟹場分岐までゆるやかに下る。分岐で左に曲がり、尾根道を30分ほど下れば、往路の❶乳頭温泉バス停に到着する。

プランニングのヒント 田代平分岐から左に折れ、孫六温泉へと続く尾根道を下れば、蟹場分岐を経由するより時間短縮ができるが、急な下りでの転倒には注意を。

> 一本松温泉たっこの湯は手掘りの温泉で、遮るものはない。入浴したい場合は、逆コースを歩くといいだろう。

サブコース

天気が安定した日の早朝にスタートしていれば、乳頭山から千沼ヶ原、笊森山、湯森山を経て秋田駒ヶ岳まで縦走するコースも楽しい。展望にすぐれ、爽快な稜線歩きが満喫できる。乳頭山から秋田駒ヶ岳まで約4時間30分(中級)。秋田駒ヶ岳から駒ヶ岳八合目バス停までは1時間30分ほど見ておけばいい。なお、途中で時間切れになりそうなときや疲労が大きい場合は、湯森山から駒ヶ岳八合目バス停まで50分ほどで下ることができる。

乳頭山からの秋田駒ヶ岳と田沢湖

32 乳頭山(烏帽子岳)

蟹場分岐 ❹
1068
急坂
0:50
1:10
1239 田代平
田代平分岐 ❸
秋田駒ヶ岳まで約4時間30分
乳頭山(烏帽子岳) ❷
1478
滝ノ上温泉

秋田県 仙北市
岩手県 雫石町

湿原を歩く
田代平山荘
0:30
0:40

乳頭温泉バス停 ❶
休暇村乳頭温泉郷
大釜温泉
妙乃湯

0:35
0:50

蟹場コース
897
蟹場
•1082
女夫石沢
孫六温泉
孫六コース
下山時の短縮路として使えるが、スリップに注意
ガレ場のある急坂
孫六温泉〜田代平分岐間 登り1時間20分、下り1時間

2:00
2:45

一本松コース
木道を歩く
南東側は切れ落ちているので行動は慎重に

千沼ヶ原 秋田駒ヶ岳

黒湯
堰堤あり
徒渉注意
一本松温泉たっこの湯
露天の湯船のみ
黒湯沢
一本松沢
松ノ沢

1:30,000
N
0 250 500m
1cm=300m
等高線は20mごと

秋田駒ヶ岳

天気がよければ初級者でも歩ける花の名山

（あきたこまがたけ）

標高1637m（男女岳）

秋田県

登山レベル：初級

技術度：★★
体力度：★

日　程：日帰り

総歩行時間：3時間10分

総歩行距離：5.5km

累積標高差：登り454m
**　　　　　　下り454m**

登山適期：6月上旬～10月下旬

地形図▶1：25000「秋田駒ヶ岳」「国見温泉」
三角点▶一等

男岳の稜線より男女岳と阿弥陀池、阿弥陀池避難小屋を望む。7月中旬でも北面や東面の山腹には雪が残る

山の魅力

北東北の名峰、秋田駒ヶ岳は男岳、男岳、女岳の総称。その名の通り、春先に駒形の雪形が山肌に現れ、古くから農作業の目安とされてきた。「花の百名山」にも選ばれ、夏はタカネスミレやコマクサ、チングルマなどが見事だ。八合目まで上がれば、コースタイムも短く、初級者でも楽に周回できる。

>>> DATA

公共交通機関 JR秋田新幹線田沢湖駅→羽後交通（約1時間）→駒ヶ岳八合目バス停　※バスは6/1～10/20の土・日曜、祝日に運行、6/21～8/15は毎日運行

マイカー 東北自動車道・盛岡ICから駒ヶ岳八合目の駐車場まで約58km。※バス運行日はマイカー規制日になるため、田沢湖高原の中核施設であるアルパこまくさからバスで八合目へと上がる（約25分）。

ヒント 田沢湖駅からの駒ヶ岳線バスは1日6～7便運行。アルパこまくさからのバスは1日16～18便運行。マイカー規制日以外の平日はバス運行がないのでタクシーを利用。アルパこまくには日帰り温泉がある。

問合せ先
田沢湖観光情報センター　☎0187-43-2111
アルパこまくさ　☎0187-46-2101
羽後交通田沢湖営業所　☎0187-43-1511
田沢観光タクシー　☎0187-43-1331

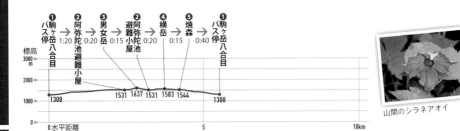

①駒ヶ岳バス停八合目　→1:20→　②阿弥陀池避難小屋　→0:20→　③男女岳　→0:15→　阿弥陀池避難小屋　→0:20→　④横岳　→0:15→　⑤焼森　→0:40→　①駒ヶ岳バス停八合目

標高
3000m
2000
1000
0

1308　　　1531 1637 1531 1583 1544　　　1308

0 水平距離　　　　　5　　　　　10km

山間のシラネアオイ

欄外情報 山小屋◎八合目小屋・阿弥陀池避難小屋：ともに避難小屋で無料。ただし、寝具、食料等は持参すること。いずれも水場あり。

コース概要 ❶駒ヶ岳八合目バス停から片倉コースを登る。初夏はムラサキヤシオやシラネアオイなどの花がきれいだ。斜面をトラバースするように進むと片倉岳展望台となり、眼下に田沢湖が俯瞰できる。さらに山腹を巻くように登ると木道となり、夏はヨツバシオガマやエゾツツジなどが見られる。やがて阿弥陀池の縁を通り、❷阿弥陀池避難小屋に到着。最高峰の❸男女岳を往復して、小屋に戻ったら、馬ノ背へと上がり❹横岳へ。ここから尾根伝いに❺焼森へ向かおう。砂礫が広がる尾根沿いではコマクサがきれいだ。焼森分岐からは尾根道を外れ❶駒ヶ岳八合目バス停へと戻る。

プランニングのヒント 秋田駒ヶ岳周辺の日本三百名山に乳頭山（P80）があるので、併せてプランニングできる。健脚者なら秋田駒ヶ岳から湯森山、笊森山を経て乳頭山に立ち、大釜温泉まで日帰りで縦走も可能（コースタイム約6時間30分）。乳頭温泉郷の温泉宿に泊まり翌日登ってもよい。

> 6月は片倉岳のトラバース道や日陰には雪が残っているのでスリップに注意。状況に応じて軽アイゼン等を用意しよう。

悪天時に逃げ込める阿弥陀池避難小屋

焼森の砂礫地に咲くコマクサ

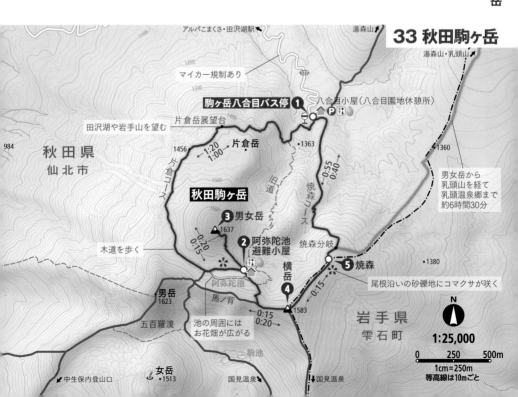

33 秋田駒ヶ岳

1:25,000

1cm＝250m
等高線は10mごと

ブナ林と高山植物を楽しむ花の百名山

森吉山
もり よし ざん

二百

標高**1454m**

秋田県

登山レベル:初級

技術度:★★
体力度:★★

日　程:日帰り

総歩行時間:**6時間20分**

総歩行距離:**11.5km**

累積標高差:登り**867m**
　　　　　　下り**867m**

登山適期:**6月中旬〜10月下旬**

地形図▶1:25000「森吉山」「太平湖」
三角点▶一等

一ノ腰付近から見た森吉山
（右）とヒバクラ岳。どちら
の山も山頂部には大きなお花
畑が広がっている

🏔 山の魅力

秋田県の中央部に位置する独立峰。アスピーテ型火山独得のなだらかな山容を持ち、花の百名山としても知られる。地元ではたいへんなじみ深い山で、昔から「秋田山」とよばれてきたふるさとの名峰だ。また、地形図では森吉山と表記される最高点は、地元では向岳ともよばれている。

>>> DATA

公共交通機関【往復】秋田内陸縦貫鉄道阿仁前田温泉駅→森吉山周遊乗合タクシー（約30分）→こめつが山荘
マイカー　秋田自動車道・五城目八郎潟ICから国道285号、県道214・309号を経由してこめつが山荘まで約56km。無料駐車場あり（約30台）。
ヒント　森吉山周遊乗合タクシーは6月1日〜10月末までの運行で、往路は6便、復路は5便。往路の阿仁前田温泉駅発は20分前、復路は2時間前までの予

約が必要。予約は1名より。また、下山路として利用できる森吉山南西麓の森吉山阿仁スキー場のゴンドラ山麓駅からも、森吉山周遊乗合タクシーが秋田内陸縦貫鉄道阿仁合駅と大館能代空港まで運行している。

問合せ先
北秋田市商工観光課　　　　　　　　☎0186-72-5243
米内沢タクシー（周遊タクシー）　　☎0186-72-3212
阿仁タクシー（周遊タクシー）　　　☎0186-82-3115
阿仁ゴンドラ　　　　　　　　　　　☎0186-82-3311

①こめつが山荘 →1:30 ②雪嶺峠 →0:35 ③石森 →1:30 ④森吉山 →1:10 ③石森 →0:35 ②雪嶺峠 →1:00 ①こめつが山荘

標高3000m 2000 1000 0
796　1221　1296　1454　1296　1221　796
0水平距離　　　5　　　10　　　15km

森吉避難小屋

欄外情報 山小屋◎森吉避難小屋・阿仁避難小屋:いずれも紹介したコース上にあり、天候急変の際などには利用価値が高い。宿泊する場合は、寝具、食料、水、炊事用具などの準備が必要。

コース概要 ❶こめつが山荘からカラマツ林を抜けて旧スキー場のゲレンデ跡に出る。しばらくゆるやかに登れば、道はジグザグの急登になりブナ林のなかを歩くようになる。急登はしばらく続き、やがて一ノ腰のピークに飛び出す。目の前に森吉山の主峰・向岳の端正な姿を眺め、ひと下りすれば松倉コースが合流する❷雪嶺峠だ。峠から登り返すと、右手に森吉神社と森吉避難小屋が現れる。神社にある冠岩はご神体といわれる。ここから軽く登れば森吉山阿仁スキー場からの登山道が合流する❸石森に到着する。登山者が増えた道をいったん下り、阿仁避難小屋からもうひと登りすれば、稚児平のお花畑の先が❹森吉山の山頂だ。日本海まで望める大展望を堪能したら往路を戻ろう。

プランニングのヒント 森吉山阿仁スキー場の阿仁ゴンドラ（20分）を使えば、2時間とかからず山頂に立てる。マイカーでない場合は、ゴンドラを下りに使うのもいい。

阿仁ゴンドラ山頂駅の最終発車時間は16時と比較的早い。利用する場合は乗り遅れないように注意してほしい。

花と自然

「花の百名山」だけあって、初夏から夏にかけてのこのコースには、ヒナザクラ、イワカガミ、ニッコウキスゲ、シラネアオイ、ハクサンチドリなどが咲き誇る。また、秋の紅葉も見逃せない景観のひとつだ。

森吉山のイワカガミとチングルマ

森吉山の紅葉

34 森吉山

宿泊はできない
こめつが山荘 ❶
スキー場跡を歩く
774
阿仁前田温泉駅→
ブナ林を歩く
972
1:00
1:30
急坂が続く
秋田県
北秋田市
松倉沢
松倉コース
793
804
一ノ腰
△1265
❷雪嶺峠
横田コース
こめつがコース
0:35
冠岩
森吉神社
森吉避難小屋
石森 ❸
1308
山頂駅〜石森間登り約20分、下り約15分
夏期ゴンドラは、6〜10月に運行
森吉山阿仁スキー場
ゴンドラ山頂駅
阿仁避難小屋
森吉山 ❹
山人平
ヒバクラ岳・1326
稚児平
1454
日本海も望める大展望の頂
1:10
1:30
•873
•1155
1188△
ヒバクラ登山口→
割沢森
1:50,000
N
500 1000m
1cm=500m
等高線は20mごと
ゴンドラ山麓駅→
ゴンドラ山麓駅→
阿仁マタギ駅→

天然秋田杉とブナの美林が魅力の秋田市のシンボル

太平山
（たいへいざん）

標高1170m

秋田県

登山レベル:**初級**

技術度:★★
体力度:★★

日　程:**前夜泊日帰り**

総歩行時間:**5時間45分**

総歩行距離:**8.3km**

累積標高差:登り**998m**
　　　　　下り**998m**

登山適期:**6月上旬～10月上旬**

地形図▶1:25000「太平山」
三角点▶一等

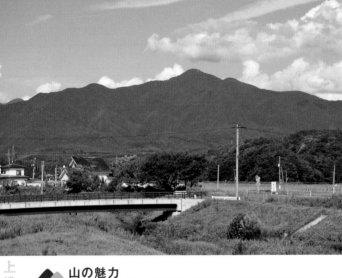

秋田市郊外から見た太平山。いくつもの峰が連なった山で、高く見えるのは中岳。太平山の山頂（奥岳）は中岳に隠れている

🏔 山の魅力

古くから信仰登山の対象であり、今もなお参拝登山で賑わう。秋田市のシンボルとして校歌などにうたわれることも多い。太平山の魅力は何といっても天然秋田杉とブナの自然林で、登山はもちろん、山麓一帯は温泉施設、スキー場、オートキャンプ場、植物園などが備わる一大リゾートエリアとなっている。

>>> DATA

公共交通機関【往復】JR秋田新幹線秋田駅→タクシー（約50分）→旭又登山口

マイカー　秋田自動車道・秋田中央ICから県道15号などを経由して旭又登山口のある旭又園地の駐車場まで約25km。駐車場は広く、無料。

ヒント　マイカーの場合、コース途中の太平山リゾート公園から先は、舗装こそされているものの、道幅の狭い道が続く。カーブが連続するので対向車に注意して走行したい。

問合せ先

秋田市観光振興課	☎018-888-5602
秋田観光コンベンション協会	☎018-824-1211
太平山三吉神社総本宮	☎018-834-3443
キングタクシー	☎018-862-6677
国際タクシー	☎018-833-5931

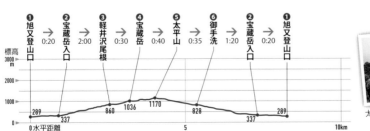

❶旭又登山口 →0:20 ❷宝蔵岳入口 →2:00 ❸軽井沢尾根 →0:30 ❹宝蔵岳 →0:40 ❺太平山 →0:35 ❻御手洗 →1:20 ❷宝蔵岳入口 →0:20 ❶旭又登山口

標高3000m / 2000 / 1000

289　337　860　1036　1170　828　337　289

0 水平距離　5　10km

太平山の山頂へ

欄外情報　立ち寄り温泉◎秋田市河辺岩見温泉交流センター:☎018-883-2020。秋田市雄和ふるさと温泉ユアシス:☎018-887-2575。森林学習館木こりの宿:☎018-827-2111。クアドーム ザ・ブーン:☎018-827-2301

コース概要 ❶旭又登山口（あさひまたとざんぐち）から広い登山道を歩き、赤倉岳コースを左に見送って❷宝蔵岳入口（ほうぞうだけいりぐち）へ。右へと宝蔵岳に向かう。天然秋田杉やブナ林の急坂を登れば❸軽井沢尾根（かるいざわおね）だ。ブナの多い急坂を登ると❹宝蔵岳（ほうぞうだけ）で、ここから弟子還（でしがえり）の間のクサリ場やロープ場は慎重に。気持ちいい尾根を歩き、鳥居をくぐれば❺太平山（たいへいざん）（奥岳）の山頂だ。山頂からは北へと下り、途中から左に折れて水場のある❻御手洗（みたらし）へ。急坂を下って御滝神社の先で沢を渡り、スギの美林を歩く。やがて往路で通った❷宝蔵岳入口（ほうぞうだけいりぐち）だ。あとは来た道を❶旭又登山口（あさひまたとざんぐち）まで戻る。

プランニングのヒント クサリ場や岩場が苦手な人、あるいはメンバーのなかに初心者がいる場合は、復路で使う御手洗経由の道を往復するといいだろう。山頂に立つ太平山三吉（みよし）神社参籠所は6月初旬～9月下旬、神社関係者が常駐し、休憩のほか、食事付きの宿泊もできる。1泊2食付5500円。宿泊する場合は、太平山三吉神社総本宮に要予約。

> 太平山一帯はクマが出没する地域でもある。薄暗い時間の行動は避け、鈴などで人間の存在を知らせるなどの対策を。

花と自然

ラン科のコアニチドリ（小阿仁千鳥）は、山頂の北東側、上小阿仁村で発見された太平山ゆかりの花。花期は6～8月。コースでは、日本三大美林の一つ、天然秋田杉も見ることができる。

コアニチドリ（上）と天然秋田杉の森（下）

---

35 太平山

旭又登山口 ❶
↑赤倉岳
613
赤倉岳登山口
赤倉岳コース
0:20
↑赤倉岳
旭川
宝蔵岳入口 ❷
・462
天然秋田杉を見ることができる
旭又沢
406
御滝神社
急坂が続く
・744
1031
ヤブ化している
矢瀬沢
御手洗沢
弟子還沢
御手洗
❻
832
ブナ林の急坂が続く
縦走路
・541
宝蔵岳コース
1:20
2:00
旭又コース
1:20
2:00
ブナ林を歩く
・756
軽井沢コース（廃道）
秋田県
秋田市
・644
軽井沢尾根 ❸
・718
ブナの多い急坂
0:20
0:30
宝蔵岳
❹
1036
0:35
0:50
上小阿仁村
1140
旭岳
鳥居
太平山 ❺
0:35
0:40
弟子還
奥岳
1170
太平山三吉神社奥宮
参籠所（山小屋）
携帯トイレブース
丸舞コース

N

1:25,000

250　　500m

1cm=250m
等高線は10mごと

↓剣岳

↓丸舞

クサリ場、ロープ場あり。危険ではないが慎重に

岩手山と対峙する三角錐の秀麗な峰

姫神山
（ひめかみやま）

岩手県

登山レベル：**初級**

技術度：★★
体力度：★

日　程：前夜発日帰り

総歩行時間：**2時間50分**

総歩行距離：**4.1**km

累積標高差：登り**614**m
　　　　　　下り**614**m

登山適期：**4月上旬〜11月中旬**

地形図▶1:25000「渋民」
三角点▶一等

北上川の支流、松川から眺めた姫神山。なだらかな三角錐形が印象的だ。岩手山を男性的な姿としたら、姫神山は女性的といえるだろう

🏔 山の魅力

盛岡市街の北東に位置し、北上川をはさんで岩手山と対峙する、三角錐の美しい山。岩手山、早池峰山とともに北奥の三霊山ともよばれ、山頂付近には信仰に関係していたともいわれる巨岩群がある。登山道は四方から通じ、いずれも短時間で山頂に立てる。石川啄木の故郷、渋民はこの山の西麓にある。

>>> DATA

公共交通機関　【往復】いわて銀河鉄道好摩駅→タクシー（約15分）→一本杉登山口　※ひとつ手前の渋民駅からタクシーを利用してもいい。

マイカー　東北自動車道・滝沢ICから国道4号、市道などを経由して約15km。登山口に大きな駐車場（無料）がある。

ヒント　JR東北新幹線盛岡駅から好摩駅までは普通列車で約20分。朝は30分に1本程度の運行がある。

駐車場は2カ所あり、下の第1駐車場より上の駐車場のほうが登山口に近い。トイレは上の駐車場にある。

問合せ先
盛岡市玉山総合事務所産業振興課　☎019-683-3852
好摩タクシー　☎019-682-0135
渋民タクシー　☎019-683-2311

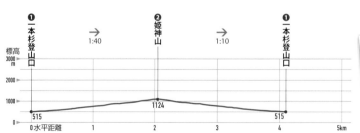

① 一本杉登山口　→ 1:40　② 姫神山　→ 1:10　① 一本杉登山口
標高3000m / 2000 / 1000 / 515 / 1124 / 515
0 水平距離　1　2　3　4　5km

スズランの多い山でもある

欄外情報　立ち寄り温泉◎ユートランド姫神：姫神山の北西麓、いわて銀河鉄道好摩駅近くにある公営温泉宿泊施設。前泊にも好適。☎019-683-3215。入浴料600円。10〜22時。無休。

コース概要 駐車場のある**❶一本杉登山口**（いっぽんすぎ と ざんぐち）からキャンプ場を通り抜ける。雑木林からスギの植林帯へと変わり、一本杉を過ぎると木段の道になる。ざんげ坂とよばれるこの木段を登れば五合目で、大きな岩がごろごろした道を行くと六合目に到着する。このあたりから大きな岩がさらに目立つようになり、七合目、八合目を通過すれば山頂はもう間もなく。やがて岩場が現れ、慎重に越えれば石の小さな社が立つ**❷姫神山**の山頂だ。大きな展望を楽しんだら下山にかかるが、岩場を避ける巻き道もあるので、こちらを下ってもいい。

プランニングのヒント 歩行時間の短い山なので、首都圏を朝一番の新幹線で発てば十分に日帰りも可能だ。ここでは往復コースを紹介しているが、姫神山の登山道は四方から延びている（コラム参照）。タクシーを利用するのなら往路と復路で違うコースを歩いてもいいだろう。いずれのコースの登山口にもタクシーで乗り入れることができる。

かつてほどの群生はなくなったが、姫神山はスズランの名所。各コースで見られる。花期は5月中旬〜6月中旬。

サブコース

姫神山の山頂へは4つのコースが通じている。ここで紹介した西山麓からの一本杉コースのほかに、北山麓から延びるこわ坂コース、東山麓からの田代コース、南山麓からの城内コースだ。最短コースは田代コースで、山頂まで約1時間10分。こわ坂コースは山頂まで約1時間40分で、城内コースは約2時間。マイカーの場合も、一本杉コースの登山口とこわ坂コースの登山口間は歩いて30分ほどなので、周回コースとして歩くことができる。

秋の姫神山はオレンジ色に彩られる

36

姫神山

36 姫神山

こわ坂登山口 P

•632

△796
越ヶ岳

一本杉登山口とこわ坂登山口間は徒歩約30分

•697

•748

•761

玉山

P △484

P

本杉登山口 ❶

一本杉園地キャンプ場

ざんげ坂

1:10
1:40

五合目
•730

本杉

一本杉コース

こわ坂コース

こわ坂コース。コース上部はロープやハシゴのある急坂。登り約1時間40分、下り約1時間

地面に巨岩がごろごろした急坂

頂上直下の岩場には巻き道もある

岩手県
盛岡市

•582

八合目

岩手山の眺めがすばらしい

•759

•1008

田代コース
田代登山口〜姫神山間
登り約1時間10分、下り約50分

巨岩群 △1124

❷ 姫神山

田代コース

田代登山口

→岩洞湖

N

城内コース
城内登山口〜姫神山間
登り約2時間、下り約1時間30分

城内コース

1:25,000

250 500m

1cm＝250m
等高線は10mごと

城内→

固有種の花々が咲く蛇紋岩のハードな登下降

早池峰山
（はやちねさん）

百
標高**1917m**

岩手県

登山レベル:**中級**

技術度:★★★
体力度:★★

日　程:前夜泊日帰り

総歩行時間:**4時間50分**

総歩行距離:**4.8km**

累積標高差:登り**669m**
　　　　　下り**669m**

登山適期:**6月中旬～10月初旬**

地形図▶1:25000「早池峰山」「高桧山」
三角点▶一等

小田越コース一合目付近からの早池峰山。ここから上部は花の多い蛇紋岩帯が広がっている

上級
中級
初級

早池峰山

🗻 山の魅力

岩手県北部・北上山地の中心に位置する。この山を形成する蛇紋岩は植生の特異性が強いため、ハヤチネウスユキソウやナンブトウウチソウをはじめとする固有種を育む。登山コースは南側からの河原の坊コース（閉鎖中）と小田越コースがメインだが、ともに滑りやすい蛇紋岩の急傾斜が続く。

>>> DATA

公共交通機関【往復】JR東北新幹線新花巻駅→直行バス（約1時間35分）→小田越バス停

マイカー 東北自動車道・花巻ICから国道4・396号、県道37・214・102・43号などを経由して河原の坊まで約43km。小田越（駐車場なし）へは徒歩約40分。

ヒント ファミリー観光岩手運行の直行バスは6月中旬～9月中旬の土・日曜、祝日を中心に運行（5日前までに要予約）。運行日以外は新花巻駅から大迫まで岩手県交通バスに乗車し、タクシーに乗り換える。マイカーの場合、花のシーズンである6月中旬～8月上旬の土・日曜、祝日はマイカー規制があるので、約6km手前の岳駐車場に車を停め、シャトルバス（約20分）で河原の坊へ。

問合せ先
花巻市大迫総合支所	☎0198-41-3122
遠野市観光交流課	☎0198-62-2111
ファミリー観光岩手（バス）	☎019-671-7555
大迫観光タクシー	☎0198-48-2234

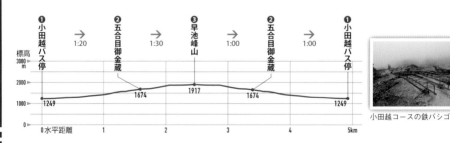

❶小田越バス停	→1:20	❷五合目御金蔵	→1:30	❸早池峰山	→1:00	❷五合目御金蔵	→1:00	❶小田越バス停

標高3000m / 2000 / 1000 / 0
1249 — 1674 — 1917 — 1674 — 1249
水平距離 0　1　2　3　4　5km

小田越コースの鉄バシゴ

欄外情報 トイレ◎環境保全の面から早池峰山は登山口以外トイレがなく、山麓（岳地区・河原の坊・小田越）か山頂避難小屋で携帯トイレを購入する（500円）。使用済みトイレはできる限り持ち帰るように。

コース概要 ❶小田越バス停から少しの間、木道を歩き、一合目御門口へ。急斜面の道を行き、三合目を過ぎると滑りやすい蛇紋岩の岩場となる。注意して登れば❷五合目御金蔵で、ここからなおも急坂は続く。ハイマツ帯の道を登ると、2本の長い鉄バシゴがある八合目だ。これを慎重に越えればほどなく木道のある御田植場となり、門馬コース分岐からひと登りで❸早池峰山の広い山頂だ。下山は往路を戻るが、スリップには注意したい。

プランニングのヒント 首都圏からの日帰りは厳しく、花巻周辺や河原の坊手前にある岳地区の宿に前泊する。ハヤチネウスユキソウの見頃は7月上旬〜下旬だが、この時期の週末が岳〜河原の坊間がマイカー規制のため、マイカーで河原の坊まで行けるのは平日のみ。なお、河原の坊コースは大規模な崩壊で2023年7月現在通行止め。復旧には長期間かかる見通しで、現在、南面から登れるのは小田越コースだけだ。

蛇紋岩の道はただでさえ滑りやすいので、濡れている時はかなり厄介。岩の水平な部分を選んで歩くようにすれば滑りにくい。

Column

花と自然

約500種もの高山植物が見られる日本屈指の花の名山・早池峰山。なかでも代表的なものが、固有種であるハヤチネウスユキソウだ。真っ白な星状の包葉が印象的なこの花は、ヨーロッパアルプスの名花であるエーデルワイスに最も近い品種であることから、「日本のエーデルワイス」と称される。河原の坊コース（現在、通行止め）は頭垢離から上部、小田越コースでは一合目御門口から上部の蛇紋岩帯で、おもに7月上旬から下旬にかけて見ることができる。

白い部分は包葉で先端の黄色い部分が花

37 早池峰山

早池峰山（早池峰）❸
早池峰神社奥宮
•1696
•1805　1917
1827▲　剣ヶ峰
門馬コース
山頂部も花が見られる
門馬コース分岐
千丈ヶ岩
打石
御座走り
頭垢離
御田植場
八合目
長い鉄ハシゴ。落石に注意
早池峰山及び薬師岳の高山帯・森林植物群落
早池峰山頂避難小屋
早池峰山頂トイレブース
携帯
原則宿泊禁止
岩手県
花巻市
大規模な路面崩壊が発生していて当分の間、通行止め。復旧には長期間かかる見通し
•1294
河原の坊コース
竜ヶ馬場
1701
❷五合目御金蔵
1:30
1:00
小田越コース
1:00
ハヤチネウスユキソウやナンブトラノオなどが咲く
宮古市
蛇紋岩の道。降雨時などは滑りやすい
遠野市
一合目御門口
1:20
1:00
マイカー規制あり
河原の坊キャンプ場
河原の坊〜小田越間登り約40分、下り約30分
河原の坊
登山情報が入手できる
早池峰総合休憩所
奥烏沢
駐車場はない
高山植物監視員詰所
1207
小田越バス停❶
薬師岳
小田越山荘
江繋バス停・荒川

N
1:25,000
0　250　500m
1cm＝250m
等高線は10mごと

山上の花の楽園を求めてロングコースをたどる

和賀岳（わがだけ）

二百

標高1439m

秋田県・岩手県

登山レベル：中級

技術度：★★
体力度：★★★★

日　程：前夜泊日帰り

総歩行時間：**8時間30分**

総歩行距離：**14.9km**

累積標高差：登り**1363m**
　　　　　　下り**1363m**

登山適期：5月下旬〜10月下旬

地形図▶1：25000「北川舟」「大神成」
三角点▶一等

小鷲倉の先から見た和賀岳とニッコウキスゲの大群落。ニッコウキスゲに交ざってイブキトラノオが白い花を見せている（写真提供：大仙市）

山の魅力

山頂周辺のニッコウキスゲの大群落で知られる花の山。薬師岳から和賀岳にかけての山稜は風衝草原となっていて樹木の成長が妨げられるため、標高が1000mを超えたあたりから森林限界となっている。山上の尾根筋にはさまざまな高山植物がお花畑をつくり、長い登りを耐えた人へのご褒美のようでもある。

>>> DATA

公共交通機関【往復】JR秋田新幹線角館駅→タクシー（約45分）→薬師岳登山口。または、JR秋田新幹線大曲駅→タクシー（約1時間）→薬師岳登山口

マイカー　大曲西道路・和合ICから県道50号、真木林道を経由して登山口の駐車場まで約29km。駐車場は約15台分。無料。

ヒント　真木林道は未舗装路なので運転は慎重に。ニッコウキスゲの花期や7・8月の休日は駐車場がすぐ満車になる。その場合は、徒歩で30分ほど手前の袖川園地に停める。ここには十分なスペースがあり、マイクロバス以上の大型バスはここに駐車することになる。

問合せ先
大仙市観光交流課　☎0187-63-1111
大仙市観光物産協会（タクシー案内）
　　　　　　　　　☎0187-86-0888
仙北市観光情報センター（タクシー案内）
　　　　　　　　　☎0187-54-2700

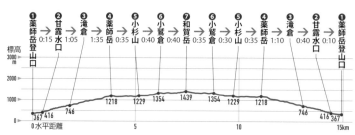

①薬師岳登山口 0:15 ②甘露水口 1:05 ③滝倉 1:35 ④薬師岳 0:35 ⑤小杉山 0:40 ⑥小鷲倉 0:40 ⑦和賀岳 0:35 ⑥小鷲倉 0:30 ⑤小杉山 0:35 ④薬師岳 1:10 ③滝倉 0:40 ②甘露水口 0:10 ①薬師岳登山口

367 416 746 1218 1229 1354 1439 1354 1229 1218 746 416 367

山腹のブナの原生林

欄外情報　立ち寄り温泉◎中里温泉：和賀岳の南西麓、大仙市郊外にある温泉・宿泊施設。リーズナブルな料金で前泊にも最適（宿泊は5人以上対応。事前に要相談）。☎0187-88-1471。入浴料400円。9〜21時。第3月曜休。

コース概要 ❶薬師岳登山口から林道を歩いて❷甘露水口へ。おいしい水が補給できる。ここから登山道となり、ブナ林の道を避難小屋跡がある❸滝倉へ。急傾斜のジグザグ道を頑張ると甲山方面への登山道の分岐になり、左に行くと❹薬師岳だ。ここまで来れば、登り返しはあるものの傾斜はずいぶん落ちる。ニッコウキスゲが群生する薬師平を過ぎて❺小杉山を越え、ややきつい登りを経て❻小鷲倉に立つ。山頂はもう少しで、花を楽しみながら笹原の道を行けば、大展望の❼和賀岳山頂に到着する。ゆっくり休んだら往路を戻ることにしよう。

プランニングのヒント 首都圏からアクセスする場合、秋田新幹線の始発に乗っても日帰りは難しい。角館か大曲あたりに前泊することになるが、登山口にある休憩所は避難小屋としても活用できるので、荷物が多くなることを厭わなければここに前泊してもいい。また、コース途中にある滝倉の避難小屋跡はテント設営の好適地。水場も近い。

風衝草原の広がる山であり、山頂や草原帯は風の強いことが多い。たとえ晴れていても、防風対策はしっかりと。

花と自然

薬師岳先の薬師平、和賀岳山頂付近はニッコウキスゲが特に多い場所。例年、7月中旬前後が花期だが、最盛期にあたれば一帯が黄色に染まる。白いイブキトラノオとの混生もまた見事だ。

ニッコウキスゲ（上）と稜線のお花畑（下）

38 和賀岳

986

仙北市

八龍沢

右の尾根に方向転換する

0:35
0:40

❼和賀岳
1439

ニッコウキスゲの群落

0:30
0:40

小杉山❺
1229

○1354

❻小鷲倉

急坂

1337

高下コース

•826

ニッコウキスゲの群落

薬師平

0:35

❹薬師岳
1218

薬師堂卍

甲山方面への分岐

秋田県
大仙市

720

高下登山口

1:10
1:35

倉方

急坂が続く

岩手県
西和賀町

△878

滝倉❸

ブナ林を歩く

テント設営可

避難小屋跡

ブナ台

1108

•841

和賀川

0:10
0:15

0:40
1:05

❷甘露水口

袖川園地
P

真木林道

薬師岳❶
登山口

P

休憩所

N

1:50,000
0 500 1000m
1cm＝500m
等高線は20mごと

小路又橋

小路又
キャンプ場

甲山
△1012

山頂からは三陸のリアス式海岸が一望

五葉山
（ごようざん）

三百

標高**1351**m

岩手県

登山レベル:**初級**

技術度:★
体力度:★

日　程:**日帰り**

総歩行時間:**3時間20分**

総歩行距離:**8.1**km

累積標高差:登り**639**m
　　　　　　下り**639**m

登山適期:**5月中旬～11月中旬**

地形図▶1:25000「五葉山」
三角点▶一等

なだらかな姿をした五葉山に向け、賽の河原付近を登る。畳石まではゆるやかな登りだが、畳石から先は少しだけ急坂になる

🔺 山の魅力

シロバナシャクナゲやツツジの群生が見事で、これを目的に訪れる登山者も多い。北上山地では早池峰山に次ぐ高さで海に近いため、晴れれば山頂から三陸のリアス式海岸を見渡すことができる。シカ、サル、カモシカが数多く生息しており、登山口の駐車場にもシカがやってくる。

>>> DATA

公共交通機関【往復】三陸鉄道リアス線盛駅→タクシー（約40分）→赤坂峠（登山口）。または、三陸鉄道リアス線唐丹駅→タクシー（約25分）→赤坂峠（登山口）

マイカー　三陸自動車道・釜石南ICから県道193号を経由して赤坂峠の駐車場（無料）まで約12km。または、三陸自動車道・大船渡ICから約19km。駐車場は50台ほど収容でき、トイレも完備している。

ヒント　県道193号は道幅が狭いので運転には十分気をつけたい。五葉山登山に利用できる路線バスはない。

問合せ先

大船渡市観光交流推進室	☎0192-27-3111
釜石市商工観光課	☎0193-27-8421
大船渡市観光物産協会（タクシー）	☎0192-21-1922
釜石観光物産協会（タクシー）	☎0193-22-5835

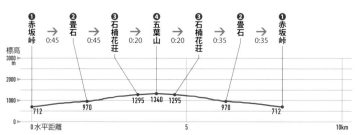

❶赤坂峠	→ 0:45	❷畳石	→ 0:45	❸石楠花荘	→ 0:20	❹五葉山	→ 0:20	❸石楠花荘	→ 0:35	❷畳石	→ 0:35	❶赤坂峠

標高 3000 2000 1000 m
712　970　1295　1340　1295　970　712
0 水平距離　　5　　10km

五葉山の山頂

欄外情報　立ち寄り温泉◎しゃくなげの湯っこ 五葉温泉:赤坂峠から県道193号を南西に約7kmの場所にある深層湧出の天然温泉。☎0192-22-5400。入浴料700円。10～20時。第2・4火曜休。

コース概要 ❶赤坂峠の登山口から五葉山神社の鳥居をくぐってスタート。登山道には何合目かを示す標識が完備されている。ケルンが積み上げられた賽の河原を通過して、四合目の❷畳石までゆるやかな歩道を登る。畳石からは急登が始まる。七合目あたりからシャクナゲが現れ、九合目まで分布している。❸石楠花荘まで来れば山頂は間近で、山荘脇の冷たい水で喉を潤し、山頂へと向かおう。山荘を出るとすぐに石垣で囲われた日枝神社があり、山頂までゆるやかな登山道が続いている。❹五葉山からの展望は抜群で、早池峰山や遠く奥羽山脈、三陸海岸の海岸線など飽きることがない。下山はのんびりと往路を戻ろう。

プランニングのヒント 赤坂峠の駐車場は大船渡市と釜石市の境界にあり、登山ピーク時の週末は早くから満車になる。太平洋岸の山で冬も登れるが、登山口から赤いヤマツツジの歓迎を受け、山中にシャクナゲの咲き乱れる春から初夏がおすすめ。

> 海岸に近いこともあり濃霧がよく発生する。注意していれば道迷いすることはないが、十分に気をつけて対処したい。

Column

花と自然

山域一帯が自然観察教育林となっている五葉山はシャクナゲやツツジ、そして五葉山固有種のゴヨウザンヨウラクなど花の山であると同時に、ホンシュウジカの生息北限ともいわれている。ここのホンシュウジカは生息数が多く、駐車場にも平気で現われる。人間をまったく恐れず、おびただしい頭数で近寄られると、怖いほどである。一見、おとなしそうな動物に見えるが、構ったりすると突進してくることもある。特に角のある時期は十分に注意したい。

ツツジに包まれた赤坂峠の登山口

39 五葉山

太平洋や三陸海岸の眺めがすばらしい

花期は、このあたりからシャクナゲが多くなる

1:50,000

0　500　1000m
1cm=500m
等高線は20mごと

東北有数の花と紅葉の山。早期の雪渓歩きは慎重に

焼石岳
やけいしだけ

二百

標高1547m

岩手県

登山レベル:**中級**

技術度:★★
体力度:★★★

日　程:日帰り

総歩行時間:**6時間**

総歩行距離:**12km**

累積標高差:登り**887m**
　　　　　　下り**887m**

登山適期:**6月上旬～10月中旬**

地形図▶1:25000「焼石岳」「石淵ダム」
　　　　「夏油温泉」
三角点▶一等

中沼から見た焼石岳（いちばん高い尖ったピーク）。そのすぐ右手に東焼石岳が見えている

上級
中級
初級

焼石岳

🔺 山の魅力

岩手県の南西部に位置し、これまで近くにある栗駒山の陰に隠れがちだったが、近年は花の山として人気が高まっている。夏は遅くまで雪渓が残り、その雪渓の周辺や山頂直下の姥石平には広大なお花畑が広がる。また山腹はブナの原生林に覆われ、新緑の頃だけでなく、紅葉の山歩きも魅力たっぷりだ。

>>> DATA

公共交通機関【往復】JR東北新幹線水沢江刺駅→タクシー（約1時間10分）→中沼登山口

マイカー 東北自動車道・水沢ICから国道4・397号、尿前（しとまえ）林道を経由して中沼登山口まで約30km。登山口の駐車場（約40台、無料）を利用する。

ヒント 尿前林道は未舗装。四輪駆動車でなくても通れるが、雨の後などはスリップしやすく、またすれ違いが困難な狭い道なので運転は慎重に。夏と秋の土日

の駐車場は朝早くから満車になるので早着を心がけたい。なお、悪天候後は通行止めになることがあるので、事前に市役所まで問合せを。

問合せ先
奥州市胆沢総合支所商工観光係　☎0197-34-0313
奥州いさわタクシー　　　　　　☎0197-46-4411
水沢タクシー　　　　　　　　　☎0197-25-8181
北都交通（タクシー）　　　　　☎0197-24-3111

標高
3000
m

❶中沼登山口 →0:40→ ❷中沼 →1:20→ ❸銀明水 →1:10→ ❹姥石平分岐 →0:20→ ❺焼石岳 →0:15→ ❹姥石平分岐 →0:45→ ❸銀明水 →1:00→ ❷中沼 →0:30→ ❶中沼登山口

720　917　1114　1421 1547 1421　1114　917　720

0 水平距離　　　　5　　　　10　　　15km

山頂直下のケルン

欄外情報 夏油（げとう）温泉への縦走◎焼石岳から東焼石岳、経塚山を経て夏油温泉に下るコースは、東焼石岳と経塚山間にある金明水避難小屋に宿泊すれば体力的にも安心。ただし、寝具と食料の準備が必要。

コース概要 ❶**中沼登山口**から道標にしたがい樹林帯に入る。しばらく歩くとブナが目立つようになり、ほどなく焼石岳を望む❷**中沼**に到着する。木道を歩いてゆるやかに登れば上沼で、やがて左からつぶ沼コースが合流する。この先の水場は❸**銀明水**とよばれ、ベンチも置かれている。ここには避難小屋も立つ。銀明水からほぼ６月いっぱい残る大きな雪渓を登って低木帯を行くと泉水沼のある❹**姥石平分岐**。焼石岳随一のお花畑が広がる姥石平への道を右に分け、尾根に出てひと汗かけば、大展望の❺**焼石岳**山頂。下りは往路を戻る。

プランニングのヒント 花のシーズンは６～８月で、この時期は平日でも混雑することがある。特にシーズン中の土日は余裕を持ったスケジュールで。焼石岳には中沼南部のつぶ沼、北部の夏油温泉、西部の秋田県東成瀬村からのコースもあるが、いずれもコースタイムは長い。初めての焼石岳は中沼コースをおすすめしたい。

> 銀明水上部の雪渓は急斜面ではないが、不安な人は軽アイゼンを用意するといい。天候次第では凍結にも注意が必要。

花と自然

焼石岳最大のお花畑、姥石平には300種もの高山植物が咲くといわれている。５月下旬から８月にかけ、その月ごとにさまざまな花を楽しめるのがこの山だ。東北地方固有種のヒナザクラを見ることもできる。

ヒナザクラ

ハクサンシャジン

40 焼石岳

経塚山・夏油温泉

金明水避難小屋
天竺山 △1318

・1492
南本内岳
西和賀町
姥石神社
九合目
六沢山

秘湯・夏油温泉に下るコース。焼石岳から夏油温泉まで約７時間30分

姥石平 1507
東焼石岳

11・ 焼石岳 ❺ △1547 泉水沼
焼石岳随一のお花畑が広がる

・1090

レ場の急坂 0:20 / 0:15

❹ 姥石平分岐
横岳 ・1473

・1338

6月いっぱい雪渓が残る。不安な人は軽アイゼンを

岩手県
奥州市
・705

△806

・1:10 / 0:45

銀明水避難小屋
❸ 銀明水

ブナ林を歩く
❷ 中沼

・953

国道397号・水沢

P
❶ 中沼登山口

0:40 / 0:30

尿前林道

中沼コース
つぶ沼コース分岐
上沼
石沼

1:20 / 1:00

木道を歩く

・761

ウバ沢

N
1:50,000
0 500 1000m
1cm=500m
等高線は20mごと

分岐付近は残雪期のルート注意
獅子ヶ鼻岳 △1293

つぶ沼コース
・1001

岳山 △970

つぶ沼登山口

花も紅葉も見逃せない人気の山を静かなコースで

栗駒山

標高1627m

宮城県・岩手県

登山レベル:**初級**

技術度:★
体力度:★

日　程:**日帰り**

総歩行時間:**3時間10分**

総歩行距離:**6.4km**

累積標高差:**登り530m**
　　　　　　　下り530m

登山適期:**5月中旬～10月下旬**

地形図▶1:25000「栗駒山」
三角点▶一等

中腹から見上げた、紅葉の栗駒山。花の山とばかり思われているが、栗駒山の紅葉は見る者を圧倒する

山の魅力

残雪後の東栗駒山周辺にはヒナザクラが一面に咲き、イワカガミやイワイチョウがそれに続く。秋は山全体が赤い絨毯だ。広い山頂はお弁当を広げるには最適。須川コースや中央コースに比べ、東栗駒コースを登る登山者は意外と少なく、静かな山歩きが楽しめる。ビギナーにも向いている。

>>> DATA

公共交通機関【往復】JR東北新幹線くりこま高原駅→タクシー（約1時間）→いわかがみ平

マイカー　東北自動車道・若柳金成ICから県道4号、国道457号、県道42号を経由して、いわかがみ平駐車場（約100台、無料）まで約38km。紅葉期の9月下旬～10月中旬はマイカー規制のため、約3.5km手前のいこいの村臨時駐車場からシャトルバス（有料）を利用する。

ヒント　いわかがみ平へのバスは季節運行で、例年、9月中旬～10月上旬の土・日曜、祝日に紅葉号が1日1往復運行される。それ以外の時期、いわかがみ平へのバス便はない。

問合せ先
栗原市栗駒総合支所　　　☎0228-45-2111
ミヤコーバス築館営業所　☎0228-22-2250
志波姫タクシー　　　　　☎0228-25-3333
栗駒タクシー　　　　　　☎0228-45-2231
岩ヶ崎観光タクシー　　　☎0228-45-2251

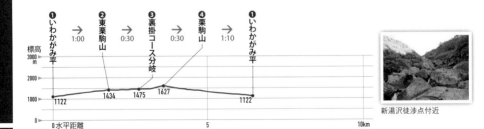

① いわかがみ平 → 1:00 → ② 東栗駒山 → 0:30 → ③ 裏掛コース分岐 → 0:30 → ④ 栗駒山 → 1:10 → ① いわかがみ平

標高3000m / 2000m / 1000m

1122　　1434　1475　1627　　　　1122

0 水平距離　　　　5　　　　10km

新湯沢徒渉点付近

欄外情報　**立ち寄り温泉**◎須川温泉には栗駒山荘と須川高原温泉、旧栗駒町には駒の湯温泉、ハイルザーム栗駒、新湯温泉くりこま荘、湯浜温泉には三浦旅館、温湯温泉には佐藤旅館など、立ち寄り入浴できる施設は多い。

コース概要 登りの東栗駒コースは高山植物を楽しむ道、下りの中央コースは紅葉時に大人気の尾根道だ。❶**いわかがみ平**からしばらく行くと新湯沢徒渉点で、ここから100mほど沢歩きとなる。増水時や雨後はスリップに注意し、慎重に歩いてほしい。道がハイマツの岩稜帯に変われば❷**東栗駒山**に到着する。花の多い一帯だ。ゆるやかに登れば❸**裏掛コース分岐**に至り、この先、下山に歩く中央コースの分岐からは階段の道を登る。ほどなくたどり着いた❹**栗駒山**からは、天気がよければ月山、鳥海山、蔵王連峰、早池峰山、そして遠く太平洋まで一望できる。下山は山頂から少し戻り、中央コースをのんびりと下ろう。

プランニングのヒント 岩手県側のメインである須川コース（山頂へ約2時間30分）も人気が高い。登山口は名湯・須川高原温泉、中腹には花の多い名残ヶ原や昭和湖などみどころの多いコースだ（2023年7月現在昭和湖～天狗平間通行止め）。

高山植物の時期と紅葉期は駐車場（紅葉期は臨時駐車場）が早朝から満車になる。早着を心がけたい。紅葉期の稜線は冷たい風にさらされる。晴天日でも防寒対策は万全に。

花と自然

栗駒山は「花の百名山」としても知られ、イワカガミ、イワイチョウ、アオノツガザクラ、ヒナザクラなどが咲き誇る。紹介したコースでは、東栗駒山付近、裏掛コース分岐付近で多くの花が見られる。

イワカガミ（上）とアオノツガザクラ（下）

---

41 栗駒山

2023年6月現在、昭和湖～天狗平間は火山ガス発生のため通行止め

岩手県 一関市

須川高原温泉

産沼コース

木段の道

❸ 裏掛コース分岐

・1499

・1352

・1285

・1627

❹ 栗駒山（須川岳）

東栗駒分岐

天狗岩

天狗平

0:30 / 0:20

0:30 / 0:25

突風に注意

・1408

須川高原温泉～栗駒山間 登り約2時間、下り約1時間30分

宮城県 栗原市

・1408

・1259

・1434 ❷ 東栗駒山

ハイマツの生える岩稜帯

・1220

100mほど沢のなかを歩く。増水に注意

・1167

1:40 / 1:10

中央コース

新湯沢徒渉点

1:317 1:00 / 0:45

東栗駒コース

・888

高木がない道。日差しをまともに受ける

❶ いわかがみ平

レストハウス

紅葉シーズンはマイカー規制あり

避難小屋

秋のみ運行

いこいの村 臨時駐車場・国道457号・くりこま高原駅

御室

N

1:25,000

0 250 500m

1cm=250m

等高線は10mごと

キヌガサソウの大群落がある「みちのくの小アルプス」

神室山

（かむろさん）

二百

標高1365m

秋田県・山形県

登山レベル：中級

技術度：★★★
体力度：★★★★

日　程：前夜泊日帰り

総歩行時間：7時間10分

総歩行距離：12.1km

累積標高差：登り1305m
下り1305m

登山適期：5月中旬〜10月下旬

地形図▶1：25000「神室山」「鬼首峠」
三角点▶二等

1000ｍ級の山とは思えないほどにどっしりとした姿を見せる神室山。山頂の右肩には避難小屋の屋根が見えている

山の魅力

秋田県と山形県の県境に連なる神室連峰の主峰。標高の割には急峻な山々が多く“みちのくの小アルプス”とも称されている。国内最大といわれる山上のキヌガサソウの大群落をはじめ花の多い山で、ブナの森も一見の価値がある。ただし、全体的に急坂が多いうえに歩行時間は長く、健脚向きの山だろう。

>>> DATA

公共交通機関【往復】JR奥羽本線横堀駅→タクシー（約30分）→役内口

マイカー　湯沢横手道路・雄勝こまちICから国道13・108号などを経由して役内口の駐車場（約20台、無料）まで約15km。

ヒント　役内口の駐車場は2カ所あるが、下りで利用するパノラマコース合流点駐車場に停めたほうがいい。登りで利用する西ノ又コースの林道終点まで車で入ることはできるが、路面が荒れているうえに駐車スペースも狭く、さらに下山後、車を取りにいかなければならない。なお、登山に利用できる路線バスはない。

問合せ先
湯沢市観光・ジオパーク推進課　☎0183-55-8180
湯沢市観光物産協会　☎0183-73-0415
仙秋タクシー　☎0183-52-2055
湯沢タクシー　☎0183-73-2151

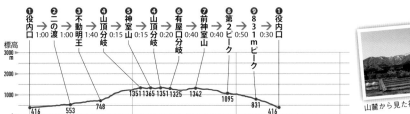

①役内口 1:00 ②二の渡 1:00 ③不動明王 1:40 ④山頂分岐 0:15 ⑤神室山 0:15 ④山頂分岐 0:20 ⑥有屋口分岐 0:40 ⑦前神室山 0:40 ⑧第2ピーク 0:50 ⑨831ｍピーク 0:30 ①役内口

標高3000m
2000
1000
0

416　553　748　1351 1365 1351 1325　1342　　1095　　831　416

0 水平距離　　　　　5　　　　　10　　　　　15km

山麓から見た神室山

欄外情報　立ち寄り温泉◎リフレッシュ交流センター　ほっと館：横堀駅の隣駅、院内駅から徒歩5分にある湯沢市営の温泉施設。☎0183-52-2101。入浴料450円。9〜21時。月曜・特定日休。

コース概要 ❶役内口のパノラマコース合流点駐車場から西ノ又川沿いの林道を歩き、林道終点の駐車場の先で登山道に入る。ほどなく吊橋を渡り、続いて2つ目の吊橋を渡る。ここが❷二の渡で、なおも沢沿いを行く。徒渉すると三十三尋の滝が現れ、間もなく❸不動明王。ブナ林の急坂を登り、花咲く湿原帯の御田の神を過ぎるとキヌガサソウの群生地を歩くようになる。間もなく❹山頂分岐で、ここから大展望の❺神室山を往復する。山頂分岐まで戻って❻有屋口分岐、❼前神室山を通過し、パノラマコースを下る。美しいブナ林のなか、❽第2ピーク、❾831mピークと越えれば、いっぷく平を経て❶役内口に下り立てる。

プランニングのヒント 神室山からそう遠くないエリアに栗駒山、焼石岳(ともに日本二百名山)といった花の多いことで知られる山がある。東北まで足を延ばしたのなら、花の三山巡りも楽しそうだ。また、神室山から国道108号を西に向かえば鳥海山も近い。

神室山山頂の西の尾根筋には神室山避難小屋があり、万一のときに活用できる(水場は小屋から往復約15分)。

Column

花と自然

"御田の神"の先の登山道沿いには国内最大ともいわれるキヌガサソウの群落がある。道の両側を特徴ある白い花が埋め尽くすさまは壮観だ。花期は例年、6月中旬～7月上旬。御田の神には他の花も多い。

キヌガサソウ(上)と御田の神のアカモノ(下)

42

神室山

42 神室山

国道108号・横堀駅

西ノ又林道

真室川町

黒森 △1058

• 778

いっぷく平

831mピーク ❾

❶ 役内口

林道終点まで車が入る

吊橋

• 722

• 677

• 847

中ノ沢

西ノ又川

大沢内川

トッコモリ沢

• 934

水晶森 1097

黒森沢川

861 •

晶森口

松ヶ抉川

第1ピーク

パノラマコース

第2ピーク ❽ 1095

ブナ林

第3ピーク

989

前神室山からは長い下りが続く。膝を痛めないよう丁寧に下る

山形県

金山町

△816

❼ 前神室山
△1342

1288

沢沿いの道。増水と悪場の通過に注意

❷ 二の渡
(吊橋)

三角石山
△1106

徒渉あり

三十三尋の滝

❸ 不動明王

ブナ林の急坂

• 1173

キヌガサソウの群落

秋田県

湯沢市

• 880

水場は小屋から往復約15分

山形県側からの代表的コース。有屋口から有屋口分岐まで、登り約3時間40分、下り約2時間40分

有屋口分岐 ❻
1325

御田の神

❹ 山頂分岐

❺ 神室山
△1365

有屋金山川

神室山避難小屋

土内口

火打山・根ノ崎山

N

1:60,000

0 500 1000m

1cm＝600m
等高線は20mごと

雪渓や岩稜をたどり、最短コースで山頂へ

鳥海山
ちょうかいさん

百

標高2236m（新山）

秋田県・山形県

登山レベル：**上級**

技術度：★★★★
体力度：★★★

日 程：**1泊2日**

総歩行時間：**10時間30分**

1日目：**6時間20分**

2日目：**4時間10分**

総歩行距離：**12.7km**

累積標高差：登り**1232m**
下り**1280m**

登山適期：**6月下旬〜10月上旬**

地形図▶1：25000「鳥海山」
三角点▶一等

象潟口コースの上部尾根から鳥海山を見上げる。大きく険しい山だが、各コースのあちこちに現れるお花畑には心が安らぐ

上級
中級
初級

鳥海山

山の魅力

美しい裾野が広がるその容姿から出羽富士とよばれる。この山に「種まき爺さん」の雪形が現れたら田植えの時期になり、その残雪が米どころの田んぼを潤す。固有種を含む高山植物も咲き乱れ、「花の百名山」の名に恥じない山だ。山頂付近には万年雪が残り、カール地形も目にすることができる。

>>> DATA

公共交通機関【行き】JR羽越本線酒田駅→タクシー（約1時間）→滝ノ小屋登山口 【帰り】鉾立ロバス停→乗合登山バス（約35分）→JR羽越本線象潟駅

マイカー日本海東北自動車道・酒田みなとICから県道59・366・368号、鳥海高原ライン（無料）を経由して滝ノ小屋登山口まで約35km。2カ所に約120台分の無料駐車場。

ヒント鉾立ロバス停からはJR羽越本線遊佐駅

行きの乗合タクシーもある。乗合登山バス、乗合タクシーとも前日までに要予約で運行日注意。なお、乗合タクシーは酒田合同タクシーと酒田第一タクシーが、乗合登山バスは象潟合同タクシーが運行する（問合せ先参照）。

問合せ先
遊佐町企画課　☎0234-72-5886
酒田合同タクシー　☎0234-22-4433
酒田第一タクシー　☎0234-22-9444
象潟合同交通（タクシー）　☎0184-43-2030

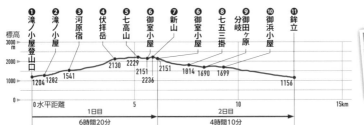

① 滝ノ小屋登山口 1204
② 滝ノ小屋 1282
③ 河原宿 1541
④ 伏拝岳 2130
⑤ 七高山 2229
⑥ 御室小屋 2151 2236
⑦ 新山 2151
⑧ 御室小屋 1814
⑨ 七五三掛 1690
⑩ 御田ヶ原分岐 1699
⑪ 御浜小屋 1156
鉾立

標高3000m 2000 1000 0
水平距離 0　5　10　15km
1日目 5　2日目 10
6時間20分　4時間10分

七高山付近から見た外輪山

欄外情報 立ち寄り温泉◎鳥海山の周辺は温泉が豊富で、マイカーなら、遊佐町の鳥海温泉、酒田市の八森温泉、湯の台温泉、にかほ市の象潟温泉、かみのゆ温泉など立ち寄り湯はたくさんある。

コース概要

1日目 鳥海高原ライン終点の**❶滝ノ小屋登山口**から湯ノ台口コースを山頂へと向かう。ひと汗かけば**❷滝ノ小屋**で、せせらぎを渡ると、旧湯ノ台口登山口からのコースが左から合流してくる。徐々に高度を上げて八丁坂を登れば**❸河原宿**。かつて河原宿小屋が営業していたところだ。

河原宿を過ぎるとほどなく、心字雪渓の登りだ。ここでは大雪路と小雪路の2つの雪渓を登るが、2つ目の小雪路は途中で雪渓をおりたあと、コース中で最もきつい薊坂を登る。落石に注意しつつ、辛抱強くゆっくりと歩を進めよう。

途中で文殊岳へのコースを左に見送り、登り詰めたところが外輪山の**❹伏拝岳**だ。山頂にあたる新山のドームが目の前にそびえている。ここから外輪山を歩き、行者岳、百宅口コース分岐を経て、一等三角点の置かれている**❺七高山**へ。大展望の頂だ。

七高山から新山へは、宿泊予定の**❻御室小屋**までいったん下る。天気がよければその日のうちに新山を踏んでおこう。大物忌神社の裏から岩場を登っていく。狭いので慎重に行動しよう。ストックはしまっておくこと。鳥海山最高峰の**❼新山**でしばし過ごしたら、帰りは胎内くぐり経由で**❻御室小屋**に戻ることにしよう。

2日目 朝、晴れの予報なら再び新山に登るのもいい。日本海に鳥海山の影が映る「影鳥海」を見られるかもしれない。

下山は、西へと象潟口コースを行く。まずは、御室小屋から溶岩の間を縫って千蛇谷へと下る。雪渓では落石にも注意しよう。**❽七五三掛**で伏拝岳方面からの外輪山コースと合流する。**❾御田ヶ原分岐**で鳥海湖の南岸周回コースを左に見送り、御浜小屋に向かう。途中のピーク、扇子森を越えれば鳥海湖を見下ろす**❿御浜小屋**。ひと休みしたら日本海を正面に草原を下り、賽ノ河原

心字雪渓から続く薊坂は鳥海山屈指の急坂。ストックはザックにくくりつけ、両手をフリーにして登るように。

七高山から大物忌神社に向かう岩稜帯は、強風が通り抜ける場所となっている。強風に煽られての滑落には注意。

Column

安全のヒント

河原宿から薊坂まで雪渓が点在するが、その全体の形が「心」の字に見えることから心字雪渓とよばれている。それほどの急傾斜ではないが、7月末までは軽アイゼンとストックがあると安心。8月になると徐々に夏道が現れるが、雪渓をトラバースする箇所が残るので注意したい。また、朝や気温の低い日は雪面が凍っていることもあるのでスリップには十分に気をつけてほしい。不安なら真夏でも軽アイゼンを用意しておくとともに、濃霧での道迷いにも注意したい。

心字雪渓を歩く登山者

を通過する。白糸ノ滝が右手に見えてくれば、**⓫鉾立**まではもうひと息だ。

プランニングのヒント

鳥海山の登山道では最短路といわれている湯ノ台口コースの出発点、滝ノ小屋登山口へは、酒田駅から酒田合同タクシー、酒田第一タクシーによる乗合タクシーも運行されている。ただし、乗合タクシーの登山口への到着は昼頃になってしまう。コースを知った健脚の人以外には利用価値は少ないかもしれない。山頂の御室小屋までの行

外輪山から見た日本海と鳥海湖（中央）

岩が累々と積み重なった新山の山頂 外輪山からの新山（左）と七高山。御室小屋も見える

程を考えると、酒田駅または遊佐駅から通常のタクシーを利用したほうが安心だ。

なお、紹介したコースの下山口にあたる鉾立バス停にも、前述した2社による乗合タクシーが遊佐駅から、また、象潟駅からは象潟合同タクシーによる乗合登山バスが運行されている。こちらは朝7時〜8時には鉾立登山口に到着するので、スケジュール次第で逆コースを歩いてもいい。ただ心字雪渓が下りとなるため、雪上歩きに慣れた人向きのコースとなる。

サブコース
①旧湯ノ台口コースを登る
【コース】鳥海高原家族旅行村→沢追分→横堂→西物見→滝ノ小屋

鳥海山の南側のクラシックコースで、鳥海高原ラインの開通前まではこの道を登って滝ノ小屋に向かっていた。コース上ではブナの原生林が見られる通向きの道。鳥海高原家族旅行村から横堂、東物見、西物見を経て滝ノ小屋まで約2時間30分（中級）。

②古道の吹浦口コース
【コース】大平→御浜神社

鳥海山の登山コースでは最も古い道。御浜小屋まで約2時間30分（中級）。歩く人は少ないが、登山道はよく整備されている。

③マイカー利用時の周回コース
【コース】御浜小屋→千畳ヶ原→河原宿→滝ノ小屋→滝ノ小屋登山口

山頂までの往復コースをとりたくない場合は、山頂から御浜小屋、千畳ヶ原、河原宿、滝ノ小屋を経て滝ノ小屋登山口に戻る周回コースを歩くといい。御浜小屋〜滝ノ小屋登山口間は約3時間40分（中級）。

④その他のコース
鳥海山には四方から登山道が通じている。南面の一ノ滝駐車場からの長坂道、万助道、二の滝口コース、東面の大清水からの百宅口コース、北面の熊ノ森からの猿倉口コース、祓川登山口からの矢島口コースなど、いずれもよく整備された魅力いっぱいの道だ（いずれのコースも中級）。

御室小屋と御浜小屋は営業期間が7月上旬〜8月末と短い。避難小屋としての開放はされずテント場もないので、実質的には両小屋の営業期間が登山適期となる（滝ノ小屋は6月下旬〜10月上旬、鉾立山荘は4月下旬〜10月末営業）。

山小屋情報
●滝ノ小屋：☎0234-72-5886（遊佐町役場）。1泊2食付5500円 ●河原宿小屋：閉鎖中 ●御浜小屋：☎0234-77-2301。1泊2食付7700円〜 ●御室小屋：☎0234-77-2301。1泊2食付7700円〜 ●鉾立山荘：☎090-3124-2288。1830円（素泊まり）。※貸し寝具、シャワーなどあり（いずれも有料）

山頂付近の急峻な岩場は、狭いうえに岩伝いに登下降を強いられる。意外と滑りやすいので慎重に進むようにしたい。

東北、北海道の高山に多いトウゲブキ

霊峰

秋田県
にかほ市

鉾立ビジターセンター
稲倉山荘
鉾立山荘（素泊まり）
鉾立口
鉾立 **11**

稲倉岳 1554

秋田県側の代表コースの一つで、途中から康（やす）新道と大雪路に分かれる。祓川登山口～七高山間登り約4時間、下り約3時間10分

大平山荘
大平口
大平登山口

鳥海山を代表する登山道。危険箇所が少なく、花も楽しめる

一等三角点がある鳥海山最高点

御浜小屋
鳥海御浜神社 **10**

扇子森
1759

9 御田ヶ原分岐

鳥海山
新山 **7**
2236

5 七高山
2229

康新道
氷ノ薬師

最も古くからの登山道。道はよく整備されている。大平登山口～御浜小屋間登り約2時間30分、下り約1時間40分

七五三掛 **8**

文珠岳

6 御室小屋
2130

大物忌神社
新山

行者岳
2159

鍋森
1652

笙ヶ岳 1635

滝ノ小屋起点の周回コースとして利用価値がある

4 伏拝岳

百宅口コース分岐

全登山口中、最もアクセスが不便だが道はよく整備されている

一ノ滝駐車場～御浜小屋間登り約4時間40分、下り約3時間35分

一ノ滝駐車場～御浜小屋間登り約5時間30分、下り約4時間10分

万助小屋
（酒田市営山小屋）

月山森

御浜小屋から河原宿まで約2時間30分

3 河原宿

山形県側の代表コース。登山口の標高が全コース中で最も高いだけに、最短時間で山頂に立てる。心字雪渓の通過がポイント

河原宿小屋
（閉鎖中）

一ノ滝駐車場～御浜小屋間登り約5時間、下り約3時間50分

八丁坂

2 滝ノ小屋
1 滝ノ小屋登山口

ブナの新緑と紅葉の名所

鳥海高原ライン開通以前はこの道を登って滝ノ小屋へ向かっていた。ブナの原生林が見られる。鳥海高原家族旅行村～滝ノ小屋間登り約2時間30分、下り約2時間

遊佐町

一ノ滝駐車場

N

1:50,000
0　　500　　1000m
1cm＝500m
等高線は20mごと

山形県
酒田市

↓遊佐駅・遊佐比子IC
↓鳥海高原家族旅行村・湯の台口
↓酒田駅・酒田みなとIC

出羽三山の主峰は高山植物の宝庫

月山
(がっさん)

百

標高1984m

山形県

登山レベル:初級

技術度:★★
体力度:★★

日 程:前夜泊日帰り

総歩行時間:4時間

総歩行距離:6.1km

累積標高差:登り602m
　　　　　　下り602m

登山適期:6月中旬～10月中旬

地形図▶1:25000「月山」
三角点▶一等

リフト上駅付近から見上げた月山。なだらかな山に見えるが、頂上部手前の斜面は岩混じりの急坂が続き、楽には登らせてくれない

◤ 山の魅力

羽黒山、湯殿山とともに出羽三山に数えられる。日本有数の豪雪地帯にあり、8月に入っても登山道に雪の残ることがあるが、高山植物の宝庫とよばれるのもこの自然環境によるところが大きい。ここで紹介したコースはリフトを使えるうえに距離も短く、初級者でもそう苦労することなく歩けるだろう。

>>> DATA

公共交通機関【往復】JR山形新幹線山形駅→山交バス・庄内交通(高速バス約40分)→西川バスストップ→西川町営バス(約50分)→姥沢バス停→徒歩(約15分)→リフト下駅→月山ペアリフト(13分)→リフト上駅

マイカー 山形自動車道・月山ICから国道112号、県道114号を経由して姥沢まで約12km。姥沢に大駐車場(無料)あり。

ヒント JR左沢線寒河江駅から西川町営バスで姥沢へ向かう方法もある(途中、道の駅にしかかわって乗り換え)。乗車時間は約1時間15分。リフトの運行は8時～16時30分。

問合せ先
西川町商工観光課　　　　　　☎0237-84-0566
西川町町民税務課(町営バス)　☎0237-74-4118
山交バス案内センター　　　　☎023-632-7272
庄内交通高速バス予約センター☎0235-24-7600
月山ペアリフト　　　　　　　☎0237-75-2025

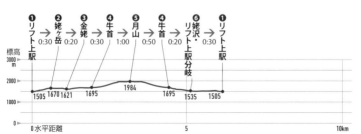

標高3000m / 2000 / 1000

①リフト上駅 →0:30 ②姥ヶ岳 →0:20 ③金姥 →0:30 ④牛首 →1:00 ⑤月山 →0:50 ④牛首 →0:20 ⑥姥沢・リフト上駅分岐 →0:30 ①リフト上駅

1505　1670 1621　　1695　　1984　　　1695　　1535　　1505

0 水平距離　　　　　　　5　　　　　　　10km

山頂に向けての最後の登り

欄外情報 山小屋◎月山頂上小屋:山頂直下に立つ入浴(別料金)も可能な山小屋。☎090-8781-7731。1泊2食付1万1000円。6月下旬頃～9月中旬頃。要予約。

コース概要 ❶リフト上駅はすでに森林限界を超えている。木段を行くとすぐに牛首へと直接、登る道が右に分岐するが、ここはそのまま姥ヶ岳を目指す。花咲く道を行くと池塘が見られる木道となり、ほどなく❷姥ヶ岳に到着する。草原の木道を進めば、湯殿山神社からの道が合流する❸金姥。ここから山腹の道を行くとリフト上駅からの道が合流する❹牛首だ。牛首から山頂へは岩混じりの急坂が続く。鍛冶稲荷神社を過ぎて平坦になるとそこはもう山頂の一角で、月山頂上小屋の脇を通り、月山神社本宮の裏手を行けば❺月山の山頂に着く。下山は❹牛首まで往路を戻り、牛首から左へとリフト上駅に向かう。時期次第で途中、小さな雪渓を下り、❻姥沢・リフト上駅分岐を経て木道を歩けば❶リフト上駅だ。

プランニングのヒント コースそのものは短いが、首都圏からの場合は姥沢や手前の志津温泉などでの前泊が必要。その場合、羽黒山や湯殿山の観光を加えるとより充実する。

牛首下の谷筋や金姥付近では7月中、まだコース上に雪が残ることがある。軽アイゼンとストックがあれば安心だ。

花と自然

高山植物の宝庫、月山では、約350種もの花々が見られるという。コース上では、姥ヶ岳周辺、牛首下、山頂下あたりがみどころ。有名無名の多くの花たちを愛でるにはやはり、花図鑑は必携だろう。

ミネウスユキソウ（上）とニッコウキスゲ（下）

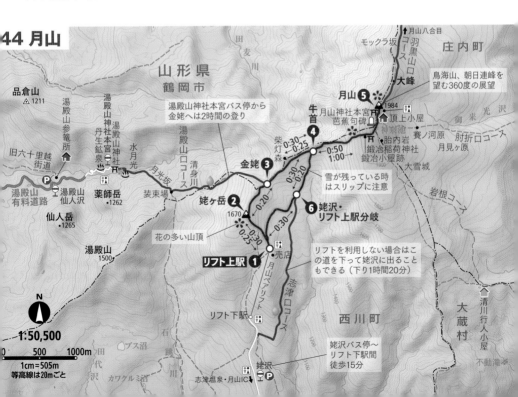

44 月山

1:50,500

0　　500　　1000m

1cm=505m
等高線は20mごと

月山、朝日連峰、日本海の眺めがすばらしい

摩耶山 (まやさん)

三百

標高1020m

山形県

登山レベル:中級

技術度:★★★
体力度:★★★

日　程:前夜泊日帰り

総歩行時間:**4時間30分**

総歩行距離:**5.2km**

累積標高差:**登り673m**
　　　　　　　　　　下り673m

登山適期:**5月下旬～10月下旬**

地形図▶1:25000「木野俣」
三角点▶一等

山麓から見上げた摩耶山。中央の丸いピークが山頂だが、東側が切れ落ちているので転落には注意したい

上級
中級
初級

摩耶山

🔺 山の魅力

標高は1000mを少し超えるだけとはいうものの、美しいブナ林や、月山、朝日連峰をはじめ日本海に浮かぶ粟島も望むことのできる眺望のよさなど、登山の魅力はいっぱいだ。紹介したコースとは反対側(東)の倉沢からも登山道があるが、こちらは岩場の多い上級コースとなる。

>>> DATA

公共交通機関【往復】JR羽越本線あつみ温泉駅→タクシー(約25分)→越沢登山口

マイカー　日本海東北自動車道・あつみ温泉ICから県道348・345号、摩耶山林道を経由して越沢登山口まで約16km。登山口に無料駐車場あり。

ヒント　あつみ温泉駅から越沢へのバスは温海地域乗合タクシーに移行されたが、平日のみの運行で利用者登録が必要。また、JR羽越本線鶴岡駅～越沢間の庄内交通バスもあるが、往路は午後の便のみ(復路便の最終も13時台!)。タクシー利用が現実的なコースだ。

問合せ先
鶴岡市温海庁舎産業建設課　☎0235-43-4617
温海温泉観光自動車(タクシー)　☎0235-43-2330
庄内タクシー　☎0235-43-3822
庄内交通本社　☎0235-22-2600

❶越沢登山口 →(0:30) ❷分岐 →(2:10) ❸摩耶山 →(0:45) ❹追分 →(0:40) ❷分岐 →(0:25) ❶越沢登山口

標高3000m / 2000 / 1000 / 0

282　368　1020　730　368　282

0水平距離　5　10km

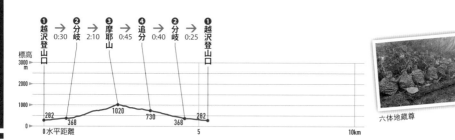

六体地蔵尊

欄外情報　立ち寄り温泉◎あつみ温泉:温泉街には3カ所の共同浴場(入浴料200～300円)と3カ所の足湯(無料)がある。立ち寄り入浴が可能な旅館も多い。☎0235-43-3547(あつみ観光協会)。

コース概要 ❶越沢登山口（こしざわとざんぐち）から道標に従って右手の細い道に入る。スギ林を抜けて沢を対岸に渡ればほどなく❷分岐（ぶんき）だ。右は下山路となるので、ここは左へ。沢筋を歩くと弁財天ノ滝が現れ、左側のハシゴを登って越える。ここから急登が続き、七ツ滝（右）、仙人ヶ岩屋（左）への分岐となる十字路はまっすぐ。なおも長い登りを行くが、稜線に突き当たって右に歩けば、すぐに❸摩耶山（まやさん）の山頂だ。下山は関川登山口方面へと西に行く。六体地蔵尊、摩耶山避難小屋を過ぎると間もなく❹追分（おいわけ）で、ブナ林の急坂を道標に従って下れば、往路で通過した❷分岐（ぶんき）に出る。あとは来た道を戻ればいい。

プランニングのヒント 山頂への最短路となるのが、西側からの関川コースだ。越沢登山口より標高が200mほど高い関川登山口からスタート。通過困難箇所がなく歩きやすいブナの美しい尾根道を登ると、紹介コースの追分に合流する（関川登山口〜追分間、登り1時間20分、下り1時間）。

摩耶山避難小屋から七ツ滝へと下る道が分岐しているが、あまり一般的ではないので入らないほうがいいだろう。

安全のヒント

弁財天ノ滝のハシゴは傾斜が強く、過去には滑落事故も発生している。登りなら問題ないが、下りでは危険度が増すため、逆コースはとらないほうがいい。雨などで濡れているときは特に注意が必要だ。

弁財天ノ滝。左側のハシゴで越える

45

摩耶山

---

45 摩耶山

N

1:50,000

0　　　500　　　1000m
1cm=500m
等高線は20mごと

あつみ温泉駅・あつみ温泉IC・鶴岡駅

越沢

越沢

△417

△804

倉沢ロバス停・鶴岡駅

•915

•527

345

摩耶山林道

288△

越沢バス停〜越沢登山口間
登り1時間、下り50分

越沢登山口 ❶

P　0:25
　　0:30

垂直ハシゴあり。
スリップ、転落に注意

弁財天ノ滝

仙人ヶ岩屋

関川峠

分岐 ❷
追分コース

0:40
1:00

弁財天ノ滝から山頂直下まで
急坂の連続。スローペースで

1:30
2:10

越沢コース

倉沢登山口 P

小糸沢川

607
△

P
関川登山口

関川コース

七ツ滝

❸摩耶山

•ソリクラ

△1020

急坂

•812

❹追分

0:45
1:10

六体地蔵尊

摩耶山避難小屋

山頂は東側が切れ落ちているので足元に注意

岩場の多い
険しいコース。
上級者向き

山形県
鶴岡市

南鼠ヶ関川

鼠ヶ関川

東北を代表する連峰の二名山を縦走する

以東岳・朝日岳(大朝日岳)

いとうだけ　あさひだけ　おおあさひだけ

以東岳 **二百**
大朝日岳 **百**

標高**1772**m（以東岳）
標高**1871**m（大朝日岳）

山形県・新潟県

登山レベル：**上級**

技術度：★★★
体力度：★★★★★

日　程：前夜泊1泊2日

総歩行時間：**19時間35分**

1日目：**9時間50分**

2日目：**9時間45分**

総歩行距離：**32.6km**

累積標高差：登り**2835**m

下り**2971**m

登山適期：6月下旬〜10月中旬

地形図▶1：25000「大鳥池」「朝日岳」
三角点▶一等（以東岳）
　　　　二等（大朝日岳）

下山コースから振り返った大朝日岳（中央左）。朝日連峰は、飯豊連峰とともに東北を代表する連峰だ

上級
中級
初級

以
東
岳
・
朝
日
岳
（
大
朝
日
岳
）

山の魅力

幻の怪魚タキタロウで有名な大鳥池から、重量感あふれる花崗岩質の以東岳へ。以東岳からは大朝日岳への長くなだらかな稜線を爽快に歩き、西朝日岳あたりから見ると端正な三角錐の大朝日岳に登る。高山植物を満喫したあとの旧古寺鉱泉への下りも、縦走の醍醐味をいつまでも残す味わいある道だ。

>>> DATA

公共交通機関【行き】JR羽越本線鶴岡駅→庄内交通バス（約40分）→朝日庁舎前バス停→朝日地域観光あいのりタクシー（約1時間10分）→泡滝ダム　【帰り】旧古寺鉱泉→タクシー（約1時間）→JR左沢線 左沢駅

マイカー　山形自動車道・庄内あさひICから県道44・349号、荒沢ダムなどを経由して泡滝ダムまで32km。ダム付近に駐車スペース約20台（無料）。

ヒント　あいのりタクシー（予約優先）は7月中旬

〜10月上旬の土・日曜、祝日運行。運行日以外は一般タクシーを利用。帰りは古寺案内センターからタクシーを呼ぶ。

問合せ先

鶴岡市朝日庁舎産業建設課	☎0235-53-2111
大江町政策推進課	☎0237-62-2118
庄内交通鶴岡営業所	☎0235-22-2608
朝日地域観光あいのりタクシー	☎0235-53-3411
落合ハイヤー（鶴岡市朝日）	☎0235-53-2121
大江タクシー（大江町）	☎0237-62-2248

標高
3000
m

2000

1000

①泡滝ダム
②大鳥小屋
③以東岳
④狐穴小屋
⑤寒江山
⑥竜門山
⑦西朝日岳
⑧大朝日岳
⑨ハナヌキ峰分岐
⑩古寺案内センター

517
968
1772
1504
1695
1688
1814
1871
1138
640

0 水平距離　5　10　15　20　25　30　35km

1日目　　　　　　　　　　2日目
9時間50分　　　　　　　9時間45分

欄外情報 山小屋◎稜線上にある4軒の避難小屋には、シーズン中は管理人が常駐する。宿泊には管理協力費が必要だが、予約の必要はない。なお、朝日連峰ではテント泊が禁止されている（大鳥小屋のみ可）。

コース概要

1日目 ❶**泡滝ダム**から吊橋を渡り、❷**大鳥小屋**までは緩急の登りを約3時間。伝説の巨大魚タキタロウ伝説で知られる大鳥池からは以東岳が望める。小屋から沢を渡ってすぐの分岐は左に。以東岳の登りにかかる。三角峰、オツボ峰を経て❸**以東岳**までが1日目の疲れる登りだ。たどり着いた以東岳からは朝日連峰を眺めながら、稜線の道を❹**狐穴小屋**へ。

2日目 狐穴小屋から三方境を越え、花崗岩のザレ場を北寒江山へ、続いて❺**寒江山**を登る。お花畑を楽しみながら竜門小屋を過ぎ、❻**竜門山**を越える。さらにゆるやかに登れば、大朝日岳が大きく迫って見える❼**西朝日岳**だ。この先、中岳山頂を巻いた鞍部には、朝日連峰の名水といわれる金玉水がある。大朝日小屋はもうすぐで、ここから❽**大朝日岳**を往復する。東北の名山からの大展望を心ゆくまで楽しもう。山頂からは大朝日小屋まで戻り、小屋前の分岐を旧古寺鉱泉へと向かう。気持ちのいい稜線を歩いて小朝日岳を越え、眺めのよい古寺山を過ぎれば❾**ハナヌキ峰分岐**。あとは旧古寺鉱泉まで一気に下る。❿**古寺案内センター**はすぐ先だ。

プランニングのヒント

朝日連峰を縦断するロングコースだけに、日程に余裕があれば2泊3日で歩きたい。稜線上には避難小屋が3軒あるので体力や天候に合わせて宿泊場所が選べる。避難小屋には寝具、食料、炊事用具はないが、水はコース各所に水場がある。

サブコース

①朝日鉱泉から大朝日岳周遊コース
【コース】朝日鉱泉→鳥原山→小朝日岳→大朝日岳→中ツル尾根→二俣→朝日鉱泉
マイカー利用の登山におすすめ。1泊2日で総歩行時間は約13時間（中級）。

②大鳥小屋からの以東岳直登コース

（！）水場はコース上の各所にあるが、とにかく長いコースなので、随時、水筒には水を満たしておくよう心がけたい。

（！）東北地方の標高2000m近いエリアであり、天気が悪化すると厳しい状況に見舞われる。天気の判断はくれぐれも慎重に。

安全のヒント

夏の早い時期は残雪が各所に見られる。特に下りの小朝日岳の巻き道では、滑落事故が何度も発生している。その年の積雪の状況にもよるが、7月の中旬頃までは、滑落を避けるためにもアイゼンとピッケルは用意しておきたい。残雪の多い年なら、軽アイゼンより10本歯前後のアイゼンのほうが安心だろう。また、夏は雷の発生が多く、稜線上は危険にさらされやすい。間近で積乱雲が湧き、雷が発生しそうなときは無理せず避難小屋で待機しよう。

朝日連峰は残雪対策も必要になる

【コース】大鳥小屋→以東岳
小屋から以東岳まで急坂を一気に登る。紹介したコースより約30分短縮できる。

大朝日岳の山頂に登山者が集う

111

立原

キゲ井ザ沢場

月山IC

朝日殿山神社

大井沢トチ沢ボ沢

大頭森山 △984

明手山 △965

朝日山のゆたっり館

左大沢又小沢トリツ沢左沢

大井沢IC

笹子川

地蔵峠

大井沢

中沢

上沢

滑沢

熊鷹山 △945

P

大桧原山 △1292

ヨウザ峰 △1038

大井沢川

南俣沢出合 P

南俣沢

横根沢

西川町

中崎山 △884

根子バス停〜日暮沢小屋間は徒歩2時間30分

P

枯松山 △1387

障子ヶ岳 △1482

焼峰

竜ヶ岳 △1294

•1002

竜ヶ池

障子ヶ池

栗畑 △1397

天狗角力取山 1376

天狗小屋 (シーズン中は管理人が入る)

湯沢峰 △1260

二ッ石山

赤見沢

高松峰 △1440

三方境 1591

大桧原山

芝倉山 •1221

明光山 △1242

エズラ峰 1511

長い尾根。登りも下りもきつい

管理人が入る

狐穴小屋 (シーズン中は

4

葛城山 △1122

茶畑山 △1378

戸立山 △1553

三角峰 1520•

オツボ峰

以東岳 1772

高松峰

三方境

中先峰

2:20 2:50

0:55 0:45

4:00 3:05

1587•

1590峰

1523 △

中崎山

鶴岡市

吊橋

吊橋

直治コーラ

以東小屋 (シーズン中は管理人が入る)

エ七ツ滝

三角池

大鳥池

大鳥小屋 2

小法師山 △1382

大鳥小屋〜以東岳間登り約3時間30分下り約2時間30分

ゲンガ森 △1241

甚六山 △1427

3:30 3:00

3:30 3:00

[タキタロウ]とよばれる幻の巨大魚伝説がある

(シーズン中は管理人が入る)

化穴山

笹原山 △1324

1506△

1294△ 大鼓境

泡滝ダム 1

常願寺山 △1051

登山口

P

大鼓境

カワラ滝

美しき鋭峰 “東北のマッターホルン”

祝瓶山
（いわいがめやま）

三百

標高1417m

山形県

登山レベル：中級

技術度：★★★
体力度：★★★

日　程：前夜泊日帰り

総歩行時間：6時間5分

総歩行距離：9.0km

累積標高差：登り1121m
**　　　　　　下り1121m**

登山適期：6月上旬～10月下旬

地形図▶1：25000「徳網」
三角点▶二等

長井市側から見た祝瓶山。1500mに満たない山とは思えないほどの風格がある。朝日連峰の主脈からははずれているが、魅力的なスタイルだ

🗻 山の魅力

山形県の南部、小国町と長井市の境にそびえる朝日連峰の一座。標高は低いものの、東北のマッターホルンともよばれる三角形の鋭峰はきわめて特徴的だ。山頂からは北に朝日連峰、南に飯豊連峰の雄大な眺めが広がる。コースは長井市側からもつけられているが、ここで紹介したコースがより一般的だ。

>>> DATA

公共交通機関【往復】JR米坂線小国駅→タクシー（約40分）→針生平登山口

マイカー 日本海東北自動車道・荒川胎内ICから国道113号、県道261号などを経由して針生平登山口の駐車スペースまで約62km。

ヒント 小国駅からは公営温泉施設「白い森交流センター りふれ」まで小国町営バスが運行されている。ただし本数は少なく、また、ここから登山口までは3時間ほど歩かなければならない（P115プランニングのヒント参照）。りふれからさらに4km先の徳網までのバスもあり、歩行時間を短縮できるが、木曜のみの運行。

問合せ先
小国町産業振興課　☎0238-62-2416
小国町営バス　　　☎0238-62-2260
長井市観光文化交流課　☎0238-82-8017
小国タクシー　　　☎0238-62-3223

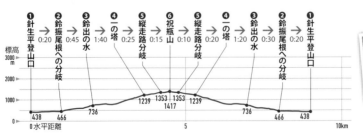

❶針生平登山口 →0:20 ❷鈴振尾根への分岐 →0:45 ❸鈴出の水 →1:40 ❹一の塔 →0:25 ❺縦走路分岐 →0:15 ❻祝瓶山 →0:10 ❺縦走路分岐 →0:20 ❹一の塔 →1:20 ❸鈴出の水 →0:30 ❷鈴振尾根への分岐 →0:20 ❶針生平登山口

標高3000m / 2000 / 1000

438　466　736　1239　1353 1353　1239　736　466　438
　　　　　　　　　　　1417

0水平距離　　　　　5　　　　　10km

山頂から見た朝日連峰

欄外情報 立ち寄り温泉◎白い森交流センター りふれ：針生平登山口から小国市街方面に戻ること約9km。宿泊もできる公営の温泉施設。☎0238-67-2011。入浴料300円。10～19時。無休。

コース概要 ❶針生平登山口から歩き始めてすぐに大石橋の吊橋を渡る。なかなかスリルのある橋だが、怖がらず落ち着いていこう。続いて大石沢を徒渉（増水時危険）し、さらに小さな沢を渡れば❷鈴振尾根への分岐だ。ここは右に行き、尾根を登る。急斜面を歩くと水場のある❸鈴出の水。アップダウンを繰り返して標高を上げ、短い岩場を越えれば見晴らしのいい❹一の塔だ。足元に注意しながら稜線を行くと二の塔のすぐ先が❺縦走路分岐で、やっと祝瓶山が姿を現す。あとは足場の悪い急坂を登れば❻祝瓶山の山頂だ。下りは往路を戻るが、急坂や岩場は慎重に。

プランニングのヒント 公共交通機関でのアクセスの場合、前泊しない限り日帰りは無理だが、欄外情報で紹介した公営温泉施設「白い森交流センター りふれ」に宿泊すれば、登山口までの送迎がある。1泊2食付の宿泊料金も9000円～とリーズナブルだ。ここまでは路線バスも運行している。

大石橋の吊橋は一人ずつ渡ること。床板が狭いので恐怖心を抱くこともあるが、下を見ずに前を向いて歩けば大丈夫。

安全のヒント

スタートからほどなく大石沢を徒渉するが、増水時は渡るのが困難になる。雨が予想されるときは入山を控えたほうがいい。コース中には、大石橋の吊橋や一の塔の崩壊地、山頂直下の急斜面など注意を要する箇所はあるが、慎重に行動すれば問題はないだろう。

小沢を渡って鈴振尾根への分岐へ

48

祝瓶山

48 祝瓶山

幅の狭い吊橋。一人ずつ渡る

分岐の手前で小沢を渡る

北大玉山・大朝日岳

角楢橋

角楢小屋

通年開放の避難小屋

白布橋

0:45
0:30

618

757

659

❷鈴振尾根への分岐

大石沢小屋（使用不可）

急斜面をわずかに下る

❸鈴出の水

817

鈴振尾根

足場の狭いヤセ尾根の通過あり

徒渉あり。増水時は困難

592

1082

赤鼻分岐・大朝日岳

二の塔へは崩崖地の縁をたどる。滑落注意

1068

1:40
1:20

一の塔
❹

1239

短いながらもよじ登るような岩場の通過

長井市

山形県

小国町

729

827

二の塔

0:25
0:20

縦走路分岐 ❺
祝瓶山 ❻

0:15
0:10

1417

直登コース

山頂直下は足場の悪い急斜面

N

1:30,000

250   500m

1cm＝300m
等高線は10mごと

891

不動山
933

1179

祝瓶山荘

深いブナの森と大展望の頂へ最短コースから

船形山（御所山）

ふながたやま（ごしょざん）

標高1500m

宮城県・山形県

登山レベル：初級

技術度：★★
体力度：★★

日　程：前夜泊日帰り

総歩行時間：**4時間25分**

総歩行距離：**7.2km**

累積標高差：登り**579m**
　　　　　　下り**579m**

登山適期：6月上旬〜10月下旬

地形図▶1：25000「升沢」「船形山」
三角点▶一等

色麻町郊外から眺めた船形山（右）。左のなだらかな山は蛇ヶ岳。蛇ヶ岳には池塘もあり、余裕があれば足を延ばしても楽しい

🗻 山の魅力

宮城県と山形県にまたがる船形連峰の主峰。山頂は2市2町の境界で、山形県側ではこの山を御所山とよんでいる。かつては全域がブナの広大な自然林だったが、伐採によって激減した経緯がある。その後、保護運動によって二次林も生育しつつあり、船形山のブナ林はいまも大きな魅力であり続けている。

>>> DATA

公共交通機関【往復】JR東北新幹線古川駅→ミヤコーバス（約30分）→色麻町役場前→タクシー（約50分）→大滝キャンプ場

マイカー　東北自動車道・大衡ICから県道57・16・156号、保野川林道などを経由して大滝キャンプ場まで約35km。大滝キャンプ場の駐車場（無料）を利用。

ヒント　公共交通機関利用の場合、JR仙台駅からミヤコーバスの高速バスで色麻町役場前まで行く方法もある。所要約1時間10分だが、古川駅からのアクセスに比べ、登山口への到着が遅くなる。アクセス路の保野川林道の路面状況は色麻町ホームページでチェックできる。

問合せ先
色麻町産業振興課　☎0229-65-2128
大和町商工観光課　☎022-345-1184
ミヤコーバス古川営業所　☎0229-22-1781
四釜タクシー（色麻町）　☎0229-65-2420
大和タクシー（大和町）　☎022-345-2181

❶大滝キャンプ場 →1:00→ ❷小野田コース分岐 →1:00→ ❸船形山（御所山）→0:20→ ❹千畳敷分岐 →0:40→ ❺升沢小屋 →0:15→ ❻瓶石沢分岐 →0:30→ ❼三光の宮 →0:40→ ❶大滝キャンプ場

標高3000m / 2000m / 1000m

1034　1230　1500　1423　1228　1209　1183　1034

0 水平距離　　5　　10km

船形山の登山道

欄外情報　立ち寄り温泉◎色麻平沢温泉かっぱのゆ：色麻町郊外にある公営の日帰り温泉。☎0229-65-4505。入浴料500円（平日3時間。土・日曜、祝日は2時間）。9〜21時。第2・第4月曜休（祝日の場合は翌日）。

コース概要 ❶大滝キャンプ場のすぐ先で帰路の三光の宮からの道を左に分け、美しいブナ林を行く。展望所を過ぎれば❷小野田コース分岐。岩のごろごろした急坂を登って稜線を左に折れれば❸船形山（御所山）だ。山頂からゆるやかに下り、❹千畳敷分岐は左へ。急坂を下って❺升沢小屋（避難小屋）を過ぎた先が、蛇ヶ岳への道を分ける❻瓶石沢分岐。ここから❼三光の宮に立ち寄り、分岐に戻ったら北へ。最後に沢を飛び石伝いに渡れば❶大滝キャンプ場だ。

プランニングのヒント 登山コースの歩行時間は少ないが、登山口までの車でのアプローチは林道走行が長く少し大変だ。保野川林道が通行止めの場合は、大和町側の旗坂キャンプ場手前から小荒沢林道に入り、大滝キャンプまで走ることができる。保野川林道、小荒沢林道とも未舗装の林道で、最低地上高の低い車はややきつい。最低地上高の高い車が安心だ。それでも、段差は斜めに走って乗り越えるなどの工夫が必要。

船形山の山頂避難小屋、その南東下の升沢小屋はいずれも無人小屋だが、急な気象変化などの際には心強い存在だ。

花と自然

大滝キャンプ場から北に300m・約10分ほど歩くと鈴沼（ルリ沼）がある。新緑や紅葉のときの美しさは格別で、キャンプ場から1.5kmほど下流にある色麻大滝ともども、時間に余裕があればぜひ訪ねてみたい。

鈴沼（ルリ沼・上）と色麻大滝（下）

49 船形山

1:25,000
250 500m
1cm=250m
等高線は10mごと

遠足登山も多い仙台市のシンボル

泉ヶ岳
（いずみがたけ）

標高1175m

宮城県

登山レベル：初級

技術度：★★
体力度：★

日　程：日帰り

総歩行時間：3時間15分

総歩行距離：6.6km

累積標高差：登り685m
　　　　　　下り685m

登山適期：4月上旬～11月下旬

地形図▶1：25000「定義」
三角点▶二等

仙台市の泉パークタウン付近から見た積雪期の泉ヶ岳。広い裾野が特徴的だ。左に白く見える山は船形連峰の一部

🏔 山の魅力

船形連峰の東側に位置し、古くから仙台市民に親しまれている山。山麓にはスキー場やキャンプ場、野外施設なども整い、格好のアウトドアエリアとなっている。登山コースは南面に4本あり、急斜面こそあるもののいずれも取り立てて困難な箇所はなく、積雪期に登る登山者も多く見受けられる。

>>> DATA

公共交通機関 【往復】JR東北新幹線仙台駅→仙台市営地下鉄南北線（15分）→泉中央駅→仙台市営バス（約40分）→泉岳自然ふれあい館バス停

マイカー 東北自動車道・泉ICから国道4号、県道263・264・35・457・223号を経由して泉ヶ岳大駐車場（無料）まで約20km。

ヒント 泉岳自然ふれあい館行きのバス（通年運行）は、往路の平日が7時台と10時台、土・日曜、祝日が7時台、8時台、10時台にそれぞれ1本ずつ。復路の平日が15時台、17時台、土・日曜、祝日が16時台と17時台にそれぞれ1本ずつ。

問合せ先
仙台市観光課 ☎022-214-8259
仙台市交通局実沢営業所 ☎022-379-2422
オーエンス泉岳自然ふれあい館 ☎022-379-2151
泉ヶ岳スキー場（リフト） ☎022-379-1250

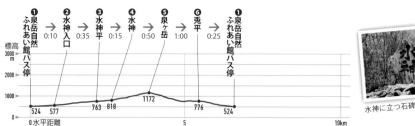

❶泉岳自然ふれあい館バス停	→ 0:10	❷水神入口	→ 0:35	❸水神平	→ 0:15	❹水神	→ 0:50	❺泉ヶ岳	→ 1:00	❻兎平	→ 0:25	❶泉岳自然ふれあい館バス停

標高3000m 2000m 1000m 0

524　577　　　763　818　　1172　　　　776　524

0 水平距離　　　　　　5　　　　　　10km

水神に立つ石碑

欄外情報 キャンプ◎オーエンス泉岳自然ふれあい館：登山口にあるふれあい館は市民キャンプ場も併設。1区画平日500円、土・日曜、祝日は740円と格安で、前泊にも向いている。

コース概要 **❶泉岳自然ふれあい館バス停**
から車道を歩き、オーエンス泉岳自然ふれあい館先の**❷水神入口**から登山道に入る。樹林帯のゆるやかな道を進むと、お別れ峠や兎平への分岐となる**❸水神平**で、大きな石碑の立つ**❹水神**まではあと少しだ。この水神には水場がある。北泉ヶ岳へのコースを左に分け、右へと急斜面を登る。賽の河原まで来れば、**❺泉ヶ岳**の山頂まではわずか。下山はかもしかコースを利用するが、下り始めてからしばらくの間は急坂が連続する。平坦な**❻兎平**を過ぎ、ゲレンデを下って**❶泉岳自然ふれあい館バス停**に戻る。

プランニングのヒント 仙台駅から登山口までタクシーを利用すれば、首都圏からでも十分に日帰りが可能。ここで紹介したコースは周遊コースをとっているが、下山に使うかもしかコースとその隣の滑降コースはいずれも急斜面だ。下りが苦手な人は、往路をそのまま戻るか、途中の水神平から兎平、または、お別れ峠を経て下山するといい。

登山口のオーエンス泉岳自然ふれあい館は、学校利用が優先されるが、一般の宿泊も可。料金設定は1泊2食付で約4000円（8人部屋）とリーズナブルだ。

Column

花と自然

登山口の南、徒歩数分の場所には、仙台市の天然記念物にも指定されているミズバショウ群生地がある。この群生地のミズバショウは小ぶりで、仏炎苞（円柱状の花序を包む大きな花びらのような部分）の白も鮮やかだ。花期は例年、4月中旬〜5月上旬だが、近年の温暖化で少し早まっているかもしれない。木道が整備されているため迷うことはないが、朝晩はクマがミズバショウの根を食べにやってくることもあるので気をつけたい。

群生地のミズバショウ

50

泉ヶ岳

50 泉ヶ岳

大展望をほしいままにのびやかな尾根歩き

蔵王山
（ざおうざん）

百

標高**1841**m（熊野岳）

山形県・宮城県

登山レベル：**初級**

技術度：★★
体力度：★

日　程：日帰り

総歩行時間：**2時間50分**

総歩行距離：**8.4km**

累積標高差：登り**334**m
　　　　　　下り**665**m

登山適期：**6月上旬〜10月下旬**

地形図▶1：25000「蔵王山」
三角点▶二等

馬ノ背から見下ろした御釜。
蔵王山の噴火口でもあり、馬
ノ背の尾根の西側には緊急避
難路がつくられている

🏔 山の魅力

展望がすばらしく、疲労を感じる登下降もほとんどない初級者向きの山。活火山であるがゆえに、山頂部には草木がほとんど見られないものの、目を凝らせば、岩場や砂礫を好む花々が顔をのぞかせる。いっとき、火山活動によって火口周辺の入山規制が敷かれたが、今後も注意が必要だ。

>>> DATA

公共交通機関【往復】JR山形新幹線山形駅→山交バス（約35分）→蔵王温泉バスターミナル→徒歩（約15分）→蔵王ロープウェイ蔵王山麓駅→ロープウェイ（約7分）→樹氷高原駅→ロープウェイ（約10分）→地蔵山頂駅

マイカー　東北中央自動車道・山形上山ICから国道13号、県道21・53号（西蔵王高原ライン）を経由して蔵王ロープウェイ蔵王山麓駅まで約11km。大きな無料駐車場あり。

ヒント　蔵王温泉バスターミナルから蔵王ロープウェイ蔵王山麓駅までは南に徒歩約15分。途中に蔵王中央ロープウェイの温泉駅があるので間違えないようにしたい。樹氷高原駅からの最終便は17時。

問合せ先
山形市観光戦略課　☎023-641-1212
山形市観光協会　　☎023-647-2266
山交バス案内センター　☎023-632-7272
蔵王ロープウェイ　☎023-694-9518

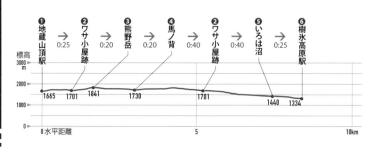

① 地蔵山頂駅 → 0:25 ② ワサ小屋跡 → 0:20 ③ 熊野岳 → 0:20 ④ 馬ノ背 → 0:40 ② ワサ小屋跡 → 0:40 ⑤ いろは沼 → 0:25 ⑥ 樹氷高原駅

標高3000m
2000
1000
0

1665　1701　1841　1730　　　　1701　　　1440　1334

0 水平距離　　　　　　5　　　　　　10km

いろは沼

欄外情報　立ち寄り温泉 ◎蔵王温泉街には3カ所の共同浴場と5カ所の日帰り温泉施設がある。「蔵王温泉大露天風呂」以外は通年営業なので時間があれば立ち寄りたい。蔵王温泉観光協会☎023-694-9328

コース概要 ❶地蔵山頂駅から地蔵山を目指す。巻き道は行かず、ぜひ頂からの展望を楽しみたい。地蔵山を越えれば❷ワサ小屋跡で、石畳の道を行くと道は二分する。ここは右へと熊野岳直登コースを行こう。岩がごろごろした道をペンキ印に従って登れば❸熊野岳の広い山頂だ。山頂からは御釜の全貌を望む❹馬ノ背へと下る。この馬ノ背でコースを折り返し、こんどは熊野岳避難小屋へと登り返す。小屋からはひと下りで❷ワサ小屋跡。ここから左に祓川コースに入り、山腹の道を歩く。御田神を過ぎ、❺いろは沼、キタゴヨウマツが群生する観松平を経て、スキー場のゲレンデ内をリフト１本分下れば❻樹氷高原駅だ。

プランニングのヒント 歩行時間が３時間以内と短いため、首都圏からでも、東京駅を朝一番に出発する山形新幹線を利用すれば日帰りも可能だ。山形駅から蔵王温泉行きのバスは、ほぼ１時間に１本の割合で運行されている。

> ワサ小屋跡から馬ノ背にかけては広い尾根筋になっている。濃霧などで視界が悪いときは道迷いに注意したい。

安全のヒント

蔵王山では2023年７月現在、噴火の危険のために馬ノ背付近を通行止めとした自主規制を解除している。とはいえ活火山であることに変わりはなく、登山前には気象庁、山形県、蔵王町のホームページの確認を。

花と自然

熊野岳避難小屋の周辺ではコマクサの群落を見ることができるが、近年は減少傾向にあるという。ぜひやさしく観察してほしいものだ。

砂礫地を好むコマクサ

51

蔵王山

51 蔵王山

蔵王温泉バスターミナル
蔵王温泉　大露天風呂
温泉駅　蔵王中央ロープウェイ
蔵王山麓駅
蔵王ロープウェイ山麓線
蔵王ロープウェイ前

蔵王温泉バスターミナル〜
蔵王山麓駅間、徒歩15分

鳥兜山頂駅　三郎岳
片耳池
パラダイスゲレンデ
ザンゲ坂

1413 △五郎岳

山形県
山形市

三宝荒神山
•1703
蔵王自然植物園

名号峰
1491

追分

横倉山
△1152

樹氷高原駅
蔵王ロープウェイ山頂線跡

地蔵山
1736

❶地蔵山頂駅

0:25

自然園

宮城県
川崎町

樹氷高原駅❻
0:35
0:25

観松平
いろは沼

御田神

1:00
0:40

❷ワサ
小屋跡

避難小屋周辺は
コマクサの群生地

かもしか温泉跡

新噴気口

黒姫ゲレンデ
黒姫山展望台

❺
いろは沼

0:20
0:15

0:40

ロバの耳尾根

振子滝　振子沢

駒草平

天竜の松、羽衣の松
など名松が立ち並ぶ

東北の名峰を
見渡す山頂

斎藤茂吉歌碑

1841
熊野神社

❸
熊野岳

熊野岳避難小屋
蔵王山神社避難小屋

五色岳
•1672

JR奥羽本線

ワタスゲやコバイケ
イソウなど花が多い

蔵王山

0:30
0:20

馬ノ背

御釜周辺では時折
火山活動の兆候が
見られる

大黒天

JR羽前
白石蔵王駅

上山市　中丸山
1562
△中丸山

御釜の眺めがよい

御釜噴火時の
緊急避難路

刈田駐車場

❹

蔵王刈田
リフト

刈田嶺神社

剣ヶ峰

刈田岳
△1758

刈田岳避難小屋

蔵王ハイライン

1:50,000
500　1000m
1cm＝500m
等高線は20mごと

お田神避難小屋

坊平
坊平・蔵王温泉

蔵王エコーライン

蔵王町

長い尾根道をたどり、主稜線のクサリ場を越えて山頂へ

飯豊山
（いいでさん）

百

標高2105m

福島県

登山レベル：上級

技術度：★★★
体力度：★★★★★

日　程：前夜泊1泊2日

総歩行時間：17時間45分

1日目：8時間10分

2日目：9時間55分

総歩行距離：21.5km

累積標高差：登り2343m
　　　　　　下り2343m

登山適期：7月上旬〜9月下旬

地形図▶1：25000「川入」「岩倉」
　　　　　　「大日岳」「飯豊山」
三角点▶一等

石の祠が祀られた「御坪」と
よばれる小さなピークから飯
豊本山を眺める。周辺の稜線
からはダケカンバの美林越し
に山頂方面が望める

🔺 山の魅力

磐梯朝日国立公園内に連なる飯豊連峰はブナとダケ
カンバの美林、さらにお花畑が広がる稜線へと山稜
を連ねる奥の深さが最大の魅力。混雑期には管理人
のいる避難小屋が多く、水も豊富なので山中泊にも
不安はないが、飯豊切合小屋を除いて素泊まりのみ。
食料や炊事用具、シュラフなどの持参が必要だ。

>>> DATA

公共交通機関【往復】JR米坂線羽前椿駅→タクシー
（約1時間）→大日杉

マイカー　東北中央自動車道・米沢北ICまたは米
沢市内から国道121号、県道4・8・378号を経由して大日
杉登山小屋まで約45km。約1時間30分。大日杉登山小
屋手前に無料の駐車スペースがある。

ヒント　JR米坂線羽前椿駅から大日杉へはアク
セス路としては最短で、約37㎞。

問合せ先

飯豊町商工観光課	☎0238-87-0523
小国町産業振興課	☎0238-62-2416
喜多方市山都総合支所	☎0241-38-3831
めざみ交通（タクシー）	☎0238-72-2137

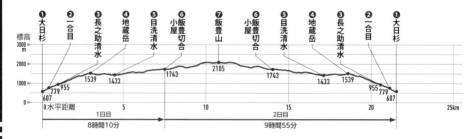

標高 3000 m	❶大日杉	❷一合目	❸長之助清水	❹地蔵岳	❺目洗清水	❻小屋飯豊切合	❼飯豊山	❻飯豊切合小屋	❺目洗清水	❹地蔵岳	❸長之助清水	❷一合目	❶大日杉

607　779　955　　1539　1433　　　1743　　　2105　　　1743　　　1433　1539　955　779　607

0 水平距離　　　　　5　　　　　　　10　　　　　　15　　　　　　20　　　　　　25km

1日目　　　　　　　　　　　　　　2日目

8時間10分　　　　　　　　　9時間55分

欄外情報　山小屋◎大日杉登山小屋：☎090-1491-1595。素泊まり2000円。飯豊切合小屋・飯豊本山小屋：☎090-3366-
7696。管理人常駐時は素泊まり3000円。※飯豊切合小屋のみ1泊2食付8000円、米3合持参で7000円。

コース概要

1日目 ❶**大日杉**から飯豊切合小屋へは小さなアップダウンを繰り返す長いコースだが、一合目からブナの大木が茂る明るい尾根道が続き、後半はダケカンバの美林越しに雄大な展望が開ける爽快な縦走路だ。距離が長いので登り始めはペース配分に注意し、ザンゲ坂の長いクサリ場を登っていく。特に難しい箇所はないので落ち着いて越えていこう。登りつめた❷**一合目**からひたすら稜線をたどっていく。ブナ林の尾根道をいくと❸**長之助清水**がある。この先の目洗清水は急なガレ場の下になるので、水はここで補給していこう。ひたすら歩を進め、山頂が望める❹**地蔵岳**から❺**目洗清水**を経てダケカンバの美林が広がる長大な稜線を歩く。鞍部に流れる小さな沢に出たら、ひと登りで飯豊連峰の主脈に出て、わずかに進むと❻**飯豊切合小屋**に着く。

2日目 ゆったりとした縦走路に沿って進み、草履塚、御秘所の岩場を越えて飯豊本山小屋が立つ飯豊神社からわずかに進むと❼**飯豊山**の山頂に着く。下りは往路をたどって❶**大日杉**に戻る。

プランニングのヒント

初日に飯豊本山小屋まで行くことができれば翌日の下山も楽になるが、飯豊切合小屋に泊まった場合、余分な荷物をデポして山頂を往復できるため、疲労を考えると合理的ともいえる。いずれにしろ、山頂往復と、短距離とはいえ水場での水補給のための往復を考えればサブザックは必携だ。なお、県道8号沿いの白川温泉・いいで白川荘（☎0238-77-2124）も前夜泊に便利。

サブコース

①福島県喜多方市から切合小屋へ

【コース】川入バス停→御沢キャンプ場→三国岳→飯豊切合小屋

急坂が続く登山道を登り、剣ヶ峰の岩場を越えて三国小屋（☎0241-38-3831）が立

御坪の先にある笹に覆われた斜面は滑りやすく、滑落の恐れもあるので要注意。特に下山時は慎重にルートを選ぶようにしよう。

飯豊本山直下のゆったりとした「御前坂」周辺は濃霧時は迷いやすいので要注意。わずかな踏み跡を頼りに、落ち着いて進むようにしよう。

安全のヒント

ざんげ坂のクサリ場は尾根に出る直前にクサリから離れるので、しっかりと確保をしてから越えるようにしたい。また飯豊本山下の「御秘所」とよばれる岩場は、クサリや足場はしっかりとしているので問題はないが、東側が切れ落ちているので、特に強風時にはバランスを保って登下降するようにしよう。

東側が切れ落ちた「御秘所」のクサリ場を下る

つ三国岳へ。さらにハシゴや急坂を登って飯豊切合小屋へ。約8時間30分。

②飯豊山から飯豊主脈を縦走する

【コース】飯豊切合小屋→飯豊山→御西岳→大日岳→門内小屋→飯豊山荘バス停

1日目：飯豊山から展望コースをたどる。御西小屋からは最高峰の大日岳を往復。約8時間30分。2日目：高低差の少ない稜線を歩いて門内小屋へ。約6時間。3日目：胎内山を越えて扇ノ地紙から主脈を離れ、梶川尾根を下って飯豊山荘バス停へ。約6時間。

二合目の「御田」付近のブナ林の稜線を登る

山形県 小国町

ダイグラ尾根は登り返しが
多くしかも長い下りが続く
飯豊連峰屈指の険路。
安易に立ち入らないように

小丸森山

大丸森山
1502△

△1269

夜蛾鳥屋山
△968

白倉山
△935

横川

△872

樽口峠
△687

△482

△807

大高地山
△1218

長坂清水

休場ノ峰
1321△

千本峰

宝珠山

△428

462△

JR小国駅

飯豊梅花皮荘
川入荘

夏期のみ小国町営
バスが運行

倉手山
△953

天狗平
素泊り
まり口

飯豊山荘
飯豊山荘バス停
P

温身平

梅花皮沢出合

檜山沢出合

△1088

梅花皮沢

関川村

西俣峰
1023△

丸森尾根
飯豊山荘まで長
い下りが続く

五郎清水

湯沢峰
•1021

鷹見場

右転び沢出合

飯豊山～飯豊山荘バス停間
約18時間30分※大日岳の往復を含む

梅花皮岳
2018△

梅花皮小屋

頼母木峰

地神北峰
地神山
1850

梶川峰
△1692

梶川尾根

お花畑が広がる

北股岳
2025△

烏帽子岳

中ノ島

洗濯平

温泉のわくつ

胎内市

積毛木山

胎内山
△1887
門内岳

門内小屋

（シーズン中は
管理人が入る）
鳥ノ地紙

（シーズン中は
管理人が入る）
頼母木小屋

キビタキ清水

キビタキ小屋

大石山・杁差岳

中峰

花咲く湿原を抜けて吾妻連峰最高峰の頂へ

吾妻山（西吾妻山）
あづまやま　　にしあづまやま

山形県・福島県

登山レベル：初級

技術度：★★
体力度：★

日　程：日帰り

総歩行時間：3時間35分

総歩行距離：6.7km

累積標高差：登り420m
　　　　　　下り420m

登山適期：6月下旬～10月中旬

地形図▶1：25000「吾妻山」「天元台」
三角点▶なし

梵天岩付近からのなだらかな姿の西吾妻山。山頂からの展望がないのは残念だが、途中の広大な眺めはそれを補って余りある

初級

吾妻山（西吾妻山）

🏔 山の魅力

福島・山形県境に連なる吾妻連峰の最高峰が西吾妻山だ。山頂こそ展望はないものの、コースの途中からは大きな眺めが広がり、大凹の湿原ではワタスゲ

やチングルマが大群落をつくっている。ロープウェイとリフトを乗り継いで標高1800m付近まで行けることから、初級者でも登りやすい山といえる。

>>> DATA

公共交通機関 【往復】JR山形新幹線米沢駅→山交バス（約40分）→湯元駅前バス停→天元台ロープウェイ（6分）→天元台高原駅→徒歩（約3分）→しらかばリフト乗り場→（3本乗り継いで計30分）→北望台

マイカー 磐越自動車道・猪苗代磐梯高原ICから国道115・459号、県道2号を経由して湯元駅まで約42km。東北中央自動車道・米沢八幡原ICからは米沢市を経由して湯元駅まで約21km。無料駐車場あり。

ヒント 天元台ロープウェイの湯元駅からリフト終点の北望台までは乗り継ぎが3回あり、合計で約1時間を見込んでおきたい。ロープウェイ・リフト共通往復券は4200円。

問合せ先

米沢市観光課	☎0238-22-5111
米沢観光コンベンション協会	☎0238-21-6226
山交バス米沢営業所	☎0238-22-3392
天元台ロープウェイ	☎0238-55-2236

❶北望台	❷かもしか展望台	❸大凹の水場	❹梵天岩	❺西吾妻山	❻西吾妻小屋	❼梵天岩	❽大凹の水場	❾人形石	❶北望台
0:20	0:25	0:40	0:20	0:10	0:10	0:35	0:25	0:30	
1817	1936	1887	2001	2035	1983	2001	1887	1949	1817

標高3000m / 2000 / 1000

0 水平距離　　5　　10km

北望台への登山リフト

欄外情報 山小屋◎西吾妻小屋：西吾妻山の西側にある米沢市が管理する無人の避難小屋。寝具や炊事用具はないものの、天気の急な悪化などの際には心強い存在だ。トイレあり。

コース概要 リフト終点の**❶北望台**から登山道に入る。すぐの分岐は右に行く。針葉樹林を登ると**❷かもしか展望台**。道はすぐに小湿原内の木道となり、帰りに通る人形石への道を左に分けると大凹の大湿原だ。チングルマ、ワタスゲなどの群落のなかの木道を歩けば**❸大凹の水場**に至る。滑りやすい岩場を急登すると、池塘の点在するいろは沼で、すぐ上部の**❹梵天岩**を越えて天狗岩へと歩を進める。天狗岩では左方向に歩き、いったん下って登り返せば**❺西吾妻山**の山頂だ。帰りは**❻西吾妻小屋**へと下り、天狗岩へと登り返す。あとは往路を戻り、大凹から**❼人形石**へ。大展望を楽しんだら、やや歩きづらい道を**❶北望台**へと戻る。

コース中に困難な場所はないが、何より東北の2000m級の山。濃霧や風雨時には、道迷い、体温低下に十分な注意を。

プランニングのヒント 北望台発の最終リフトは15時40分。のんびり歩くには、湯元駅を9時前後に出発するロープウェイに乗ろう。3本のリフトの乗車時間は長いので、風のある日や気温の低い日はレインウェアなどを着ておくと体を冷やさずにすむ。

花と自然

大凹をはじめ、いろは沼などの湿原は7～8月、花の宝庫となる。ここでの代表的な花はワタスゲ、チングルマ、コバイケイソウなどの白系が多く、花好きは歩が進まない。

安全のヒント

山頂手前の天狗岩は岩だらけの広場状になっている。濃霧の際は道標やペンキが見えなくなることもあるので、方向の見定めは慎重に。また、岩につまづいての転倒にも注意。

天狗岩は視界不良時の道迷いに注意

53

吾妻山（西吾妻山）

53 吾妻山

リフト3本乗り継ぐ

北望台 ❶

中大巓 1964

展望よい

人形石 ❼

0:30 / 0:35

0:20 / 0:15

やや歩きづらい道なので、疲労時や急ぐ時は往路を戻ったほうがいい

かもしか展望台 ❷

0:25

0:25

大凹

•1836

段差の大きな急坂。下山時は転倒に注意

高山植物のお花畑

視界不良時は道迷いに注意

大凹の水場 ❸

0:40 / 0:35

天狗岩

2004

吾妻神社

いろは沼

梵天岩 ❹

0:10

福島県 北塩原村

るにも下るにも長い道。西吾妻屋から白布温泉バス停まで約3間20分。登ると約4時間20分

木道を歩く

西吾妻小屋 ❻

0:20 / 0:15

西吾妻山 ❺

2035

吾妻山

吾妻連峰の最高点だが樹林に囲まれ展望はない

0:10

0:15 / 0:15

分岐

山形県 米沢市

大木屋

若女平・白布温泉バス停

小和須知沢

1708

1890

N

1:25,000

250 500m

1cm=250m

等高線は10mごと

西大巓

弥兵衛平・東大巓

54

山上の池、花咲く湿原、大展望とみどころいっぱい

一切経山 ^{いっさいきょうざん}

三百

標高1949m

福島県

登山レベル:中級

技術度:★★
体力度:★★★

| 日 程:日帰り |
| 総歩行時間:**6時間10分** |
| 総歩行距離:**12.2km** |
| 累積標高差:登り**682m** |
| 下り**682m** |
| 登山適期:**6月上旬〜10月中旬** |

地形図▶1:25000「吾妻山」「土湯温泉」
三角点▶一等

一切経山から見下ろした五色沼。「魔女の瞳」あるいは「吾妻の瞳」と称される一切経山のシンボルだ

🏔 山の魅力

福島県北部、吾妻連峰の活火山。山頂からのぞく五色沼は「魔女の瞳」あるいは「吾妻の瞳」とも称される。花の百名山にも選定され、吾妻小舎付近に多く見られるネモトシャクナゲは国の天然記念物。なお、一切経山登山は噴火警戒レベル1なら可で、噴火警戒レベル2になった場合には登れないので注意。

>>> DATA

公共交通機関【往復】東北新幹線福島駅→タクシー(約1時間)→浄土平

マイカー 東北自動車道・福島西ICから国道115号、県道5・70号、磐梯吾妻スカイラインを経由して浄土平の駐車場(無料)まで約30km。

ヒント 浄土平へは福島駅から福島交通バスが運行しているが(所要約1時間30分)、長期運休中のため、タクシーでアクセスすることになる。

問合せ先

福島市観光交流推進室	☎024-572-5718
福島県災害対策課(火山規制)	☎024-521-7194
浄土平ビジターセンター	☎0242-64-2105
福島交通福島支社(バス)	☎024-535-4101
大和自動車交通(タクシー)	☎024-534-6181

上級 中級 初級 一切経山

①浄土平 0:45 ②酸ヶ平避難小屋 0:40 ③一切経山 0:30 ④酸ヶ平避難小屋 0:30 ⑤姥ヶ原 0:45 ⑤東吾妻山 1:10 ⑥景場平 0:35 ⑦鳥子平 1:00 ⑧吾妻小舎 0:15 ①浄土平

標高 3000m / 2000 / 1000 / 0

1577　1758　1949　1758　1778　1975　1693　1606　1582 1577

0 水平距離　　　5　　　10　　　15km

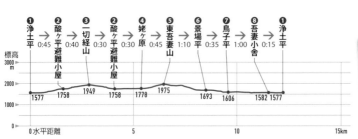

東吾妻山と鎌沼

欄外情報 山小屋◎吾妻小舎:浄土平から南に15分ほどの場所にある静かな山小屋。前泊にもいい。1泊2食付9600円〜。5月下旬〜11月上旬。冬期の営業は要問い合わせ。予約、問い合わせはHPの専用フォームで。

コース概要 ❶浄土平の駐車場奥から浄土平湿原の木道を歩く。木道をはずれ、姥ヶ原への分岐を過ぎてからやや急坂となる。再び木道になると❷酸ヶ平避難小屋はすぐだ。小屋前を通過し、ガレた道をひたすら登り詰めれば❸一切経山の山頂に到着する。山頂北端からは眼下に五色沼が見える。いったん❷酸ヶ平避難小屋まで戻り、鎌沼沿いの木道を❹姥ヶ原へ。姥ヶ原からは樹林帯の道を行く。急坂を終え、ハイマツ帯に入れば❺東吾妻山は間もなく。下山は南西方向へと樹林帯を下る。❻景場平、さらに車道を横切って❼鳥子平の両湿原を歩き、❽吾妻小舎を過ぎればほどなく❶浄土平に到着する。

浄土平には、周辺の自然を展示した浄土平ビジターセンターをはじめ、レストハウス、天文台などがある。

プランニングのヒント 早朝の新幹線とタクシーを使えば日帰りも十分可能だが、山麓のいで湯などに前泊すると、より充実する。東吾妻山は思いのほか時間がかかるので、天気の悪化や疲労が大きいときなどは、姥ヶ原から浄土平へ下ったほうがいい(約50分)。

安全のヒント

一切経山は南側山腹の火山活動によって2023年6月現在、噴火警戒レベル1(活火山であることに留意)にあるが、噴火警戒レベル2(火口周辺規制)になった場合、浄土平側からの一切経山登山は禁止される(酸ヶ平避難小屋の利用は可能)。その場合も、東吾妻山と吾妻小富士は登山可能で、東吾妻山の場合、浄土平から鎌沼の南側を通って姥ヶ原経由で登ることになる。いずれにしろ、噴火はいつ起きるかわからない。噴火の可能性を常に念頭において行動したい。

煙を吐く一切経山の南山腹の火口

54 一切経山

最短コースで頂に立ち、ゲレンデ内を爽快に下る

磐梯山
ばんだいさん

百

標高1816m

福島県

登山レベル:初級

技術度:★★
体力度:★★★

日　程:前夜泊日帰り

総歩行時間:5時間15分

総歩行距離:9.5km

累積標高差:登り724m
　　　　　　下り1219m

登山適期:5月中旬〜10月中旬

地形図▶1:25000「磐梯山」
三角点▶三等

山麓から見た磐梯山（左）。表登山道は中腹に見える猪苗代スキー場内を行くコース。八方台登山口は裏側から登るコースで、中腹はブナ林が美しい

上級 中級 **初級** 磐梯山

山の魅力

観光地としても人気が高い五色沼や檜原湖など大小の湖沼が山麓に点在する会津の名峰。表側からは会津富士ともよばれる美しい山容を見せるが、裏側は明治の大噴火で大きく崩れ、迫力ある景観を展開する。山上へは6つの登山道が整備されており、特色あるコース取りで登山を楽しむことができる。

>>> DATA

公共交通機関【行き】JR磐越西線磐梯町駅→タクシー（25分）→八方台　【帰り】猪苗代登山口→タクシー（約15分）→JR磐越西線猪苗代駅

マイカー　磐越自動車道・磐梯河東ICから県道7号〜64号（磐梯山ゴールドライン／無料）を経由して八方台まで約17km。八方台に第1・第2駐車場がある。

ヒント　磐梯山は6本の登山コースがある。バス利用の場合、渋谷登山口（登り約3時間40分）、川上登山口（登り約4時間）、裏磐梯登山口（中ノ湯跡経由・登り約3時間50分）が利用できる。下山路を中ノ湯跡から裏磐梯コースにとれば、表側とは違った裏磐梯の姿や銅沼などが見られる（中ノ湯から下り約1時間45分）。ほかに、翁島登山口（登り3時間30分）コースがある。

問合せ先
磐梯町商工観光課　　☎0242-74-1214
磐梯観光タクシー　　☎0242-62-2364
猪苗代タクシー　　　☎0242-62-3636

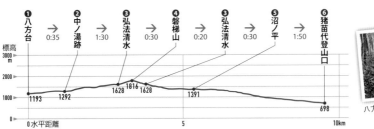

標高
3000m
2000
1000

❶八方台 1193
0:35
❷中ノ湯跡 1292
1:30
❸弘法清水 1628
0:30
磐梯山 1816
0:20
❸弘法清水 1628
0:30
❺沼ノ平 1391
1:50
❻猪苗代登山口 698

0 水平距離　　　　　　5　　　　　　10km

八方台のブナ林

欄外情報　送迎タクシー◎磐梯町では2023年夏、町内4カ所〜八方台登山口間の送迎タクシー運行事業（予約制）をスタートさせた。2024年以降も実施予定で、問い合わせは磐梯町商工観光課まで。

コース概要 ❶八方台の駐車場から車道を横断し登山道へ入る。ブナ林のなかを登っていくと、朽ちかけた建物がある❷中ノ湯跡に到着。ここから湿地を抜け再び樹林帯を登っていくと、左手が開け眼下に銅沼などが見える。さらに登っていくと左にお花畑経由の道を分け、じきに湧水がある❸弘法清水で、2軒の売店がある。ここから急登して樹林を抜ければ❹磐梯山の山頂だ。下山は弘法清水まで戻ってから猪苗代コースを下る。途中、川上コース、渋谷コースを分けて下れば❺沼ノ平に到着。バンダイクワガタなど固有種の花も見られる。樹林帯を抜けたら猪苗代スキー場内を一気に下って❻猪苗代登山口に下り立つ。

プランニングのヒント 多くの登山者が八方台からの往復コースを利用するため、週末等の第1駐車場は早くから満車になる。第2駐車場からはけっこう歩くので早着したい。車利用なら、吾妻山や一切経山、安達太良山などとセットで計画するとよい。

中ノ湯跡周辺では火山性ガスが滞留していることもあるので十分に注意したい。入山の際には火山情報もチェック。

安全のヒント

独立峰の磐梯山は、夏は強い上昇気流により雲に包まれることがある。雷鳴が聞こえてきたら早めに下山し、弘法清水の売店などでやり過ごそう。売店では名物のきのこ汁やお汁粉なども味わえる。

Column

弘法清水小屋(売店)と磐梯山の山頂部

岩が折り重なった磐梯山の山頂

55 磐梯山

1:50,000

0　500　1000m

1cm=500m

等高線は20mごと

おだやかな姿と火口の荒々しさ、2つの顔を持つ

安達太良山

標高1700m

福島県

登山レベル:初級

技術度:★★
体力度:★

日　程:前夜泊日帰り

総歩行時間:**3時間25分**

総歩行距離:**8.1km**

累積標高差:登り**419m**
　　　　　　下り**819m**

登山適期:5月中旬〜11月上旬

地形図▶1:25000「安達太良山」
三角点▶二等

山頂駅の近く、「ほんとの空記念碑」のある広場から見上げた安達太良山。左の丸い突起が安達太良山の頂上で、右の黒い岩山は鉄山

🏔 山の魅力

なだらかな山容と山頂に突起する岩をたとえて "乳首山" などとも称されるが、山頂付近に立ってみると、西側の沼ノ平火口は草木1本生えない荒々しい光景を見せる。高村光太郎『智恵子抄』には "阿多多羅山" の名で登場し、二人がもっとも幸せだった時代の象徴の一つともなっている山だ。

>>> DATA

公共交通機関【往復】JR東北本線二本松駅→福島交通バス(約45分)→奥岳→あだたら山ロープウェイ(10分)→山頂駅。または、二本松駅→福島交通バス(約25分)→岳温泉→タクシー(約10分)→奥岳

マイカー　東北自動車道・二本松ICから国道459号、県道386号を経由して奥岳まで約14km。奥岳に約1500台収容の無料駐車場(紅葉期は一部有料)がある。

ヒント　二本松駅〜奥岳間のバスは平日1便のみだが登山に適したダイヤ。運行日以外はタクシーを利用する。5月と10月〜11月上旬の土・日曜、祝日には、二本松駅〜岳温泉〜奥岳間に臨時バスが運行される(復路便は岳温泉止まり)。

問合せ先
二本松市観光課　　　　　　　☎0243-55-5122
福島交通二本松営業所　　　　☎0243-23-0123
昭和タクシー　　　　　　　　☎0243-22-1155
あだたら山ロープウェイ　　　☎0243-24-2141

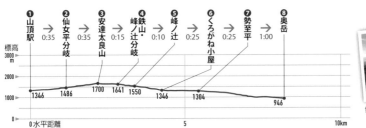

① 山頂駅 →0:35 ② 仙女平分岐 →0:35 ③ 安達太良山 →0:15 ④ 鉄山・峰ノ辻分岐 →0:10 ⑤ 峰ノ辻 →0:25 ⑥ くろがね小屋 →0:25 ⑦ 勢至平 →1:00 ⑧ 奥岳

標高3000m 2000m 1000m 0

1346　1486　1700　1641　1550　1346　1304　　　946

水平距離　5　10km

鉄山・峰ノ辻分岐へ向かう

欄外情報　立ち寄り温泉◎あだたら山 奥岳の湯:登山口の奥岳にある日帰り入浴施設。☎0243-24-2141。入浴料700円。10〜19時。無休。

コース概要 ❶山頂駅からゴヨウマツなどが茂る五葉松平をゆるやかに登る。樹林帯を抜けると、❷仙女平分岐となり、安達太良山が見えてくる。表登山口への道を見送り、岩混じりの道を一気に登れば山頂直下の広場。正面の岩峰を右から回り込むように登ると❸安達太良山の山頂だ。山頂からは牛ノ背をたどって❹鉄山・峰ノ辻分岐に向かい、分岐を❺峰ノ辻へと下る。峰ノ辻の分岐からはそのまま勢至平には下らず、❻くろがね小屋に寄っていこう。小屋を出てすぐ左に湯川コースを分け、峰ノ辻からの道が合流する❼勢至平へ。勢至平の先で合流する林道はショートカット道を行く。烏川を渡れば❽奥岳は間もなくだ。

プランニングのヒント 岳温泉か二本松市街に前泊すれば、バス利用での日帰りは問題ないが、首都圏を早朝に発って日帰りする場合は、二本松駅からのタクシー利用が前提となる。なお、くろがね小屋は建て替えのため、2025年（予定）まで利用できない。

勢至平のレンゲツツジの見頃はおおよそ5月中旬～6月中旬。年によって変わるので、事前に情報収集する必要がある。

Column

安全のヒント

山頂直下の広場は視界不良時、進む方向がわかりづらくなることがある。数コースの分岐にもなっているので道迷いには十分注意したい。火山ガスが発生する沼ノ平方面には入り込まないこと。

山頂下の広場（上）と沼ノ平の火口壁（下）

56

安達太良山

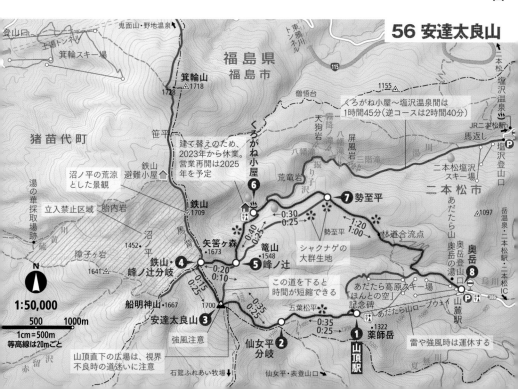

56 安達太良山

くろがね小屋〜塩沢温泉間は
1時間45分（逆コースは2時間40分）

建て替えのため、2023年から休業。営業再開は2025年を予定

沼ノ平の荒涼とした景観

立入禁止区域

シャクナゲの大群生地

この道を下ると時間が短縮できる

1:50,000

500　1000m
1cm＝500m
等高線は20mごと

強風注意

山頂直下の広場は、視界不良時の道迷いに注意

雷や強風時は運休する

シロヤシオ咲く阿武隈山地の最高峰へ

大滝根山
（おおたきねやま）

標高1192m

福島県

登山レベル：初級

技術度：★★
体力度：★

日　程：日帰り

総歩行時間：2時間40分

総歩行距離：3.6km

累積標高差：登り421m
　　　　　　下り421m

登山適期：4月中旬〜11月下旬

地形図▶1:25000「上大越」
三角点▶一等

郡山市にある逢瀬公園から見た大滝根山。中央やや右手の丸いレーダー施設のある場所が山頂だ

山の魅力

阿武隈山地の最高峰であり、「たむら七山」の一座でもある。かつては女人禁制の霊峰で、航空自衛隊のレーダーサイトが立つ山頂には立派な峯霊神社が祀られている。春から初夏にかけてはシロヤシオやシャクナゲが咲き、華やかだ。石灰岩質の山のため、山麓にはあぶくま洞や入水鍾乳洞などの鍾乳洞もある。

>>> DATA

公共交通機関【往復】JR磐越東線大越駅→タクシー（約20分）→大越登山口

マイカー　磐越自動車道・小野ICから国道349号、県道36・19・381号などを経由して大越登山口の駐車スペースまで約18km。あぶくま高原ホテル跡（建物はまだ残っている）の入口付近に10数台分。無料。

ヒント　首都圏からマイカーでアクセスする場合は、常磐自動車道経由のほうがやや早く到着する（常磐

自動車道利用の場合は小野IC、ETC装着車で東北自動車道利用の場合は田村ICでおりる）。磐越東線（ゆうゆうあぶくまライン）は1〜2時間に1本程度の運行。朝一番の東北新幹線に乗って郡山駅で乗り換えれば、大越駅には9時前に到着する。

問合せ先
田村市観光交流課　　☎0247-81-2136
はばタクシー　　　　☎0247-82-1137
ほていやタクシー　　☎0247-79-2141

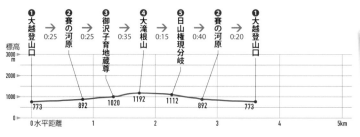

❶大越登山口		❷賽の河原		❸御沢子育地蔵尊		❹大滝根山		❺日山権現分岐		❷賽の河原		❶大越登山口
	0:25		0:25		0:35		0:15		0:40		0:20	
773		892		1020		1192		1112		892		773

標高
3000m
2000
1000
0　水平距離　　1　　2　　3　　4　　5km

山頂のレーダー施設

欄外情報　立ち寄りスポット◎あぶくま洞：登山口の近くにある日本有数の鍾乳洞。☎0247-78-2125（あぶくま洞管理事務所）。入場料1200円。8時30分〜17時30分（秋・冬・春は時間短縮）。無休。

コース概要

❶大越登山口から少しの間、未舗装路を歩いて登山道に入る。笠石を過ぎると**❷賽の河原**で、下山に使う道との分岐となっている。しばらく沢沿いの道を歩き、小さな沢を何度も渡る。やがてお地蔵さまの立つ**❸御沢子育地蔵尊**。ここで沢と別れると、道は一気に急登となる。樹林帯のロープ場やクサリ場を越え、傾斜がゆるむと峯霊神社の鳥居が現れて**❹大滝根山**の山頂に到着する。一等三角点は航空自衛隊のレーダー基地内にあって近寄れない。下山は仙台平方面に進み、**❺日山権現分岐**から右へと入る。そのまま仙台平に行かないように。急な尾根道を下ると**❷賽の河原**に出るので、あとは往路を戻ればいい。

プランニングのヒント

コースの前半は、鬼五郎渓谷とよばれる大滝根川の源流帯を行く。沢を離れるとがぜん急傾斜となり、ロープ場なども現れる。したがって、逆コースを歩く際はやや難度が上がり、中級レベルのコースになることを意識しておきたい。

大滝根山は花の百名山。シロヤシオ、アズマシャクナゲ、マイヅルソウなどの花が多い。花期は5月中旬〜6月下旬。

安全のヒント

Column

登りの霧島権現の手前あたりから登山道の様子は変わり、短いながら、急な斜面を両手も使って登る道となる。クサリ場やロープ場も現れ、滑りやすい木の根や露岩を越えていく。危険を伴うほどの難所ではないが、路面が湿っているときや下山路として歩く際は特に慎重に。

霧島権現付近のクサリ場

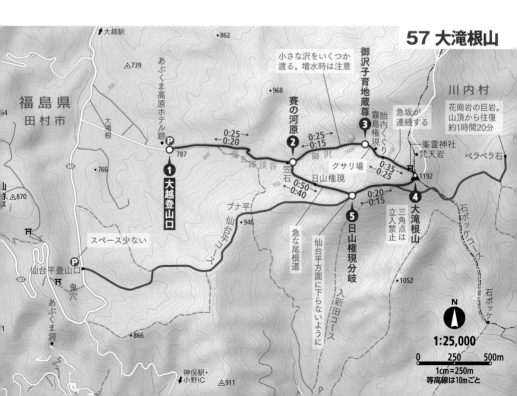

57 大滝根山

1:25,000

0　250　500m

1cm=250m
等高線は10mごと

みごとなブナ林が山腹を包む奥会津の孤峰

会津朝日岳
(あいづあさひだけ)

標高1624m

福島県

登山レベル:**中級**

技術度:★★★
体力度:★★★★

日　程:**前夜泊日帰り**

総歩行時間:**7時間25分**

総歩行距離:**10.5km**

累積標高差:登り**1335m**
　　　　　　下り**1335m**

登山適期:**6月中旬～10月中旬**

地形図▶1:25000「会津朝日岳」
三角点▶三等

叶の高手から見上げた会津朝日岳。山肌を覆う岩壁がこの山らしい風景でもある。上部の岩壁は注意して登りたい

山の魅力

福島県の最西部、新潟県の県境近くにある会津最奥の山の一つ。中腹はブナの深い森に覆われ、上部の山肌は豪雪に磨かれた岩壁がまるで盾のようだ。夏は多くの花が登山道を彩り、秋は紅葉がすばらしい。登山道は1本しかなく、しかも行程は長い。経験とともに体力を要求される山でもある。

>>> DATA

公共交通機関【往復】JR只見線只見駅→タクシー（約30分）→赤倉沢登山口

マイカー 関越自動車道・小出ICから国道252・289号などを経由して赤倉沢登山口まで約75km。登山口に10台程度の駐車スペースあり。手前にある「いわなの里」の駐車場は利用不可。

ヒント 自然災害により2011年から不通が続いていた只見線は、2022年10月に運転が再開された。しかし本数は少なく、新潟県のJR上越線小出駅、福島県のJR磐越西線会津若松駅から只見駅へはそれぞれ1日3本のみ。只見駅周辺には宿泊施設が多い。

問合せ先
只見町交流推進課　☎0241-82-5240
只見町インフォメーションセンター　☎0241-82-5250
朝日タクシー　☎0241-84-2235
只見観光タクシー　☎0241-82-2202

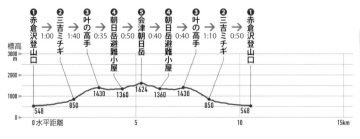

①赤倉沢登山口　1:00　②三吉ミチギ　1:40　③叶の高手　0:35　④朝日岳避難小屋　0:50　⑤会津朝日岳　0:50　④朝日岳避難小屋　0:40　③叶の高手　0:40　②三吉ミチギ　1:10　①赤倉沢登山口

標高3000m
2000
1000

548　850　1430　1360　1624　1360　1430　850　548

0水平距離　5　10　15km

秋の会津朝日岳

欄外情報 立ち寄り入浴◎只見保養センター ひとっぷろ まち湯:只見駅から徒歩約10分、只見川にほど近い公営入浴施設（温泉ではない）。☎0241-82-2393。入浴料500円。12時30分～21時。月曜休。

コース概要 ❶**赤倉沢登山口**（あかくらさわとざんぐち）から赤倉沢を木橋で渡る。しばらく広い道を歩き、支流や赤倉沢を小さな徒渉で何度か渡ると❷**三吉ミチギ**（さんきち）の水場に着く。ここから傾斜が増し、展望の開ける人見ノ松まで急登が続く。傾斜が落ちると❸**叶の高手**（かのうのたかて）で、ここからいったん下るが、途中からは会津朝日岳が望める。登り返したところが❹**朝日岳避難小屋**（あさひだけひなんごや）だ。山頂まであとひと登り。ゆるやかな道を行くとバイウチの高手に着く。道は再び傾斜を増し、小幽沢カッチから岩場を登って尾根を右に行けば❺**会津朝日岳**（あいづあさひだけ）の山頂だ。下りは往路を慎重に戻る。

プランニングのヒント 奥深い場所にある山だけに、只見町に前泊するかマイカーでアクセスしない限り日帰り登山は難しい。会津朝日岳は豪雪地帯の山であり、6月はまだ山頂付近に雪が残る。この時期はアズマシャクナゲやカタクリが目的の登山者がやってくる頃。困難な雪面ではないが、軽アイゼンとストックを用意しておくと安心だろう。

コース途中にある朝日岳避難小屋は約20人収容の小さな小屋だが、天気の急変や時間切れの際には心強い存在となる。

花と自然

6月中旬の山開きの頃から、登山道は花々に彩られる。カタクリ、イワカガミ、アズマシャクナゲ、ニリンソウなど花の種類も豊富だ。花を楽しむなら6月中旬から7月中旬あたりがおすすめ。

登山道脇に咲くカタクリ（上）とニリンソウ（下）

58 会津朝日岳

只見駅・国道289号↗

福島県
只見町

赤倉沢登山口 ❶

白沢山 △960

いわなの里

本流や支沢を徒渉で何度か渡る

0:50 / 1:00

増水時は徒渉注意

荒禿山 △1121

三吉ミチギ ❷

九十九折の急坂

涸れていることが多い

人見ノ松

トイレなし

熊ノ平

0:40 / 0:35

朝日岳避難小屋 ❹

1430

0:10 / 1:40

❸ 叶の高手

長須が玉・

1506・

岩場の通過

バイウチの高手

1624 △

小幽沢カッチ

遅くまで雪渓が残る

向高倉 1566・

会津朝日岳 ❺

0:40 / 0:50

鋸刃

1610・

沼の沢山 △1206

N

1:50,000

0   500   1000m

1cm=500m
等高線は20mごと

•1029

•954

59

山の秘湯からブナの自然林が残る双耳峰の頂へ

二岐山
（ふたまたやま）

標高1544m（男岳）

福島県

登山レベル:初級

技術度:★★
体力度:★★

日　程:日帰り

総歩行時間:**5時間25分**

総歩行距離:**10.9km**

累積標高差:登り**913m**
　　　　　下り**913m**

登山適期:4月下旬〜11月上旬

地形図▶1:25000「甲子山」「湯野上」
三角点▶二等

東側の山麓から眺めた二岐山の双耳峰。左が男岳で右が女岳。山の斜面を見ると、急坂の多いコースであることがわかる

🏔 山の魅力

双耳峰の特徴的な姿をもち、その登山口には秘湯として知られる二岐温泉がある。大男がこの山をまたいだという伝説が残り、江戸時代の画家、谷文晁（たにぶんちょう）が著した『日本名山図会』でも紹介された歴史ある山だ。かつてブナ林の大規模な伐採が行われたが、地元の反対運動で中止となった歴史ももつ。

>>> DATA

公共交通機関【往復】JR東北新幹線新白河駅→タクシー（約1時間10分）→二岐温泉。または、新白河駅→湯ったりヤーコン号（バス・約1時間30分）→二岐温泉

マイカー　東北自動車道・白河ICから国道4号、県道37号、国道118号、村道二岐線などを経由して二岐温泉まで約43km。二岐温泉駐車場（無料）を利用するが、男岳登山口手前の御鍋神社付近にも駐車場（無料）がある。

ヒント　湯ったりヤーコン号は新白河駅発が13

時なので、二岐温泉での前泊を前提とした場合のみ利用する。要予約。また、こちらも前泊が前提となるが、会津鉄道の湯野上温泉駅からタクシーを利用すれば、二岐温泉まで30分弱で到着することができる。

問合せ先
天栄村観光協会
（湯ったりヤーコン号も）　☎0248-82-2117
白河観光交通（タクシー）　☎0248-27-3300
湯野上タクシー　　　　　☎0241-68-2345

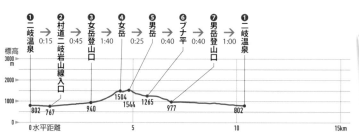

❶二岐温泉 →0:15 ❷村道二岐岩山線入口 →0:45 ❸女岳登山口 →1:40 ❹女岳 →0:25 ❺男岳 →0:40 ❻ブナ平 →0:40 ❼男岳登山口 →1:00 ❶二岐温泉

標高
3000m
2000
1000
802　767　　940　1504　1265　　977　　　802
　　　　　　　　1544
0　　水平距離　　　　　5　　　　　　　10　　　　15km

コース途中のシャクナゲ

欄外情報　立ち寄り温泉◎登山口の二岐温泉には数軒の温泉旅館があるが、ほとんどの旅館で日帰り入浴が可能。旅館の連絡先等の詳細は天栄村観光協会（☎0248-82-2117）まで。

コース概要 **①二岐温泉**から車道を北上する。樅山荘のすぐ先が**②村道二岐岩山線入口**の分岐で、ここは左へ、天栄風力発電所方面へと車道を登っていく。やがて駐車場のある**③女岳登山口**。すぐに鳥居をくぐり、ブナの森を登る。道は傾斜を増し、地獄坂とよばれる急坂をロープを手がかりに登れば間もなく**④女岳**だ。山頂から笹平までいったん下って登り返すと**⑤男岳**の山頂に到着する。パノラマを楽しんだら下山にかかる。道はすぐに急坂となり、傾斜がゆるめば**⑥ブナ平**。ここからはブナの森を、八丁坂などの急坂を経て**⑦男岳登山口**へと下る。あとは車道を**①二岐温泉**へと下る。時間が許せば、御鍋神社に立ち寄るといい。

プランニングのヒント マイカー、あるいは新幹線＋タクシーを利用すれば十分日帰りできるコースだが、せっかくなので山麓の秘湯、二岐温泉に前泊したい。なお、逆コースだと地獄坂が下りとなり、スリップなどの危険が高まるのでおすすめしない。

男岳登山口近くの御鍋神社には「森の巨人たち百選」(林野庁)に選定された推定樹齢500年以上の大サワラの木がある。

Column

花と自然

男岳南面のブナ平から男岳登山口にかけての一帯は、ブナをはじめ、アスナロ、ミズナラなどの森が美しいところ。八丁坂などの急な道が続くが、このあたりが最も二岐山の森らしい雰囲気をもっている。男岳登山口に車でアクセスして、ここから山頂を往復するのもいい。

緑輝く新緑のブナ林を歩く

59

二岐山

59 二岐山

湯野上温泉駅・新白河駅・
国道118号

女岳登山口

発電用風車

車止めゲート

地獄坂(ロープの下がる急坂)

眺望なし

女岳 **④** △1504

二岐山

△1544

⑤ 男岳

ブナ林

ブナ平 **⑥**

八丁坂
(急坂)

下郷町

丑ノ首根

1144・

1:15〜
1:40

0:25
0:20

0:55
0:40

0:55
0:40

鳥居を
くぐる

0:40
0:45

東側切れ落ちている
(足元注意)

笹平

急坂(足元注意)

村道二岐岩山線

村道二岐岩山線入口 **②**

樅山荘

新二俣橋

0:15

二岐

二俣橋

① 二岐温泉

817

二俣川林道河内線

JR東北本線須賀川駅から
福島交通のバスもある。
約2時間、1日2便

一本木山
876 △

河内川

小白森登山口

1:00
1:10

村道御鍋線

湯本

源頼朝の側室・桔梗ノ姫の
かくし清水授水場(飲用可)

砂防堰堤

御鍋神社 **⑦** 男岳登山口

狭い・路肩スペース利用、
4〜5台

1044・

小白森

福島県
天栄村

河内山
△1124

N

1:50,000

0   500   1000m
1cm＝500m
等高線は20mごと

951・

ギザギザの山稜をもつ南会津町のシンボル

七ヶ岳
（ななつがたけ）

標高1636m

福島県

登山レベル：初級

技術度：★★
体力度：★★

日　程：日帰り

総歩行時間：4時間10分

総歩行距離：10km

累積標高差：登り829m
　　　　　　　下り829m

登山適期：5月下旬〜10月下旬

地形図▶1：25000「糸沢」「松戸原」
三角点▶一等

荒海山の山頂から見た七ヶ
岳。中央の一番高いピークが
七ヶ岳最高峰の一番峰で、右
の峰々の連なりが縦走コース

山の魅力

鬼伝説の残る、地元のシンボル的存在。鋸の歯のようにいくつものピークが連なり、その数が7峰あることが山名の由来ともいわれる（実際はもっと多い）。各コースで見られるブナの原生林は見事。豪雨の影響で登山道の閉鎖が相次いだが、羽塩コース以外は通行できるようになっている。

>>> DATA

公共交通機関【往復】野岩鉄道会津高原尾瀬口駅→会津乗合自動車バス（約25分）→八総バス停→徒歩（約1時間）→たかつえ登山口（会津高原たかつえスキー場）。または、野岩鉄道会津高原尾瀬口駅→タクシー（約30分）→たかつえ登山口

マイカー 東北自動車道・西那須野塩原ICから国道400・121・352号などを経由して会津高原たかつえスキー場の無料駐車場まで約63km。

ヒント スキー場内の会津アストリアホテルに宿泊する場合は、会津高原尾瀬口駅〜ホテル間の送迎バスを利用することができる（要予約）。

問合せ先

南会津町商工観光課	☎0241-62-6200
南会津町観光物産協会	☎0241-62-3000
会津乗合自動車（路線バス）	☎0241-62-0134
会津交通（タクシー）	☎0241-78-2017

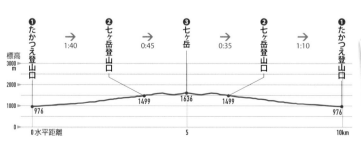

❶たかつえ登山口	→ 1:40	❷七ヶ岳登山口	→ 0:45	❸七ヶ岳	→ 0:35	❷七ヶ岳登山口	→ 1:10	❶たかつえ登山口

標高3000m
2000
1636
1499　　　1499
1000
976　　　　　　　　　　　　　　　　　　　976
0

0水平距離　　　　　　　5　　　　　　　10km

展望の開ける七ヶ岳山頂

欄外情報 立ち寄り温泉◎白樺の湯：会津アストリアホテルに隣接する日帰り温泉。施設はお風呂のみで、食事処や休憩室はない。☎0241-78-2241（会津アストリアホテル）。入浴料500円。6〜20時。無休。

コース概要 会津アストリアホテル脇の**❶たかつえ登山口**（七ヶ岳登山口）から車道を進むと、ゲレンデ内の道と管理道路の二手に分かれる。上部で合流するが、展望のいいゲレンデを行こう。一直線に登り、管理道路が左手に現れたらそちらに入る。しばらく道なりに歩けば、左に大きくカーブした地点に**❷七ヶ岳登山口**の看板が立つ。登山道はやがて尾根となり、右に方向転換していったん鞍部へと下る。ここから登り返すことひと頑張りで、大きな展望が広がる**❸七ヶ岳**の山頂だ。ゆっくり休んだら往路を戻ることにしよう。

たかつえスキー場のゲレンデ内の道は日陰がまったくない。夏は日焼け対策とともに、十分な水を持つようにしたい。

プランニングのヒント 早朝の東武線を利用すれば日帰りは十分可能だが、七ヶ岳登山後に、会津アストリアホテルなどスキー場の宿や舘岩地区の湯ノ花温泉などに宿泊して、馬坂峠から帝釈山を登ることも考えられる。この場合、南会津町内の宿泊者限定のシャトルタクシー（有料。みなみあいづ観光☎0120-915-221）を活用できる。

花と自然

七ヶ岳の山頂付近はドウダンツツジが群生しており、6月中旬前後には花のトンネルを歩くことができる。コース脇にはイワカガミ（6月上旬頃）やアカモノ（6～7月）、ナエバキスミレ（5～7月）なども咲く。

ドウダンツツジ（上）とナエバキスミレ（下）

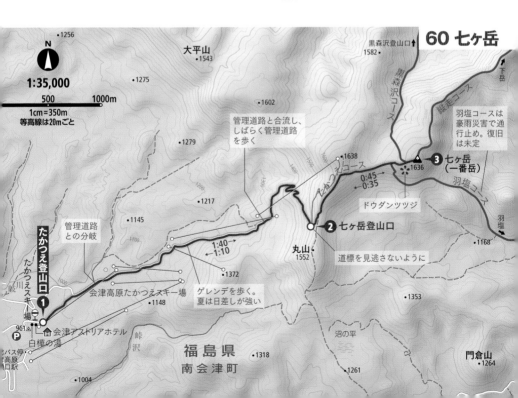

60 七ヶ岳

1:35,000
1cm＝350m
等高線は20mごと

N

大平山 •1543
黒森沢登山口 1582
•1256
•1275
•1602
•1279
•1638
七ヶ岳（一番岳）▲1636 ❸
管理道路と合流し、しばらく管理道路を歩く
羽塩コースは豪雨災害で通行止め。復旧は未定
0:45→ ←0:35
•1217
ドウダンツツジ
•1145
❷七ヶ岳登山口
•1372
1:40→ ←1:10
管理道路との分岐
たかつえ登山口 ❶
たかつえスキー場
会津高原たかつえスキー場 •1148
ゲレンデを歩く。夏は日差しが強い
丸山 •1552
道標を見逃さないように
•961
会津アストリアホテル
白樺の湯
バス停・高原駅
峠沢
•1004
福島県
南会津町
沼の平
•1318
•1261
•1353
•1168
羽塩
門倉山 •1264
下岳

会津駒ヶ岳
あいづこまがたけ

1000m超えの急坂を登った先は一面のお花畑

標高2133m

福島県

登山レベル:**中級**

技術度:★★★
体力度:★★★

日　程:前夜泊日帰り

総歩行時間:**8時間15分**

総歩行距離:**15.1km**

累積標高差:登り**1435m**
　　　　　　下り**1435m**

登山適期:7月上旬～10月下旬

地形図▶1:25000「檜枝岐」「会津駒ヶ岳」
三角点▶一等

駒ノ池畔をたどり、なだらかな会津駒ヶ岳の山頂を目指す。駒ノ池の周囲は夏はハクサンコザクラ、秋は草紅葉に彩られる

🏔 山の魅力

福島県檜枝岐村のほぼ中央。山頂部は湿原が広がり、多くの花が見られる。なかでも7～8月にかけて駒ノ池周辺などに咲くハクサンコザクラは、この山を代表する名花。登山口から山頂まで標高差1000m以上の急登こそあるが、危険箇所はなく、経験者と一緒なら初級者でも登ることができる。

>>> DATA

公共交通機関【往復】野岩鉄道会津高原尾瀬口駅→会津バス(約1時間10分)→駒ヶ岳登山口

マイカー 東北自動車道・西那須野塩原ICから国道400・121・352号を経由して滝沢登山口まで約90km。登山口に約10台分の駐車スペースがある。

ヒント 会津高原尾瀬口駅からのバスは1日4便。帰りの駒ヶ岳登山口バス停の最終は16時台。タクシーの場合は駒ヶ岳登山口から2km先の滝沢登山口まで入ることができる(約50分)。マイカーの場合、上記の滝沢登山口が満車の際は駒ヶ岳登山口バス停手前の檜枝岐村営グラウンドに車を停め、滝沢登山口まで歩く(登り約40分、下り約30分)。

問合せ先

檜枝岐村観光課	☎0241-75-2503
会津乗合自動車(路線バス)	☎0241-62-0134
会津交通(タクシー)	☎0241-78-2017

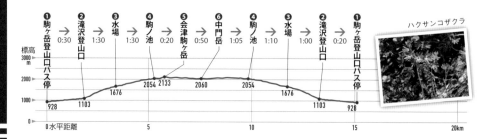

ハクサンコザクラ

標高
3000
m
2000
1000
0

| ❶ 駒ヶ岳登山口バス停 928 | 0:30 | ❷ 滝沢登山口 1103 | 1:30 | ③ 水場 1676 | 1:30 | ④ 駒ノ池 2054 | 0:20 | ⑤ 会津駒ヶ岳 2133 | 0:50 | ⑥ 中門岳 2060 | 1:05 | ④ 駒ノ池 2054 | 1:10 | ③ 水場 1676 | 1:00 | ❷ 滝沢登山口 1103 | 0:20 | ❶ 駒ヶ岳登山口バス停 928 |

0 水平距離　　　　　　5　　　　　　10　　　　　　15　　　　20km

欄外情報 山小屋◎駒の小屋・☎080-2024-5375。素泊まり3300円(寝具付き)。4月下旬～10月下旬の営業で要予約。素泊まりが基本だが、ガスカセットコンロの貸し出し(有料)やレトルト食品、水、飲み物などを販売している。

コース概要 ①駒ヶ岳登山口バス停から林道を30分ほど登ると駐車スペースのある②滝沢登山口。ブナ原生林の斜面をジグザグに登っていくと、コース唯一の③水場への分岐に出る。水場からも急斜面の登りが続く。徐々に傾斜がゆるみ、視界が開けてくると、ベンチのある場所に出る。展望のよい道を登ると、稜線上の④駒ノ池に着く。一段高い場所に、駒の小屋が立っている。夏にはハクサンコザクラが咲く池畔を抜け、木道を進む。樹林の分岐を右に進むと⑤会津駒ヶ岳の山頂だ。山頂からは北西に延びる稜線を、中門岳へと向かう。途中には美しい池塘が点在し、多くの湿原植物が見られる。⑥中門岳の最高点からは往路を引き返すが、下山時は会津駒ヶ岳西面の山腹道を通れば時間が短縮できる。

プランニングのヒント 公共交通利用の場合は山麓の檜枝岐村の宿に前泊するか、稜線上の駒の小屋に宿泊する。マイカーなら歩行時間が短縮できるので、日帰りも十分可能。

標高差のある山だけに、思いのほか時間がかかることも。会津駒ヶ岳山頂着が13時を過ぎた場合は、中門岳往復はカットする。

サブコース

会津駒ヶ岳登山者の大半は紹介コースである駒ヶ岳登山口からの往復だが、この山の魅力をより味わうなら、下山は駒の小屋から南に延びる富士見林道を歩くのもおすすめ(名前こそ林道だが、実際は登山道)。途中にはハクサンコザクラをはじめとする湿原の花々や、尾瀬・日光方面の展望が楽しめる。ただし、稜線上の大津岐峠からバス停のある国道352号沿いのキリンテまでは標高差1000m近い下りが続き、かなりハード。膝を痛めないようにしたい。

富士見林道沿いにある湿原を行く

61 会津駒ヶ岳

⑥中門岳

池塘を一周する木道がつけられている

池畔に「中門岳」の標柱が立っている

展望は東面のみ

⑤会津駒ヶ岳

駒ノ池④

7〜8月はハクサンコザクラの宝庫

宿泊は素泊まりのみ(レトルト食品等の販売はしている)

滝沢登山口が満車時はここに駐車する

水場③

登山滝沢口②

駒ヶ岳登山口バス停①

3〜4分下る

台数少ない

ヘリポート跡

国道352号上のキリンテへ下るコース。駒ノ池から約4時間30分

富士見林道

大津岐峠

キリンテバス停

福島県
檜枝岐村

大戸沢岳

アルザ尾瀬の郷

会津高原尾瀬口駅・西那須野塩原IC

村営グラウンド

道の駅尾瀬檜枝岐

下ノ原

滝沢橋

檜枝岐小・中

檜枝岐村役場

キリンテ・御池

駒の湯

N

1:50,000

500 1000m

1cm=500m

等高線は20mごと

ブナの尾根をたどって阿賀野川水源の頂に立つ

荒海山（太郎岳）
あらかいさん　たろうだけ

三百

標高1581m

福島県・栃木県

登山レベル：中級

技術度：★★★
体力度：★★★

日　程：前夜泊日帰り

総歩行時間：6時間35分

総歩行距離：9.8km

累積標高差：登り908m
　　　　　　下り908m

登山適期：6月上旬～10月下旬

地形図 ▶ 1：25000「荒海山」
三角点 ▶ 二等

尾根上から山頂へと続く尾根筋のブナ林。登山者はそう多くなく、奥深いエリアの静かな山旅が楽しめる

🔺 山の魅力

福島県側からは荒海山、栃木県側からは太郎岳とよばれる双耳峰。両方の名前を合わせて荒海太郎岳ということもある。阿賀野川の水源の山で、尾根筋のブナの森は水の豊かさをうかがわせる。なお、豪雨災害による痕跡がところどころにあり、計画を立てる際は役場に登山道の状況を問い合わせてからにしたい。

>>> DATA

公共交通機関【往復】野岩鉄道会津高原尾瀬口駅→タクシー（約10分）→八総鉱山跡。または、野岩鉄道会津高原尾瀬口駅→徒歩（約1時間15分）→八総鉱山跡

マイカー 東北自動車道・西那須野塩原ICから国道400・121・352号、林道を経由して八総鉱山跡の駐車スペースまで約47km。駐車可能台数は5台程度。

ヒント 会津高原尾瀬口駅から八総鉱山跡まで歩いてもいいが、比較的時間のかかるコースなので、タク

シーの利用をおすすめしたい。マイカーの場合、八総鉱山跡へは林道滝原線を走ることになるが、雨の影響を受けやすい道なので、道路状況を役場に問い合わせてから出かけたい。

問合せ先
南会津町商工観光課　☎0241-62-6200
南会津町観光物産協会　☎0241-62-3000
会津交通（タクシー）　☎0241-78-2017

①八総鉱山跡	→	②徒渉点	→	③尾根上	→	④荒海山	→	③尾根上	→	②徒渉点	→	①八総鉱山跡
	0:30		0:40		2:30		2:00		0:25		0:30	

標高3000m 2000 1000 0
809　937　1178　1581　1178　937　809
0水平距離　　5　　10km

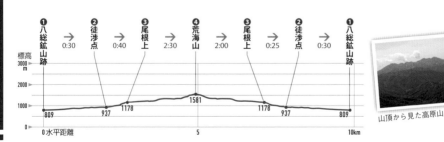

山頂から見た高原山

欄外情報 立ち寄り温泉◎御宿夢の湯：会津高原尾瀬口駅から徒歩数分の距離にあり、電車の時刻に合わせて温泉が楽しめる。☎0241-66-3131。入浴料500円。10～20時。第2・4木曜休。

コース概要 ❶八総鉱山跡から道幅の狭い林道を歩く。登山ポストを過ぎ、荒れた林道を沢沿いに進めば❷徒渉点だ。靴を濡らさないように注意深く徒渉し、対岸の枝沢を登っていく。堰堤を見送り、伏流となった沢を詰めていくと傾斜は増し、ロープ場も現れる。下山時には注意したいところだ。やがて❸尾根上で、ここからはアップダウンのある長い尾根道をたどる。ブナやアスナロの大木が見られる道は最初のうちこそ快適だが、だんだんと傾斜を強め、山頂近くではロープ場や露岩帯も出現する。小さな南稜小屋を過ぎれば❹荒海山の山頂は目前。阿賀野川水源の頂からの眺めを堪能したら、往路を慎重に下ろう。

山頂直下にある南稜小屋は小さな旧雨量観測小屋だが、万が一のときには避難小屋として利用することができる。

プランニングのヒント 足に自信があれば、早朝の東武線を利用して日帰りすることも十分可能。ただし、昼間の長い5〜8月あたりに限っての話で、あっという間に日が落ちる秋はおすすめできない。周辺の宿等に前泊するのが一般的なスタイルだろう。

安全のヒント

徒渉点から沢を渡って尾根上へと続く道は急斜面が続き、沢の源頭部ではロープ場も現れる。山頂へと続く尾根の上部もロープ頼りの急斜面があり、下りでは慎重な行動を。

花と自然

尾根筋には、シャクナゲをはじめ、ミツバツツジ、イワウチワ、ショウジョウバカマなど数多くの花が目を楽しませてくれる。シャクナゲの花期は5月下旬〜6月上旬あたり。

尾根筋に咲くシャクナゲ

62 荒海山

会津高原尾瀬口駅・国道352号

福島県
南会津町

会津高原尾瀬口駅〜
八総鉱山跡間
徒歩約1時間15分

・1234

1088

高土山
△1078

荒れた林道。通過注意

ロープのある
急斜面

930 △

八総鉱山跡 ❶

明治時代から採掘が始まり、1970年まで銅などが産出された。最盛期には周囲に2000人以上が居住したといわれる

△1250

登山口

林道滝原線
荒海川

1273

△1174

尾根上 ❸

0:25
0:40

❷ 徒渉点

増水時は注意

△1199

2:30
2:00

朝日岐沢

広い河原。マーキングなどを頼りに進む

1222

△1223

アップダウンのある尾根道

・1034

・1380

焼山沢

ロープのある急斜面

栃木県
日光市

南稜小屋

避難小屋として利用可能

△1581

❹ 荒海山（太郎岳）

次郎岳
・1560

N

1:50,000

0　500　1000m

1cm＝500m
等高線は20mごと

東北

オサバグサ咲く道を田代山の高層湿原へと縦走

帝釈山
（たいしゃくさん）

二百

標高2060m

福島県・栃木県

登山レベル：**初級**

技術度：★★
体力度：★

日　程：前夜泊日帰り

総歩行時間：**3時間30分**

総歩行距離：**5.2km**

累積標高差：登り**365m**
　　　　　　下り**726m**

登山適期：**6月中旬～10月下旬**

地形図▶1：25000「帝釈山」
三角点▶二等

大きな展望の広がる田代山山頂からの会津駒ヶ岳。標高は100mも違わないのに、向こうは残雪がいっぱいだ

上級　中級　**初級**　帝釈山

🔺 山の魅力

福島・栃木県境の山深い位置にそびえ、かつては幻の名山などともいわれたが、近年は林道が開通したことで手軽に登れる山へと変貌を遂げた。日本固有種のオサバグサの群生地としても知られる。隣の田代山湿原を結ぶ縦走は、湿原のお花畑、会津駒ヶ岳や日光連山の眺めなど、魅力あふれるコースだ。

>>> DATA

公共交通機関　【行き】野岩鉄道会津高原尾瀬口駅→みなみあいづ観光シャトルタクシー（約2時間10分）→馬坂峠　【帰り】猿倉登山口→シャトルタクシー（約1時間30分）→会津高原尾瀬口駅

マイカー　東北自動車道・西那須野塩原ICから国道400・121・352号、林道川俣檜枝岐線を経由して馬坂峠の無料駐車場まで約105km。

ヒント　シャトルタクシーは6月中旬～10月末の運行で要予約。往路の馬坂峠へのシャトルタクシーに乗るには、浅草駅始発の東武鉄道に乗車しなければならないため、湯ノ花温泉などに前泊して宿泊者限定のシャトルタクシーを利用するのが現実的。

問合せ先
南会津町観光物産協会舘岩観光センター　☎0241-64-5611
みなみあいづ観光（シャトルタクシー）　☎0120-915-221
会津乗合自動車（路線バス）　☎0241-62-0134
会津交通（タクシー）　☎0241-78-2017

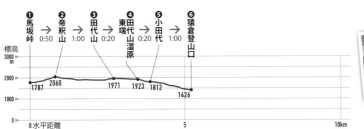

❶馬坂峠　❷帝釈山　❸田代山　❹田代山湿原東端　❺小田代　❻猿倉登山口

0:50　1:00　0:20　0:20　1:00

標高
3000m
2000
1000
0

1787　2060　1971　1923　1812　1426

0 水平距離　5　10km

帝釈山からの会津駒ヶ岳

欄外情報　立ち寄り温泉◎田代山の北麓にある湯ノ花温泉には、4つの共同浴場がある（2カ所は混浴）。集落内の商店などで購入できる1枚300円の入浴券で、同日内に限りすべての共同浴場が利用できる。

コース概要 ❶馬坂峠（うまさかとうげ）から登山道に入る。花期なら早くもオサバグサが姿を見せる。急な登りを行くと視界が開け、展望のすぐれた❷帝釈山（たいしゃくさん）に到着する。山頂からは一部にロープの張られた露岩を下り、尾根道を行く。道はやがてなだらかになり、尾根の北側を歩くあたりではオサバグサの群落が見られる。最後に急斜面をひと登りでトイレのある❸弘法大師堂（こうぼうだいしどう）。この先の湿原は一方通行になっているので右手の木道を行く。ほどなく❹田代山湿原東端（たしろやましつげんとうたん）で、ここから少し下ったところが❺小田代（おだしろ）だ。あとは緩急が交互する美しい樹林帯の道を下れば❻猿倉登山口（さるくらとざんぐち）の南駐車場に到着する。トイレのある北駐車場まではわずかの距離だ。

プランニングのヒント 前泊の場合、檜枝岐村に宿泊して、宿の車で馬坂峠まで送ってもらう交渉をしてもいい。マイカー利用なら馬坂峠または猿倉登山口からの往復登山になるが、登山口までの走行距離は長いものの、馬坂峠を起点にしたほうが体力的には楽。

弘法大師堂は避難小屋を兼ねている。大師堂の前には近年、バイオトイレが設置され、女性も安心して山歩きができる。

花と自然

６月中旬頃、田代山から帝釈山、馬坂峠にかけての林床に白く可憐な花が群落をつくっている。日本固有種のオサバグサで、機織りの筬（おさ）に似た特徴的な葉の形からその名が付いた。珍しい花ではあるが、時期が合えば飽きるほどに見ることができるだろう。

白くかわいいオサバグサ

63

帝釈山

63 帝釈山

御池起点の最短コースで東北最高点の山頂へ

燧ヶ岳

<small>ひうちがたけ</small>

百

標高2356m（柴安嵓）

福島県

登山レベル：中級

技術度：★★★
体力度：★★★

日　程：前夜泊日帰り

総歩行時間：7時間

総歩行距離：9.2km

累積標高差：登り1041m
**　　　　　　　下り1041m**

登山適期：6月中旬〜10月下旬

地形図▶1：25000「燧ヶ岳」
三角点▶二等

「逆さ燧」を映す尾瀬沼東岸からの燧ヶ岳。山頂部は複数のピークからなるため、ゴツゴツした姿だ

上級 **中級** 初級

燧ヶ岳

山の魅力

東北地方の最高峰で、尾瀬のシンボル的存在の山。最高点の柴安嵓をはじめ、俎嵓、御池岳などの五峰からなる。最短時間で登れる北面の御池からのコースは岩が露出した箇所こそあるが、ハシゴやクサリ場はなく、高さの割に比較的登りやすい。途中には2つの湿原があり、夏期には多くの花が見られる。

>>> DATA

公共交通機関【往復】野岩鉄道会津高原尾瀬口駅→会津バス（約1時間40分）→尾瀬御池

マイカー 東北自動車道・西那須野塩原ICから国道400・121・352号を経由して御池まで約105km。御池に有料の駐車場がある（420台・1日1000円）。

ヒント バスは1日4便の運行。その日のうちに東京に戻るには、尾瀬御池16時10分発のバスに乗車すること。

問合せ先

檜枝岐村観光課	☎0241-75-2503
尾瀬檜枝岐温泉観光協会	☎0241-75-2432
会津乗合自動車（路線バス）	☎0241-62-0134
会津交通（タクシー）	☎0241-78-2017

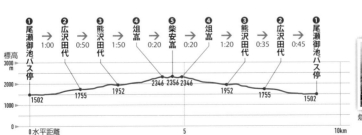

① 尾瀬御池バス停 →(1:00)→ ② 広沢田代 →(0:50)→ ③ 熊沢田代 →(1:50)→ ④ 俎嵓 →(0:20)→ ⑤ 柴安嵓 →(0:20)→ ④ 俎嵓 →(1:20)→ ③ 熊沢田代 →(0:35)→ ② 広沢田代 →(0:45)→ ① 尾瀬御池バス停

標高 3000m / 2000 / 1000 / 0

1502 — 1755 — 1952 — 2346 — 2356 — 2346 — 1952 — 1755 — 1502

水平距離 0 … 5 … 10km

燧ヶ岳・俎嵓山頂

欄外情報 山小屋◎尾瀬御池ロッジ：☎080-2844-8873、朝食付6500円〜。　尾瀬沼ヒュッテ：☎080-5734-7272、1泊2食付1万円〜。　長蔵小屋：☎0278-58-7100、1泊2食付1万1000円〜。

コース概要 **❶尾瀬御池バス停**が起点。針葉樹の道をゆるやかに登るが、次第に傾斜が増してくる。ひたすら登ると**❷広沢田代**に出て、湿原に延びる木道を進む。湿原を離れ、岩や木の根が露出した急斜面をこなすと再び湿原に出る。**❸熊沢田代**だ。正面に燧ヶ岳を眺めながら木道を歩く。湿原が終わると再び登山道になり、標高を上げていく。途中涸れ沢やヤブがあり道がわかりづらいが、案内板に従って進もう。やがて尾根に出て、登り切ると**❹俎嵓**に着く。尾瀬沼の景観を楽しんだら、最高峰の**❺柴安嵓**を往復する。下山は往路を引き返すが、コース上部の涸れ沢の通過に注意したい。

プランニングのヒント 紹介する御池からのコースは車利用なら首都圏を早朝に出発すれば日帰りも可能だが、アクセスが長いだけに、できれば山麓の宿で前泊したい。尾瀬の魅力をより味わうなら、山頂から南面の尾瀬沼に下り、尾瀬沼東岸を回って沼山峠に向かうといい(コラム参照)。

コース上部の涸れ沢の通過がポイント。年によっては7月下旬頃まで残雪があるので、スリップに注意し慎重に登る。

サブコース

時間に余裕があれば、南面の尾瀬側へ下ってみたい。俎嵓山頂から往路を戻らず、南側のナデッ窪に入る。えぐれた急な道をひたすら下ると尾瀬沼北西の沼尻に出る。左に進み、尾瀬沼の北岸沿いに行くと2軒の山小屋がある尾瀬沼東岸。周辺を散策したら来た道をわずかに戻り、分岐を右へ。ニッコウキスゲ群落地の大江湿原を抜け、ゆるやかに登ると御池や会津高原尾瀬口駅へのバスが発着する尾瀬沼山峠バス停に着く(俎嵓から約4時間)。

ニッコウキスゲが満開の大江湿原

64
燧ヶ岳

64 燧ヶ岳

尾瀬口・JR浦佐駅・小出IC

❶尾瀬御池バス停

尾瀬御池ロッジ

檜枝岐温泉・会津高原尾瀬口駅

御池田代

スモウトリ田代

モーカケ沢

樅平

△1557

岩や木の根が露出して登りづらい

1:00 / 0:45

1573△

❷広沢田代

池の縁をモウセンゴケが彩る

0:50 / 0:35

メラッパシ田代

重兵衛池

硫黄沢

福島県
檜枝岐村

1986

熊沢田代❸

東ノ田代

御池〜尾瀬沼山峠間通年マイカー規制

N

1.50 / 1:20

涸れた沢を200m直上する。残雪時はスリップに注意

1:50,000

燧ヶ岳

0 500 1000m
1cm=500m
等高線は20mごと

0:20

❹俎嵓

柴安嵓❺

2356 2346

東北地方の最高点

360度の大展望

原見岩

御池岳
赤サグレ岳 ミノブチ岳
2249

•1537

見晴新道

ナデッ窪道

尾瀬沼を経由して尾瀬沼山峠バス停まで約4時間

尾瀬街道

長英(燧)新道

尾瀬沼山峠バス停

見晴・尾瀬ヶ原

沼尻・尾瀬沼東岸

尾瀬沼東岸

大江湿原・尾瀬沼東岸

避難小屋に泊まる

三百名山は山中での宿泊を伴うコースも多い。なかでも東北の朝日・
飯豊連峰や屋久島の宮之浦岳は、避難小屋での宿泊が必須となる。

食事や寝具付きの山小屋は、日本アルプスや八ヶ岳など一部の山域に限られる。そのため、山域によっては避難小屋での宿泊が必要となることも。ここでは一般的な避難小屋の泊まり方を紹介しよう。

持っていくものは？

日数分の食料と食器類、コンロ、燃料、さらにシュラフとマット、ヘッドランプなどが必要。ちなみに2泊3日の場合、ザックは50リットルのサイズはほしい（装備はP318「装備チェックリスト」参照）。

避難小屋1泊2日のザックの中身

スペースは？

有人小屋とは異なり、着順で場所を確保する。スペースは一人1畳、5人グループの場合3〜4畳程度（混雑による）。

飯豊・梅花皮小屋の内部

食事と水は？

もちろん自炊。重い荷物を背負って登る必要があるだけに、軽量化が図れるフリーズドライを活用しよう。グループ登山の場合はさまざまな食材を持ち寄って食事を作るのも楽しみのひとつだが、盛夏の登山の際は生もの（特に肉や魚）は腐敗する恐れがあるので、冷凍していく

2リットルの折り畳み式水筒（右）

か、肉は味噌に漬けて持っていくとよい。また、調理の際は火事を起こさないように注意したい。小屋のそばにはだいたい水場があるが、離れている場合もあるので注意。食料同様荷物を軽減するため、水筒は折り畳み式がベスト。2リットルのサイズがあると便利。

就寝

先述の通り寝具はないので、マットとシュラフを持参する。シュラフは7〜8月は夏用で大丈夫だが、春先や9月以降はスリーシーズン用がいいだろう（山の標高にもよる）。翌日の行動に響くので、早めの就寝を心掛ける。

朝日・飯豊連峰の避難小屋

朝日・飯豊連峰はすべて避難小屋だが、7〜10月は多くの小屋で管理人が入る（9月と10月は週末のみの小屋が多い）。

食事付きの飯豊切合小屋

ただし飯豊切合小屋以外は食事の提供は行わず（御西小屋や梅花皮小屋などでは数量限定で食材を販売）、寝具もない（寝具や毛布のレンタルを有料で行う小屋もあるが、2023年以降は未定）。管理人駐在時は管理協力金として2000円〜3000円を払う。管理人がいなくても、入金箱がある場合はそちらに入金する。管理人はその山域に長けているので、コース状況などを聞いてみよう。

出発の際は使用した場所の掃除をして、ゴミはすべて持ち帰ること。また、風雨が入らないよう、戸締りも忘れずに。

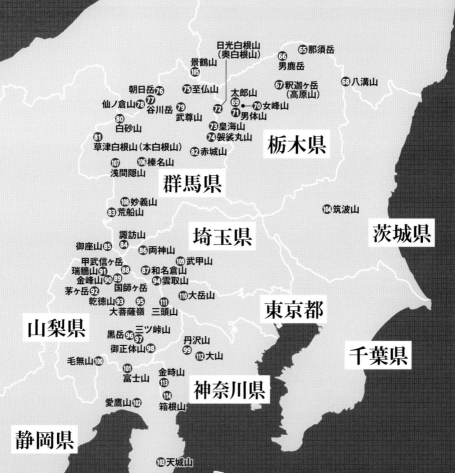

関東周辺

日光白根山
(奥白根山)

⑥⑤那須岳

景鶴山
⑥⑥男鹿岳

⑥⑨八溝山

朝日岳⑦⑥
⑦⑤至仏山
太郎山
⑥⑦釈迦ヶ岳
(高原山)

仙ノ倉山⑦⑧
⑦⑨武尊山
⑥⑨太郎山
⑦⑦谷川岳
⑦②
●⑦⓪女峰山
⑦①男体山

⑧⓪
白砂山
⑦③皇海山
⑦④袈裟丸山

栃木県

⑧①
草津白根山(本白根山)
③②赤城山

⑩⑦⑩⑥榛名山
浅間隠山

群馬県

⑩⑧妙義山
③③荒船山

埼玉県

諏訪山
御座山⑧⑤⑧④
⑧⑥両神山

茨城県

⑩④筑波山

甲武信ヶ岳
瑞牆山⑨①⑧⑧
金峰山⑨⓪⑧⑨
茅ヶ岳⑨②
国師ヶ岳

⑧⑦和名倉山
⑨④雲取山

⑩⑨武甲山

乾徳山⑨③⑨⑤
大菩薩嶺

⑪①
三頭山

⑪⓪大岳山

東京都

黒岳⑨⑥
三ツ峠山
御正体山⑨⑦⑧

丹沢山
⑨⑨⑪②大山

神奈川県

千葉県

山梨県

毛無山⑩⓪
⑩①
富士山
金時山
⑪③
箱根山
⑪④

愛鷹山⑩②

静岡県

⑩③天城山

朝日岳への岩場通過に注意し、三座の山頂に立つ

那須岳
なすだけ

那須岳

百

標高1917m（三本槍岳）

栃木県・福島県

登山レベル：中級

技術度：★★
体力度：★★★

日　程：日帰り

総歩行時間：**6時間15分**

総歩行距離：**10.8km**

累積標高差：登り**770m**
　　　　　　下り**1069m**

登山適期：**5月上旬～11月上旬**

地形図▶1：25000「那須岳」
三角点▶一等

南月山付近から見た茶臼岳。左遠くに三本槍岳も見えている。茶臼岳は常時観測火山であり、常に不測の事態を念頭において行動したい

上級
中級
初級

那須岳

山の魅力

那須岳の主峰は今なお蒸気ガスを上げる茶臼岳。最高峰はその名とは裏腹になだらかな山容の三本鎗岳で、その中間に屹立する鋭峰が朝日岳だ。三座を巡る行程は長いが、それぞれに違った展望が楽しめる。下山後は、山麓に湧く那須湯本温泉のいで湯で疲れを癒やしたい。

>>> DATA

公共交通機関【行き】JR東北本線黒磯駅→関東自動車バス（約1時間）→那須ロープウェイ那須山麓駅→那須ロープウェイ（4分）→那須山頂駅　【帰り】那須ロープウェイ那須山麓駅→関東自動車バス（約1時間）→JR東北本線黒磯駅　※那須ロープウェイの運行は3月中旬～12月上旬の8時30分～16時30分（季節により変動あり）

マイカー　東北自動車道・那須ICから県道17号を経由して那須ロープウェイ山麓駅まで約19km。山麓駅

周辺に無料駐車場がある。紅葉時期は満車になるのが早いので早着を心がけたい。

ヒント　JR東北新幹線那須塩原駅からも関東自動車バスが利用できる。マイカー利用でロープウェイを使わずに登る場合は山麓駅先の峠の茶屋駐車場が便利。

問合せ先
那須町観光商工課　☎0287-72-6918
関東自動車那須塩原営業所　☎0570-031811
那須ロープウェイ　☎0287-76-2449

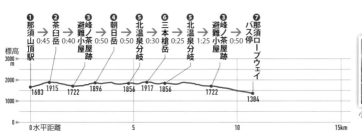

❶那須山頂駅		❷茶臼岳		❸避難ノ小茶屋跡		❹朝日岳		❺北温泉分岐		❻三本槍岳		❺北温泉分岐		❸避難ノ小茶屋跡		❼那須ロープウェイバス停

0:45　0:40　0:50　0:50　0:30　0:50　1:25　0:50

標高3000m / 2000 / 1000 / 0

1683　1915　1722　1896　1856　1917　1856　1722　1384

0水平距離　5　10　15km

小広い三本槍岳の山頂

欄外情報　立ち寄り温泉◎那須温泉元湯 鹿の湯：白濁の硫黄泉と湯温が異なる6つの湯船（女性用は5つ）が情緒たっぷり。☎0287-76-3098。入浴料500円。8～18時。無休（メンテナンス休業あり）。

コース概要 ❶**那須山頂駅**から岩やザレ場の続く道を登り、八間石を経て山頂部の火口縁沿いを進めば❷**茶臼岳**の山頂だ。展望を楽しんだら、お釜を時計回りに巡ってから、左へ下っていく。途中、牛ヶ首からの道を合わせ下ると❸**峰ノ茶屋跡避難小屋**だ。朝日岳へは剣ヶ峰の右側を巻いていく。途中、急な岩場やトラバースを通過し、朝日岳の肩に出たら右に折り返せば❹**朝日岳**の山頂だ。展望を楽しんだら、朝日岳の肩に戻り稜線を北へ。熊見曽根の分岐で三斗小屋への道を分け、1900m峰を経て清水平へ下る。❺**北温泉分岐**を経て、スダレ山との鞍部の平坦地を抜け急登すれば❻**三本槍岳**の山頂だ。下山は❸**峰ノ茶屋跡避難小屋**まで戻り、茶臼岳の北麓を巻くように下って❼**那須ロープウェイバス停**へ。

プランニングのヒント 休憩その他の時間を考えると、総行動時間は7～8時間必要。時間的に厳しい場合は無理せず、茶臼岳・朝日岳の周遊だけとしよう。

峰ノ茶屋跡避難小屋周辺は風の抜け道となっている。春や秋は防寒着やウインドブレーカーを忘れずに用意したい。

安全のヒント

朝日岳へは岩場、クサリ場の通過がある。足場はしっかりしているが傾斜はきつい。下りでは特に注意して通過したい。晩秋は霜がおりていることもあるのでスリップに注意。

サブコース

最高峰の三本槍岳の往復なら、季節運行のマウントジーンズ那須（☎0287-77-2300）のゴンドラ利用で、中の大倉尾根を登るのが早い。山頂駅から山頂まで約2時間20分（中級）。

朝日岳へと向かう途中の岩場

65 那須岳

1:50,000

500 1000m
1cm＝500m
等高線は20mごと

樹林や笹に覆われた人跡まれな栃木百名山

おがだけ・おじかだけ

男鹿岳

三百

標高1777m

福島県・栃木県

登山レベル：**上級**

技術度：★★★★★
体力度：★★★★★

日　　程：前夜泊日帰り

総歩行時間：**9時間**

総歩行距離：**19km**

累積標高差：登り**1309m**
　　　　　　下り**1309m**

登山適期：**4月上旬～10月下旬**
　　　　　（夏の時期は避けたい）

地形図▶1：25000「栗生沢」「日留賀岳」
三角点▶三等

4月中旬の残雪期、南側から眺めた男鹿岳。福島県側では「おがだけ」、栃木県側では「おじかだけ」とよぶ。右遠方に見える山は、那須連山と隣り合う大倉山、三倉山

🏔 山の魅力

福島・栃木の県境にある山々は、那須連山と田代山・帝釈山を除いて登山者の少ない山が多いが、男鹿岳は一般登山者を寄せつけない山である。道標の完備した登山道はなく、目印の赤布を頼りにヤブのなかの踏み跡を進む山だ。単独行は避け、ガイド同行やツアー登山への参加も考えたい。

>>> DATA

公共交通機関　【往復】会津鉄道会津田島駅→タクシー（約30分）→釜沢橋先ゲート

マイカー　東北自動車道・西那須野塩原ICから国道400・121号、県道369号を経由して釜沢橋先のゲートまで約65km。東北自動車道・白河ICからもほぼ同距離。ゲートの手前に数台分の駐車スペースあり。

ヒント　公共交通機関を利用して東京近郊からアクセスする場合は、会津田島駅周辺の宿に前泊する必要がある。タクシーは前日に予約しておく。以前は釜沢橋先のゲートまで車が入れたが、2023年7月現在は路肩の崩落により約4km手前の滝沢橋（3台程度駐車可）までしか入れない。滝沢橋～釜沢橋間は約1時間の林道歩き。

問合せ先
南会津町商工観光課　☎0241-62-6200
南会津町観光物産協会　☎0241-62-3000
田島タクシー　☎0241-62-1130
会津交通（タクシー）　☎0241-62-1244

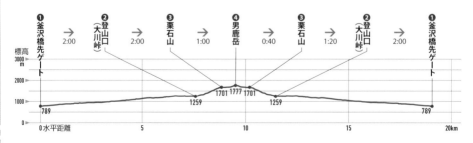

①釜沢橋先ゲート		②登山口（大川峠）		③栗石山		④男鹿岳		③栗石山		②登山口（大川峠）		①釜沢橋先ゲート
	2:00		2:00		1:00		0:40		1:20		2:00	

標高 3000m

2000

1000

0

789　　　　　　　　　　　　1259　1701 1777 1701　　1259　　　　　　　　789

0 水平距離　　　　　　5　　　　　　10　　　　　　15　　　　20km

欄外情報　立ち寄り温泉◎弥五島（やごしま）温泉 郷の湯：会津鉄道の弥五島駅から徒歩約3分。下郷町にある小ぢんまりとした温泉。☎0241-67-4710。入浴料330円。10～21時。第1・3水曜休。

コース概要 ❶釜沢橋先ゲートから長い林道歩きのスタートだ。途中の分岐は右側の道を行く。林道には水場(沢水)もあるので、補給しておこう。山中に水場はない。ゆるやかに登り、最後に少し下ると❷登山口(大川峠)だ。赤布の目印から山に入る。最初のうちははっきりした踏み跡を行くが、だんだんと踏み跡は薄れがちになり、クマザサのヤブ漕ぎとなる。それでもいつしか道は高度を上げ、❸栗石山に到着する。いったん下ってゆるやかな道を行くと湿地と広い沢が現れ、沢を渡って急斜面を登り詰めれば❹男鹿岳の山頂だ。展望は少し南に行ったところで開ける。下山は往路を忠実に戻るが、踏み跡をはずさないように。

プランニングのヒント 夏の時期はヤブがひどくなるので、できれば避けたい。最近は登る人が増え、踏み跡が明確になった箇所もあるが、雪上技術を有し、装備を備えていれば、ヤブ漕ぎは避けられないものの4月～5月上旬の残雪期のほうが楽だろう。

釜沢橋から登山口にかけての林道には崩壊地や分岐、不明瞭な箇所がある。落石にも注意し、気を抜かずに歩きたい。

安全のヒント

男鹿岳の場合、残雪期でもヤブ漕ぎはどうしても避けられない。ヤブから目を守るためのサングラスなどのメガネ類、軍手、帽子、虫の侵入を防ぐための首に巻くタオルなどは必需品だ。万一に備え、ルートファインディングのためのGPSや地形図、コンパスも必携。また、残雪期は滑落にも十分注意したい。下山の際は来た道を忠実にたどることが大切だが、山頂からの下りでは、北に延びる尾根に入らないように気をつけよう。山頂からは北西斜面を下る。

雪の斜面では一歩一歩を確実に

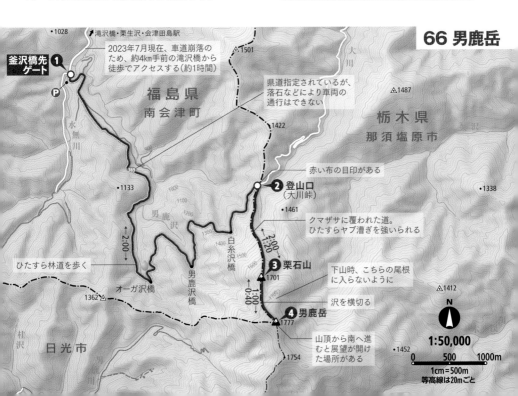

66 男鹿岳

釜沢橋先ゲート ❶

2023年7月現在、車道崩落のため、約4km手前の滝沢橋から徒歩でアクセスする(約1時間)

福島県
南会津町

県道指定されているが、落石などにより車両の通行はできない

栃木県
那須塩原市

赤い布の目印がある

❷登山口(大川峠)

クマザサに覆われた道。ひたすらヤブ漕ぎを強いられる

ひたすら林道を歩く

❸栗石山

下山時、こちらの尾根に入らないように

沢を横切る

❹男鹿岳

山頂から南へ進むと展望が開けた場所がある

1:50,000

0　500　1000m

1cm＝500m
等高線は20mごと

ツツジの時期は平日に出かけるのがベスト

釈迦ヶ岳（高原山）

しゃかがたけ　たかはらやま

春の見晴コースを歩く。中央左手に見えている大きな姿は矢板市最高点で、その左肩に尖った頭を見せているのが釈迦ヶ岳だ

三百

標高1795m

栃木県

登山レベル：中級

技術度：★★
体力度：★★

日　程：日帰り

総歩行時間：5時間45分

総歩行距離：9.9km

累積標高差：登り834m
**　　　　　下り834m**

登山適期：5月上旬～11月上旬

地形図▶1:25000「高原山」
三角点▶一等

山の魅力

矢板市内の西に大きく峰を連ねてそびえるのが高原山だ。最高峰の釈迦ヶ岳を筆頭に、鶏頂山、明神岳、剣ヶ峰、中岳、西平岳などからなる。山上へはツツジの名勝、八方ヶ原方面からのコースが人気だ。春、尾根沿いではシロヤシオなどのツツジが多く咲く。山頂からの日光連山や尾瀬方面の展望も見事だ。

>>> DATA

公共交通機関【往復】JR東北本線矢板駅→タクシー（約40分）→大間々台　※ツツジ開花期の渋滞時は小間々台までしか入れないこともある。

マイカー　東北自動車道・矢板ICから県道30・56号を経由して大間々台まで約26km。大間々台に無料駐車場（約40台）がある。レンゲツツジの時期は早い時間から満車になる。満車時は小間々台（約30台）、山の駅たかはら（約60台）の駐車場などを利用し大間々台まで歩く。

ヒント　バス便がないため、マイカー利用がおすすめ。八方ヶ原のツツジ開花時期の週末は非常に混雑する。ゆっくり歩くには平日に訪れたい。また、確実に駐車するには早着を心がけたい。

問合せ先
矢板市商工観光課　　　☎0287-43-6211
矢板市観光協会　　　　☎0287-47-4252
矢板ツーリング・タクシー　☎0287-43-1234

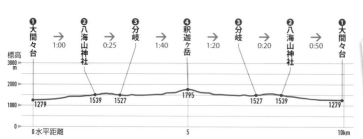

❶大間々台 →1:00 ❷八海山神社 →0:25 ❸分岐 →1:40 ❹釈迦ヶ岳 →1:20 ❸分岐 →0:20 ❷八海山神社 →0:50 ❶大間々台

標高3000m 2000 1000 0

1279 1539 1527 1795 1527 1539 1279

0水平距離　　　5　　　10km

初夏を彩るシロヤシオ

欄外情報　立ち寄りスポット◎山の駅たかはら：学校平にあり、高原山や八方ヶ原の情報などを発信。レストラン、地場産品、ソフトクリームの販売コーナーがある。☎0287-43-1515。9～16時。水曜休（冬期は変更）。

コース概要 ❶**大間々台**（おおままだい）から八海山神社へは見晴コースと林間コースがある。登りは眺望が映える見晴コースを行こう。しばらく林道を進み、登山ポストから林間を登っていく。視界が開け岩混じりの道となれば❷**八海山神社**（はっかいさんじんじゃ）。ここで林間コースの道を合わせ尾根伝いに登っていく。矢板市の最高点、1590mのピークを越えて下れば剣ヶ峰直下の❸**分岐**（ぶんき）だ。剣ヶ峰・大入道への道を右に分け、左へ下って鞍部から登り返す。途中、北側が切り立った尾根筋やロープ場の急登を抜けると、鶏頂山からの道を右から合わせ、間もなく❹**釈迦ヶ岳**（しゃかがたけ）の山頂だ。下山は往路を戻り、❷**八海山神社**（はっかいさんじんじゃ）からは林間コースで❶**大間々台**（おおままだい）へ下ろう。

プランニングのヒント 渋滞等で大間々台まで車で入れない場合は、小間々台から登ることになるが、登山前の足慣らしのつもりでレンゲツツジを楽しみながら行こう。下山は剣ヶ峰から大入道へと下り、桜沢を越えて小間々台の駐車場へ戻ればよい。

> 地形図では1540m地点が剣ヶ峰となっているが、現地の案内では1590mの矢板市最高点が剣ヶ峰との表示もある。

Column

安全のヒント

釈迦ヶ岳には岩混じりの急なロープ場と溝状に掘れた土のロープ場がある。濡れていると滑るので、下山時はとくに注意。ロープを握るときは体が振られないように。

サブコース

釈迦ヶ岳へはもみじラインの鶏頂山登山口から鶏頂山経由でのコースも整備されている（約3時間）。ほかにも釈迦ヶ岳林道より西平岳経由で登ることもできる（約3時間）。

釈迦ヶ岳山頂付近のロープ場

67 釈迦ヶ岳

ブナやナラの森をたどって茨城県の最高峰へ

八溝山
（やみぞさん）

八溝山の山頂。右に見える建物は八溝嶺神社で、旧参道入口からはずっと、この神社のかつての参道を登ってくることになる

三百

標高1022m

茨城県・福島県

登山レベル：初級

技術度：★★
体力度：★★

日　程：前夜泊日帰り

総歩行時間：4時間55分

総歩行距離：13.7km

累積標高差：登り840m
　　　　　　下り840m

登山適期：4月上旬〜12月上旬

地形図▶1：25000「八溝山」「町付」
三角点▶一等

山の魅力

茨城県の最高峰。茨城県北ジオパークのジオサイトの一つでもある一方、久慈川水源の山として、流域に住む人たちの信仰の対象として崇められてきた。

水戸光圀公も八溝山の湧水で茶を点てたといわれる。山頂からの展望、広葉樹林、板東三十三観音21番・日輪寺、八溝川湧水群など、みどころが多い。

>>> DATA

公共交通機関【往復】JR水郡線常陸大子駅→茨城交通バス（約40分）→蛇穴バス停

マイカー　常磐自動車道・那珂ICから国道118号、県道28号、林道八溝山線を経由して日輪寺入口まで約70km。旧参道入口付近に約5台分の駐車スペース。

ヒント　マイカー利用に向いたコース。首都圏から公共交通機関を利用してアクセスする場合、バス便の少なさや林道の歩行時間を考えると日帰りはほぼ無理

で、大子町に前泊するのが妥当だろう。バスは平日以外運休のため、タクシーを利用する。その際は日輪寺入口まで入れば大幅に時間を短縮できる。

問合せ先

大子町観光商工課	☎0295-72-1138
茨城交通大子営業所	☎0295-72-0428
茨城交通タクシー大子待機所	☎0295-72-0055
滝交通タクシー	☎0295-72-0073
ドリームタクシー	☎0295-76-0313

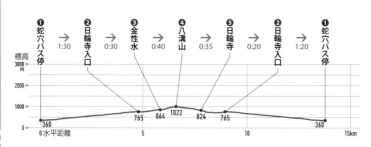

①蛇穴バス停 → 1:30 → ②日輪寺入口 → 0:30 → ③金性水 → 0:40 → ④八溝山 → 0:35 → ⑤日輪寺 → 0:20 → ②日輪寺入口 → 1:20 → ①蛇穴バス停

標高3000m

360　765　864　1022　824　765　360

0水平距離　5　10　15km

山頂の城形展望台

欄外情報　立ち寄り温泉◎常陸大子駅から北に約4kmの町営温泉保養センター　森林の温泉は広大な露天風呂が人気。☎0295-72-3200。入浴料710円（土・日曜、祝日は1010円）。10時〜19時30分。第1・3水曜休。

コース概要 ❶蛇穴バス停から進行方向に車道を歩く。大きな鳥居が見えたら、鳥居をくぐって林道に入る。1時間30分ほどで❷日輪寺入口だが、日輪寺方面へは行かず、少し先の旧参道入口から山に入る。林間の平坦な道を行けば、妙見菩薩入口のすぐ先が❸金性水。続いてあずま屋のある鉄水が現れ、ここから登りらしくなる。木段の道を行き、日輪寺へと続く車道を横断して再び山中へ。銀性水分岐の先で車道を横断して階段を登れば、城形の展望台の立つ❹八溝山の山頂だ。山頂からは来た道を途中まで戻り、銀性水分岐の先で左の山道に入る。道なりに歩き、車道を横断すれば朱塗りが印象的な❺日輪寺はまもなく。日輪寺からは日輪寺遊歩道を下って❷日輪寺入口へ。❶蛇穴バス停までは往路を戻ろう。

プランニングのヒント 前泊するのなら、初日に水郡線袋田駅から歩ける袋田の滝〜月居山、あるいは3駅手前の西金駅から歩ける奥久慈男体山などを組み込むのもいい。

旧参道入口までの林道歩きは長い。標高差も300m以上あるので、登りだけはタクシーを利用するという方法もある。

花と自然

Column

八溝嶺神社旧参道の八合目付近には、環境省の「名水100選」の一つに選定された八溝川湧水群がある。下から「金性水」、「鉄水」、「龍毛水」、「白毛水」、「銀性水」と名付けられた5つの湧水は、水戸藩2代藩主水戸光圀公が命名したといわれている。コースで最初に出合う金性水は水戸光圀公が好んだ水だったとの伝承があり、多くの登山者たちにとっても絶好の水場となっている。これら5つの湧水のうち汲みやすいのは金性水と龍毛水。

冷たくおいしい水が流れる金性水

急坂の連続だが、奥日光の静かな好ピーク

太郎山
(たろうやま)

標高2368m

栃木県

登山レベル:中級

技術度:★★★
体力度:★★★★

日　　程:前夜泊日帰り

総歩行時間:**7時間30分**

総歩行距離:**15.7km**

累積標高差:登り**1244m**
　　　　　下り**1277m**

登山適期:**7月中旬〜10月上旬**

地形図▶1:25000「男体山」
三角点▶三等

戦場ヶ原から見る太郎山（正面）と左に低く山王帽子山。写真のスカイライン沿いに縦走することになる。太郎山の新薙の急斜面も見えている

⛰ 山の魅力

日光連山には帽子のような山容の山がいくつも並び、まるでファミリーのようだ。家長は男体山で、ついで長男ともいえるのがこの太郎山。高さは男体山に及ばないが、スケールや自然の豊かさ、展望のよさではひけを取らない。コースが長いためか訪れる人は少なく、静かな山旅が味わえる。

▶▶▶ DATA

公共交通機関【行き】JR日光線日光駅または東武日光線東武日光駅→東武バス（約1時間10分）→光徳温泉・日光アストリアホテルバス停　【帰り】三本松バス停→東武バス（約1時間）→JR日光線日光駅または東武日光線東武日光駅

マイカー日光宇都宮道路・清滝ICから国道120号、いろは坂を経由して光徳温泉まで約25km。光徳温泉には大きな県営駐車場がある（無料）。

ヒント日光駅発のバスの場合、光徳温泉に着くのは10時頃になる。6時台に出る湯元温泉行きバスに乗れれば、途中の光徳入口バス停から光徳温泉までは徒歩30分ほどだ。なお、三本松バス停から日光駅行きのバスは19時30分頃が最終となる。

問合せ先
日光市観光課　　　　　☎0288-21-5170
日光市観光協会　　　　☎0288-22-1525
東武バス日光営業所　　☎0288-54-1138

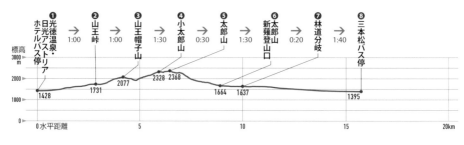

標高
3000 m
2000
1000
0

①光徳温泉・日光アストリアホテルバス停 1428
1:00
②山王峠 1731
1:00
③山王帽子山 2077
1:30
④小太郎山 2328
0:30
太郎山 2368
⑤太郎山 1664
1:30
⑥太郎山新薙登山口 1637
0:20
⑦林道分岐 1395
1:40
⑧三本松バス停

0 水平距離　　5　　10　　15　　20km

欄外情報 立ち寄り温泉◎日光は温泉が豊富で立ち寄り湯も多い。光徳温泉日光アストリアホテルや湯元の奥日光高原ホテルなどが利用できる。日帰り温泉としては、清滝のやしおの湯が知られる。

コース概要 **①光徳温泉・日光アストリア
ホテルバス停**から緩急織り交ぜた登山道を
山王峠へと向かう。**②山王峠**のすぐ先の分
岐を右に行けば山王帽子山・太郎山の登山
口で、きれいな樹林帯を急登すれば**③山王
帽子山**に到着する。いったん大きく下り、
小太郎山までの急坂を登り返す。小太郎山
に近づくと明るく開け、大きな展望が広が
る。**④小太郎山**からは剣ヶ峰のスリルある
岩稜通過もあるが、巻き道を選ぶのが安心。
⑤太郎山の頂までもうわずかだ。下山は南
へと急坂の新薙コースを行く。お花畑とよ
ばれる噴火口を経て**⑥太郎山新薙登山口**か
らは林道を歩き、**⑦林道分岐**を右折して**⑧
三本松バス停**へと向かう。

> 山王帽子山の
> 山頂は広い樹
> 林帯で踏み跡
> が錯綜してい
> る。視界が悪
> いときなどは
> 道標をしっか
> り確認して行
> 動したい。

プランニングのヒント マイカー登山の場
合、裏男体林道を利用して途中の駐車スペ
ースから新薙コースをピストンする人が多
い。なお、光徳温泉から山王峠経由での太
郎山往復は、復路に山王帽子山の登り返し
があり、紹介コースよりきつくなる。

花と自然

日光の山々は日光火山群に属し、太
郎山の下りに通過するお花畑も旧火
口である。ただし噴火警戒レベルの
対象となっている火山は現在のとこ
ろ男体山だけである。

安全のヒント

小太郎山から太郎山の間に剣ヶ峰の
岩場が出てくるが、ここは岩場をまっ
すぐ進まずに左側の巻き道を行くの
が正解。また、下山道の新薙は修験
者が修行したともいわれるところで、
想像以上の急坂となる。一歩一歩正
確に下りたい。

急峻な岩稜の剣ヶ峰

69 太郎山

切込湖

涅沼

太郎山 ⑤

お花畑とよば
れる旧火口

• 1883

2077

△2368

猛烈な急坂。スリップや転倒に注意

山王峠 ②

0:50
1:00

1:30

0:25
0:30

③ 山王帽子山

2328

剣ヶ峰

女峰山

三岳
△1945

登山口

急坂が続く

④
小太郎山

新薙

小真名子山
2323

N

カラマツの植林帯を歩く

1:00
0:40

剣ヶ峰は
巻き道を
通るのが
安心

2:00
1:30

2110

1:50,000

500 1000m

• 1853

ここから長い林道歩き

1:00
0:40

1468

1cm=500m
等高線は20mごと

⑥ 太郎山新薙登山口

大真名子山
2376

**①光徳温泉・
日光アストリアホテルバス停**

0:20

立ち寄り湯可

光徳入口バス停
から光徳温泉ま
で徒歩約30分

御沢

裏男体林道

⑦ 林道分岐

梵字
飯場跡

1698

裏男体林道は
一般車通行止め

湯殿沢

光徳入口

栃木県

日光市

御真仏薙

志津小屋

糠塚
△1406

1:40
1:50

120

弁天河原

戦場ヶ原
中禅寺湖・日光市街

⑧ 三本松バス停

男体山

日光連山随一の鋭鋒を目指してロングコースを行く

女峰山
にょほうさん

標高2483m

栃木県

登山レベル:上級

技術度:★★★
体力度:★★★★★(日帰りの場合)

日　程:日帰りまたは1泊2日

総歩行時間:**9時間10分**

総歩行距離:**12.6km**

累積標高差:登り**1472m**
　　　　　　下り**1472m**

登山適期:**5月下旬～11月上旬**

地形図▶1:25000「日光北部」
三角点▶二等

日光市の鳴虫山から見た女峰
山(中央左)と赤薙山(右)。
女峰山の山頂付近はハイマツ
帯となっていて、アルプスの
ような風格がある

🏔 山の魅力

日光連山の中で随一の鋭鋒であり、男体山、太郎山とともに日光三山とよばれている。アルペン的な山容と360度の展望が広がる山頂がこの山の魅力だろう。山頂付近は日光の山々には珍しいハイマツ帯が見られ、登山口に広がる霧降高原キスゲ園地では季節の花々が楽しめる。

>>> DATA

公共交通機関【往復】JR日光線日光駅または東武日光線東武日光駅→東武バス(約30分)→霧降高原バス停

マイカー　日光宇都宮道路・日光ICから国道119号、県道169号を経由して霧降高原キスゲ平園地まで約12km。園地に大駐車場あり(無料)。

ヒント　東武日光駅からの路線バスの運行は4/1～11/30。バスの始発はJR日光駅が午前9時頃なので、バスを利用した場合、日帰りは難しくなる。なお、かつて霧降高原にあったリフトはスキー場の廃業によりすべて撤去された。その跡地に天空回廊とよばれる1445段の階段が整備されている。

問合せ先
日光市観光課　　　　　　　　　☎0288-21-5170
日光市霧降高原キスゲ平園地　☎0288-53-5337
東武バス日光営業所　　　　　　☎0288-54-1138
日光交通(タクシー)　　　　　　☎0120-81-2552

❶霧降高原バス停 →0:40 ❷小丸山 →1:30 ❸赤薙山 →1:50 ❹一里ヶ曽根 →1:20 ❺女峰山 →1:00 ❹一里ヶ曽根 →1:20 ❸赤薙山 →1:00 ❷小丸山 →0:30 ❶霧降高原バス停

標高3000m
2000
1000
0

1347　1601　2011　2295　2483　2295　2011　1601　1347

0水平距離　　　5　　　10　　　15km

田心姫命を祀る山頂の社

欄外情報　立ち寄りスポット◎日光市霧降高原キスゲ平園地:3月下旬のマンサクから始まり、秋までたくさんの花々が咲くが、6月中旬から7月にかけてのニッコウキスゲの群落がすばらしい。

女峰山

コース概要

❶霧降高原バス停から天空回廊とよばれる新しい階段道で**❷小丸山**へ。それ以降は一般の登山道となる。まずは展望のよい道を行くが、やがて樹林に入る。徐々に急な登りとなり、ひと頑張りすると神社の立つ**❸赤薙山**に着く。そこからはアップダウンを繰り返しながら赤薙神社奥社跡へ。奥社跡の少し先からは穏やかな道になるが、**❹一里ヶ曽根**を過ぎると左右が切れ落ちているヤセ尾根がたびたび出てくるので注意したい。一里ヶ曽根から見る女峰山はすばらしい。水場を見送り、2318m峰で左へ大きく曲がる。最後の急登を踏ん張ると、最高の展望が広がる**❺女峰山**の頂に到着する。下りは往路を慎重に戻ろう。

プランニングのヒント

往復10時間近い長丁場だが、途中に避難小屋がない。女峰山山頂付近を歩いている際に天候急変が予想される場合、南直下の唐沢避難小屋へ退避する。避難小屋は緊急時のみ使用可で、最初から小屋泊の計画は立てないこと。

唐沢避難小屋へは女峰山から 南 に30分ほど下っていく。ガレ場の道なのでスリップしないよう注意して歩こう。

Column

サブコース

女峰山へはいくつもの登山道がある。いちばん歴史のある道は日光二荒山神社からの修験者の道。標高差1800mを超える厳しいコースで、往復約11時間（上級）。

花と自然

女峰山は花の多い山。この山で初めて採取されたことから名が付いたニョホウチドリやアズマシャクナゲ、コイワカガミ、オノエランなど、あちこちに咲く花たちが、つらい行程を励ましてくれる。

ニョホウチドリ

70 女峰山

左右の切れ落ちたヤセ尾根。歩行注意

涸れていることがある

2318m峰
女峰山 ❺
❹ 一里ヶ曽根（独標）
急坂
赤薙神社奥社跡
女峰山から唐沢避難小屋までは30分の下り
避難小屋から往復約20分
緊急時のみ使用可
唐沢避難小屋
ヤセ尾根。岩場あり
赤薙山 ❸
小丸山 ❷
霧降高原バス停 ❶
丸山
六方沢橋
長い階段歩き
キスゲ平園地
天空回廊
日光二荒山神社～女峰山間は往復約11時間

栃木県
日光市

1:50,000
0　500　1000m
1cm＝500m
等高線は20mごと

標高差1200mを登り切る体力が登頂の決め手

男体山
なんたいさん

百

標高2486m

栃木県

登山レベル:中級

技術度:★★
体力度:★★★

日　程:前夜泊日帰り

総歩行時間:6時間45分

総歩行距離:7.9km

累積標高差:登り1236m
　　　　　　下り1236m

登山適期:5月上旬～11月上旬

地形図▶1:25000「中禅寺湖」「男体山」
三角点▶一等

銀色に輝く御神剣がひときわ目立つ男体山の山頂。山上は360度の展望で、太郎山が間近にそびえ、眼下には中禅寺湖や戦場ヶ原が広がる。よく晴れた日は富士山も見える

山の魅力

中禅寺湖畔にそびえる円錐型の山容が美しい男体山は、古くは二荒山とよばれ、現在も二荒山神社のご神体として信仰登山が行われる。山頂へは標高差1200m以上の厳しい登りが続くが、標高を上げるに従い中禅寺湖や周囲の山々が眼下に広がる。山頂の大パノラマはまさに登った者だけのご褒美。

>>> DATA

公共交通機関【往復】東武日光線東武日光駅→東武バス(約50分)→二荒山神社中宮祠バス停　※東武日光駅へは東武日光線乗り入れの「JR特急スペーシア日光」を利用すれば、新宿や池袋から乗り換えなしで行ける。

マイカー　日光宇都宮道路・清滝ICから国道120号(いろは坂)を経由して二荒山神社中宮祠まで約15km。二荒山神社中宮祠に登山者用駐車場(2カ所計70台・無料)あり。満車時は県営湖畔駐車場(有料)を利用。

ヒント　男体山の山頂へは体力やペースにもよるが、往復するには6～7時間を要する。遅くとも二荒山神社中宮祠を9時前に登り始めること。早出が無理な場合は前夜泊で計画したい。また、夏休み中の週末や紅葉時期のいろは坂は渋滞が激しいので早着を心がけたい。

問合せ先
日光市日光観光課　☎0288-53-3795
東武バス日光営業所　☎0288-54-1138
二荒山神社中宮祠　☎0288-55-0017

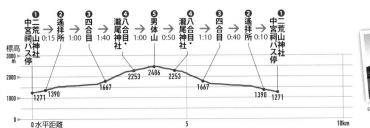

①二荒山神社中宮祠バス停 →0:15 ②遥拝所 →1:00 ③四合目 →1:40 ④八合目・瀧尾神社 →1:00 ⑤男体山 →0:50 ④八合目・瀧尾神社 →1:10 ③四合目 →0:40 ②遥拝所 →0:10 ①二荒山神社中宮祠バス停

標高3000m　2486　2253　2253　1667　1667　1390　1271　1390　1271

0 水平距離　5　10km

中禅寺湖から見た男体山

欄外情報　立ち寄りスポット◎日光自然博物館:中禅寺温泉バス停からすぐの所にあり、奥日光の自然や文化などを紹介。華厳ノ滝にも近い。☎0288-55-0880。入館510円。9～17時(冬期短縮)。月曜休(5～11月は無休)。

上級
中級
初級

男体山

コース概要 ❶二荒山神社中宮祠バス停から二荒山神社中宮祠の境内へと進む。登拝受付を済ませたら、登拝門をくぐり登っていく。途中、❷遙拝所を経て樹林帯を登ると三合目で林道に出る。一度舗装路をたどり、❸四合目で鳥居をくぐり再び山道へ。しばらくは樹林帯を折り返し登っていく。五合目を過ぎると、観音薙とよばれるガレ場の急登だ。途中、樹林帯に入ったのちガレ場を登ると❹八合目・瀧尾神社に到着。九合目を過ぎ樹林帯を抜けると展望が一気に開け、戦場ヶ原や日光白根山、中禅寺湖を見渡せるが、赤茶けた砂礫の急登となるので足元に注意。最後に鳥居を抜ければ、奥宮と社務所、二荒山大神の御神像が立つ❺男体山だ。社務所の脇を抜けた先へ行けば三角点と御神剣がある。下山は往路を戻る。

プランニングのヒント 男体山のすぐ隣の太郎山や女峰山も日本三百名山の一座。日光市内や日光湯元、光徳などに宿泊すれば、併せて山頂を目指すことができる。

男体山入山の際には中宮祠で登拝受付が必要。記帳をすませ、登拝料1000円を奉納。登拝期間は4/25〜11/11。

サブコース

北面の志津乗越からの志津コースは、志津乗越から山頂への標高差が約700mと紹介コースより500mも少ないが、裏男体林道の梵字飯場跡から長い林道歩きを強いられる。

安全のヒント

観音薙はところどころで段差のある岩場通過がある。九合目からは火山礫で足元が安定しない。下りでは足をとられ転倒しないように気をつけたい。ストックがあると安心だ。

九合目を過ぎると赤茶けた火山礫の斜面を登っていく

男体山

71 男体山

アルペンムードあふれる関東以北の最高峰

日光白根山（奥白根山）

にっこうしらねさん　おくしらねさん

百

標高2578m

栃木県・群馬県

登山レベル：**中級**

技術度：★★★
体力度：★★

日　程：日帰り

総歩行時間：**4時間40分**

総歩行距離：**7.4km**

累積標高差：登り**780m**
　　　　　　下り**780m**

登山適期：**6月中旬～11月上旬**

地形図▶1：25000「丸沼」「男体山」
三角点▶二等

山頂駅付近から見た日光白根山。中央の山頂には、右斜面の裏側から大きく回り込んで向かうことになる

🗻 山の魅力

関東以北での最高峰として知られる。頂上周辺は森林限界を超え、岩稜で形成されたその姿は、関東の山では数少ないアルペン的な風貌を見せる。減少し

たとはいえ、6月にはシラネアオイが咲く火口湖の弥陀ヶ池をはじめ、変化に富んだ山歩きが楽しめる。中級へのステップアップにおすすめの山だ。

>>> DATA

公共交通機関【往復】JR上越線沼田駅→関越交通バス（約1時間10分）→鎌田（乗り換え）→関越交通バス（約20分）→日光白根山ロープウェイバス停（山麓駅）→日光白根山ロープウェイ（約15分）→山頂駅

マイカー　関越自動車道・沼田ICから国道120号を経由して山麓駅まで約42km。丸沼高原スキー場の無料駐車場を利用する。

ヒント　ロープウェイの運行は5月下旬～11月

上旬。下りの最終便は16時30分。沼田駅～鎌田間のバスはJR上越新幹線上毛高原駅が起点。鎌田～日光白根山ロープウェイ間のバスは6月上旬～10月末の運行で1日4便（うち3便は湯元温泉行き）。

問合せ先
片品村むらづくり観光課　☎0278-58-2112
関越交通バス鎌田営業所　☎0278-58-3311
丸沼高原総合案内（ロープウェイなど）
　　　　　　　　　　　　☎0278-58-2211

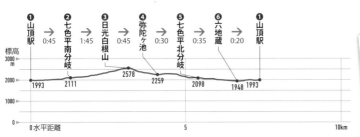

| ①山頂駅 | 0:45 | ②七色平南分岐 | 1:45 | ③日光白根山 | 0:45 | ④弥陀ヶ池 | 0:30 | ⑤七色平北分岐 | 0:35 | ⑥六地蔵 | 0:20 | ①山頂駅 |

標高3000m
1993　2111　2578　2259　2098　1948 1993
2000
1000
0水平距離　　　　　　5　　　　　　10km

シラネアオイ

欄外情報　立ち寄り足湯◎ロープウェイ山頂駅に隣接して「天空の足湯」がある。標高2000mからの大展望を楽しみながらつかる足湯はまた格別だ。無料。ロープウェイの営業日に利用できる。

コース概要 ❶**山頂駅**から樹林の道を歩き、血ノ池地獄分岐を通過すれば❷**七色平南分岐**。道は徐々に傾斜を強め、広葉樹林帯から低木の生える草原帯となる。このあたりが森林限界で、展望がぐんと開ける。急坂を登って尾根をたどれば小さな社の立つ南峰。いったん下って急傾斜の岩場を登り返せば❸**日光白根山**だ。復路は北面へと弥陀ヶ池を目指す。出だしの急な岩場は慎重に。座禅山との鞍部から右に下れば❹**弥陀ヶ池**で、往復後はさらに登山道を下る。❺**七色平北分岐**、血ノ池地獄分岐を過ぎれば、大きな祠に六体のお地蔵さんが並ぶ❻**六地蔵**に到着する。あとはすぐ先の展望台から左へとひと登りで❶**山頂駅**に戻る。

プランニングのヒント 公共交通機関利用の場合、早朝の上越新幹線か東武日光線に乗車して最寄り駅からタクシーを利用しない限り日帰りは厳しい。往路・復路ともバス利用の場合は山麓駅そばのシャレー丸沼などに前泊して登山に臨むことになる。

日光白根山の山頂周辺は岩場になっている。特に山頂北面の下降は往路より急な岩場となるので慎重に。

サブコース

ロープウェイの時間を気にせず登りたい人には、北面の菅沼登山口から弥陀ヶ池経由で登れる菅沼ルートがある。バス便は少ないので、マイカー利用者向け。駐車場完備(有料)。

安全のヒント

標高が2500m以上あるため、高山病にかかる人も少なくない。ロープウェイで手軽に登れるだけに、水を多めに飲むようにするなど、登山中の体調管理を心がけたい山だ。

水分補給とスローペースで高山病を防ぐ

72

日光白根山(奥白根山)

---

72 日光白根山

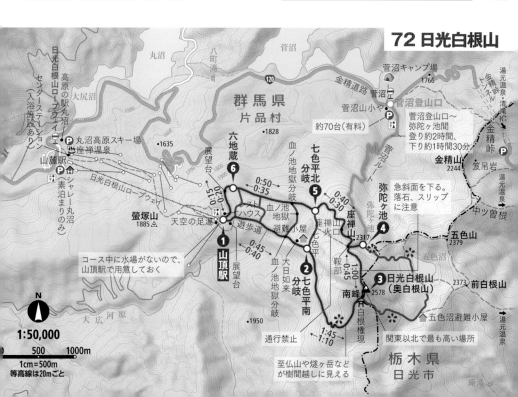

群馬県
片品村

栃木県
日光市

約70台(有料)

菅沼登山口〜弥陀ヶ池間
登り約2時間、下り約1時間30分

急斜面を下る。落石、スリップに注意

コース中に水場がないので、山頂駅で用意しておく

関東以北で最も高い場所

至仏山や燧ヶ岳などが樹間越しに見える

1:50,000
500　1000m
1cm=500m
等高線は20mごと

N

山深い地の百名山に険しいロングコースで登る

皇海山(すかいさん)

庚申山展望台からの皇海山(右)。足尾山塊の盟主らしいどっしりとした姿

百

標高2144m

栃木県・群馬県

登山レベル：上級

技術度：★★★★
体力度：★★★★★

日　程：2泊3日

総歩行時間：14時間50分

1日目：2時間40分
2日目：10時間
3日目：2時間10分

総歩行距離：25km

累積標高差：登り2298m
　　　　　　下り2298m

登山適期：6月上旬〜10月下旬

地形図▶1：25000「皇海山」「足尾」
三角点▶二等

🏔 山の魅力

群馬と栃木の県境をなす、足尾山塊の名峰。どっしりとした山容をなし、全山が深い原生林に包まれている。以前は短時間で登れる群馬県側の不動沢コースがメインだったが、2019年の林道崩壊で通行止めとなり、栃木県側、鋸山十一峰経由の険しいロングコースをたどるしかない。

>>> DATA

公共交通機関【往復】わたらせ渓谷鐵道通洞駅→タクシー（約10分）→銀山平

マイカー　北関東自動車道・伊勢崎ICから県道73号、国道122号、県道293号を経由して銀山平まで約49km。銀山平の車止めゲートに約5台分、その100m手前に約20台分の無料駐車場がある。

ヒント　わたらせ渓谷鐵道は本数が少ないので注意。通洞駅にはタクシーが常駐していないので、往路・復路ともにあらかじめ手配しておく。トイレは車止めゲート約500m手前の銀山平公園にある。

問合せ先

日光市足尾行政センター　☎0288-93-3116
サンエータクシー（足尾）　☎0288-93-3283
足尾観光タクシー（足尾）　☎0288-93-2222

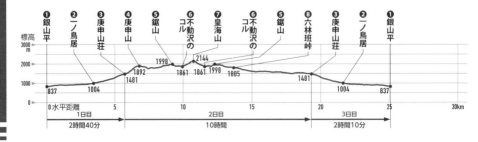

標高
3000
2000
1000
0　水平距離

①銀山平 837
②一ノ鳥居 1004
③庚申山荘 1481
④庚申山 1892
⑤鋸山 1998
⑥不動沢のコル 1861
⑦皇海山 2144
⑥不動沢のコル 1861
⑤鋸山 1998
⑧六林班峠 1805
③庚申山荘 1481
②一ノ鳥居 1004
①銀山平 837

5　　10　　15　　20　　25　　30km

1日目　2時間40分
2日目　10時間
3日目　2時間10分

欄外情報　山小屋＆前泊◎庚申山荘：☎0288-93-3116。素泊まり2080円（通年）。国民宿舎かじか荘（銀山平）：☎0288-93-3420。1泊2食付1万2800円〜。日帰り入浴800円（11〜15時）。無休。

コース概要 **①銀山平**のゲートから長い車道歩きで**②一ノ鳥居**へ。ここから登山道に入り、水ノ面沢沿いに標高を上げていくと宿泊地の**③庚申山荘**が立つ。2日目は長丁場のため、早朝に出発。クサリやハシゴの急登を経て**④庚申山**へ。ここから難路の鋸山十一峰へ差しかかる。クサリやハシゴが連続するアップダウンを越えると県境稜線上の**⑤鋸山**。ここから北進し、**⑥不動沢のコル**まで下る。ここから標高差約300mの急登で**⑦皇海山**へ。下山は**⑤鋸山**まで戻り、そのまま県境稜線を南下。**⑧六林班峠**で稜線を離れ、ところどころ崩壊地のあるトラバース道を進むと**③庚申山荘**だ。3日目は往路を**①銀山平**まで下る。

プランニングのヒント 基準のコースタイムより早く歩ける人なら庚申山荘泊1泊2日も可能だが、コース状況次第では余計に時間がかかることもあり、やはり2泊3日が確実。庚申山荘で2泊する場合、2日目は山荘に荷物を置いて皇海山に向かう。

庚申山荘は基本的には無人だが、ハイシーズンには管理人が入ることもある。素泊まりのため食料や炊事用具は要持参。寝具は布団があるが、インナーシュラフ等を用意したい。

安全のヒント

往路の「鋸山十一峰」は、庚申山から鋸山まで11のピークを超える険しい岩場の道。とはいえ、クサリやハシゴが整備され、三点確保で慎重に行動すればクリアできる。復路の六林班峠からのトラバースは道が笹に覆われた箇所や崩壊した沢の通過もあるが、笹道はヤブ漕ぎというほどではないので、道を見極めれば問題ない。エスケープルートがないだけに、降雨が予想される日や午後に雷雨が起こりやすい盛夏の入山は避けよう。

鋸山十一峰の岩場。クサリを伝って上部へ

73 皇海山

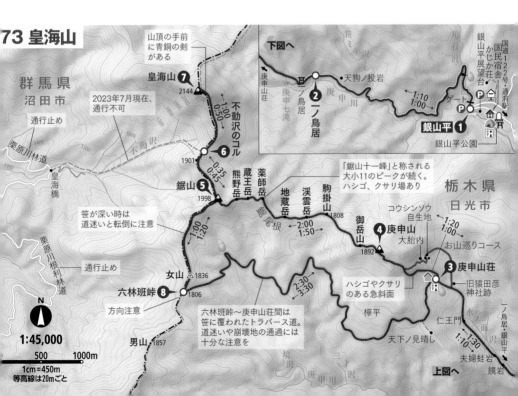

群馬県
沼田市

栃木県
日光市

皇海山 **⑦**
2144

山頂の手前に青銅の剣がある

2023年7月現在、通行不可

通行止め

栗原川林道

皇海橋

不動沢のコル

1901 **⑥**

1:00 0:50

0:35 0:45

鋸山 **⑤**
1998

蔵王岳 熊野岳 薬師岳 地蔵岳 渓雲岳 駒掛山
鋸尾根

1:00 1:20

笹が深い時は道迷いと転倒に注意

女山 △1836

通行止め

栗原川根利林道

六林班峠 **⑧**
1806

方向注意

男山 1857

N

1:45,000
500　1000m
1cm＝450m
等高線は20mごと

下図へ

天狗ノ投岩

一ノ鳥居 **②**

庚申山荘
庚申川
庚申七滝

1:10 1:00

ゲート

銀山平 **①**

銀山平公園

国道122号・通洞駅
国民宿舎かじか荘
銀山平展望台
P
P

「鋸山十一峰」と称される大小11のピークが続く。ハシゴ、クサリ場あり

御岳山
1808

コウシンソウ自生地

④庚申山
1892

大胎内

2:00 1:50

お山巡りコース

1:20 1:00

③庚申山荘

旧猿田彦神社跡

ハシゴやクサリのある急斜面

樺平

2:30 3:30

仁王門

天下ノ見晴し

1:10 1:30

一ノ鳥居・銀山平へ

夫婦蛙岩

鏡岩

六林班峠〜庚申山荘間は笹に覆われたトラバース道。道迷いや崩壊地の通過には十分な注意を

上図へ

カタクリ・ツツジ・シャクナゲの宝庫。紅葉もすばらしい

袈裟丸山
（けさまるやま）

三百

標高**1961**m（奥袈裟丸山）

群馬県・栃木県

登山レベル：初級

技術度：★★
体力度：★★

日　程：日帰り

総歩行時間：5時間40分

総歩行距離：10.3km

累積標高差：登り1039m
　　　　　　　下り1039m

登山適期：4月下旬〜11月上旬

地形図▶1:25000「袈裟丸山」「沢入」
　　　　　「上野花輪」
三角点▶一等

賽の河原へと登る途中から袈裟丸山方面を眺める。まだまだ遠いが、春ならツツジが多く咲く楽しい道だ

上級　中級　初級　袈裟丸山

🏔 山の魅力

5月上旬から6月上旬にかけ、アカヤシオ、シロヤシオ、レンゲツツジ、シャクナゲなどツツジ科の花々に彩られるツツジの隠れた名所。奥袈裟丸山、中袈裟丸山、後袈裟丸山、前袈裟丸山、小袈裟丸山などのピークが袈裟丸山を構成するが、一等三角点のある前袈裟丸山を袈裟丸山と呼ぶのが一般的なようだ。

>>> DATA

公共交通機関 【往復】わたらせ渓谷鐵道小中駅または沢入駅→タクシー（約40分）→折場登山口

マイカー 北関東自動車道・太田薮塚ICから県道315・69号、国道122号、林道小中西山線などを経由して折場登山口まで約40km。無料駐車場（約15台）あり。

ヒント タクシーを利用する場合、わたらせ渓谷鐵道の本数がたいへん少ないため、人数が揃えば、JR両毛線桐生駅から利用したほうが現実的かもしれない。小中駅、沢入駅からタクシーを利用する場合は、事前にみどり市や桐生市のタクシー会社に配車の予約をしておく必要がある。基本的にマイカーでアクセスする山といえる。

問合せ先
みどり市観光課　　　　　　　　☎0277-76-1270
みどり市農林課（林道）　　　　☎0277-76-1937
沼田屋タクシー（みどり市大間々）☎0277-72-2219
朝日タクシー（桐生）　　　　　☎0277-54-2420

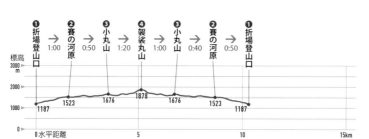

① 折場登山口 → ② 賽の河原 → ③ 小丸山 → ④ 袈裟丸山 → ③ 小丸山 → ② 賽の河原 → ① 折場登山口
1:00　0:50　1:20　1:00　0:40　0:50

標高3000m 2000 1000

1187　1523　1676　1878　1676　1523　1187

0　5　10　15km
0 水平距離

開けた尾根道を下る

欄外情報 立ち寄り温泉◎かたくりの湯：みどり市役所の近くにある公営の日帰り温泉施設で檜風呂が評判。☎0277-76-1126。入浴料520円。10〜21時。月曜・年末年始休。

コース概要 ❶折場登山口から木段の急坂
を登る。道はやがて笹原の尾根道となり、
傾斜がゆるんで周囲がカラマツ林になれ
ば、ほどなく❷賽の河原だ。岩が積み重ね
られ、お地蔵さまの立つ賽の河原では塔ノ
沢からのコースが合流する。ここからは広
い尾根道を歩く。ツツジの多い場所で、花
期は花のトンネルのようだ。展望のすぐれ
た❸小丸山(小袈裟)を越えると黄色い避難
小屋が現れ、山頂まではもうひと息。ロー
プの張られた最後の急斜面を登り切れば、
間もなく❹袈裟丸山の山頂だ。眺めを楽し
んだら往路を戻ろう。

前袈裟丸山～
後袈裟丸山間
は、コース途
中の風化が進
んでいるため
通行禁止。前
袈裟から後袈
裟への縦走は
できない。

プランニングのヒント 沢入駅、あるいは小
中駅から折場登山口まで徒歩でアプローチ
した場合、片道3～4時間はかかる。タク
シーかマイカーを利用しない限り、日帰り
登山は困難だ。タクシーを利用する場合も、
草木湖畔の国民宿舎サンレイク草木(改修
中。2026年再開予定)に前泊すれば余裕を
もって登山を楽しめるだろう。

Column

花と自然

袈裟丸山が最も輝くのはやはり花の
時期。アカヤシオ、シロヤシオ、レ
ンゲツツジなどの「ツツジ」は例年、
5月上旬から6月上旬、アズマシャ
クナゲは例年、5月下旬～6月上旬
が見頃だ。

アカヤシオ(上)とレンゲツツジ(下)

74 袈裟丸山

N

1:50,000

0 500 1000m

1cm=500m
等高線は20mごと

栃木県
日光市

沼田市

奥袈裟丸山

• 1495

シャクナゲ

△後袈裟丸山
1908

風化が進み通行禁止

八反張

1:00
←→
1:20

• 1878

1685

❸小丸山(小袈裟)

△1676

境の十二様

袈裟丸山 ❹
(前袈裟丸山)

涸れることあり

1482

郡界尾根登山口～
後袈裟丸山間
登り約3時間、
下り約2時間30分

ロープのある
急斜面

小丸避難
小屋

0:40
←→
0:50

広い尾根道を歩く

△1415

八重樺原

ハシゴあり

ツツジが多い

1607

二子山

△1557

1358

郡界尾根登山口

P

群馬県
みどり市

シャクナゲ

石地蔵

賽の河原 ❷

△1312

石楠花橋

賽の河原避難小屋

塔ノ沢
コース

塔ノ沢登山口
～賽の河原
登り2時間、
下り1時間25分

つつじ平

1:00
←→
0:50

1549

林道小中
新地線

P

• 1209

❶折場登山口

P

林道小中
西山線

P

塔ノ沢登山口
沢入駅・国道122号

小中大滝・小中駅・
国道122号

小中駅・小中大滝

草木湖・
沢入駅・国道122号

尾瀬ヶ原西端になだらかに横たわる花の名山

至仏山
しぶつさん

標高2228m

群馬県

登山レベル：中級

技術度：★★
体力度：★★

日　程：前夜泊日帰り

総歩行時間：4時間20分

総歩行距離：9.4km

累積標高差：登り730m
**　　　　　下り730m**

登山適期：7月上旬～10月下旬

地形図▶1:25000「至仏山」
三角点▶二等

小至仏山を過ぎたあたりから至仏山山頂付近を望む（山頂は見えていない）。このあたりは岩稜が続くので、行動は慎重に

上級
中級
初級

至仏山

🗻 山の魅力

尾瀬ヶ原を真ん中に、燧ヶ岳と対峙する尾瀬のシンボル。花の百名山としても知られ、森林限界を超えるとホソバヒナウスユキソウやジョウシュウアズマギク、オゼソウなどの希少種を見ることができる。秋の紅葉もすばらしい。山上部の蛇紋岩帯は滑りやすく、スリップには十分な注意を。

>>> DATA

公共交通機関【往復】JR上越新幹線上毛高原駅→関越交通バス（約1時間50分）→尾瀬戸倉バス停→関越交通バス（約30分）→鳩待峠

マイカー　関越自動車道・沼田ICから国道120・401号を経由して戸倉の駐車場（有料）まで約34km。戸倉にある尾瀬第一、第二駐車場がマイカー専用となる。

ヒント　県道260号の津奈木～鳩待峠の約3.5km区間は5～10月、特定日を除いてマイカー規制が実施

される。津奈木には駐車場がないので、この期間は戸倉から路線バスや乗合タクシーを利用することになる。なお行政では、マイカー規制が実施されない日でも、鳩待峠へのマイカー乗り入れの自粛を要望している。

問合せ先
片品村むらづくり観光課　☎0278-58-2112
片品村観光協会　　　　　☎0278-58-3222
関越交通鎌田営業所　　　☎0278-58-3311

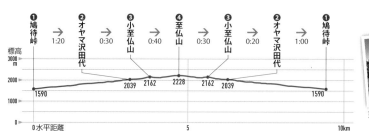

❶鳩待峠　→　❷オヤマ沢田代　→　❸小至仏山　→　❹至仏山　→　❸小至仏山　→　❷オヤマ沢田代　→　❶鳩待峠
　　　　1:20　　　　　　　0:30　　　　　0:40　　　　0:30　　　　0:20　　　　　　　1:00

標高
3000m
2000　　　　　　　　　　2039　2162　2228　2162　2039
1590　　　　　　　　　　　　　　　　　　　　　　　　　　　　1590
1000

0　水平距離
0　　　　　　　　　　　　　　　　5　　　　　　　　　　　　10km

至仏山の山頂

欄外情報　山小屋◎鳩待山荘：登山口の鳩待峠に立つ山小屋。☎0278-58-7311。1泊2食付9500円～。4月下旬～11月上旬。要予約（宿泊は5月下旬～10月中旬）。2023～2024年は改修のため休業（食堂・売店は営業）。

コース概要 ❶鳩待峠（はとまちとうげ）の登山口は、尾瀬ヶ原へと下る道の左にある。しばらく樹林帯を登ると木道になり、尾根の左側から右側に移れば原見岩が右に現れる。燧ヶ岳や尾瀬ヶ原を眺めながら登ると再び樹林帯となり、❷オヤマ沢田代（ざわたしろ）の湿原に出る。この先はもう森林限界で、花の時期はあちこちに目をとられてばかり。❸小至仏山（こしぶつさん）からはゆるやかな岩稜歩きとなるが、蛇紋岩の道は気を抜くとスリップしやすい。着実に歩を進めれば、やっと至仏山の山頂が姿を見せる。いったん下って登り返せば❹至仏山（しぶつさん）の頂だ。下りは往路を慎重に戻る。

プランニングのヒント 残雪期、植生保護のために至仏山への登山道は閉鎖される。閉鎖が解かれるのは7月1日。至仏山の上部登山道は滑りやすい蛇紋岩が多く、コースタイムの割には体力を消耗する。マイカーや夜行バスを利用すれば日帰りもできるが、日程が許せば、登山口の鳩待峠や山ノ鼻の山小屋（サブコース参照）に前泊したい。

> 至仏山は気象変化が激しく、秋はいったん天気が荒れると真冬並みの寒さとなる。天気に留意し、万全の装備で登ろう。

サブコース

尾瀬ヶ原・山ノ鼻の山小屋に前泊し、山ノ鼻から至仏山を経て鳩待峠へと下る周遊コースもおすすめ。山ノ鼻から至仏山山頂までの歩行時間は鳩待峠からのそれとあまり変わらないが距離は短い。その分、ややハードだが、森林限界を抜けたあとは尾瀬ヶ原や燧ヶ岳をバックに登る爽快な道だ。なお、このコースは途中から山頂に向けての一方通行になり、下ることはできない。鳩待峠〜山ノ鼻は約1時間、山ノ鼻〜至仏山は約2時間40分。登山レベルは中級。

尾瀬ヶ原と燧ヶ岳をバックに登る

75 至仏山

1:50,000

0　500　1000m
1cm＝500m
等高線は20mごと

みなかみ町

尾瀬の代表的な湿性植物が観察できる。一周約40分

山の鼻小屋

尾瀬植物研究見本園

山の鼻キャンプ場

尾瀬ロッジ
至仏山荘

尾瀬山の鼻ビジターセンター

山ノ鼻〜至仏山間は植生保護等の理由により登り一方通行（約2時間40分）

森林限界

高天ヶ原

360度の大展望

至仏山 ❹ △2228

蛇紋岩の滑りやすい道。濡れている時は特に注意

花の多い稜線歩き

❸ 小至仏山 △2162

スリップ注意

0:40
0:30

0:30
0:20

悪沢岳 2043

源頭

オヤマ沢

笠ヶ岳

1935

❷ オヤマ沢田代

原見岩
トカゲ岩

1867

1:20
1:00

ミズバショウ

テンマ湿原

テンマ沢橋

1625

群馬県
片品村

鳩待峠〜山ノ鼻間登り約1時間10分下り約1時間

ヨセ沢橋

△1775

メッケ田代

中ノ原

横田代

1591

鳩待峠 ❶

鳩待山荘

規制日以外もマイカーの乗り入れは控えたい

津奈木・戸倉・JR上毛高原駅

上田代

牛首

1404

竜宮十字路・尾瀬沼

源左郎堀
尾瀬沼分岐

牛首分岐

1450

1602

1767

アヤメ平・富士見峠へ

1969

1939

谷川岳の岩壁に対峙する花と展望の山

朝日岳
（あさひだけ）

三百

標高1945m

群馬県

登山レベル：**上級**

技術度：★★★
体力度：★★★★★

日　程：前夜泊日帰り

総歩行時間：**10時間50分**

総歩行距離：**11.7km**

累積標高差：登り**1750m**
　　　　　　下り**1750m**

登山適期：**6月中旬〜10月下旬**

地形図▶1：25000「水上」「茂倉岳」
三角点▶二等

谷川岳の天神峠から見た朝日岳。その左のピークが笠ヶ岳。稜線に至るまでの尾根道の長さがうかがわれる

🔺 山の魅力

谷川岳の一ノ倉沢や幽ノ沢を眺めながら歩くことができ、ここ一帯や至仏山周辺の固有種、ホソバヒナウスユキソウをはじめとした高山植物の宝庫でもある。山頂の北側には池塘が点在する朝日ヶ原があり、湿性植物も多く見られる。ただし、どこから歩いても長い登りが待つ健脚向きの山でもある。

>>> DATA

公共交通機関【往復】JR上越新幹線上毛高原駅→関越交通バス（約40分）→土合橋バス停。または、JR上越線土合駅→徒歩（約10分）→土合橋

マイカー 関越自動車道・水上ICから国道291号を経由して土合橋の駐車場（無料）まで約13km。土合橋から国道を500mほど進んだところにも広い駐車場がある。

ヒント 土合橋バス停まではJR上越線水上駅から関越交通バスでアクセスすることもできるが、いずれの場合も朝早いバス便はない。また、上毛高原駅への朝一番の新幹線の到着は8時近くで、路線バスやタクシーを利用しての朝日岳の日帰り登山は難しい。

問合せ先

みなかみ町観光商工課	☎0278-25-5017
群馬県谷川岳登山指導センター	☎0278-72-3688
関越交通沼田営業所	☎0278-23-1111
関越交通タクシー沼田営業所	☎0278-24-5151

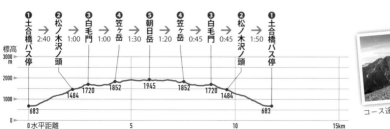

❶土合橋バス停 →2:40→ ❷松ノ木沢ノ頭 →1:00→ ❸白毛門 →1:00→ ❹笠ヶ岳 →1:30→ ❺朝日岳 →1:20→ ❹笠ヶ岳 →0:45→ ❸白毛門 →0:45→ ❷松ノ木沢ノ頭 →1:50→ ❶土合橋バス停

標高
3000m

2000

1000

0

683　1484　1720　1852　1945　1852　1720　1484　683

0 水平距離　　　　5　　　　10　　　　15km

コース途中から見た谷川岳

欄外情報 山小屋◎笠ヶ岳避難小屋：笠ヶ岳の山頂直下（朝日岳側）にある避難小屋。小さな小屋で少人数しか泊まれないが、時間切れとなった際には心強い。水場やトイレはない。問い合わせはみなかみ町観光商工課まで。

コース概要 ❶**土合橋バス停**から右へと駐車場を抜け、橋を渡ると登山道が始まる。道はすぐに樹林帯の急な尾根となり、クサリ場を越えると❷**松ノ木沢ノ頭**に飛び出す。一ノ倉沢の岩壁が迫力ある姿を見せる。なおも尾根道を行き、ガレ場やクサリ場を越えれば❸**白毛門**だ。いったん下って登り返せば❹**笠ヶ岳**で、すぐ先に避難小屋が立っている。稜線を進み、小烏帽子・大烏帽子を越え、登下降を何度か繰り返せばやっと❺**朝日岳**の山頂。下りは往路を戻る。

プランニングのヒント 歩行時間が大変長いので、マイカーを利用しない場合は土合駅裏手の土合山の家(☎0278-72-5522。1泊2食付9850円〜。通年営業)に前泊して早朝から登る。なお、コース途中の笠ヶ岳避難小屋は収容人員4名と小さく、宿泊が前提のプランニングはおすすめできない。それでも途中で時間切れになりそうな場合、朝日岳山頂の北側にある水場で水を十分に補給しておくといい。

土合橋から白毛門までは急登が連続する。ここまでにコースタイムを大幅にオーバーするようなら出直すべきだろう。

花と自然

朝日岳の山頂付近では、谷川岳一帯と至仏山一帯の固有種であるホソバヒナウスユキソウをはじめ、ミヤマダイモンジソウ、ジョウシュウアズマギク、タカネバラなどを見ることができる。

ホソバヒナウスユキソウ(上)とミヤマダイモンジソウ

76 朝日岳

アップダウンを繰り返す疲れる道

沢沿いの荒れ気味のコース

群馬県
みなかみ町

宝川温泉

収容人員4名。トイレ・水場なし

好展望

一ノ倉沢の全容が望める

ガレ場、クサリ場あり

白毛門まで急斜面がひたすら続く

山岳資料館〜一ノ倉出合間は一般車通行禁止

谷川岳インフォメーションセンター
尾根取り付き

❶ **土合橋バス停**

土合山の家

新潟県
湯沢町

1:65,000

0　500　1000m

1cm=650m
等高線は20mごと

日本屈指の岩壁を抱える上越国境の鋭鋒

谷川岳
（たにがわだけ）

天神尾根から見た谷川岳。左のピークが三角点のあるトマの耳で、右が最高点のオキの耳。トマの耳から右にのびる稜線は、日本三大急登の一つといわれる西黒尾根

百

標高1977m（オキの耳）

群馬県・新潟県

登山レベル：**中級**

技術度：★★★
体力度：★★

日　程：日帰り

総歩行時間：**4時間50分**

総歩行距離：**6.4km**

累積標高差：登り**716m**
　　　　　　下り**898m**

登山適期：**6月中旬〜10月下旬**

地形図▶1：25000「水上」「茂倉岳」
三角点▶三等

山の魅力

「魔の山」「一ノ倉沢」といったフレーズがまず浮かび、世にも恐ろしい山とのイメージを持つ人も多いが、遭難が多いのは東側の岩壁群での話。一般登山道には高山植物が咲き誇り、アルペン的な風貌も相まって人気の高い山だ。天気の安定した日なら、中・上級者の同行のもと、初級者でもこなせるはず。

>>> DATA

公共交通機関【往復】JR上越新幹線上毛高原駅→関越交通バス（約45分）→谷川岳ロープウェイ駅バス停（谷川土合口駅）→谷川岳ロープウェイ（7〜15分）→天神平駅→天神峠ペアリフト（7分）→天神峠

マイカー　関越自動車道・水上ICから国道291号を経由して谷川岳ロープウェイ谷川土合口駅の谷川岳ベースプラザ駐車場（有料）まで約14km。

ヒント　谷川岳ロープウェイ駅バス停までは、

JR上越線水上駅から関越交通バスでアクセスすることもできる。また、JR上越線土合駅から歩く場合は、谷川岳ロープウェイ谷川土合口駅まで約20分。なお、ロープウェイの夏期の天神平駅発最終便は17時。

問合せ先
みなかみ町観光商工課　☎0278-25-5017
群馬県谷川岳登山指導センター　☎0278-72-3688
関越交通沼田営業所　☎0278-23-1111
谷川岳ロープウェイ・リフト　☎0278-72-3575

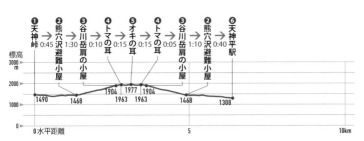

①天神峠 →0:45 ②熊穴沢避難小屋 →1:30 ③谷川岳肩の小屋 →0:10 ④トマの耳 →0:15 ⑤オキの耳 →0:15 ④トマの耳 →0:05 ③谷川岳肩の小屋 →1:10 ②熊穴沢避難小屋 →0:40 ⑥天神平駅

標高
3000
m

2000

1000

0
1490　　1468　　1904　1977　1904　　1963　1963　　1468　　1308

0 水平距離　　　　　　　5　　　　　　　10km

天神尾根のクサリ場

欄外情報　山小屋◎谷川岳肩の小屋：トマの耳の手前に立つ。気象変化が激しい谷川岳だけに、ありがたい存在。☎090-3347-0802。1泊2食付9000円（お弁当付き料金）。5月上旬〜11月上旬。要予約。

コース概要 展望の広がる**❶天神峠**(てんじんとうげ)が出発点。ここから天神尾根を行く。最初は下りとなるが、妙に滑りやすい岩が多いので、濡れているときはとくに注意したい。鞍部で天神平からの道と合流し、**❷熊穴沢避難小屋**(くまあなざわひなんごや)までは山腹をゆるやかに進む。避難小屋からはところどころロープやクサリが設置された急な岩場も出てくるが、難しく感じることはないだろう。天狗の腰掛け岩を過ぎ、天狗の留まり場まで来れば山頂はもうすぐだ。階段状になったガレ場をひと登りで**❸谷川岳肩の小屋**(たにがわだけかたのこや)に到着。尾根伝いの道をたどると、谷川岳の山頂の一つ、**❹トマの耳**(みみ)だ。さらに進めばもう一つの山頂、**❺オキの耳**(みみ)。下山は往路を**❷熊穴沢避難小屋**(くまあなざわひなんごや)まで戻り、途中の分岐から**❻天神平駅**(てんじんだいらえき)へ。

プランニングのヒント アクセスがよく人気のある山だけに、休日、特に紅葉の時期は混雑する。ロープウェイの待ち時間や登山道でのすれ違い、クサリ場の混雑などを考慮し、余裕のあるプランニングをすること。

オキの耳手前のお花畑で撮影する際、夢中になって東の崖（マチガ沢側）には近寄り過ぎないようにしよう。

国境稜線から急に降りてくる雲

新潟県
湯沢町

茂倉岳

東尾根

マチガ沢出合
マチガ沢出合

JR上越線（上り）
清水トンネル

白毛門・朝日岳

登山指導センター

谷川岳ロープウェイ駅
谷川岳ベースプラザ

❺ オキの耳
1977

谷川岳の最高点。三角点は南のトマの耳にある

谷川岳

第一見晴

厳剛新道

JR上越線（上り）
JR上越線（下り）

山岳資料館

谷川岳土合口駅

土合橋

❹ トマの耳
1963

東側に寄り過ぎないように

新清水トンネル

1259

谷川岳インフォメーションセンター

土合駅（上り）

水上

川岳肩の小屋❸

ザンゲ岩

初夏は残雪あり

西黒尾根

1516

ラクダのコブ

1806

ガレ沢のコル

かつてのメインコース。日本三大急登だけに、登山口から山頂部まで標高差1200mもの登りがひたすら続く

慰霊碑
土合山の家
DOAI VILLAGE

土合駅（下り）

山ノ倉山へのコースは上級者向き

天狗の留まり場

天神尾根

1290

西黒沢

1:30
1:30

中ゴー尾根

天狗の腰掛け岩（第一見晴）

1401

❷ 熊穴沢避難小屋

クサリ場のある急斜面

熊穴沢ノ頭
1441

谷川岳新道5合目

田尻沢

群馬県
みなかみ町

1218

天神平駅

栗山から谷川岳、茂岳にかけての稜線一帯は、上越高原国立公園特別保護地区のため、幕営禁止となっている

ヒツゴー沢

0:45
0:40

田尻沢ノ頭

0:45

❻

登山シーズン中の下り最終便は17時

1199

滑りやすい岩が多い。スリップ注意

ビューテラスてんじん

N

1039

いわお新道

谷川温泉

天神峠❶

展望台
1502

天神平ペアリフト（所要7分）

天神平スキー場

高倉山
1449

1:30,000

0　　250　　500m

1cm＝300m

等高線は10mごと

のびやかな稜線とお花畑が広がる谷川連峰最高峰

仙ノ倉山

二百

標高2026m

新潟県・群馬県

登山レベル:**中級**

技術度:★★
体力度:★★

日　程:**1泊2日**

総歩行時間:**8時間**

1日目:**2時間40分**

2日目:**5時間20分**

総歩行距離:**13.9km**

累積標高差:登り**1355m**
　　　　　　下り**1355m**

登山適期:**6月上旬～10月下旬**

地形図▶1:25000「三国峠」
三角点▶二等

ゆるやかな稜線を広げる秋の
仙ノ倉山。夏にはハクサンシ
ャクナゲやミヤマキンバイな
どの高山植物が咲き競う

上級
中級
初級

仙ノ倉山

🔺 山の魅力

谷川岳に知名度は劣るが、谷川連峰の最高峰。この山の魅力は、平標山から仙ノ倉山へと続く穏やかな草原状の稜線とその鞍部に広がるお花畑だ。花の時期には次々に咲く可憐な高山植物が登山者を惹きつける。山頂から眺める、谷川岳へと続くダイナミックな縦走路もすばらしい。

>>> DATA

公共交通機関【往復】JR上越新幹線越後湯沢駅→南越後観光バス(約35分)→平標登山口バス停

マイカー 関越自動車道・湯沢ICから国道17号を経由して平標登山口にある元橋駐車場(有料、約150台)まで約19km。群馬県側の月夜野ICからは約36km。

ヒント 平標登山口に行くバス便は1時間～1時間半に1本ほどなので、人数が揃えば越後湯沢駅からタクシーを利用するのも手。運賃は駅から7000円前後。越後湯沢駅にはタクシーが常駐している。

問合せ先
湯沢町企画観光課　☎025-784-4850
みなかみ町観光商工課　☎0278-25-5017
南越後観光バス湯沢営業所　☎025-784-3321
アサヒタクシー　☎025-784-3410
ゆざわ魚沼タクシー　☎025-784-2025

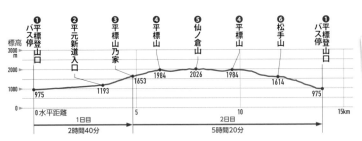

❶平標登山口バス停　❷平元新道入口　❸平標山乃家　❹平標山　❺仙ノ倉山　❹平標山　❻松手山　❶平標登山口バス停

標高3000m / 2000 / 1000 / 0

975　1193　1653　1984　2026　1984　1614　975

水平距離　0　5　10　15km

1日目　2日目
2時間40分　5時間20分

平標山から見た仙ノ倉山

欄外情報 山小屋◎平標山乃家:平標山と大源太山との鞍部に立ち、冬期は避難小屋(有料)となる。☎090-7832-0316 (8時30分～15時30分)。1泊2食付8000円。4月下旬～10月下旬。要予約。テント場あり。

コース概要 ❶平標登山口バス停（たいらっぴょうとざんぐち）から登山道と林道を進めば❷平元新道入口（ひらもとしんどういりぐち）で、ここから本格的な登山道となる。樹林帯の急な登りだが、丸太の階段が設置されている箇所もあっておおむね歩きやすい。稜線に出るとほどなく❸平標山乃家（たいらっぴょうやまのいえ）がある。翌朝はまず、平標山を目指す。木道の道をゆるやかに登ればいつしか❹平標山（たいらっぴょうやま）。いったん下って最低鞍部から登り返せば❺仙ノ倉山（くらやま）の頂に立つ。大展望が広がり、谷川岳へと続く稜線が美しい。下りは❹平標山（たいらっぴょうやま）まで往路を戻り、山頂からは松手山コースを行く。❻松手山（まつでやま）を過ぎると急斜面の連続。疲れも出てくるので、スリップに注意して❶平標登山口バス停（たいらっぴょうとざんぐち）まで下ろう。

プランニングのヒント 越後湯沢駅を朝一番のバス（5時台）で出発できれば日帰りも十分可能だが、その場合は湯沢での前泊が必要になる。初日は平標登山口バス停を昼過ぎに歩き出し、平標山乃家で1泊するほうがこの山の魅力を存分に味わえるだろう。

10月中旬以降の紅葉のピークの時期は、天気が崩れると雪になる可能性もある。防寒・防風対策はしっかりと。

花と自然

6月中旬～7月にかけての花の時期、平標山から仙ノ倉山間の登山道脇にはハクサンシャクナゲやハクサンイチゲ、ハクサンコザクラ、ミヤマキンバイなどが咲き競う。稜線美とともに仙ノ倉山らしい風景だ。

ハクサンシャクナゲ（上）とハクサンイチゲ（下）

78 仙ノ倉山

険しい岩場を越え、シャクナゲの山上を歩く

武尊山
（ほたかやま）

標高2158m（沖武尊）

群馬県

登山レベル：中級

技術度：★★★
体力度：★★★

日 程：前夜泊日帰り

総歩行時間：7時間40分

総歩行距離：11.6km

累積標高差：登り1242m
下り1242m

登山適期：6月中旬〜10月下旬

地形図 ▶ 1：25000「藤原湖」「鎌田」
三角点 ▶ 一等

クサリ場が続く尾根道を抜けると武尊山の山頂が姿を見せる明るい稜線に出る。山頂右の剣ヶ峰から後方の剣ヶ峰山へと大展望が開ける

上級 **中級** 初級

武尊山

🔺 山の魅力

日本武尊から山名が付けられた修験道の山は手付かずの自然が残され、秘境の山に分け入っていく楽しさに満ちている。険しい樹林帯が続く山腹とは一変して山頂部は一面、見事なシャクナゲの群生のなかに道が付けられ、好展望の明るく爽快な稜線を行く。山頂からは360度の大展望が楽しめる。

>>> DATA

公共交通機関【往復】JR上越新幹線上毛高原駅→タクシー（約1時間）→武尊神社（裏見の滝入口）

マイカー 関越自動車道・水上ICから国道291号を谷川岳方面へ。「大穴」の信号を右折して県道63号（奥利根ゆけむり街道）へ進み、新立岩トンネルを抜けて藤原ダム沿いを走る。さらにトンネルを抜けた武尊橋で県道63号からそれ、ほうだいぎキャンプ場を過ぎると裏見の滝入口に大きな無料駐車場がある。水上ICから約23km。

ヒント JR上越線水上駅からタクシー（約40分）を利用してもよい。谷川岳や至仏山と最寄り駅が同じなので週末やハイシーズンは込み合うため、事前にタクシーを予約しておくようにしたい。

問合せ先
みなかみ町観光商工課 ☎0278-25-5017
水上温泉旅館協同組合 ☎0278-72-2611
新治タクシー ☎0278-62-3111
関越交通タクシー沼田営業所 ☎0278-24-5151

```
❶ 武尊神社  →0:50  ❷ 剣ヶ峰山分岐  →1:05  ❸ 手小屋沢避難小屋分岐  →2:00  ❹ 武尊山（沖武尊）  →1:10  ❺ 剣ヶ峰山  →1:50  ❷ 剣ヶ峰山分岐  →0:45  ❶ 武尊神社
```

標高
3000
m
2000
1000
0

2158
2020
1103 1320 1652
1320 1103

0 水平距離   5   10   15km

武尊山の山頂

欄外情報 立ち寄りスポット◎登山口から徒歩約10分下ったところに裏見の滝がある。滝の裏側にまわることはできないが観瀑台から落差50mの大瀑布が眺められ、遊歩道も付けられている。

コース概要 修験道の山でもあり、クサリ場や自然のままの山道があるワイルドなコース。**❶武尊神社**（ほたかじんじゃ）から林道を歩き始め、**❷剣ヶ峰山分岐**（けんがみねやまぶんき）で左へと登山道に入る。ロープが架けられた短い岩場を越え、稜線に出たところが**❸手小屋沢避難小屋分岐**（てごやざわひなんごやぶんき）だ。分岐からいくつかのクサリ場を越えると展望が開け、花期なら一面のシャクナゲのなかを登りつめると御嶽大神が祀られた**❹武尊山**（ほたかやま）（沖武尊）の山頂に達する。山頂からは南西に進み、分岐から**❺剣ヶ峰山**（けんがみねやま）を往復する。分岐に戻って湿った斜面を下り、武尊沢徒渉点で沢を渡る。増水時は注意したい。**❷剣ヶ峰山分岐**（けんがみねやまぶんき）からは往路を戻る。

剣ヶ峰山からの下山路は湿った木の根が張り出した、滑りやすい急勾配の悪路が続く。一歩ずつ確実に下るようにしよう。

プランニングのヒント JR上越線水上駅周辺に前夜泊してタクシー（約40分）で登山口へ行くこともできる。前夜泊には宝川温泉などの水上温泉エリアやキャンプ場が便利。下山路は歩きづらい道が続くので、早朝に登り始めて時間に余裕をもって下るようにしたい。手袋は必携。

サブコース

東麓の旧武尊牧場スキー場駐車場からほたか牧場キャンプ場、セビオス岳経由のコースは往復約8時間。ほかに南麓の川場谷野営場や旭小屋から沖武尊、旧川場キャンプ場から剣ヶ峰山へのコースなどがある。

安全のヒント

途中には数本のクサリ場がある。クサリや足場はしっかりしているので問題はないが、場所によって途中でクサリを持ち変える箇所があるので落ち着いて登るようにしよう。

クサリ場では落ち着いて行動しよう

79 武尊山

武尊神社 ❶
上ノ原登山口
避難小屋
手小屋沢分岐
手小屋沢避難小屋 ❸
みなかみ町
セビオス沢
武尊避難小屋
登り約4時間40分、下り約3時間30分
ほたか牧場キャンプ場
登山口
1480

木の根が張り出した急斜面の登り
0:45 0:50
武尊神社
観瀑台
武尊大滝

剣ヶ峰山分岐 ❷
林道終点
0:45 1:05
0:50
2:00 1:40
ロープやクサリをつたって5カ所の岩場を越える
高山平

武尊沢徒渉点
行者ころげ
ガレ場
（沖武尊）武尊山 ❹
2158
セビオス岳 1870

増水時注意
獅子ヶ鼻山 1875
2:20
1:50
分岐
1975
1:10
1:25
中ノ岳
家ノ串 2103
周囲の山々を一望

鹿俣山 1637
木の根が張り出した急な下り
2020
剣ヶ峰山 ❺
剣峰 2083
前武尊 2040
群馬県
片品村

展望のよいピーク
1871
川場村
川場谷

沼田市

1:70,000
0 500 1000m
1cm＝700m
等高線は50mごと

旧川場キャンプ場
川場スキー場
カワバシティ
旭小屋
川場谷野営場
不動岩
天狗尾根
荒山沢
オグナほたかスキー場
川場尾根

旧武尊牧場スキー場駐車場
西俣沢
荒砥沢
鎌田・沼田IC
オグナほたか駐車場
オグナほたか駐車場

野反湖畔から登る上信国境の山は高山植物の宝庫

白砂山
しらすなやま

群馬県・長野県

登山レベル:**中級**

技術度:★★★
体力度:★★★

日　程：前夜泊日帰り

総歩行時間：**6時間40分**

総歩行距離：**11.7km**

累積標高差：登り**1176m**
　　　　　　下り**1176m**

登山適期：**6月中旬～10月下旬**

地形図▶1：25000「野反湖」
三角点▶三等

シャクナゲ咲く登山道から見た白砂山（右奥）。笹原の尾根は大きな展望を楽しみながらのの山歩きとなる

🗻 山の魅力

上信越の山々の大パノラマが広がる展望の山。その名から風化花崗岩の白い砂に覆われた姿を想像するが、実際は明るい草原が広がる稜線を持ち、山頂直下は高山植物の宝庫でもある。昔は秘境の山だったが、登山口の美しい湖、野反湖ともども多くの登山者、観光客が訪れるエリアとなった。

>>> DATA

公共交通機関【往復】JR吾妻線長野原草津口駅→タクシー（約1時間）→白砂山登山口

マイカー　関越自動車道・渋川伊香保ICから県道35号、国道145・292・405号を経由して白砂山登山口まで約73km。登山口に無料駐車場あり。

ヒント　長野原草津口駅から野反湖へは中之条町営バスも運行しているが、朝の便は平日のみの運行で、また、帰りの最終バスが15時台と早く、往復ともバスを利用すると時間切れになる可能性が高い。往路・復路のどちらかでタクシーを利用するか、前日に野反湖に入り、野反湖キャンプ場のバンガローで前泊するといい。

問合せ先

中之条町六合支所	☎0279-95-3111
中之条町企画政策課（町営バス）	☎0279-75-8802
中之条町観光協会	☎0279-75-8814
野反湖キャンプ場	☎090-5201-4782
浅白観光自動車長野営業所（タクシー）	☎0279-82-2288

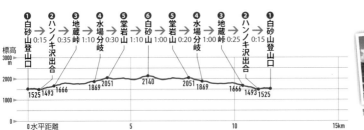

❶白砂山登山口 0:15 ❷ハンノキ沢出合 0:35 ❸地蔵峠 1:10 ❹水場分岐 0:30 ❺堂岩山 1:10 ❻白砂山 1:00 ❺堂岩山 0:20 ❹水場分岐 1:00 ❸地蔵峠 0:25 ❷ハンノキ沢出合 0:15 ❶白砂山登山口

標高 3000m
2000
1000
1525 1493 1666　1869 2051　2140　2051 1869　1666 1493 1525

0 水平距離　　　5　　　　10　　　15km

野反湖キャンプ場

欄外情報 立ち寄り温泉◎アクセスで走る国道405・292号沿いには温泉が多い。尻焼温泉は川そのものが温泉で、川を堰き止めた無料の露天風呂になっている。ほかにも花敷温泉、長英の隠れ湯、応徳温泉などの立ち寄り温泉がある。

コース概要 ❶白砂山登山口から山腹を歩き、いったん❷ハンノ木沢出合に下って橋で沢を渡る。ここから尾根道を登れば❸地蔵峠の分岐に着く。左は切明温泉への道で、ここは右に。勾配はだんだんと急になり、地蔵山をはじめいくつかのピークを越えると❹水場分岐に至る。八十三山を左手に見て高度を上げれば❺堂岩山だ。堂岩山からすぐ先の八間山分岐を過ぎると白砂山が見えてくる。猟師の頭とよばれる小ピークを通過し、最後の岩稜地帯を登れば❻白砂山の山頂に到着する。上信越の山々の眺めをたっぷり楽しもう。下山は往路を戻るが、岩稜や笹原の狭い道の通過にはくれぐれも注意しながら下りたい。

このコースは途中にエスケープルートはない。体調が悪くなったらすぐに引き返すことを念頭に行動したい。

プランニングのヒント 登山口と白砂山山頂との単純標高差は600mで、この数字だけを見ると挑戦しやすい山に思えるが、実際にはいくつもの登り返しがあり、これが思わぬ疲労を招く。疲労は下山時のスリップにつながるので、ペース配分をしっかりと。

サブコース

下山時、堂岩山手前の八間山分岐を左に入って尾根道を八間山に向かい、八間山から白砂山登山口近くの国道に下ることもできる。八間山分岐から登山口まで約2時間50分（中級）。

花と自然

白砂山は花の多い山。シャクナゲの花は登山道に彩りを添え、初夏にはシラネアオイ、夏はニッコウキスゲ、クルマユリ、マイヅルソウ、ハクサンフウロなどが咲き乱れる。

白く可憐なマイヅルソウ

80

白砂山

80 白砂山

秋山郷・切明温泉
大倉山 △2054
長野県 栄村
白砂山 ❻
新潟県 湯沢町
上ノ倉山

1538・

山ノ内町

水場（沢水）へは5分ほどの下り
水場分岐
八十三山 ・2101
堂岩山
△2140
岩稜や笹原の通過注意

主尾根に上がる
（沢水）
2042
猟師の頭
猟師ノ尾根 ・1802

1608
地蔵峠 ❸
1:10→ ←1:00
0:30→ ←0:20
❹
❺
八間山分岐
2051

0:35→ ←0:25
1802
地蔵山
ぐんま県境稜線トレイル

白砂山登山口 ❶
←0:15
1620△
❷ハンノキ沢出合
中尾根の頭 1944
地蔵峠〜白砂山間はアップダウンがとても多く、想像以上に疲れる

野反湖キャンプ場
野反湖案内所
野反ダム
野反湖
八間山登山口
堂岩沢
八間山分岐から白砂山登山口まで約2時間50分

キャンプ場管理事務所

405

群馬県 中之条町

△1743

大きな展望が広がる
△1935
八間山

国道292号・長野原草津口駅
野反峠

N
1:50,000
0　500　1000m
1cm＝500m
等高線は20mごと

渋沢
胎内沢
本沢
猟師沢
白砂川
黒沢
木戸沢

山麓に名湯が控える大展望とコマクサの山

草津白根山（本白根山）

くさつしらねさん もとしらねさん

標高2171m（本白根山）

群馬県

登山レベル:初級

技術度:★
体力度:★

日　程:日帰り

総歩行時間:**3時間25分**

総歩行距離:**7.7km**

累積標高差:登り469m
　　　　　　下り469m

登山適期:**6月上旬〜10月下旬**

地形図▶1：25000「上野草津」
三角点▶なし

本白根山遊歩道最高地点より標高2171mの本白根山（左）と本白根山展望所（右）の2つのピークを展望。山上からは浅間山や榛名山、志賀の山々が展望できる

山の魅力

天下の名湯・草津温泉の西にそびえる草津白根山は蒸気ガスを噴出する活火山。最高点は本白根山だが、火山ガス等の規制のため、現在は遊歩道最高点を山頂としている。一番の魅力は山頂からの大展望と、夏のコマクサの大群落。なお、湯釜、本白根山方面は2018年の噴火以降、立入禁止が続いている。

>>> DATA

公共交通機関 【往復】JR吾妻線長野原草津口駅→JRバス関東（約30分）→草津温泉→JRバス・草軽交通・西武観光バス（約30分）→白根火山バス停　※草津温泉〜白根火山間は2023年7月現在長期運休中。

マイカー 関越自動車道・渋川伊香保ICから国道353・292号（志賀草津道路）などを経由して白根山頂駐車場（無料）まで約70km。　※2023年7月現在、志賀草津道路は通行そのものは可能だが、駐車場は利用できない。

ヒント 北陸新幹線・軽井沢駅から草軽バス・西武高原バスで草津温泉へアクセスすることもできる。また、草津温泉へは東京からJRバス関東の高速バス「ゆめぐり号」が運行している（所要4時間〜4時間50分）。

問合せ先
草津温泉観光協会　☎0279-88-0800
JRバス関東長野原支店　☎0279-82-2028
草軽交通バス　☎0267-42-2441
西武観光バス　☎0267-45-5045

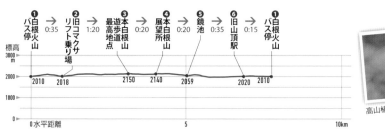

	❶白根火山バス停		❷旧コマクサリフト乗り場		❸最高遊歩道地点		❹本白根山		❹本白根山展望所		❺鏡池		❻旧山頂駅		❶白根火山バス停
		0:35		1:20				0:20		0:20		0:35		0:15	
標高(m)	2010		2018			2150		2140		2059		2020		2010	

高山植物の女王コマクサ

欄外情報 立ち寄り温泉◎草津の日帰り温泉施設：御座之湯：☎0279-88-9000。入浴料700円。7〜21時。　西の河原露天風呂：☎0279-88-6167。入浴料700円。7〜20時。　大滝乃湯：☎0279-88-2600。入浴料980円。9〜21時。

コース概要

❶白根火山バス停から逢ノ峰を越えると旧山頂駅そばの車道に出る。これを横切って進めば**❷旧コマクサリフト乗り場**。旧リフト右側のゲレンデ内を登ると樹林に入り、やがて木道を進むようになると正面に本白根山展望所の岩峰が見えている。夏、山道沿いの砂礫地ではコマクサが見事だ。山腹を進み、本白根山展望所の分岐を直進し、平地を抜けて右へと登ると**❸本白根山遊歩道最高地点**に到着する。下山は分岐まで戻り、右の**❹本白根山展望所**へ登る。ここからゆるやかに下り、樹林に入ると右下に**❺鏡池**がある。樹林帯の木道を抜けると殺生河原方面分岐だ。左に進むと**❻旧山頂駅**で、あとは逢ノ峰東面の巻き道をたどって**❶白根火山バス停**に戻る。

プランニングのヒント

車利用なら、草津温泉に宿泊して近隣の三百名山で野反湖の近くにそびえる白砂山(P182)や志賀高原の岩菅山(下巻P48)、横手山・笠ヶ岳(下巻P82)などを登るのもいい。

コマクサの見頃は場所や年によるが、6月中旬～8月上旬。群生地の保全のため、柵内に立ち入っての撮影は厳禁。

安全のヒント

湯釜や本白根山一帯は2018年1月の噴火以降、火山活動により登山禁止の状態が続いている。登山サイトのなかには入山した内容のものを多く見かけるが、絶対に立ち入らないこと。

サブコース

紹介コース以外には、万座温泉からの遊歩道最高地点への白根探勝歩道や草津側の殺生河原から富貴原ノ池経由のコースなどがあるが、いずれも2023年7月現在通行止め。

殺生河原コースの途中から見た富貴原ノ池

81 草津白根山

1:32,000

0　250　500m
1cm=320m
等高線は20mごと

志賀草津道路

白根山 ▲2160

渋峠

水釜

湯釜

小右衛門ノ滝

湯釜西側展望台

2023年7月現在、駐車場・トイレは使用できない

湯釜展望台
パークサービスセンター
白根レストハウス
白根山頂駐車場

湯釜一帯は有毒ガス発生につき立入禁止となっている

群馬県
草津町

座温泉スキー場

奥万座

殺生沢

❶白根火山バス停

0-15

草津白根山

逢ノ峰 ▲2110

❻旧山頂駅

0-35

熊に注意

旧コマクサリフト乗り場 **❷**

急な斜面

0-35
0-50

1852

殺生河原方面分岐

草津温泉・渋川伊香保IC

殺生河原

草津白根山の最高点だが有毒ガスの発生で山頂に立つことはできない

本
白
根
探
勝
歩
道

0-30
0-20

1-00
1-20

❺鏡池

鏡池

2028

嬬恋村

本白根山 2171

から釜 2076

池底に亀甲模様の構造土が見られる

❹本白根山展望所

本白根山遊歩道最高地点 **❸**

分岐

本白根山三角点へは立入禁止 ▲2165

0-25
0-20

コマクサ群落

1914

春〜初夏は何種類ものツツジに包まれる花の山

赤城山
（あかぎさん）

標高**1828**m（黒檜山）

群馬県

登山レベル：**初級**

技術度：★★
体力度：★★

日　程：**日帰り**

総歩行時間：**4時間10分**

総歩行距離：**6.4km**

累積標高差：登り**606**m
　　　　　　下り**603**m

登山適期：**4月中旬〜11月上旬**

地形図▶1：25000「赤城山」
三角点▶三等

大沼南面の地蔵岳から見た黒檜山（中央）と駒ヶ岳（右）。手前に、赤城神社のある大沼が見えている

🔺 山の魅力

妙義山、榛名山とともに上毛三山の一つに数えられている山。コース全般が自然林になっていて、新緑、花、紅葉とそれぞれの季節ごとに魅力的な姿を見せる。稜線からは大沼、小沼も見渡せる。歩行時間が短く、困難な箇所もないので、初級者でも十分に歩き通すことができるだろう。

>>> DATA

公共交通機関【行き】JR両毛線前橋駅→関越交通赤城山直通バス（約1時間5分）→赤城山大洞バス停　【帰り】赤城山ビジターセンターバス停→関越交通赤城山直通バス（約1時間10分）→前橋駅

マイカー　関越自動車道・前橋ICから国道17号、県道4号、赤城道路（無料）を経由して赤城山大洞まで約35km。駐車場は、おのこ駐車場が便利。無料。

ヒント　赤城山への直通バスは土・日曜、祝日のみの運行。平日は途中の富士見温泉（道の駅ふじみ）で乗り換えが必要となる。便数が大変少ないので下調べはしっかりと。

問合せ先

前橋市富士見支所	☎027-288-2211
前橋観光コンベンション協会	☎027-235-2211
赤城公園ビジターセンター	☎027-287-8402
関越交通前橋営業所	☎027-210-5566
ナガイタクシー（前橋駅）	☎027-231-8123

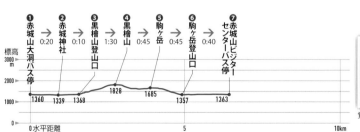

①赤城山大洞バス停 →0:20 ②赤城神社 →0:10 ③黒檜山登山口 →1:30 ④黒檜山 →0:45 ⑤駒ヶ岳 →0:45 ⑥駒ヶ岳登山口 →0:40 ⑦赤城山ビジターセンターバス停

標高3000m／2000／1000

1360　1339　1368　1828　1685　1357　1363

0水平距離　5　10km

覚満淵の木道

欄外情報　立ち寄り温泉◎富士見温泉見晴らしの湯ふれあい館：国道353号沿いにある道の駅ふじみ内の日帰り温泉。農産物直販所なども隣接。☎027-230-5555。入浴料520円。10〜20時（土・日曜、祝日は〜21時）。木曜休。

コース概要 **❶赤城山大洞バス停**から車道を**❷赤城神社**へ。参拝をすませ、車道をもう少し歩くと、右手に**❸黒檜山登山口**が見えてくる。登山道に入るといきなりの急登だ。大沼や地蔵岳を望む展望地点から先の道は、6月ならシロヤシオに包まれることだろう。道は傾斜を増し、岩を手がかりに登る場所も現れる。やがて黒檜山と駒ヶ岳を結ぶ稜線の分岐。ここを左に行けば**❹黒檜山**の広々とした山頂だ。分岐まで戻って鳥居の立つ御黒檜大神を過ぎた先で花見ヶ原森林公園方面への道を左に分け、木段の急坂を下る。大ダルミから**❺駒ヶ岳**に向けて登り返し、さらに尾根道を行く。道はやがて尾根を離れ、**❻駒ヶ岳登山口**に下り着く。左へと歩いて覚満淵を周遊し、**❼赤城山ビジターセンターバス停**へと向かおう。

プランニングのヒント 首都圏を早朝に発てば、マイカーでなくても日帰りは十分に可能だ。バス時刻を気にして慌てることのないよう、昼食などの時間調整はしっかりと。

コース自体の難易度は高くないが、標高が2000m近くあるために気象変化は激しい。防寒・防風の準備は万全に。

Column

花と自然

赤城山はツツジの名所。4月下旬のアカヤシオに始まり、トウゴクミツバツツジ、ヤマツツジ、シロヤシオ、ムラサキヤシオ、レンゲツツジと、6月下旬過ぎまで楽しむことができる。ここで紹介したコースは、これらのツツジのほとんどを見ることができる花好きのための道だ。

シロヤシオ（上）とレンゲツツジ（下）

82
赤城山

82 赤城山

五輪尾根
陣笠
五輪峠
沼田IC
展望台
山頂から往復5分
赤城北面道路
男体山や皇海山など日光の山が見える
花見ヶ原森林公園
△1828 **❹黒檜山**
御黒檜大神
関東ふれあいの道

出張山
1475
県営赤城公園キャンプ場
大洞
ツツジの道を登る。コース上部は岩がゴロゴロして歩きづらい
1:30
1:10
猫岩
1:05
0:45
急な下りが続く。転倒に注意

渋川市
出張峠
❸黒檜山登山口
0:10
大沼
啄木鳥橋は架替のため、2023年現在通行止め
小鳥ヶ島
❷赤城神社
大ダルミ
❺駒ヶ岳
△1685
展望はない

群馬県
前橋市
赤城少年自然の家
啄木鳥橋
車道歩きの際は往来する車に注意
桐生市

鍬柄山
見晴山
1458
湖尻厚生団地入口
赤城少年自然の家
あかぎ広場
❻駒ヶ岳登山口
1:05
0:45
急斜面の下り

白樺牧場
展望台下
句碑めぐり散歩道
おのこ駐車場
赤城公園ビジターセンター〜大洞間は徒歩10分ほど
1500

秋柄峠
1487
赤城山
赤城道路
赤城山大洞バス停❶
0:40
春から秋にかけ花の多い湿原

鈴ヶ岳
赤城山総合観光案内所
新坂平
赤城公園ビジターセンター
覚満淵

姥子峠
1674
❼
赤城山ビジターセンターバス停
鳥居峠

鈴ヶ岳登山口
△地蔵岳
1674
小沼平分岐
1:30,000
御神水
0 250 500m
1cm=300m
等高線は10mごと

JR前橋駅・前橋IC
八丁峠
赤城温泉
長七郎山
小地蔵岳
1574
水沼駅

その不思議なスタイルに魅了される西上州の名山

荒船山
あらふねやま

標高**1423**m（経塚山）

群馬県・長野県

登山レベル：初級

技術度：★★
体力度：★★

日　程：日帰り

総歩行時間：**4**時間

総歩行距離：**9.5**km

累積標高差：登り**752**m
　　　　　　下り**752**m

登山適期：**4**月上旬〜**11**月下旬

地形図 ▶ 1：25000「荒船山」「信濃田口」
三角点 ▶ 二等

北面の内山牧場付近から見た荒船山。絶壁の部分が艫岩で、右に尖った頭を見せているのが経塚山。頂稜部はほぼ平らな道が続く

🏔 山の魅力

頂稜部は2km近くにわたって広葉樹林の平坦路が続き、新緑や紅葉の時期は別天地の様相を見せる。一方、艫岩付近の北側は巨大な絶壁となっていて、下仁田方面から眺めたその姿は日本のテーブルマウンテン、あるいはタンカーとも称される。ツツジ咲く新緑の頃にぜひ歩きたい山だ。

>>> DATA

公共交通機関【往復】上信電鉄下仁田駅→タクシー（約40分）→内山峠

マイカー 上信越自動車道・下仁田ICから国道254号を経由して内山峠まで約28km。駐車場は約20台分（無料）あるが、休日はすぐ満車になる。

ヒント 登山に適した路線バスはないので、マイカー、タクシー、レンタカーなどを利用することになる。なお、時間を重視するなら、北陸新幹線佐久平駅からタクシーを利用したほうが、下仁田駅経由より1時間近く早く登山口に到着する。

問合せ先
下仁田町商工観光課　　　　　　☎0274-64-8805
佐久市観光課　　　　　　　　　☎0267-62-3285
成和タクシー（下仁田駅）　　　☎0274-82-2078
上信ハイヤー（下仁田駅）　　　☎0274-82-2429
佐久小諸観光タクシー（佐久平駅）☎0267-65-8181

❶内山峠	→ 0:55	❷鋏岩	→ 0:45	❸艫岩	→ 0:40	❹経塚山（行塚山）	→ 0:35	❸艫岩	→ 0:30	❷鋏岩	→ 0:35	❶内山峠

標高
3000m
2000
1000
0

1067　1201　1334　1423　1334　1201　1067

0水平距離　　　5　　　10km

下仁田町から見た荒船山

欄外情報 立ち寄り温泉◎下仁田荒船の湯：下山後に山の汗を流したいときは、群馬県側の国道254号沿いにあるここがおすすめ。バス停もある。入浴料700円（土曜・休日800円）。10〜20時。無休。☎0274-67-5577

コース概要 ❶**内山峠**(うちやまとうげ)の駐車場奥から登山道に入る。道はやがて左に大きくカーブし、転落防止柵のある鞍部から尾根に取り付く。クサリとロープで滑りやすい泥道を登り、登下降を繰り返すと❷**鋏岩**(はさみいわ)。左側が崖になった尾根道をたどれば、一杯水からはハシゴや岩場も現れる。傾斜がゆるんで笹原になれば頂稜部の一端で、ほどなく❸**艫岩**(とも)だ。傍らの避難小屋の先で相沢・三ツ瀬分岐を通過し、平坦な道を歩く。経塚入口で星尾峠への道を右に分け、正面の急坂を❹**経塚山**(きょうづかやま)(行塚山)へと登る。心地いい樹林の頂だ。下山は往路を戻ろう。

プランニングのヒント タクシーで内山峠にアクセスした場合、往路を戻らずに艫岩先の相沢・三ツ瀬分岐から三ツ瀬に下るコースもある。三ツ瀬には荒船の湯があり、いずれからも下仁田駅行きの下仁田町営バスが運行している。ただし、平日のバス便に限ってスクールバスも兼ねているため、原則として児童生徒が優先される。

> 艫岩では複数回の転落死亡事故が起きている。崖縁はたいへん危険な場所。絶対に近寄らないようにしてほしい。

サブコース

マイカーでのアクセスになるが、西麓の荒船不動尊からのコースは荒船山への最短コース。一時、台風の影響でコースは荒れたが、今は修復されている。途中の星尾峠は四叉路になっているので進む方向を間違えないように。荒船不動尊から最高峰の経塚山まで約1時間20分(初級)。

木々に包まれた星尾峠

83 荒船山

西上州の最奥にたたずむ孤峰の頂へ

諏訪山
(すわやま)

標高1550m

群馬県

登山レベル:中級

技術度:★★★
体力度:★★★

日　程:前夜泊日帰り

総歩行時間:**8時間5分**

総歩行距離:**16.8km**

累積標高差:登り**1364m**
　　　　　　下り**1364m**

登山適期:**4月中旬〜11月下旬**

地形図 ▶ 1:25000「浜平」
三角点 ▶ 三等

木々に囲まれひっそりとした諏訪山の山頂。展望がないので、昼食をとるならヤツウチグラのほうがいいだろう

山の魅力

長野県と埼玉県に接する山深い村、上野村にひっそりたたずむ信仰の山。上ヤツウチグラともよばれる。派手さがないせいか訪れる登山者は少ないが、静かに山と向き合いたい人には好適の山かもしれない。アクセスが不便なので、せっかくなら村内の温泉宿などに宿泊し、山村の雰囲気を味わうのがいい。

>>> DATA

公共交通機関【往復】JR高崎線新町駅→日本中央バス（約2時間25分）→学園入口バス停。または、上信電鉄上信線下仁田駅→タクシー（約45分）→楢原登山口

マイカー 上信越自動車道・下仁田ICから国道254号、県道45号、国道299号などを経由して楢原登山口まで約30km。登山口に数台分の駐車スペースがある。

ヒント 新町駅〜上野村間のバス便は登山に適した時刻の運行が少ない。事前にきちんと調べてから出かけたい。タクシーやマイカーの場合、楢原登山口に続く林道が雨の影響などで通行不能になることもある。直前に上野村産業情報センターで確認しておこう。

問合せ先
上野村産業情報センター ☎0274-20-7070
日本中央バス運行部 ☎027-287-4422
上信ハイヤー（下仁田駅） ☎0274-82-2429
成和タクシー（下仁田駅） ☎0274-82-2078

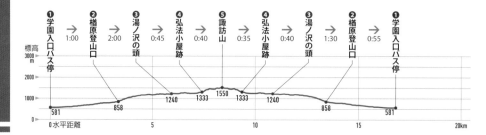

❶学園入口バス停	❷楢原登山口	❸湯ノ沢の頭	❹弘法小屋跡	❺諏訪山	❹弘法小屋跡	❸湯ノ沢の頭	❷楢原登山口	❶学園入口バス停
	1:00	2:00	0:45	0:40	0:35	0:40	1:30	0:55

標高
3000
m
2000
1000

581　　858　　　1240　1333　1550　1333　1240　　　858　　　581

0 水平距離　　　　　5　　　　　　10　　　　　　15　　　　　20km

欄外情報 立ち寄り温泉◎浜平温泉 しおじの湯:村内に温泉は何カ所かあるが、日帰り入浴に対応しているのはここだけ。☎0274-59-3955。入浴料600円。11〜19時（土曜は〜20時）。火曜休・冬期不定休。

コース概要
❶学園入口バス停から神流川を弁天橋で渡り、突き当たりを右折。バイパスに出たら右折してその先左手の樽原林道に入る。しばらく林道を歩くと**❷楢原登山口**で、ここから登山道が始まる。急登をこなすと尾根に出て、三笠山遙拝所を過ぎたあたりから随所にハシゴやロープ場、クサリ場が現れる。**❸湯ノ沢の頭**、**❹弘法小屋跡**を過ぎ、ロープやハシゴで岩稜を越えれば好展望のヤツウチグラ（三笠山）。山頂はもう間近で、いったん下って小ピークを越えれば樹林に包まれた**❺諏訪山**の頂だ。下りは往路を慎重に戻る。

プランニングのヒント
新町駅発の始発バスに乗車した場合、学園入口着は9時過ぎ、学園入口発の最終バスは17時台。歩行時間だけでも8時間を超えるために往復バス利用は厳しく、復路はタクシーの利用が現実的だ。その際は楢原登山口から乗車するといい。上野村にはタクシー会社がないので、下仁田町のタクシーを予約しておこう。

> アクセス路の楢原林道は舗装こそされているが落石が多く、パンクに注意。タクシーを利用する場合も事前に道路状況は調べておきたい。

花と自然
樹林に包まれた山であり、目立つ花はそう多くないが、春、アカヤシオやミツバツツジを登山道のあちこちで見かけることができる。アカヤシオの花期は4月中旬～下旬頃。

安全のヒント
コース全般を通して、ロープ場やハシゴ、露岩が多い。特に困難な箇所はないが、樹林帯のために雨の後などはハシゴや岩が乾きづらく、滑落やスリップには十分な注意が必要。

コース上部ではハシゴが頻繁に現れる

84 諏訪山

1:60,000

500 1000m
1cm=600m
等高線は20mごと

八ヶ岳に対峙する独立峰は展望とシャクナゲの山

御座山
（おぐらさん）

二百

標高2112m

長野県

登山レベル:初級

技術度:★★
体力度:★★

日　程:前夜泊日帰り

総歩行時間:5時間35分

総歩行距離:11.5km

累積標高差:登り1052m
　　　　　　下り1152m

登山適期:4月中旬～11月上旬

地形図▶1:25000「信濃中島」「御所平」
三角点▶二等

北相木村から見た御座山（中央やや左）。独特の山容はすぐにそれとわかる。南相木村側から見ると、ゴリラの横顔に似ているそうだ

山の魅力

南相木村と北相木村の境にそびえ、両村にとってのシンボルともなっている独立峰。八ヶ岳に対峙する位置にあり、山頂からは八ヶ岳のほぼ全容を眺めることができる。アクセスがやや不便なため、人気においては不遇をかこっているが、初夏のシャクナゲの大群落やイワカガミは一見の価値がある。

>>> DATA

公共交通機関【行き】JR小海線小海駅→南相木村営バス（途中乗り換え・約30分）→栗生バス停　【帰り】白岩バス停→北相木村営バス（約30分）→小海駅

マイカー中央自動車道・長坂ICから国道141号、県道2・472号、林道御座線を経由して栗生登山口の無料駐車場まで約42km。または、中部横断自動車道・八千穂高原ICから国道141号、県道2・472号、林道御座線などを経由して約22km。

ヒント南相木村営バス、北相木村営バスとも、日曜・祝日は運行本数が限られているので（南相木村営バスは日曜・祝日運休）、運行ダイヤはしっかりと確認しておきたい。また、JR小海線の運行本数も少ないため、タクシーを積極的に利用したほうがいいだろう。

問合せ先
南相木村振興課　☎0267-78-2121
北相木村経済建設課　☎0267-77-2111
小海タクシー　☎0267-92-2133

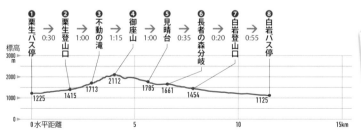

標高3000m

①栗生バス停 →0:30 ②栗生登山口 →1:00 ③不動の滝 →1:15 ④御座山 →1:00 ⑤見晴台 →0:35 ⑥長者の森分岐 →0:20 ⑦白岩登山口 →0:55 ⑧白岩バス停

1225　1415　1713　2112　1785　1661　1454　1125

0水平距離　5　10　15km

アズマシャクナゲ

欄外情報　立ち寄り温泉◎南相木温泉滝見の湯：温泉に入りながら犬ころの滝を眺めることができる。レストランや農産物直販所も併設。☎0267-91-7700。入浴料500円。10～21時（冬期～20時）。火曜日（休日の場合は営業）。

コース概要 ❶栗生バス停から栗生川の対岸に渡って林道に入る。30分ほどで❷栗生登山口だ。しばらくはカラマツの人工林を歩く。やがてツガや天然カラマツ、ミズナラなどの原生林となり、❸不動の滝に着く。道はだんだんと傾斜を増し、クサリ場を越えるとやっと視界が開ける。八ヶ岳が目に飛び込み、シャクナゲの群落も姿を現す。御岳神社石宮の先で北相木村山口へと下る分岐を見送れば、❹御座山の山頂はまもなくだ。下山は山頂直下の避難小屋前から北東へと山口坂を下る。❺見晴台を過ぎ、次の❻長者の森分岐を左にとれば❼白岩登山口はもう間近。高原野菜畑の道をのんびり下ると❽白岩バス停に到着する。

プランニングのヒント 小海駅からの一番バスに乗るには、駅周辺で前泊する必要がある。マイカーの場合、5月下旬から6月中旬にかけてのアズマシャクナゲの花期は、朝から駐車場が混雑する。土日や祝日は早朝に到着するスケジュールを組みたい。

> 山頂直下には避難小屋がある。寝具やトイレ、水場などはないが、清潔で、いざというときにはありがたい存在。

Column

安全のヒント

御座山の山頂は絶壁上の狭い岩場。展望の良さについ写真撮影に夢中になりがちだが、行動には注意が必要だ。また、御岳神社手前のクサリ場には木の根がはっている。濡れているときは根で滑らないように。

御座山の切れ落ちた山頂

御岳神社手前のクサリ場

85 御座山

長者の森にはコテージやキャンプ場がある

農作業の妨げになるので、マイカーやタクシーでのアクセスは控える

長野県
北相木村

北西側にピラミダルな姿の茂来山を望む

群馬県
上野村

スリップ注意

360度の展望。滑落注意

シャクナゲ

不動の滝 ❸

1:50,000

0　　500　　1000m
1cm=500m
等高線は20mごと

沢筋の道からクサリ場をたどって展望の山頂へ

両神山
りょうかみさん

百

標高1723m

埼玉県

登山レベル：**上級**

技術度：★★★★
体力度：★★★

日　程：前夜泊日帰り

総歩行時間：**6時間35分**

総歩行距離：**10.4km**

累積標高差：登り**1497m**
　　　　　下り**1497m**

登山適期：**4月上旬〜11月下旬**

地形図▶1：25000「両神山」
三角点▶二等

秩父の宝登山から眺めた両神
山。ギザギザになった頂稜部
の様子がよくわかる。右から
続くのは八丁尾根で、クサリ
場だらけの岩稜だ

上級
中級
初級

両神山

🔺 山の魅力

秩父連山の北端に位置している日本百名山の一つ。ノコギリの刃のような男性的な山容が特徴で、稜線付近には切り立った岩場が続いている。山岳信仰の山として古くから知られ、往時の面影を残す石仏や石塔などが随所に見られる。5月には山頂部一帯がアカヤシオで彩られ、多くの登山者が訪れる。

▷▷▷ DATA

公共交通機関【往復】西武鉄道西武秩父駅→小鹿野町営バス（薬師の湯で乗り換え。約1時間25分）→日向大谷口バス停

マイカー　関越自動車道・花園ICから国道140号、県道44・37・279号を経由し、約50kmで日向大谷口。バス停周辺に第1〜3の無料駐車場（計約30台）がある。両神山荘の駐車場（有料）は日帰り登山者も利用可能。

ヒント　西武秩父駅〜薬師の湯〜日向大谷口バス停間のバスは本数が少なく、かつ、到着時間が遅くなるため、登山口の両神山荘または薬師の湯のすぐ近くにある国民宿舎両神荘に前泊する場合以外は、タクシーやマイカーの利用が前提となる。タクシーを利用する場合、西武秩父駅前に常駐している。

問合せ先
小鹿野町まちづくり観光課（町営バスも）
　　　　　　☎0494-75-5060
秩父丸通タクシー　☎0120-02-3633

標高
3000
m

2000

1000

0

❶日向大谷口バス停	❷会所	❸清滝小屋	❹両神神社	❺両神山	❹両神神社	❻赤滝入口	❷会所	❶日向大谷口バス停
0:30	1:30	0:50	0:40	0:40	1:10	1:00	0:25	
633	709	1202	1636	1723	1636	1035	709	633

0　水平距離　　　　　　5　　　　　　　10　　　　15km

両神山山頂に立つ両
神社奥社の祠

欄外情報　前泊◎登山口に民宿両神山荘がある。☎0494-79-0593。1泊2食8000円〜。テント場もある。コースの途中にある清滝小屋は無人の避難小屋で、緊急時以外は使用不可。

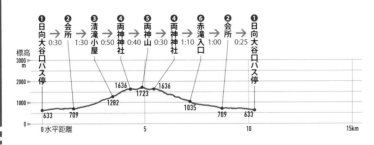

コース概要 ❶日向大谷口バス停上の両神山荘の脇から登山道に入り、ゆるやかに登山道をたどる。❷会所で七滝沢コースを右に分け、小さな広場の先で七滝沢を渡る。薄川を何度も渡り返しながら、石像が立つ八海山、弘法之井戸の水場を過ぎると、まもなく❸清滝小屋。小屋の先で七滝沢コースを右に見送り、急斜面を上がると産泰尾根に飛び出す。クサリ場をいくつか越すと、赤い鳥居のある❹両神神社に出る。神社から鞍部に下り、アップダウンを繰り返して最後にクサリ場を登り切れば、❺両神山の山頂だ。復路は七滝沢コースを下る。七滝沢コース分岐を左に入ってクサリ場のある道を急下降し、七滝沢の右岸沿いを行く。❻赤滝入口を過ぎて対岸に渡ればしばらくで❷会所。あとは往路を下る。

プランニングのヒント 両神山荘に前泊すれば、余裕を持った計画を組むことができる。時間に余裕がなければ、七滝沢コースを下りずに往路を戻ったほうが確実だ。

七滝沢コースは2023年7月現在、土砂流出のため通行止め。また、日向大谷口バス停～会所間は谷側が急斜面のため滑落に注意したい。

サブコース

両神山の南面から登る白井差新道は、日向大谷口からのコースに比べて時間短縮が図れる。ただし、私有地を通過するために、事前の予約と環境整備協力金（一人1000円）が必要で、1日30名の限定。予約は、☎0494-79-0494（山中さん）。

安全のヒント

紹介したコースは全般に沢沿いが多く、飛び石伝いに沢を渡る箇所もある。水量の多い時や天気の悪化が予想される時は無理しないように。

会所付近に立つ注意喚起の看板

86 両神山

1:50,000

0　　500　　1000m
1cm＝500m
等高線は20mごと

格段に歩きやすくなった、かつての秘境を行く

和名倉山（白石山）

わなくらやま　しらいしやま

二百

標高2036m

埼玉県

登山レベル：中級

技術度：★★★
体力度：★★★★

日　程：1泊2日

総歩行時間：10時間45分

1日目：2時間
2日目：8時間45分

総歩行距離：23.2km

累積標高差：登り1761m
　　　　　　下り1761m

登山適期：5月中旬〜11月上旬

地形図▶1：25000「雁坂峠」
三角点▶二等

どっしりとなだらかな姿が印象的な和名倉山。とはいえ、奥秩父の主稜から外れていることもあり、いまも訪れる人は少ない

上級
中級
初級

和名倉山（白石山）

🗻 山の魅力

奥秩父主脈から大きく外れた場所にあるため、以前は訪れる人も少なく秘境の趣があったが、日本二百名山に選定されてからは登山道も整備され、格段に登りやすくなった。山頂からの展望はまったくないが、東仙波以降はしばしば草地や露岩があり、南アルプスや富士山の展望もある。

>>> DATA

公共交通機関【往復】JR中央本線塩山駅→タクシー（約1時間10分）→将監峠登山口

マイカー　中央自動車道・勝沼ICから県道38号、国道411号、一之瀬林道を経由して登山口のある三之瀬まで約40km。三之瀬の民宿に駐車場あり（1日500円）。一之瀬林道は道幅が狭いので路上駐車は避けよう。

ヒント　勝沼ICから国道411号を北上していく場合、落合集落からも一之瀬林道に入れるが、やや悪路で、通行止めになっていたりすることも多い。国道411号をさらに3km強進み、一之瀬川沿いの林道を走ったほうがいい。一之瀬林道は舗装されているが、道幅は狭いので慎重に運転しよう。

問合せ先

秩父市観光課	☎0494-25-5209
甲州市観光商工課	☎0553-32-5091
塩山タクシー	☎0553-32-3200
甲州タクシー塩山営業所	☎0553-33-3120

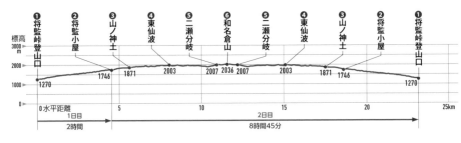

将監峠登山口｜将監小屋｜山ノ神土｜東仙波｜二瀬分岐｜和名倉山｜二瀬分岐｜東仙波｜山ノ神土｜将監小屋｜将監峠登山口

標高
3000m
2000
1000
0

1270　1746　1871　2003　2007 2036 2007　2003　1871 1746　1270

0 水平距離　5　10　15　20　25km

1日目　2日目
2時間　8時間45分

欄外情報　山小屋＆前泊◎将監小屋・☎0553-32-1044。1泊2食付8000円。営業期間は4月下旬〜11月下旬。テント場あり。　民宿みはらし（三之瀬）・☎0553-34-2109。素泊まりのみ4500円（駐車料金含む）。前泊にはここがいい。

コース概要 三之瀬の❶将監峠登山口から林道に入る。この未舗装の林道は、宿泊する❷将監小屋まで続く。翌日、小屋から将監峠を経て、奥秩父縦走路の❸山ノ神土の分岐へ。ここでは北東へと和名倉山方面に進む。樹間のうっそうとした道は徐々に笹原となる。露岩が出てくるとまもなく❹東仙波。いくつかピークを越えると川又分岐で、このあたりからところどころで踏み跡が薄くなるが、要所には道標が立つ。登り斜面にある❺二瀬分岐を右に折れ、千代蔵ノ休場とよばれる休憩に適した草原に出る。赤テープに導かれてゆるやかに登れば、道はやがて北にカーブし、ほどなく❻和名倉山に到着する。下りは往路を慎重に戻ろう。

プランニングのヒント 近年は日帰りで訪れる人も多い。その場合は将監小屋に寄らず、七ツ石尾根経由で山ノ神土に行くコース取りにしたほうが若干早い。ただ、足に自信がない人や早出ができないときは、無理をせずに将監小屋をベースにしたほうがいい。

国土地理院の2万5000分の1地形図では「白石山」と記載されているが、「和名倉山」が秩父山地での歴史ある山名である。

Column

安全のヒント

これといった急登もなく通過困難箇所も少ないが、山頂に近づくにつれ踏み跡が薄い場所があるので道迷いには注意が必要。近年は登る人も少なくなく、赤テープ等の目印もあるので、おや、と思ったら立ち止まって目印を探そう。なお、今回紹介したルートのほかに秩父側からのルートもいくつかあるが、一般登山道ではなく難易度も高い。地形図を確実に読んでルートファインディングできる上級者でなければ、紹介したルートで行くのが無難だろう。

87
和名倉山（白石山）

踏み跡の薄い箇所では慎重に

87 和名倉山

長大な尾根をたどって奥秩父の中心の山へ

甲武信ヶ岳
（こぶしがたけ）

標高2475m

山梨県・埼玉県・長野県

登山レベル：中級

技術度：★★★
体力度：★★★

日　程：1泊2日

総歩行時間：**9時間45分**

　1日目：**5時間15分**

　2日目：**4時間30分**

総歩行距離：**13.8km**

累積標高差：登り**1702m**

　　　　　　下り**1702m**

登山適期：**5月上旬〜11月中旬**

地形図▶1：25000「雁坂峠」「金峰山」
三角点▶なし

木賊山から甲武信小屋へ下る途中で展望が開け、甲武信ヶ岳が目の前に姿を現す。その鋭い姿が印象的だ

上級
中級
初級

甲武信ヶ岳

山の魅力

甲斐・武蔵・信濃の三国境であること、山容が拳に似ていること、など、山名の由来は諸説あるが、木賊山の先から見えるピラミダルな姿はたしかに拳も連想させる。山深い奥秩父のその中心にある盟主のような山であり、山頂からの雄大な展望も人気のある理由のひとつだ。

>>> DATA

公共交通機関 【往復】JR中央本線塩山駅→山梨交通バス（約1時間）→西沢渓谷入口。または、JR中央本線山梨市駅→山梨市営バス（約1時間）→西沢渓谷入口

マイカー 中央自動車道・勝沼ICから県道38号、国道140号を経由して西沢渓谷入口まで約32km。山梨市営の無料駐車場を利用する（約60台）。観光シーズンで駐車場がいっぱいの場合は、少し手前にある道の駅みとみ北側の駐車場も利用できる。

ヒント 塩山駅発のバスは4〜11月の特定日運行（山梨駅発は通年運行）。西沢渓谷は新緑や紅葉の時期は観光客であふれる。特に紅葉シーズンのマイカーアクセスは、早い時間の到着を心がけよう。早朝を過ぎると駐車場は満車になってしまう場合が多い。

問合せ先
山梨市観光協会　　　☎0553-20-1400
山梨市営バス　　　　☎0553-22-1111
山梨交通塩山営業所　☎0553-33-3141

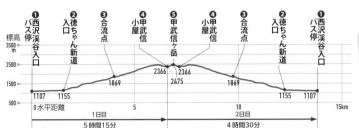

❶西沢渓谷入口バス停／❷徳ちゃん新道入口／❸合流点／❹甲武信小屋／❺甲武信ヶ岳／❹甲武信小屋／❸合流点／❷徳ちゃん新道入口／❶西沢渓谷入口バス停

標高
3500m
2500
1500
500

1107　1155　　　1869　　2366／2366　1869　　　1155　1107
　　　　　　　　　　　　2475
0 水平距離　　　　　5　　　　　10　　　　　15km
　　1日目　　　　　　　　2日目
　5時間15分　　　　　　　4時間30分

戸渡尾根のシャクナゲ

欄外情報 山小屋◎甲武信小屋◎☎090-3337-8947。1泊2食付8500円・素泊まり5500円（ともに特定日は1000円アップ）。営業期間は4月下旬〜11月下旬。隣接してテント場もある。

コース概要 **❶西沢渓谷入口バス停**からしばらく林道を行く。まずは近丸新道の入口が現れるが、もう数分先へ行くと、西沢山荘（利用不可）の手前に**❷徳ちゃん新道入口**がある。登山口のすぐ先で道は尾根筋となり、急登が待ち構える。樹林帯の急坂を頑張れば、やがて右手から近丸新道が合わさる**❸合流点**で、道は戸渡尾根と名前を変える。シャクナゲが多く、花期には鮮やかな色があふれる尾根だ。しばらく行くと奥秩父縦走路に出るので、分岐を左へ。展望のない木賊山を越えれば、ほどなく**❹甲武信小屋**に到着する。小屋からはひと登りで**❺甲武信ヶ岳**の山頂。パノラマを楽しんだら、往路を登山口へと戻る。

プランニングのヒント 公共交通でのアクセスの場合は歩き出しの時間が遅くなるので山小屋泊になる。健脚の人でマイカー利用の場合は日帰りも可能だ。ただし、標高差は1300mを越えるので、日の長い夏の時期に早出ができる場合に限られる。

木賊山近辺は5月上旬前後まで残雪が消えない場所である。その時期は凍結や踏み抜きに注意しよう。

サブコース

登路の徳ちゃん新道に並行する近丸新道は、コース前半は崩壊地の通過、後半は急登の連続で、徳ちゃん新道より歩きづらく時間も余計にかかる。沢沿いのコースなので、降雨時や雨後は避ける。体力と時間に余裕があれば、日本三大峠の一つ、雁坂峠を巡る周回コースもいい。甲武信小屋から奥秩父縦走路を東進、西破風山や雁坂嶺とアップダウンを経て雁坂峠へ。峠からは峠沢沿いに下り、国道140号の道の駅みとみバス停へと至る（甲武信小屋から約6時間・中級）。

秩父往還の要所でもある雁坂峠

88 甲武信ヶ岳

短時間で登ることができる奥秩父最深部の山

国師ヶ岳
（こくしがたけ）

三百

標高2592m

山梨県・長野県

登山レベル:初級

技術度:★
体力度:★

日　程:日帰り

総歩行時間:2時間

総歩行距離:2.9km

累積標高差:登り288m
　　　　　　下り288m

登山適期:6月上旬〜11月中旬

地形図▶1:25000「金峰山」
三角点▶一等

国師ヶ岳からの富士山。いまは多くの登山者がこの山を訪れ、登ることが困難だったかつての面影はない

🏔 山の魅力

以前は奥秩父の山々のなかでも深山の趣が濃く、登頂が困難な山だったが、川上牧丘林道の開通により大弛峠から手軽に登れる山になった。コース上や山頂からの展望もよく、南アルプスや富士山を眺めることができる。日本三百名山だけでなく花の百名山や山梨百名山にも選ばれている。

>>> DATA

公共交通機関【往復】JR中央本線塩山駅→タクシー（約1時間20分）→大弛峠

マイカー 中央自動車道・勝沼ICから県道38号、国道140号、県道206号、川上牧丘林道を経由して大弛峠まで約46km。大弛峠に約30台の駐車場あり（無料）。

ヒント 6〜10月の土・日曜、祝日に限り、塩山駅から大弛峠まで栄和交通運行のツアーバスが1日2便運行される。所要時間は約1時間25分で要予約。川上牧丘林道の通行可能時期は例年6月1日から11月末日まで。シーズン中の週末の駐車場は早朝から満車になることが多く、早着が望ましい。

問合せ先
山梨市観光協会　　　　　　　　☎0553-20-1400
峡東林務環境事務所治山林道課　☎0553-20-2725
栄和交通（ツアーバス）　　　　☎0553-26-4546
塩山タクシー　　　　　　　　　☎0553-32-3200
甲州タクシー塩山営業所　　　　☎0553-33-3120

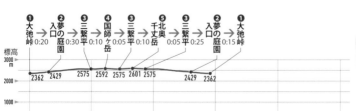

標高
3000m
2000
1000
0

①大弛峠 0:20 ②夢の庭園 0:30 ③三繋平 0:10 ④国師ヶ岳 0:05 ③三繋平 0:10 ⑤北千丈岳 0:05 ③三繋平 0:25 ②夢の庭園 0:15 ①大弛峠

2362 2429 2575 2592 2575 2601 2575 2429 2362

0 水平距離 1 2 3 4 5km

開放的な北奥千丈岳の山頂

欄外情報 立ち寄り温泉◎花かげの湯:塩山市街にほど近い窪平にある公営の日帰り温泉。アルカリ性の泉質で美人の湯として知られる。☎0553-35-4126。入浴料510円（3時間）。10〜21時（冬期は短縮）。月曜休。

■コース概要 ❶大弛峠の東側にある大弛小屋の前を通り、歩きやすい木の階段を行く。❷夢の庭園入口の分岐から右へと夢の庭園に入れば、朝日岳から金峰山にかけてののびやかな稜線や南アルプスが望める。道はほどなく夢の庭園入口からの道と合流し、富士山が見える前国師を経て❸三繋平に到着する。ここは国師ヶ岳と北奥千丈岳の分岐でもある。まずは国師ヶ岳に向かうが大して時間はかからない。❹国師ヶ岳でひと休みしたら❸三繋平へと戻り、北奥千丈岳を目指す。奥秩父最高峰の❺北奥千丈岳では360度の展望が広がる。昼食には最適の頂だ。北奥千丈岳からは❸三繋平を経て、❶大弛峠まで往路を戻ろう。

■プランニングのヒント 6〜10月の土日・祝日に運行される大弛峠行きツアーバスは1日2便(塩山駅発7時30分と9時※2023年のデータ)運行。予約制だが、随時ではなく月単位で予約を受け付けているので、栄和交通のホームページを要チェック。

川上牧丘林道は標高が高いので、通行可能な時期であっても晩秋の早朝などは路面の凍結に注意しよう。

サブコース

国師ヶ岳と北奥千丈岳の往復だけでは少々もったいない。健脚向きの欲張りなコースになってしまうが、マイカーかタクシーで早着すれば、金峰山登山の最短コースでもある大弛峠〜金峰山の往復も十分可能だ。大弛峠から金峰山までは約2時間30分、帰りは約2時間10分ほどみておけばいいだろう。コース上にこれといった難所はないものの、あくまでも足に自信があって、時間的に余裕がある場合だけに限られるものと考えてほしい。

金峰山(左)と北奥千丈岳

89

国師ヶ岳

89 国師ヶ岳

国師ヶ岳から甲武信ヶ岳までは約5時間10分

長野県側は悪路の連続

長野県
川上村

ハクサンシャクナゲ

大弛峠
❶
大弛小屋

夏〜秋の土日や祝日は早朝から満車になる

0:10
0:05

三繋平
❸

0:30
0:25

前国師

❹国師ヶ岳
2592

2465

奥秩父主脈縦走路

甲武信ヶ岳

朝日峠

2447

P

❷
夢の庭園入口

夢の庭園

大弛峠から金峰山の往復は約4時間40分

甲府市

0:20
0:15

0:05
0:10

南側の富士山の眺めがよい

北奥千丈岳
❺
2601

晴れた日には360度の大展望が広がる

山梨県
山梨市

川上牧丘林道
(冬期閉鎖)

柳平・塩山駅・勝沼IC

奥千丈岳

廻り目平・川上

N

1:25,000

0   250   500m

1cm=250m
等高線は10mごと

奥秩父では稀な森林限界上の稜線を行く

金峰山・瑞牆山

きんぷさん・きんぽうさん／みずがきやま

標高2599m（金峰山）
標高2230m（瑞牆山）

長野県・山梨県

登山レベル:中級

技術度:★★
体力度:★★★

日　程:1泊2日

総歩行時間:10時間40分

1日目:4時間40分
2日目:7時間35分

総歩行距離:18.5km

累積標高差:登り1968m
**　　　　　　下り1811m**

登山適期:6月上旬〜10月下旬

地形図▶1:25000居倉「金峰山」「瑞牆山」
三角点▶三等（金峰山）
　　　　三等（瑞牆山）

金峰山は、山梨県側では「きんぷさん」、長野県側では「きんぽうさん」とよばれる。この山の頂上直下にはシンボルの五丈石が立ち、左には富士山が望める

🏔 山の魅力

山梨・長野県境にそびえる金峰山は奥秩父第2位の高峰。山頂に五丈石とよばれる巨岩がそびえ、奥秩父でもとくに人気が高い。瑞牆山は山上に林立する花崗岩が独特の山容で、金峰山からも目を引く存在だ。いずれも山頂からは富士山や南アルプス、八ヶ岳などの大パノラマ。山小屋利用で2山を結びたい。

＞＞＞ DATA

公共交通機関【行き】JR小海線信濃川上駅→川上村営バス（35分）→川端下バス停　【帰り】みずがき山荘バス停→山梨峡北交通バス（1時間20分）→JR中央本線韮崎駅

マイカー 中央自動車道・長坂ICから県道32号、国道141号、県道106・68号経由で廻り目平キャンプ場まで約47km。廻り目平の有料駐車場を利用。瑞牆山荘へは中央自動車道・須玉ICから国道141号、県道601号、23号経由で約26km。瑞牆山荘の先に無料駐車場あり。

ヒント 川端下行きのバスは小海線に接続し、午前中3本運行。タクシー利用の場合は廻り目平キャンプ場入口まで約40分。瑞牆山荘から韮崎駅行きのバスは4月第1土曜〜11月23日までの毎日4〜6便運行。

問合せ先
川上村企画課（バスも）　☎0267-97-2121
川上観光タクシー　　　　☎0267-97-2231
北杜市観光課　　　　　　☎0551-42-1351
山梨峡北交通　　　　　　☎0551-42-2343

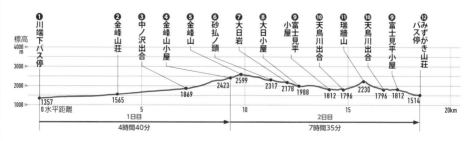

標高
4000m
3000
2000
1000

①川端下バス停 1357　②金峰山荘 1565　③中ノ沢出合 1869　④金峰山小屋 2423　⑤金峰山 2599　⑥砂払ノ頭 2317　⑦大日岩 2178　⑧大日小屋 1988　⑨富士見平 1812　⑩天鳥川出合 1796　⑪瑞牆山 2230　⑩天鳥川出合 1796　⑨富士見平小屋 1812　⑫みずがき山荘バス停 1514

0水平距離　5　10　15　20km
1日目　4時間40分　　2日目　7時間35分

欄外情報 立ち寄り温泉◎増富の湯:瑞牆山荘からバスで20分ほどのところにある日帰り温泉。ラジウム含有量世界一の温泉。☎0551-20-6500。施設点検のため、2023年4月から当面の間、休業。

コース概要

1日目

❶**川端下バス停**でバスを降りると、すぐに金峰山神社があるので参拝していこう。畑に囲まれた車道をしばらく進み、大弛峠への車道を分け進むと廻り目平キャンプ場となり❷**金峰山荘**だ。周辺の岩場ではクライマーの姿が多く見られる。

廻り目平の遊歩道を抜け、西股沢沿いを進むと1時間半ほどで❸**中ノ沢出合**。ここで沢を渡り本格的な山道へと入る。途中、最終水場があるので水筒を満たしていこう。コメツガなどの針葉樹に囲まれた尾根道を登っていくと、やがて「中間点」の案内がある。主尾根に上がると一度傾斜がゆるくなり、再び急登していくと、❹**金峰山小屋**に到着だ。小屋前の広場からは小川山や瑞牆山、八ヶ岳が展望できる。

❺**金峰山**の頂上はここからハイマツ帯を登り20分。天気が良く時間があれば往復してくるといい。山頂からは五丈石の左に富士山や南アルプスなどが広がる。

2日目

2日目は長丁場となる。前日のうちに金峰山頂に立っている場合、千代ノ吹上へと巻き道を進むこともできるが、天気が良ければ再訪するとよい。空気が澄んだ朝の展望はまたひとしおだ。

❺**金峰山**からは五丈石の裏手から下って行く。急な岩稜帯を下ると、金峰山小屋からの道を合わせ千代ノ吹上だ。ここから山梨側が断崖となった稜線を下っていくので注意したい。❻**砂払ノ頭**からは樹林帯の下りだ。大日岩への下りは一部道がわかりづ

> 中ノ沢出合から金峰山までの行程は紹介したコースで最大の登り。暑い時期はバテないよう水分をたっぷりとろう。

> 稜線では岩稜部だけでなく樹林帯の尾根道も注意。周囲の木の根が山道に張り出しており、つまづきの元。濡れているとよく滑る。

安全のヒント

金峰山では、ときおり山頂の五丈石に登っている人を見かけるが危険。転落事故も起きている。聖地でもあるので無闇に登らないこと。瑞牆山の山頂は南側が切り立っており、転落すれば命がない。写真を撮る際はつい足元の注意力が散漫になりがちなので、被写体を探し動く際はカメラから目を離し、崖側に近寄り過ぎないようにしたい。また、こうした岩峰は、雷雨時には落雷の危険が高まる。雷鳴が聞こえたら早めに安全なところへ下山しよう。

切り立った山頂では慎重に行動したい

らいので赤テープなどをチェック。視界が開けると❼**大日岩**に到着。この先で縦八丁とよばれる急坂を下る。❽**大日小屋**を過ぎ鷹見岩への道を分け、飯盛山の山腹を巻いて下れば、❾**富士見平小屋**に到着する。

瑞牆山へは小屋の先を右へと進む。山腹を巻いてから下っていくと❿**天鳥川出合**だ。涸れた川を渡った先に桃太郎岩がある。ここからは登り一辺倒。薄暗い樹林内を、途中、ハシゴやロープ場を経て標高を上げていく。頭上が明るくなると大ヤスリ岩の

金峰山小屋へ向かうシラビソ林を登る

金峰山から瑞牆山と八ヶ岳を展望

富士見平のテント場

瑞牆山より山上に五丈石がそびえる金峰山を望む

天鳥川への下り途中から見た瑞牆山

直下に出る。ところどころ段差のある岩を越えていくと尾根上に出で、黒森コースを合わせて進む。最後にロープ場と鉄バシゴを登ると⓫瑞牆山の山頂に飛び出す。東には朝方山頂にいた金峰山が見える。

下山は⓽富士見平小屋まで戻り、ミズナラ林を下り⓬みずがき山荘バス停へ。

プランニングのヒント

初日に金峰山小屋へ入るには、遅くとも

信濃川上駅発10時台のバスに乗ること。人数が揃えば、タクシーで廻り目平キャンプ場入口まで入ると時間短縮となる。マイカーで2座を登る場合は、瑞牆山荘を起点に富士見平小屋に泊まり、それぞれの山を往復するのもよい。標高が2500mを超えるため、春や秋の朝晩はかなり冷え込む。春先は日陰などに残雪があるので、防寒着や状況に応じ軽アイゼンなども持参のこと。

サブコース

金峰山へ最短の大弛峠コース

【コース】大弛峠→朝日岳→金峰山

　マイカーやタクシー利用となるが、標高2360mの大弛峠から歩き出すため、初級者でも無理なく金峰山に立てる。駐車場脇からシラビソ林の尾根道を登っていく。途中、朝日峠を経て登っていけば朝日岳だ。山上の岩場からなだらかな山容の金峰山が展望できる。一度ガレ場を下り鉄山の北側を巻いて行くと、しばらくで森林限界となる。最後に岩場を登っていけば金峰山の山頂だ。金峰山まで約2時間30分。初級。

山小屋情報

●金峰山小屋：☎090-4931-1998（要予約）、1泊2食付1万円〜、素泊まり6500円〜、4月下旬〜11月下旬と年末年始、1・2月の週末営業
●富士見平小屋：☎090-7254-5698（要予約）、1泊2食付1万3000円〜、素泊まり7000円〜、テント1000円、4/1〜11/23営業（テントは通年）　●瑞牆山荘：☎0551-45-0521（要予約）、1泊2食付1万500円〜、3/10〜11/30と年末年始、12月〜3月上旬の週末営業　●大日小屋：通年開放、テント1000円、管理人不在のため、利用時は富士見平小屋へ申し込む

瑞牆山の中腹の岩場は一部段差があり足場が悪い。コースもところどころで分かれるのでペンキ印に従い進もう。

朝日岳から見た鉄山と金峰山（右）

急登をこなし、八ヶ岳に似た山容の頂へ

茅ヶ岳
かやがたけ

二百

標高**1704**m

山梨県

登山レベル:**中級**

技術度:★★★
体力度:★★

日　程:日帰り

総歩行時間:**3時間45分**

総歩行距離:**6.7km**

累積標高差:登り**774**m
　　　　　　下り**774**m

登山適期:**4月中旬～11月上旬**

地形図▶1:25000「茅ヶ岳」「若神子」
三角点▶二等

甲府市南部から見た茅ヶ岳（右）。薄く雪をまとった山が八ヶ岳で、左から赤岳、横岳と続く。遠方から見ると確かに似ている

上級
中級
初級

茅ヶ岳

🏔 山の魅力

『日本百名山』の著者である深田久弥終焉の山として知られ、金峰山が樹間越しに望める場所に、山頂が間もなくであることを示すかのように石碑が立っている。山の姿が八ヶ岳に似ていることから「ニセ八ヶ岳」の異名も持つが、スタイルそのままに急登が続き、歩行時間の割には満足感が大きい。

>>> DATA

公共交通機関【往復】JR中央本線韮崎駅→山梨峡北交通バスまたは韮崎市民バス(約20～25分)→深田記念公園バス停

マイカー　中央自動車道・韮崎ICから昇仙峡ラインを経由して深田記念公園駐車場(無料)まで約7km。

ヒント　バスは山梨峡北バスが4～11月の土・日曜、祝日とGWの毎日、韮崎市民バスが通年の平日運行。往路の午前便(山梨峡北バスは8時台、韮崎市民バスは9時台)と復路の夕方便(16時台)はともに1便のみなので、時間が合わないときはタクシー利用も考慮したい(韮崎駅から約20分)。マイカーの場合、休日は駐車場がすぐ満車になるので、早着を心がけたい。

問合せ先
甲斐市商工観光課　☎055-278-1708
山梨峡北交通　　　☎0551-42-2343
韮崎市民バス(山梨交通)☎0551-22-2511
YKタクシー(韮崎駅)☎0120-37-2435

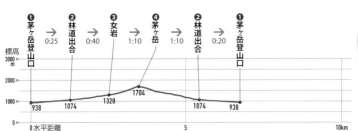

① 茅ヶ岳登山口 → 0:25 → ② 林道出合 → 0:40 → ③ 女岩 → 1:10 → ④ 茅ヶ岳 → 1:10 → ⑤ 林道出合 → 0:20 → ① 茅ヶ岳登山口

標高
3000m

938　1074　1320　1704　1074　938

0 水平距離　　　　　5　　　　　10km

奥秩父を望む茅ヶ岳山頂

欄外情報　立ち寄り温泉◎武田乃郷白山温泉:韮崎市郊外の白山城跡近く。ノーベル生理学・医学賞を受賞した大村智博士が私費を投じて地元のために建てた日帰り温泉。☎0551-22-5050。入浴料700円。10～21時。水曜休。

コース概要 ❶茅ヶ岳登山口から西に歩き、深田記念公園との分岐を右折。ゆるやかに登り、❷林道出合で道路を横断する。なだらかな登山道を行けば、やがて❸女岩。かつて水場があったが、現在は落石の危険のため、水場の手前から迂回路を登る。急傾斜で足場の悪い迂回路を経て、なおも急斜面を行くと金峰山を望む尾根に立つ。岩場が多く現れるヤセ尾根をたどり、深田久弥終焉の地の石碑を過ぎれば❹茅ヶ岳の山頂はすぐだ。八ヶ岳や南アルプスなどの展望を楽しんだら、道標に従って南に延びる尾根を下る。たいへんな急斜面なのでスリップに注意したい。尾根が広くなってくると林道まで間近で、林道を左に行けば❷林道出合はすぐだ。ここを右に入って❶茅ヶ岳登山口まで往路を戻ろう。

プランニングのヒント 茅ヶ岳では5～6月、オキナグサやイワカガミなど多くの花が咲くが、10月中旬の紅葉もすばらしい。いずれかの時期の登山をおすすめしたい。

登りの途中にある女岩の水場は、落石の危険があることから立ち入り禁止になっている。飲料水は麓で用意しておこう。

安全のヒント

下山は林道出合に向けてずっと尾根を下ることになるが、この尾根の上部がとにかく急だ。とり立てて危険な岩場などはないものの、油断すると木の根や小砂利でスリップしやすい。雨後は特に注意するとともに、棒立ちや後傾姿勢にならないよう、膝のクッションを生かして確実に下りたい。

下山道はこんな下りの連続

92 茅ヶ岳

N

1:50,000

500　1000m
1cm=500m
等高線は20mごと

山梨県
北杜市

南面が開けている
金ヶ岳
1764

火口縁沿いに下る
南峰

大展望の山頂
石門

茅ヶ岳 ❹ △1704
深田久弥終焉の地

三差路

急坂が続く。下りではスリップ注意

1404

1:10
0:50

PICA八ヶ岳明野

東光
●東大宇宙線研究所

急斜面の迂回路を行く。女岩は手前50mで立ち入り禁止
❸女岩

浅尾原

●フラワーセンター
ハイジの村

千本桜がある

1:35
1:10

0:40
0:35

前山大明神林道

大机

ハイジの村クララ館
（立ち寄り入浴可）

栃沢川

林道を横切る

❷林道出合

1054
明神山

甲斐市
上芦沢

レイクウッドGC

0:25
0:20

大明神

❶茅ヶ岳登山口

サクラリゾート＆
キャンプ

饅頭峠△1035

深田
記念公園

上深田記念公園

P

ホッチ峠

韮崎市

JR韮崎駅・韮崎IC

福沢・敷島

観音峠

P 曲岳登山口

曲岳・黒富士

キャンパーズビレッジ

ノースランドビレッジ

93

森林から草原を抜け、大展望の岩峰に登る

乾徳山

（けんとくさん）

二百

標高**2031**m

山梨県

登山レベル:**中級**

技術度:★★★
体力度:★★★★

日　程:日帰り

総歩行時間:**7時間20分**

総歩行距離:**10.1km**

累積標高差:登り**1190m**
　　　　　　下り**1190m**

登山適期:**4月下旬～11月中旬**

地形図▶1:25000「川浦」
三角点▶なし

山頂直下、クサリが設けられた凹角の天狗岩はけっこう手強い。慎重に通過しよう。自信がない人は迂回路へ回ったほうがいい

上級
中級
初級

乾徳山

🏔 山の魅力

日本二百名山や山梨百名山に数えられる乾徳山は、日帰りで変化に富んだ山歩きを楽しめる奥秩父前衛の山。樹林帯から草原、さらに富士山を一望するカヤトの原を抜け、最後に待ち構える堅牢な要塞のような岩場を登り切れば、遮るものがない360度の大パノラマを堪能できる。

>>> DATA

公共交通機関【往復】JR中央本線塩山駅→山梨交通バス（約30分）→乾徳山登山口バス停。または、JR中央本線山梨市駅→山梨市営バス（約30分）→乾徳山登山口バス停

マイカー　中央自動車道・勝沼ICから国道20・411・140号などを経由して登山口の徳和まで約20km。無料駐車場あり（2カ所計50台以上）

ヒント　山梨交通バスは4～11月の特定日運行

（山梨市営バスは通年の毎日）。入下山に利用するバスの待ち時間が長いようなら、タクシーを利用するのも手だ。塩山駅から乾徳山登山口まで約20分、料金は4000円前後なので、3～4人で乗れば負担は少ない。

問合せ先
山梨市観光課（市営バスも）　☎0553-22-1111
山梨市観光協会　　　　　　　☎0553-20-1400
山梨交通塩山営業所　　　　　☎0553-33-3141
塩山タクシー　　　　　　　　☎0553-32-3200

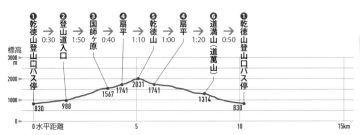

① 乾徳山登山口バス停 →0:30→ ② 登山道入口 →1:50→ ③ 国師ケ原 →0:40→ ④ 扇平 →1:10→ ⑤ 乾徳山 →1:00→ ④ 扇平 →1:20→ ⑥ 道満山（道萬山）→0:50→ ① 乾徳山登山口バス停

標高
3000m
2000m
1000m
0

830　988　1567　1741　2031　1741　1314　830

0水平距離　　　5　　　10　　　15km

大岩が積み重なる乾徳山の山頂

欄外情報　立ち寄りスポット◎恵林寺（えりんじ）:乾徳山を山号とする武田信玄の菩提寺。等身大の不動明王を安置した明王殿や武田信玄の墓、夢窓国師の築庭、日本有数の大庫裡などを見学できる。拝観料500円。8時30分～16時30分。

コース概要 ❶乾徳山登山口バス停からしばらく車道をたどって❷登山道入口へ。登山道は廃道となった林道を何度か横切りながら、樹林帯を登っていく。銀晶水、駒止を過ぎて傾斜が若干落ちてくると、錦晶水の水場に着く。その先、四辻となっている❸国師ヶ原を直進してカヤトの原を登り、月見岩で大平高原からの道が合流すると❹扇平。再び樹林帯を急登すれば、山頂部の岩場に至る。難所の鳳岩（天狗岩）をクサリで登り切れば❺乾徳山の山頂だ。下山は、山頂西側の迂回新道をたどらず、鳳岩の巻き道を利用して往路を❹扇平まで慎重に引き返す。すぐ先の月見岩を経て尾根を下り、さらに道満尾根を急下降していけば❻道満山を経て徳和峠。峠から車道をたどって❶乾徳山登山口バス停に帰り着く。

山頂の西側をたどる迂回新道は滑りやすいガレの急斜面が長く続く。崩壊地のトラバースもあり、上級者以外にはおすすめできない道だ。

プランニングのヒント コースタイムが7時間を超えるので、スタートはなるべく早めに。行動時間を短縮したいのなら、東側山麓の大平高原からのコースがおすすめだ。

安全のヒント

クサリやハシゴが設けられた山頂部の岩場の通過が、コース上のいちばんの要注意箇所となる。三点支持を守って慎重に通過しよう。とくに頂上直下の鳳岩のクサリ場は、ほぼ垂直に切り立っているので、ある程度の腕力が要求される。岩登りの経験のない人や岩場が苦手な人は、巻き道をとったほうが無難だ。

鳳岩を登り切れば山頂は目前

93 乾徳山

山梨県 山梨市

1:50,000
1cm=500m
等高線は20mごと

上級者向きの急斜面の下り。スリップ注意

クサリのある岩場。巻き道もある

レンゲツツジ

下の登山口から道満尾根まで約45分

神社の駐車スペースに車を停めないように

下山口から道満尾根まで約45分

長い尾根道をたどる東京都の最高峰

雲取山
（くもとりやま）

百

標高2017m

東京都・山梨県・埼玉県

登山レベル:**中級**

技術度:★★
体力度:★★★

日　程:**1泊2日**

総歩行時間:**10時間45分**

　1日目:**5時間15分**
　2日目:**5時間30分**

総歩行距離:**26.8km**

累積標高差:登り**2398m**
　　　　　　下り**2374m**

登山適期:**5月上旬〜11月中旬**

地形図▶1:25000「雲取山」「丹波」
三角点▶一等

七ツ石山から北側に雲取山山
頂へと続く石尾根を眺める

🏔 山の魅力

雲取山は東京都の最高峰。山腹の森は水源林として保護され、豊かな自然が残されている。山頂へは各方面から山道が整備され、さまざまなコースを歩くことができる。山頂からは富士山や南アルプス、奥秩父の山々が見渡せる。山腹や山上に山小屋があるので、天気の急変の際などにも心強い。

>>> DATA

公共交通機関【行き】JR青梅線奥多摩駅→西東京バス（約35分）→鴨沢バス停　【帰り】お祭バス停→西東京バス（約40分）→JR青梅線奥多摩駅

マイカー　圏央道・青梅ICから都道194号、国道411号、小袖林道などを経由して約40kmで小袖乗越。乗越に丹波山村営駐車場（約50台。要協力金）がある。

ヒント　土・日曜、祝日は新宿駅から青梅線終点の奥多摩駅まで「ホリデー快速おくたま号」が運転される

が、2023年から青梅駅〜奥多摩駅間が不定期運転となったため、運行日以外は青梅駅から青梅線の普通列車を利用する（運行日も青梅駅発の「ホリデー快速おくたま号」に乗り換え）。車の場合は往復登山とするか、下山後バスで鴨沢へと戻り車を回収する。

問合せ先
奥多摩町観光産業課　☎0428-83-2295
丹波山村温泉観光課　☎0428-88-0211
西東京バス氷川支所　☎0428-83-2126

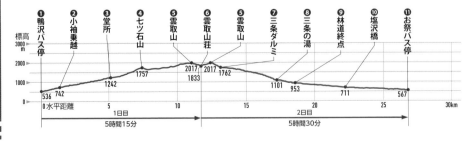

❶鴨沢バス停　❷小袖乗越　❸堂所　❹七ツ石山　❺雲取山　❻雲取山荘　❺雲取山　❼三条ダルミ　❽三条の湯　❾林道終点　❿塩沢橋　⓫お祭バス停

標高3000m / 2000 / 1000 / 0

536 742 1242 1757 2017 1833 2017 1762 1101 953 711 567

0 水平距離　5　10　15　20　25　30km
1日目　　　　　　　2日目
5時間15分　　　　　5時間30分

欄外情報　立ち寄り温泉◎三条の湯：☎0428-88-0616。入浴料600円。12〜20時。　丹波山温泉のめこい湯：丹波山温泉バス停近く。☎0428-88-0026。入浴料900円。10〜19時。木曜休（祝日は営業）。

1日目

登山口は❶**鴨沢バス停**のトイレ脇にある。道標に従い車道を登る。すぐ先で車道と分かれ、左に続くコンクリート道を登る。植林帯をひと登りすれば車道と合流し、広い駐車場のある❷**小袖乗越**だ。車道を進み、先の二俣をまっすぐ進むと、左側に登山道入口がある。まずは植林帯を登っていく。途中、左に廃屋を見て、小さな畑を抜けるとじきに水場がある。ひと息入れさらに登っていけば❸**堂所**だ。

ここからゆるやかな尾根道を登る。一度、折り返してから急登となるが、途中、樹間に富士山が見える。ほどなく七ツ石山とブナ坂の分岐だ。急ぐならブナ坂方面へ、七ツ石山に立つなら七ツ石小屋方面へ進もう。小屋の先で、再度、巻き道を分けひと登りすれば石尾根縦走路のＴ字路となる。鷹ノ巣山への道を分け、左へ尾根伝いに急登すれば❹**七ツ石山**で、雲取山が見えてくる。

展望を楽しんだら、巻き道と合流するブナ坂まで一気に下る。ブナ坂からはゆるやかな登りだ。奥多摩小屋の跡地を経て、さらに広く明るい尾根道を進む。

途中、富田新道への道を分け、急登していくと小雲取山だ。しばらくゆるやかな尾根道を進む。雲取山荘への巻き道を右に分け、最後にジグザグに急登すれば、避難小屋を経て❺**雲取山**の山頂。展望盤があるので、山座同定などを楽しみながらゆっくりしたい。❻**雲取山荘**は山頂から北へとコメツガやシラビソなどの針葉樹のなかを

> 長い登りが待っている。慌てて入山せず、準備体操でしっかり筋肉をほぐし、トイレなどをすませてから出発しよう。

> 疲れていたり時間を短縮したい場合は、七ツ石山に登らず、七ツ石小屋の手前からブナ坂へと巻き道を行くこともできる。

安全のヒント

大汗を絞られる長い登りでは熱中症や足のつり防止のためにも、十分な水分やミネラル補給が欠かせない。喉が渇く前に水分をとるようにし、水場では水筒やペットボトルが空になる前に満たしておきたい。

日陰が少ない石尾根の登り

堂所手前にある水場

94

雲取山

20分ほど下った尾根上にある。

2日目

❻**雲取山荘**からは往路をたどり、❺**雲取山**へ登り返そう。空気が澄んだ早朝の山上展望を楽しんだら、あとは下るのみ。まずは西へと尾根道を一気に下れば❼**三条ダルミ**だ。ここで飛龍山への道と分かれ山腹を巻くように下る。途中、何度か小尾根を越えて行くと、沢の源頭部に出る。

この少し先で、木が伐採され視界が開ける尾根上を通過。通行止めの青岩鍾乳洞からの道を合わせ、山腹を下っていくと三条

避難小屋が立つ雲取山頂への最後の登り

山奥のいで湯、三条の湯

雲取山の山頂より富士山を望む

雲取山から三条ダルミへの下り

三条沢にかかる橋を渡る

沢に下り立つ。木橋を渡れば❽**三条の湯**は
すぐ先だ。ここで、飛龍山、サオラ峠への
道を分けゆるやかに下っていく。赤い青岩
谷橋を渡ればじきに❾**林道終点**。あとは長
い後山林道を行くのみ。しばらく歩いて❿
塩沢橋を渡り、さらに長い距離、林道を下
っていくと国道411号に出る。左に進めば
⓫**お祭バス停**がある。

プランニングのヒント

奥多摩駅から鴨沢へのバスは本数が少な
く、お祭まで入るバスはさらに少ない。そ
れぞれ平日と土・日曜、祝日で時間や本数
も違うので、事前にチェックしておきたい。
登山口のスタートが遅い場合や体力的に厳
しい場合は、1日目の宿泊を七ツ石小屋（素
泊まり・テント場あり）にすれば、出発が
遅い場合でも無理なく山頂に立つことがで
きる。マイカー利用で早朝に小袖まで入れ
ば、健脚者なら日帰り往復も可能。

山小屋情報

雲取山荘

●雲取山荘：☎
0494-23-3338
（連絡所）。1泊2
食付9500円、素
泊まり6800円。
テント1500円。
●七ツ石小屋：☎090-8815-1597（9〜15時）。
素泊まり4000円。テント1000円。●三条の湯：
☎0428-88-0616（連絡所）。1泊2食付9500円、
素泊まり6300円。テント500円。
※3軒とも要予約。

！
三条の湯への
樹林の下りは
落ち葉に山道
が埋もれるこ
ともある。足
裏の感覚を働
かせ、周囲に
目を配り山道
を外さないよ
うに行こう。

サブコース

①下山バスを気にしない石尾根コース

【コース】雲取山→七ツ石山→鷹ノ巣山→
六ツ石山分岐→奥多摩駅

下山時の後山林道の長い林道歩きを避け
るなら、七ツ石山から石尾根をたどり、鷹
ノ巣山、六ツ石山分岐を経て奥多摩駅へと
直接下ることもできる。下山後のバス時間
を気にせずにすむのも魅力。ただし、標高
差が1600m以上あるので膝などを痛めな
いよう注意。コースタイムは約7時間。

②南北に縦走する三峰山コース

【コース】雲取山荘→白岩山→霧藻ヶ峰→
三峯神社

雲取山から芋ノ木ドッケ、白岩山、霧藻
ヶ峰を越えて三峯神社へと主稜尾根を縦走
するコースも人気がある。奥多摩の明るい
森と違い、コメツガやシラビソの針葉樹の
森、林床の美しい苔などに奥秩父ならでは
の山深さが実感できる。三峯神社発のバス
は1日5往復なので事前に確認のこと。コー
スタイムは約4時間。

N
1:50,000
0 500 1000m
1cm＝500m
等高線は20mごと

埼玉県
秩父市

三峯神社

三峯神社への継走も
人気が高い。
三峯神社へ約4時間
（逆コース約5時間）

雲取ヒュッテ跡
田部重治レリーフ

6 雲取山荘

富田次三郎レリーフ

雲取山
5
2017

0:20
0:30

小雲取出合尾根

モミソの頭 1594

長沢谷

大雲取谷

富田新道入口

三条ダルミ 7

0:20
0:40

避難小屋
雲取山
避難小屋

マルバダケブキ

小雲取山
1937

野陣ノ頭
1845

権衛尾根

樅平

長い登りが続く

野陣尾根

富田新道

1415

八丁橋・東日原バス停

富田新道入口

ヨモギノ頭
1813

奥多摩小屋跡
五十人平
レポート

テント場は2024年
に再開予定

東京都
奥多摩町

晩秋には道が落ち
葉に埋もれてわか
りづらくなる

1826

少し下る

1:50

水無尾根

青岩鍾乳洞

1:50
2:20

ヨモギ尾根

奥甚助尾根

七ツ石神社

唐松谷林道

七ツ石山
4
1757

ブナ坂

七ツ石小屋

高丸山
1733

千本ツツジ

三条の湯
8

立ち寄り入浴
もできる

通行止め

奥後山
1466

山頂を通らない場合、この道
を通ると時間が短縮できる

七ツ石山～JR奥多摩駅
間下り約5時間40分

石尾根

鷹ノ巣山・JR奥多摩駅

0:30
0:25

青岩谷橋

9 林道終点

1:15
1:00

後山林道

ゲート

笛ヶ滝
ゲート

シオ沢

堂所 **3**

1274

尾根上に出る

休憩に適した広場

赤指山
1333

登り尾根

小袖川

赤指尾根

峰谷バス停

1228

10 塩沢橋

お祭バス停までは
長い林道歩き

1:45
1:20

後山川

ゲート

片倉谷

片倉橋

山梨県
丹波山村

丹波天平
1343

サオラ峠
（竿裏峠）

天平尾根

後山
廃屋

1118

保之瀬天平

高畑
廃屋

1054

羽黒神社

小袖

小袖乗越
2

約50台

登山道入口

小袖林道

JR奥多摩駅・青梅IC

鴨沢バス停
1

丹波山村役場
丹波山小学校

丹波

道の駅たばやま
のめこい湯

丹波山温泉

甲武キャンプ場

落滝

保之瀬

青梅街道

411

親川

0:30
0:25

鴨沢西

所畑

奥多摩駅行き
バスの便数が
増える

11
お祭バス停

大丹波峠

1109

難所がなく歩きやすい百名山入門コース

大菩薩嶺
（だいぼさつれい）

百

標高2057m

山梨県

登山レベル：初級

技術度：★
体力度：★

日　程：日帰り

総歩行時間：3時間35分

総歩行距離：7.3km

累積標高差：登り571m
**　　　　　　下り571m**

登山適期：5月上旬～11月中旬

地形図 ▶ 1：25000「大菩薩峠」
三角点 ▶ 三等

親不知ノ頭から大菩薩嶺へと続く草原に包まれた尾根を望む。振り返ると、大菩薩峠の介山荘、さらに富士山から南アルプスの山並みが広がる

山の魅力

首都圏から近く、上日川峠を起点にすれば初級者でも周回できるため、はじめての百名山として人気が高い。山腹はブナ林やカラマツ林、山頂はコメツガ林に覆われているが、草原広がる尾根ではさまざまな花が咲く。山上から望む富士山や南アルプスもすばらしい。コース中に山小屋が点在し安心感も高い。

>>> DATA

公共交通機関 【往復】JR中央本線甲斐大和駅→栄和交通バス（約40分）→上日川峠バス停　※栄和交通バスは4月中旬～12月上旬の土・日曜、祝日に運転

マイカー 中央自動車道・勝沼ICから国道20号、県道38号、国道411号、県道201号を経由して上日川峠まで約25km。上日川峠周辺3カ所に無料駐車場約120台分あり。

ヒント バスの運行日以外はタクシー利用とな

る。その場合は福ちゃん荘まで入ってもらえる。甲斐大和駅から約7500円、塩山駅から約6000円。

問合せ先
甲州市観光協会　　　　　☎0553-32-2111
栄和交通（バス）　　　　☎0553-26-2344
山梨交通塩山営業所（バス・サブコース）
　　　　　　　　　　　　☎0553-33-3141
栄和交通タクシー　　　　☎0120-77-0413

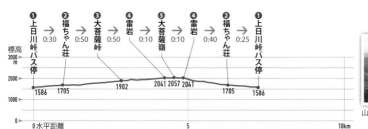

	❶上日川峠バス停		❷福ちゃん荘		❸大菩薩峠		❹雷岩		❺大菩薩嶺		❹雷岩		❷福ちゃん荘		❶上日川峠バス停
		0:30		0:50		0:50		0:10		0:10		0:40		0:25	

標高 3000m／2000／1000／0
水平距離　0　　　　　　5　　　　　10km
1586　1705　　　　1902　　2041 2057 2041　　　　1705　　1586

山上から見た富士山

欄外情報 立ち寄り温泉◎大菩薩の湯：大菩薩峠登山口バス停から徒歩15分ほど。☎0553-32-4126。入浴料620円（3時間）。10～21時。火曜休（祝日の場合は翌日）。

コース概要 ❶上日川峠バス停から車道沿いの山道をゆるやかに登り❷福ちゃん荘へ。下山に利用する唐松尾根コースの道を左に分け林道を進む。沢を渡って勝縁荘（休業）を見送ると登りとなり、しばらくで介山荘が立つ❸大菩薩峠に到着する。ここからが本コースのハイライト。親不知ノ頭まで上がれば、一気に展望が開け、富士山や南アルプスが見渡せる。一度、避難小屋がある賽ノ河原へ下ったのち、妙見ノ頭を巻き、尾根道を登れば❹雷岩だ。樹林に囲まれた❺大菩薩嶺を往復したら、下山は唐松尾根で❷福ちゃん荘へ。あとは往路をたどり❶上日川峠バス停へ戻る。

プランニングのヒント 甲斐大和駅から上日川峠へのバスは1日5便（平日3便）。下山最終便は15時45分なので乗り遅れないよう注意。歩いて裂石側へと下れば、大菩薩峠登山口から塩山駅行きのバスも運行。塩山周辺に宿をとり、翌日、近くにある三百名山の乾徳山（P208）を登るのもいい。

夏の午後は雷雨に注意。岩場のそばは落雷の危険が高いので、雷鳴が聞こえてきたら早めに山小屋へと避難しよう。

安全のヒント

山上は2000mを超えるため、春先や晩秋はときに雪が舞うこともある。防寒着などを忘れずに。夏は日差しが強いので日焼けや熱中症に注意し、十分に水分補給をしたい。

サブコース

大菩薩嶺から丸川峠経由で大菩薩峠登山口バス停へと下ることもできる。上部はコメツガの針葉樹、中腹はブナやミズナラなどの広葉樹がきれい。下山は約2時間50分。

丸川峠の分岐道標

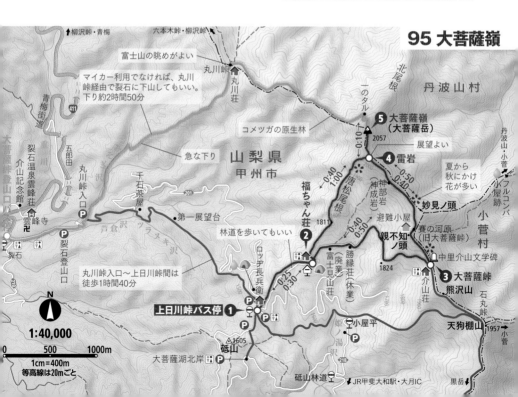

95 大菩薩嶺

↑柳沢峠・青梅
六本木峠・柳沢峠↑

富士山の眺めがよい

丸川峠

マイカー利用でなければ、丸川峠経由で裂石に下山してもいい。下り約2時間50分

一のタル

北尾根

丹波山村

丸川荘

コメツガの原生林

❺大菩薩嶺
（大菩薩岳）
2057

展望よい

急な下り

山梨県
甲州市

丹波山・小菅
小菅村
フルコンバ跡

❹雷岩

夏から秋にかけ花が多い

妙見ノ頭

五郎田

青梅街道

介山荘記念館

裂石温泉雲峰荘

雲峰寺
卍

裂石登山口
P

裂石
大菩薩峠登山口バス停

千石茶屋

丸川峠入口
P

芦倉沢

第一展望台

林道を歩いてもいい

福ちゃん荘
❷

1811

唐松尾根

神部岩
神成岩

避難小屋

親不知ノ頭

賽ノ河原
（旧大菩薩峠）

中里介山文学碑

1824

❸大菩薩峠
熊沢山
石丸峠

ロッヂ長兵衛

富士見山荘

勝縁荘（休業）

介山荘

天狗棚山

1957

丸川峠入口～上日川峠間は徒歩1時間40分

上日川峠バス停 ❶
P

小屋平

P

砥山
△1605

大菩薩湖北岸

砥山林道

JR甲斐大和駅・大月IC↓

黒岳↓

N

1:40,000

0 500 1000m
1cm＝400m
等高線は20mごと

ツラヌキ沢

201

富士山と河口湖を眺める御坂山塊の最高峰

黒岳
（くろだけ）

三百

標高1793m

山梨県

登山レベル：初級

技術度：★★
体力度：★★

日　程：日帰り

総歩行時間：4時間30分

総歩行距離：7.6km

累積標高差：登り683m
　　　　　　下り1141m

登山適期：4月～11月

地形図▶1：25000「河口湖東部」
　　　　　　　　　「河口湖西部」
三角点▶一等

河口湖大橋付近から見た黒岳。御坂山塊の盟主らしく、裾の広いどっしりした山容を見せる。四方からコースが通じていて、人気の高い山だ

🏔 山の魅力

御坂山塊には三ツ峠山など富士山を眺めながら歩くことのできる山が多い。黒岳はそのなかでも一番高くどっしりした山容が特徴だ。黒岳を中心にしている

くつかのルートが選べるが、ここでは、井伏鱒二と太宰治が執筆のために滞在した天下茶屋から御坂山、黒岳と縦走するコースを紹介する。

>>> DATA

公共交通機関【行き】富士急行線河口湖駅→富士急バス（約30分）→天下茶屋バス停　【帰り】広瀬・久保田一竹美術館バス停→富士急バス（約20分）→富士急行線河口湖駅

マイカー　中央自動車道富士吉田線・河口湖ICから富士急行線河口湖駅まで約3km。駅周辺の駐車場に車を置き、富士急バスで天下茶屋へと向かう。

ヒント　河口湖駅から天下茶屋行きのバスは、

通年運行の9時台の1本のみ。天下茶屋手前の三ツ峠入ロバス停から新御坂トンネルを経由してJR中央本線甲府駅南口・北口に向かうバスは、富士山駅または河口湖駅から本数が多く出ているので、コラムの「サブコース」にあるようにコースを変更すれば利用価値は高い。

問合せ先
富士河口湖町観光課　　☎0555-72-3168
富士急バス本社営業所　☎0555-72-6877

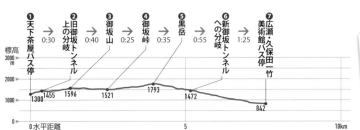

① 天下茶屋バス停　→ 0:30 → ② 旧御坂トンネル上の分岐 → 0:40 → ③ 御坂山 → 0:25 → ④ 御坂峠 → 0:35 → ⑤ 黒岳 → 0:55 → ⑥ 新御坂トンネルへの分岐 → 1:25 → ⑦ 広瀬・久保田一竹美術館バス停

標高3000m 2000 1000

1300　1455　1596　1521　1793　1472　842

0 水平距離　5　10km

黒岳近くから見る富士山と河口湖

欄外情報　立ち寄り温泉◎河口湖周辺には日帰り温泉や立ち寄り入浴ができるホテルなどがいくつかある。下山途中にあって登山者の利用も多かった野天風呂天水は残念ながら廃業した。

コース概要 ❶天下茶屋バス停のすぐ先から山道に入る。太宰治の石碑を過ぎ、急な登りをこなせば❷旧御坂トンネル上の分岐で、ここから御坂山塊の主稜線となる。尾根道をたどると樹林に囲まれた❸御坂山。この先の❹御坂峠は古道・御坂道の由緒ある峠で、石碑や御坂城の遺跡などが見られる。峠から黒岳まではいくつか凸凹を越えていく稜線縦走。急登を終え日向坂峠分岐を過ぎればすぐに❺黒岳だ。山頂こそ展望はないが、下山路の南尾根を下り始めるとすぐ、富士山と河口湖を望む展望台がある。南尾根の下りは全体に急なのでスリップ注意。途中で❻新御坂トンネルへの分岐を左に分け、なおも急坂を下る。車道に出て河口湖に向かって下れば❼広瀬・久保田一竹美術館バス停はすぐだ。

プランニングのヒント マイカー利用で駐車場探しが大変な場合は、黒岳の北側にある「すずらんの里」の駐車場を利用するといい。ここからの黒岳は最短コースだ。

御坂峠〜黒岳間は急坂や岩場などもあるので行動は慎重に。黒岳の南尾根はロープ場などもある急坂の狭い道だ。

サブコース

バスの本数が多い、新御坂トンネル手前の三ツ峠入口バス停から旧御坂道をたどるのも味わい深い。御坂峠、黒岳を経て、南尾根の途中から三ツ峠入口バス停へと周遊できる。

花と自然

黒岳一帯は「やまなしの森林100選」の一つ。ブナとミズナラの大木が見られるきれいな森となっている。足元にも可憐な高山植物が点在しているので見逃さないように。

美しい林相を見せる黒岳の森

山頂直下の急斜面に注意し、富士山展望の頂に立つ

三ツ峠山

二百

標高1785m（開運山）

山梨県

登山レベル：初級

技術度：★
体力度：★★

日　程：日帰り

総歩行時間：**4時間35分**

総歩行距離：**8.5km**

累積標高差：登り**607m**
　　　　　　下り**998m**

登山適期：**5月上旬〜11月中旬**

地形図▶1：25000「河口湖東部」
三角点▶二等

三ツ峠山荘先の展望台から見た富士山。山頂からの富士山もすばらしいが、手前に尾根を配することで遠近感が出ると、多くのカメラマンの撮影スポットになっている。秋はカラマツの黄葉が富士山の白とコントラストをなす

🏔 山の魅力

三ツ峠山は、最高点の開運山、御巣鷹山、木無山の総称。山頂へは四方から山道が延びている。車を使えば最短で1時間30分ほどで山頂に立てるとあり、朝一番の富士山を狙うカメラマンの撮影スポットの山として人気だ。山上の草原にはさまざまな花が咲き、「花の百名山」としても知られる。

▶▶▶ DATA

公共交通機関【行き】富士急行河口湖駅→富士急バス（約25分）→三ツ峠登山口バス停　【帰り】河口局前バス停→富士急バス（約10分）→富士急行河口湖駅

マイカー　中央自動車道・河口湖ICから国道139・137号、御坂みちを経由して三ツ峠登山道入口まで約15km。林道脇駐車場とトイレ脇広場で約30台。下山側の母の白滝の下にも約10台の駐車場がある（ともに無料）。

ヒント　三ツ峠登山口へのバスは通年運行の1便（9時台）のみ。バスに間に合わない場合は、甲府駅北口・南口行きバスに乗り三ツ峠入口で下車し、登山口までは約1時間30分の車道歩きとなる。河口湖駅から登山道入口までタクシーなら約30分。

問合せ先
富士河口湖町観光課　　☎0555-72-3168
富士急バス本社営業所　☎0555-72-6877
富士急山梨ハイヤー　　☎0555-22-1800

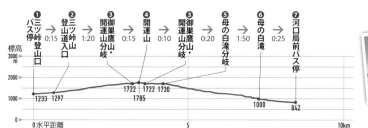

①三ツ峠バス停登山口	②三ツ峠登山道入口	③御巣鷹山・開運山分岐	④開運山	⑤御巣鷹山・開運山分岐	⑥母の白滝分岐	⑦母の白滝	⑧河口局前バス停
	0:15	1:20	0:15	0:10	0:20	1:50	0:25

標高3000m

1233　1297　　1722　1722　1730　　　　1000　842
　　　　　　　　1785

0 水平距離　　　　　　5　　　　　　10km

三ツ峠山（開運山）山頂

欄外情報　山小屋情報◎四季楽園：☎0555-76-7566。1泊2食付9500円〜、素泊まり5500円〜。　三ツ峠山荘：☎0555-76-7473。1泊2食付9000円〜、素泊まり5500円〜。　※ともに通年営業で、利用の際は要予約。

コース概要 ❶三ツ峠登山口バス停から、天下茶屋への道と分かれ、右の車道を進めば駐車場だ。すぐ先のＴ字路を左に入ると❷三ツ峠山登山道入口。トイレの先から右へコンクリート道を登っていく。未舗装となり、折り返し急登していくとベンチがある。さらに進むと、開運山と三ツ峠山荘・木無山方面の二俣がある。山頂へは左へ進む。山小屋・四季楽園の裏手の❸御巣鷹山・開運山分岐で御巣鷹山への道と分かれ、右に登れば❹開運山だ。下山は、四季楽園前を通って屏風岩を見下ろす三ツ峠山荘経由で木無山へ。その先の❺母の白滝分岐で府戸尾根と分かれて右へ行き、❻母の白滝を経て❼河口局前バス停へ下る。

プランニングのヒント 近くの三百名山に黒岳（P216）がある。経験者で車利用なら、三ツ峠を登山口から朝一で往復したあと、水ヶ沢林道終点のすずらんの里まで移動し、１日２座登頂も可能。黒岳へはすずらん峠経由で往復約２時間50分。

三ツ峠山直下の斜面は急で滑りやすい。雨の後や晩秋の凍結時、朝霜が溶けてぬかるんでいるときなどはスリップに注意したい。

安全のヒント

登山口から四季楽園までは荷揚げや電波塔管理の車が上がってくるので注意。山上の草原には多くの花が咲く。盗掘や柵内立ち入りを見つけたら山小屋などに報告したい。

サブコース

富士急行線三つ峠駅から登る表口登山道は、達磨石、八十八大師、屏風岩経由で四季楽園へ上がり、山頂へは約4時間。府戸尾根で天上山を経て河口湖駅へ下るには約3時間50分。

天上山から河口湖を見下ろす

97 三ツ峠山

1:38,500
0 250 500m
1cm＝385m
等高線は20mごと

道志山塊の最高峰。ブナ森の味わい深い山行

御正体山
(みしょうたいさん)

二百

標高1681m

山梨県

登山レベル:中級

技術度:★★
体力度:★★★

日　程:日帰り

総歩行時間:5時間50分

総歩行距離:10.8km

累積標高差:登り951m
**　　　　　下り1335m**

登山適期:4月〜11月上旬

地形図▶1:25000「御正体山」「都留」
三角点▶一等

道坂峠の北側の今倉山から見た御正体山。富士山を背景にして堂々としている。周辺の山々からはその風格のある山体がよく目立つ

上級
中級
初級

御正体山

🏔 山の魅力

道志山塊の最西端にあり山塊の最高峰。堂々とした姿の山だ。山頂は広葉樹木に覆われていて展望はほとんどないが、この樹林は「やまなしの森林100選」の一つ。下山途中にある峰宮跡からは富士山を望むことができる。登山道からは丹沢山地をはじめ、駿河湾まで見渡すことができる。

>>> DATA

公共交通機関【行き】富士急行線都留市駅→富士急バス（約30分）→道坂隧道バス停　【帰り】御正体入口バス停→富士急バス（約20分）→富士急行線都留市駅

マイカー　中央自動車道富士吉田線・都留ICから県道40号、国道139号、県道24号を経由して道坂トンネル手前の駐車スペースまで約12㎞。数台分。車のピックアップは、御正体入口バス停からバスを利用（平日は午後2便、土・日曜、祝日は午後1便）。

ヒント　都留市駅からのバスは、8月を除く4〜12月の土・日曜、祝日のみの朝2便だけ。また、帰りの午後便は土曜・休日のみ15時台の1本だけ。事前に要確認。

問合せ先
都留市産業課　　　　　　☎0554-43-1111
道志村産業振興課　　　　☎0554-52-2114
富士急バス大月営業所　　☎0554-22-6600
富士急山梨ハイヤー（都留市駅）
　　　　　　　　　　　　☎0554-43-2800

①道坂隧道バス停 →0:15 ②道坂峠 →1:15 ③岩下ノ丸 →1:20 ④白井平分岐 →1:00 ⑤御正体山 →0:20 ⑥池の平登山道分岐 →1:40 ⑦御正体入口バス停

標高3000m

1010 1126 1304 1352 1681 1568 626

0 水平距離　　5　　10　　15km

広葉樹の森が美しい

欄外情報　立ち寄り温泉◎都留市郊外には、都留市温泉芭蕉月待ちの湯、湯ノ沢温泉、法能温泉といった立ち寄り入浴ができる宿・施設がある。問い合わせは都留市観光協会（☎0554-43-1111）まで。

コース概要 ❶道坂隧道バス停から登山道に入り、尾根上の❷道坂峠へ。かつて道志と都留を行き来した古道の峠である。ここからの尾根道は樹木が多いが、ところどころ展望が開ける。やがて小さなピークの❸岩下ノ丸。道はこの先、ぶどう沢峠、牧ノ沢山などを経て❹白井平分岐に至る。登り返しが多く疲れることだろう。白井平分岐からは猛烈な急坂。たどり着いた❺御正体山の広葉樹の森は味わい深いが、展望は帰路の❻池の平登山道分岐までお預けだ。ここまで来れば富士山が大きく望める。分岐からの登山道は急な下りが続く。林道に出たら分岐に注意して進み、三輪神社近くの❼御正体入口バス停まで下る。

プランニングのヒント 都留市駅発の一番バスを降りてから帰りのバス便までの行動可能時間は6時間30分ほどしかない。コースタイムどおりに歩いても、休憩や昼食の時間を考えるとかなり厳しい。行きか帰りのどちらかはタクシーの利用が賢明だろう。

> 紹介したコースでは一等から三等までの三角点を見ることができる。ピークに立ったら探してみるといいだろう。

サブコース

御正体山には紹介したコースのほかに、西側の鹿留川上流の池の平、南側の山伏峠、東側の白井平からのコースがあるが、いずれのコースもアクセスに難がある。

花と自然

御正体山ではエイザンスミレなど花も多く見られるが、新雪や残雪の季節もまた楽しい。浅い積雪時であれば、山慣れた人ならひと味違う新鮮な山歩きが体験できるだろう。

小雪に覆われた12月の御正体山の山頂

98 御正体山

都留市駅・都留IC
今倉山 1470
菜畑山
都留市駅から
タクシー約20分
❼御正体入口バス停
三輪神社
0:15→
←0:10
0:15→
菅野
都留市駅から
タクシー約30分
❷道坂峠
山梨県
都留市
東沢
林道を歩く
林道に出る。
変則分岐に注意
道坂隧道バス停 ❶
道坂トンネル
国道413号
急斜面。スリップ注意
2:00→
←1:40
1166
1228
岩下ノ丸 ❸
1:05→
←1:15
道志
1304
善之木
岩場の通過
富士山の眺めがよい
池の平登山道分岐 ❻
牧ノ沢山
アップダウンのある尾根道をたどる
盛夏にはヤブがかぶることもある
道志みち
の平から登り
3時間30分
1568
峰宮跡
（峰神社）
抱付岩
0:45→
1:00
1292
1:15→
←1:20
板橋
413
龍ノ口
0:30→
0:20
1681
❹白井平分岐
白井平分岐へ
登り約2時間
N
山頂付近は美しいブナ林に包まれる
❺御正体山
急斜面の登り
道志村
1:50,000
0 500 1000m
1cm＝500m
等高線は20mごと
山伏峠
山伏峠から
登り約3時間
山伏峠・平野・富士山駅
御正橋バス停
白井平

東京トレッカーのホームゲレンデ。その真ん中の山へ

丹沢山
(たんざわさん)

標高1567m

神奈川県

登山レベル:中級

技術度:★★
体力度:★★★

日　程:1泊2日

総歩行時間:9時間30分
　　　1日目:5時間35分
　　　2日目:3時間55分
総歩行距離:18.4km
累積標高差:登り1756m
　　　　　下り1756m

登山適期:4月上旬〜12月上旬

地形図▶1:25000「大山」「秦野」
三角点▶一等

コースの東側に位置する大山
から見た丹沢山（中央）と塔
ノ岳（左）。右に見えている
コブ状の山は丹沢三峰

🔺🔺 山の魅力

丹沢山塊は広くて大きい。登山道が縦横しているが、どこも味わい深い自然と展望に恵まれている。ブナの大木などの立派な森が多く、草花も豊富。山塊の最高峰は蛭ヶ岳だが、日本百名山に選ばれているのは丹沢山である。『日本百名山』に深田久弥は、丹沢山塊の代表として丹沢山を選んだ、と書いている。

>>> DATA

公共交通機関【往復】小田急小田原線渋沢駅→神奈中西バス（約15分）→大倉バス停

マイカー東名高速道路・秦野中井ICから県道71・52・706号などを経由して大倉まで約10km（P223欄外情報も参照）。大倉には公営駐車場と民間の駐車場（いずれも有料）がある。

ヒント大倉では24時間営業の民間駐車場のほかに、県立秦野戸川公園内に大倉、水無川、諏訪丸の3つの公営駐車場がある。いずれも利用料金は同じだが、登山口に近いのは大倉。駐車場の利用時間は8〜21時で、早朝にオープンしていないのがネックだ。

問合せ先
秦野市観光振興課　　☎0463-82-9648
山北町商工観光課　　☎0465-75-3646
清川村産業観光課　　☎046-288-3864
神奈中西バス秦野営業所　☎0463-81-1803
富士急湘南バス　　　☎0465-82-1361

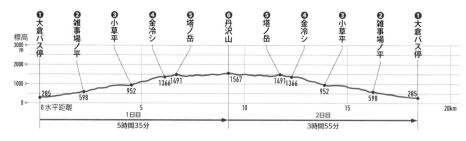

標高3000m / 2000 / 1000 / 0

①大倉バス停 285　②雑事場ノ平 598　③小草平 952　④金冷シ　⑤塔ノ岳 1366 1491　⑥丹沢山 1567　⑤塔ノ岳 1491 1366　④金冷シ　③小草平 952　②雑事場ノ平 598　①大倉バス停 285

0 水平距離　5　10　15　20km
1日目　5時間35分　　2日目　3時間55分

欄外情報　**立ち寄りスポット**◎秦野ビジターセンター:大倉バス停近くにあり、丹沢の登山コースや自然に関する情報提供、展示を行っている。☎0463-87-9300。入館無料。9時〜16時30分。年末年始休館。

コース概要

1日目 丹沢山塊の南東部はアクセスもよく登山者で賑わうが、北部、西部は静かな山道が残されている。ここでは賑やかな側の大倉から丹沢山塊の主峰・丹沢山を往復するコースを紹介しよう。

登山口の大倉にはバスターミナルと駐車場があり、一大登山基地となっている。登山届を出し、❶**大倉バス停**からアスファルト道をしばらく歩く。国定公園の標柱のところが登山口となっている。植林帯のなかをゆるく登っていくと、小一時間で❷**雑事場ノ平**に出る。ここから長大な大倉尾根登りの始まりだ。遊歩道のような幅広の道が駒止茶屋まで続き、少しずつ高度を稼ぐ。堀山の家が立つ❸**小草平**までも同様に尾根上のゆるい勾配を登っていく。木々の間から富士山や表尾根の三ノ塔などが望める。

小草平からは急坂になり、木製階段が続く。周囲はサクラの木やアセビ、ツツジの低木帯になり、登ってきた大倉尾根と秦野盆地を見下ろすことができるようになる。好展望台の花立山荘まで来ると標高差で1000mほど登ったことになる。塔ノ岳までの標高差はあと200mほどだ。

急な砂利道をジグザグに進み、登りきると見晴らしのいい尾根に出て、前方に塔ノ岳が姿を現す。遠くに見えるがあとわずか。この先、❹**金冷シ**で鍋割山からの道が合流する。さらに細くなった尾根道を登って行けば、山頂の登山者の声が聞こえてくるはずだ。

❺**塔ノ岳**の山頂は広く、木製の長イスがたくさん並べられている。広場で休んでもよいし、尊仏山荘で喫茶することもできる。パノラマの山頂からは、大山へと続く表尾根のつながりやこれから向かう丹沢山、その先の蛭ヶ岳が確認できるだろう。

塔ノ岳からは往路を戻る人、表尾根の山々へ向かう人、鍋割山へ周回する人など

> ❗ 大倉尾根の登りは標高差が1200mもある。うんざりしてしまうほどに長い登りが続く。マイペースでじっくり行こう。

> ❗ 塔ノ岳山頂の尊仏山荘は相模湾の夜景が見える山小屋として知られる。一度は泊まってみたい山小屋の一つだ。

花と自然

丹沢エリアにはハイマツのような高山帯の樹木はないが、低山、亜高山帯の木々は豊富だ。広葉樹ではブナ、モミジ、カツラ、ケヤキ、シデ、マユミの類、ハンノキ、クルミ、カンバの類など。アセビやツツジなどの灌木も種類が多い。針葉樹は、モミ、カヤ、ツガ、スギ、マツの類がよく見られる。丹沢を歩くとほとんどの樹木を観察することができるだろう。また、スギの巨木・老木は山域のあちこちにあり、名物となっているものもある。

丹沢山の周囲に広がる美しい雑木林

があちこちに分散するが、ここでは北へと丹沢山を目指す。丹沢山に続くこの稜線は、丹沢主脈や丹沢主稜とよばれている。

尊仏山荘の脇から急坂を下る。小さなコブを越えて稜線を北上する。振り返ると塔ノ岳の尖ったピークと山頂の山小屋が見える。笹原の気持ちのよい道を進むと日高のピークで、竜ヶ馬場のピークの先に丸い帽子のような丹沢山が見える。山頂のみやま山荘もわかるはず。

木道の敷かれた笹原を行き、少し登ると

大倉尾根の花立あたりから見た塔ヶ岳

欄外情報 登山口の大倉へは、ETC装着車の場合は新東名高速道路・秦野丹沢スマートICから県道705・706号を経由すれば約3kmと、東名高速道路・秦野中井ICを利用するより大幅に近い。

塔ノ岳付近からの丹沢山（左の丸帽子）

尊仏山荘の立つ塔ノ岳山頂

竜ヶ馬場。展望がよい草原で東に大山や三峰山、少し移動すると檜洞丸、大室山、富士山などを見ることができる。

竜ヶ馬場からはわずかな登りで❻**丹沢山**の山頂だ。山頂は広いがまわりに木々があって大きな展望はない。西側にある最高地点から棚沢ノ頭、蛭ヶ岳などを見ることができる。山頂のみやま山荘は小ぢんまりとしていて小ぎれいな山小屋だ。おいしい食事の出ることでも知られている。足の強い人なら往路をこのまま戻ってもいいが、無理せず本日はここに1泊しよう。

②日目 丹沢山の山頂からは北の方向に、蛭ヶ岳へと続く道、丹沢三峰を経て宮ヶ瀬へと下る道が分岐しているが、ここでは往路を戻ることにしよう。特に注意を要する箇所はないが、大倉尾根の下山道は長い下りが苦手な人だと苦労する。時間に余裕をみて下るとともに、ストックを活用して丁寧に着実に下るようにしたい。

山小屋情報

●みやま山荘：丹沢山の山頂に立つ。食事がおいしいと評判で、丹沢の山小屋のなかでも人気の小屋の一つ。☎0463-81-8662（現地電話090-2624-7229）。1泊2食付9000円、素泊まり6000円。通年営業。要予約。
●尊仏山荘：塔ノ岳の山頂に立ち、好展望の山小屋として有名。夕食は手作りカレーライスでおかわりOK。お弁当も人気。☎070-2796-5270。1泊2食付8000円、素泊まり5000円。通年営業。要予約。

堀山から塔ノ岳の間は木製の階段が続く。段差によって膝を痛める人もいるので、ゆっくりと丁寧に歩きたい。

プランニングのヒント

丹沢のメジャーな登山道はよく整備されている。この大倉〜丹沢山コースも迷いやすいところや通過困難なところはほぼなく、体力勝負で山を歩ける人やマイカーで早朝にアクセスできる人なら日帰りも十分可能だ。1泊2日なら2日目はもっと歩きたいという場合は、サブコースで紹介したコースのほかに、塔ノ岳から表尾根を経由して大倉、またはバス便のあるヤビツ峠に下るコース、あるいは鍋割山を経由して大倉に下るコースを検討するのもいい。

サブコース

最高峰の蛭ヶ岳から檜洞丸へ

【コース】丹沢山→蛭ヶ岳→檜洞丸→ツツジ新道→西丹沢ビジターセンターバス停

丹沢山からさらに北西へと進み、丹沢山地最高峰の蛭ヶ岳から檜洞丸へと続く丹沢主稜コースは人気がある（丹沢山から約7時間40分）。檜洞丸への稜線上にある数カ所のクサリ場の通過や檜洞丸からのツツジ新道の急な下りなど、丹沢山までのメインコースより難易度が上がるが、その分充実度は大きくなるだろう。下山地の西丹沢ビジターセンターバス停からは、小田急線新松田駅への富士急湘南バスが運行している。平日・週末を問わず最終便は19時と遅くまであるが、1本前の便は17時過ぎなので待ち時間が長くなる。このあたりを踏まえて、出発時間を調整する必要がある。

上級 **中級** 初級　丹沢山

相模原市

ロープ、クサリあり ・1230
姫次・東野
蛭ヶ岳 蛭ヶ岳山荘 クサリあり
1673
太礼ノ頭 1352
本間ノ頭・富ヶ瀬湖
早戸大滝

ミカゲ沢ノ頭 1421
中ノ沢乗越 鬼ヶ岩 1608
棚沢ノ頭 不動ノ峰 1614
早戸川乗越
クサリ ・1244
神ノ川乗越 臼ヶ岳 1460
丹沢の最高峰
休憩舎あり
1550
塩水橋

檜洞丸 1601
青ヶ岳山荘
金山谷乗越 ・1308
金山谷ノ頭 ・1338
丹沢山～蛭ヶ岳～檜洞丸～
西丹沢ビジターセンターバス停間
下り約7時間40分
（逆コース約8時間40分）
丹沢山 6 1567
みやま山荘

石棚山稜分岐
下図へ
シロヤシオ
水場へは往復10分
竜ヶ馬場 1504
清川村

・1353
・1280
弁当沢ノ頭 1288
神奈川県 山北町
ブナ林を行く 1461
1:10 1:20
日高 1331・
ヤビツ峠・大山

同角ノ頭 1491
大山
不動の清水
1:00

・1190 ・1353
同角山稜
・1254
大石山 1220
ユーシンロッジ（休業中）
熊木沢出合
・921
尊仏の土場
・1000
鍋割沢
塔ノ岳 5 1491
尊仏山荘
表尾根
0:25 0:15

・1078
・852
・1020
鍋割峠
大丸 1386
金冷シ 4
花立
茅場平～花立山荘間は特に傾斜がきつい

玄倉林道
玄倉川
雨山峠
鍋割山 1272
鍋割山荘
小丸 1341
二俣分岐
花立山荘
1:30 1:00
天神尾根
本谷川

・791
雨山 1176
塔ノ岳から鍋割山を経て大倉バス停までは約4時間30分
・928
小丸尾根
茅場平
小草平 3
堀山の家
戸沢山荘
秦野市

・1037
・1145
檜岳 1167
後沢乗越
・900
堀山 943
大倉尾根

伊勢沢ノ頭 1177
松田町
栗ノ木洞 908
二俣 駒止茶屋
・905
小草平までは比較的ゆるい斜面が続く
1:30 1:00
一本松跡

西丹沢ビジターセンターバス停
徒渉 本棚沢 ・855
クサリ ゴーラ沢出合
ツツジ新道
展望園地
檜洞丸
石棚山稜分岐
みごとなシロヤシオ
上図へ
櫟山 810
・628
表丹沢県民の森
大倉高原テントサイト
雑事場ノ平 2
観音茶屋
山小屋水無寮
秦野ビジターセンター
県立秦野戸川公園
どんぐり山荘

ウェルキャンプ西丹沢
P
中川川
山北町
板小屋沢ノ頭
大石キャンプ場
・952
石棚山 1351 1401
・1210
県民の森分岐
土佐原
・546
上大倉
西山林道
大倉山の家
0:30 0:50
民間
大倉
P P
民間
大倉バス停 1
民間
山北下

1:50,000
1cm＝500m
等高線は20mごと
500 1000m
N

・1011
西丹沢県民の森
秦野丹沢SIC・渋沢駅・秦野中井IC
新東名高速道路

急坂続きの天子山塊最高峰は富士展望の山

毛無山
（けなしやま）

標高**1964m**（最高点）

静岡県・山梨県

登山レベル：**中級**

技術度：★★★
体力度：★★★

日　程：前夜泊日帰り

総歩行時間：**6時間30分**

総歩行距離：**9.8km**

累積標高差：登り**1174m**
　　　　　　下り**1174m**

登山適期：4月〜11月上旬

地形図▶1：25000「人穴」
三角点▶一等

朝霧高原から見た毛無山。大きくどっしりした山容で、別名は大方山。山頂部にはピークが3つあり、北の雨ヶ岳への縦走コースもある

山の魅力

富士山には東西南北にほどよい距離をおいて続く山並みがある。西側に控えるのが天子山塊で、その最高峰が毛無山。わずかに森林限界を越えた山頂は名前のとおり開けていて展望もいい。富士山が間近にそびえ、大沢崩れの偉容も正面に見える。伊豆半島のような林相や草花なども味わい深い。

>>> DATA

公共交通機関【往復】JR東海道新幹線新富士駅→富士急バス（約1時間10分）→朝霧グリーンパークバス停

マイカー　新東名高速・新富士ICから国道139号を経由して登山口の駐車場（有料）まで約29㎞。中央自動車道・河口湖ICからもほぼ同距離でアクセスできる。

ヒント　新富士駅からの富士急バスは、午前は7時台の1便のみ。同バスはJR身延線富士宮駅を経て富士急行線河口湖駅、富士山駅を結んでいるため、河口湖駅から朝霧グリーンパークバス停に行くこともできるが、日帰り登山となると現行ダイヤでは時間的に厳しい。タクシーの利用も考慮したい。

問合せ先
富士宮市観光課　　　　　　　☎0544-22-1155
富士急バス本社営業所　　　　☎0555-72-6877
岳南タクシー（新富士駅）　　☎0545-61-0017
富士急山梨ハイヤー（河口湖駅）
　　　　　　　　　　　　　　☎0555-22-1800

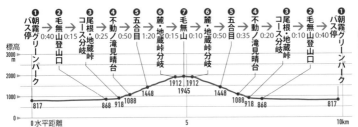

❶朝霧グリーンパークバス停　0:40　❷毛無山登山口　0:15　❸尾根・地蔵峠コース分岐　0:25　❹不動ノ滝見晴台　0:50　❺五合目　1:20　❻麓・地蔵峠分岐　0:15　❼毛無山　0:10　❻麓・地蔵峠分岐　0:50　❺五合目　0:35　❹不動ノ滝見晴台　0:20　❸尾根・地蔵峠コース分岐　0:10　❷毛無山登山口　0:40　❶朝霧グリーンパークバス停

標高3000m／2000／1000／0

817　868　918　1088　1448　1945　1912　1912　1448　1088　918　868　817

0水平距離　5　10km

富士山の眺めがすばらしい

欄外情報　前泊◎ふもとっぱら：毛無山登山口の近くにあり、キャンプだけでなくコテージやキャビンなどでの宿泊もできる体験型宿泊施設。ただし食材は必要。☎0544-52-2112

コース概要 山麓から見上げる毛無山は高くて大きい。標高差は1000mを軽く超える。**❶朝霧グリーンパークバス停**から平坦な道を**❷毛無山登山口**へ。金山精錬所跡の先から山道となり、**❸尾根・地蔵峠コース分岐**を過ぎるとジグザグの急坂が山頂近くまで延々と続く。**❹不動ノ滝見晴台**を過ぎ、合目標識を楽しみに高度を上げる。ところどころに小さな岩場も現れるので注意したい。**❺五合目**からも急斜面は続き、八合目の展望岩場を過ぎればほどなく稜線上の**❻麓・地蔵峠分岐**に至る。ここから縦走路をしばらく北へたどれば一等三角点のある**❼毛無山**だ。切り開きから富士山がよく見える。なお、最高地点は少し先の1964m峰なので、時間と体力が許せばぜひ往復しよう。下山は往路を慎重に下る。

プランニングのヒント 帰りのバスは、1便を除いて夕方早めの時間に終わる（1便は新富士駅行きの夜便）。バス利用の場合、山麓で前泊すれば安心だ（欄外情報参照）。

> 登る途中にはいくつか小さな岩場も出てくる。ロープなどもあるが、あくまでも下りの際のバランス保持用である。

Column

サブコース

上級レベルに近いコースとなるが、往復コースではもの足りないという人は、尾根・地蔵峠コース分岐から地蔵峠コースを登ってもいい（麓・地蔵峠分岐へ約3時間50分）。尾根・地蔵峠コース分岐を直進して金山沢沿いを行くが、数回の徒渉や不明瞭な箇所、足元の崩れやすいロープ場の通過など、慎重な行動が求められる。雨天時や雨後の入山は厳禁。単独での行動も避けたい。県境稜線上の地蔵峠に出たら北進し、尾根沿いに登れば麓・地蔵峠分岐だ。

地蔵峠のお地蔵様

100

毛無山

100 毛無山

1:30,000
1cm=300m
高線は20mごと

富士山
（ふじさん）

吉田口から夜間登山。日本最高地点のご来光を拝む

標高3776m（剣ヶ峰）

山梨県・静岡県

登山レベル:中級

技術度:★★
体力度:★★★

日　程:1泊2日

総歩行時間:**9時間55分**

1日目:**3時間45分**

2日目:**6時間10分**

総歩行距離:**15.7km**

累積標高差:登り**1679m**

下り**1679m**

登山適期:**7月〜8月**

地形図▶1:25000「富士山」
三角点▶二等

3776mが低く見えるほどの広大な裾野をもった富士山。左の街が富士吉田市で、右の街が富士河口湖町

上級

中級

初級

富士山

🔺 山の魅力

夏の風物詩の富士登山は、いまや国民的行事ともいえるほどの人気だ。一度登ったからもう満足、という人がいる一方、ルートを変えてまた登ってみたいという人も数多い。苦しくも充実した山登り、最高峰剣ヶ峰からの眺望、お鉢などの驚異の火山地形…。日本一の山の魅力は尽きることがない。

>>> DATA

公共交通機関【往復】富士急行線河口湖駅→富士急富士登山バス（約1時間）→富士山五合目バス停

マイカー中央自動車道・河口湖ICから約5分の富士北麓駐車場へ。シャトルバスに乗り換えて五合目に上がる。駐車場へは富士五湖道路・富士吉田ICからもすぐ。

ヒントシーズン中は東京、横浜、名古屋、大阪など主要都市から河口湖駅まで直通バスが、また、新宿高速ターミナルからはスバルライン五合目まで直通バスが運行されている。富士北麓駐車場からのシャトルバスはシーズン中、早朝から30分おきに運行。なお、富士スバルライン、富士山スカイライン（富士宮口）、ふじあざみライン（須走口）では夏期、マイカー規制が実施されている。

問合せ先
富士吉田市富士山課　☎0555-22-1111
山梨県世界遺産富士山課　☎055-223-1521
富士急バス本社営業所　☎0555-72-6877

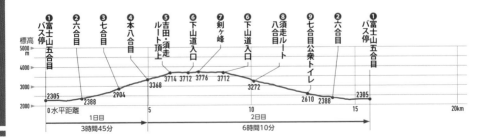

欄外情報 富士山の山小屋◎富士山吉田ルート上には、七合目から山頂にかけて15軒ほどの山小屋があり、いずれも要予約。詳しくは富士山吉田口旅館組合のホームページを確認。http://www.mtfuji.jpn.org/

コース概要

[1日目] 山頂からのご来光は富士登山の醍醐味。1泊2日の行程なので、あわてることなくマイペースで歩こう。**❶富士山五合目バス停**を昼頃にスタートする。広い林道を歩き、泉ヶ滝分岐から登山道に入る。**❷六合目**まではゆるい登り。ここから**❸七合目**までは砂礫の道をジグザグに進む。七合目の上からは急坂に変わり、溶岩の岩場も現れる。この日は八合目から**❹本八合目**の山小屋に宿泊する（宿泊は要予約）。

[2日目] 深夜2時くらいには身支度を整えて再スタートする。ヘッドランプを点灯し、登山者の行列に合流する。ジグザグを切ってガレ場の急斜面を登る。九合五勺からは最後の急坂が**❺吉田・須走ルート頂上**へと続く。ご来光を眺めたら**❻下山道入口**をいったん通過し、**❼剣ヶ峰**を往復しよう。剣ヶ峰の往復はお鉢めぐりコースをたどる。左に山麓、右にお鉢を見おろす痛快な道だ。下山は、**❻下山道入口**から専用の下山道を利用する。**❽須走ルート八合目**、**❾七合目公衆トイレ**を経て、**❷六合目**からは往路を戻る。

プランニングのヒント

近年、五合目から夜通しで一気に山頂を目指す弾丸登山を行い、体調を崩す登山者が後を絶たない。日帰りするなら、早朝に五合目を出発するべきだろう。富士登山ではバスを利用したガイドツアーに参加する方法もある。大都市スタートのツアーがいくつもあり、バスで五合目まで行けるうえにガイドが同行するので安心だ。なお、富士登山に関しては、地元自治体のホームページのほかに、「富士山オフィシャルサイト」（運営：富士山における適正利用推進協議会）、「富士山ＮＥＴ」（運営：山梨日日新聞社）、「フジヤマＮＡＶＩ」（運営：富士急行）といった専門サイトも多く、登山前に一読しておくといい。

> 富士山では2014年から富士山保全協力金制度が実施されている。基本は1000円。個人の判断で協力してほしい。

> ご来光の時間は一日で一番気温が低い。防寒・防風をしっかりと。体感温度は平地の真冬並みと考えておくといい。

Column

安全のヒント

標高の高いところで行動するので、頭痛や吐き気を感じる人がいる。これは高山病の症状であることがほとんどで、ひどいようなら山頂を目指すことなく下山したほうがいいだろう。山小屋の人に相談するなどして対応したい。登山前から体調の悪い人、寝不足の人、なかでも水分や栄養補給が足りない人は高山病にかかりやすいといわれている。ゆっくり時間をかけて登るとともに、富士山では常に自分の体と相談しながら登山する必要がある。

高山病予防のためにも水分はたっぷりと

サブコース

富士山の東側、須走口からの須走ルートはスタート地点が標高2000mとやや低い。八合目からは吉田ルートと合流する。下山には下山専用道の砂走りを利用するが、これがなかなか楽しい。登りは剣ヶ峰まで約6時間30分、下りは約3時間（中級）。このほかにも、最短時間で山頂に立てる富士宮ルート（中級）、長いルートだが、登山者が比較的少なく、静かな登山が楽しめる御殿場ルート（中級・健脚向き）がある。

お鉢を歩いて剣ヶ峰を目指す

小御嶽神社
こみたけ売店／スカイパレス富士
富士山みはらし／五合園レストハウス
中ノ茶屋・北口本宮冨士浅間神社

河口湖駅・河口湖IC

富士スバルライン

① 富士山五合目バス停

富士急雲上閣

マイカー規制あり

御庭・奥庭

御庭～大沢崩れ間は、通年通行禁止

お中道

鳴沢村

屏風尾根

2304

河口湖口登山道

泉ヶ滝分岐

0:45
0:35

六合目

吉田口登山道

四合

井上小屋

五合目佐藤小屋
里見平星観荘

② 経ヶ岳
△2386

六合目経ヶ岳

富士山安全指導センター
雲海荘別館穴小屋
（休業中）

1:00

0:40

花小屋

七合目 ③

日の出館／
吉田ルート七合目トモエ館

救護所

鳥居荘

鎌岩館／富士一館

東洋館

急斜面

太子館

緊急避難小屋

**⑨ 七合目
公衆トイレ**

吉田ルート
下山道

1:20

見晴館
本七合目

七合目

富士山は各ルートのシンボルカラーが決められていて、標識などもその色に従っている。ちなみに吉田ルートは黄色、須走ルートは赤となっている

救護所

八合目

蓬莱館

2:00

下江戸屋

白雲荘

天拝宮

元祖室

本八合目トモエ館／
富士屋ホテル

**吉田・須走
ルート
頂上間**

本八合目 ④

八合五勺

御来光館

上江戸屋

⑧ 須走ルート八合目

登山道

下山道

大陽館

•2890

白山岳
3756△

富士山

下山道入口

⑤

九合目

1:30

胸突江戸屋

0:05

下山時、須走ルートに入らないように

急坂が続く。転倒に注意

久須志神社

0:45

⑥

吉田ルート下山道／
須走ルート下山道

大沢崩れ

剣ヶ峰～吉田・須走
ルート頂上間40分
（逆コース45分）

•3535
火口

0:35
0:40

御殿場ルート
御殿場口新五合目～剣ヶ峰間
登り7時間15分、下り3時間5分

剣ヶ峰 ⑦
3776

富士浅間
大社奥宮

お鉢巡りは強風・濃霧時の通行は避けること

御殿場ルート

手杖流し

富士宮市

富士宮

九合五勺

胸突山荘

九合目
萬年雪山荘

七合九勺

赤岩八合館

砂走館

七合目
日の出館
（休業中）

わらじ館

避気象
小屋
半僧坊

富士宮ルート
富士宮口五合目～剣ヶ峰間
登り5時間20分、下り3時間40分

八合目
富士山衛生センター

池田館

七合五勺

六合目

宝永山

御殿場口五合目

新六合目

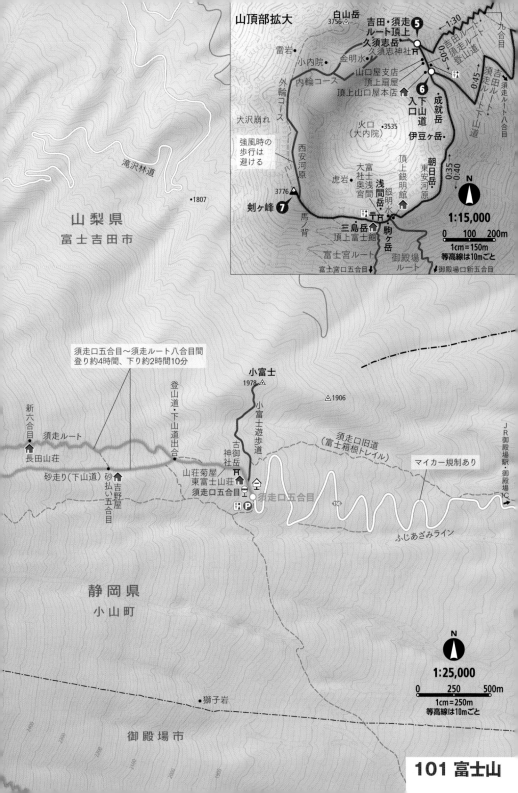

101 富士山

途中の荒れ道に注意し、山頂からの富士山を堪能

愛鷹山
（あしたかやま）

標高**1504m**（越前岳）

静岡県

登山レベル:**初級**

技術度:★
体力度:★★

日　程:日帰り

総歩行時間:**4時間10分**

総歩行距離:**6.2km**

累積標高差:登り**649m**
　　　　　　下り**649m**

登山適期:**5月上旬〜11月中旬**

地形図▶1:25000「愛鷹山」「印野」
三角点▶二等

最高峰・越前岳の山頂から樹林越しに富士山を展望する。山上からは呼子岳や駿河湾が望め、秋は紅葉がきれい。山頂の傍らでは可愛いお地蔵さんが迎えてくれる

山の魅力

富士山の南に峰を連ねる愛鷹山は黒岳、越前岳、呼子岳、鋸岳、位牌岳、前岳、袴腰岳、大岳、愛鷹山の総称。最高峰は北端に位置する越前岳だ。越前岳

山頂へは十里木高原からの往復登山が一般的だ。コース中からはところどころで振り返るたびに富士山が見え、山頂からは駿河湾も見渡せる。

>>> DATA

公共交通機関【往復】JR御殿場線御殿場駅→富士急モビリティバス（約45分）→十里木バス停　※十里木へのバスは午前中3便運行。御殿場駅からタクシー利用の場合は御殿場駅から約35分。

マイカー　東名高速道路・裾野ICから県道24号、国道469号経由約14kmで十里木高原。十里木高原に約40台分の無料駐車場あり。

ヒント　JR東海道本線富士駅から富士急静岡

バスが土・日曜、祝日とお盆のみ十里木高原バス停へ1往復運行（約55分）。十里木高原駐車場は週末や祝日は混雑するので早着を心がけたい。

問合せ先

裾野市産業観光スポーツ課　☎055-995-1825
富士急モビリティ御殿場営業所　☎0550-82-1333
富士急静岡バス鷹岡営業所　☎0545-71-2495
御殿場タクシー　☎0550-82-1234

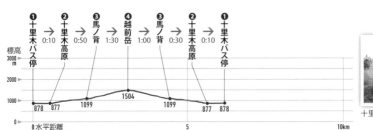

十里木高原展望台

欄外情報　立ち寄り温泉◎ヘルシーパーク裾野:アクセス途中の裾野市須山にある。☎055-965-1126。入浴料700円（3時間以内）。10〜21時。無休。

コース概要

❶十里木バス停から車道を進むと、ほどなく登山口の❷十里木高原に到着する。駐車場のトイレ脇か右からの迂回路をたどり、ひと登りで十里木高原展望台だ。櫓の上からゴルフ場越しに富士山が一望できる。しばらくゆるやかに登り、樹林内を行けば再び視界が開け、ベンチとテーブルがある❸馬ノ背に到着。ここからは樹林内の急登となる。一部荒れた溝状の道を行くと、勢子辻からの道が合流し、❹越前岳の山頂に到着する。以前に比べ樹木が高くなったが、富士山や呼子岳、駿河湾などが展望できる。下山は往路を戻る。

プランニングのヒント

バスの本数が少ないので事前に確認し、帰りのバス時間に合わせて下山するようにしたい。時間を気にせずに歩くには御殿場駅でレンタカーを借りるのもよい。下山後の温泉や観光スポットに立ち寄るにも便利だ。田貫湖や朝霧高原などに泊まり、翌日、富士山西麓の毛無山（P226）に登るのもおすすめ。

夏、樹林内は風が抜けないと蒸し暑く大汗を絞られるので、水分補給をしっかり行い熱中症にならないよう注意したい。

Column

安全のヒント

登山道はほぼ一本道でルートミスの心配はないが、馬ノ背から勢子辻の間で、道の一部が溝状に深く掘れ、岩が剥き出し段差も大きい。濡れていると滑るので、とくに下りは注意。

サブコース

時間があれば、1938年発行の50銭紙幣の富士山の図案になった富士見台を往復するとよい。バス利用なら、さらに富士見峠を経て山神社へ下り、愛鷹登山口バス停へと下れる。

溝状に掘れ、段差がある山道

102

愛鷹山

102 愛鷹山

別荘地　富士山資料館(休館中)　忠ちゃん牧場

十里木ゴルフ場

十里木高原 ❷

土・日曜、祝日のみ　十里木高原　0:10　❶ 十里木バス停

十里木

•892　P

富士山こどもの国　のコースを歩いてもいい

•848

富士見峠から往復20分。富士山の展望台

静岡県
裾野市

•724　愛鷹登山口

469

•795

十里木高原展望台

中継塔　0:50 0:30　中継塔

馬ノ背 ❸　1099

富士山の眺望

黒岳　△1087　愛鷹山荘　山神社　愛鷹神社

展望台

富士見峠

P　•876

荒々しい鋸岳の姿を望む

鋸岳展望台

アシタカツツジ

越前岳 ❹

1:30 1:00

勢子辻分岐

展望のよい山頂

•1014

•898

富士見台

北白ガレン

•1336

大沢

•1068

マイカー利用でなければ、愛鷹山登山口バス停に下山してもいい（下り約2時間15分）

富士市

愛鷹山

高場所

高場所分岐

呼子岳
1310

360度の展望

割石峠

鋸岳
1296

位牌岳

大沢橋
林道終点
•954

1336　前岳

N

1:50,000

0　500　1000m

1cm＝500m
等高線は20mごと

JR御殿場駅・JR三島駅・裾野IC

愛鷹登山口バス停

大沢林道

シャクナゲの名所をぐるっと周回する

天城山
あまぎさん

標高1406m（万三郎岳）

静岡県

登山レベル：初級

技術度：★★
体力度：★★

日　程：日帰り

総歩行時間：**4時間35分**

総歩行距離：**8.3km**

累積標高差：登り**716m**
　　　　　　下り**716m**

登山適期：**4月下旬～12月上旬**

地形図 ▶ 1：25000「天城山」
三角点 ▶ 一等

万二郎岳付近から見た万三郎岳方面と富士山。春にはアマギシャクナゲやアマギツツジ、アセビなどが咲き誇る花の山でもある

上
級
中
級
初級
天
城
山

山の魅力

天城山は伊豆半島中央部に位置する東西に峰をのばす山系の総称。その最高峰が万三郎岳だ。海に囲まれた温暖な半島にそびえる山だけに、関東周辺の山とはひと味違ったアセビやヒメシャラの樹林、固有種のアマギシャクナゲやアマギツツジなどが登山者の目を楽しませてくれる。山上のブナ林もきれい。

>>> DATA

公共交通機関 【往復】JR伊東線伊東駅→東海バス（シャトルバス約55分）→天城縦走登山口バス停

マイカー 小田原厚木道路・小田原西ICから真鶴道路、熱海ビーチライン、国道135号、県道12号などを経由して約65kmで天城高原ゴルフ場。天城高原ゴルフ場手前にハイカー用の駐車場（無料）があるが、シーズン中の週末は大混雑するので早着を心がけたい。

ヒント 伊東駅から天城高原ゴルフ場へのシャトルバスは東急リゾートが代行運行し、登山者も利用できる。1日往路5便、帰路6便なので、事前に時間をチェックして利用したい。駅前でレンタカーを借りれば、時間を気にせずに歩いて観光スポットにも立ち寄れる。

問合せ先
伊豆市観光商工課 ☎0558-72-9911
伊豆市観光協会 ☎0558-99-9501
東海バス ☎0557-37-5121
伊豆東海タクシー ☎0557-55-1241

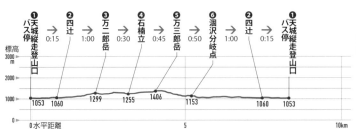

①天城縦走登山口バス停 →0:15→ ②四辻 →1:00→ ③万二郎岳 →0:30→ ④石楠立 →0:45→ ⑤万三郎岳 →0:50→ ⑥涸沢分岐点 →1:00→ ②四辻 →0:15→ ①天城縦走登山口バス停

標高 3000m

1053　1060　　1299　1255　1406　　1153　　　　1060　1053

2000

1000

0　水平距離　　　　　　　　　　5　　　　　　　　　　10km

アマギシャクナゲ

欄外情報 立ち寄り温泉◎湯川弁天の湯：伊東駅から徒歩5分ほどにある伊東温泉の共同浴場。14～22時。入浴料250円。水曜休。詳細は伊東市観光案内所（☎0557-37-6105）へ。

コース概要 ❶天城縦走登山口バス停（あまぎじゅうそうとざんぐちバスてい）から道標に従い樹林をゆるやかに下ると、周回コース起点の❷四辻（よつじ）だ。左へと進み、ガレ場を通過して登り詰めれば❸万二郎岳（ばんじろうだけ）だ。展望はないが、すぐ先の岩場から万二郎岳や富士山が望める。一度下って登り返すと馬ノ背。さらに、ヒメシャラやアセビのトンネルを抜ければ❹石楠立（はなたて）だ。次第にブナが多くなり、アマギシャクナゲの群落を経て急登すれば❺万三郎岳（ばんざぶろうだけ）。ここも樹林に囲まれ展望はない。下山は八丁池方面へ少し下った先から右へ一気に下り❻涸沢分岐点（からさわぶんきてん）へ。この先で、苔むした岩が多い山腹道を通過し、ゆるやかに登れば❷四辻（よつじ）に到着。あとは往路を戻る。

プランニングのヒント 伊豆半島の山だけに雪がなければ冬も歩ける。ただし、日が短いので時間に余裕をもち、日陰などの凍結に備え、軽アイゼン等も用意したい。ほかの三百名山へと足を延ばすなら、箱根山や金時山（いずれもP239）が比較的近い。

> アセビのトンネルから石楠立あたりの尾根道は道が溝状に掘れ、段差がある。岩もあるので、気を抜かずに歩きたい。

サブコース

万三郎岳からモリアオガエルが生息する八丁池を経て天城峠へと下れる。こちらもブナやヒメシャラの豊かな森がきれい。万三郎岳から八丁池口バス停まで約3時間。

安全のヒント

登りでの危険は少ないが、万二郎岳直下の岩場や万三郎岳からの下りは濡れていると滑るので注意。馬ノ背から石楠立の道は溝状に掘れ石が転がっているので捻挫等に注意。

岩が転がる石楠立あたりの山道

103

天城山

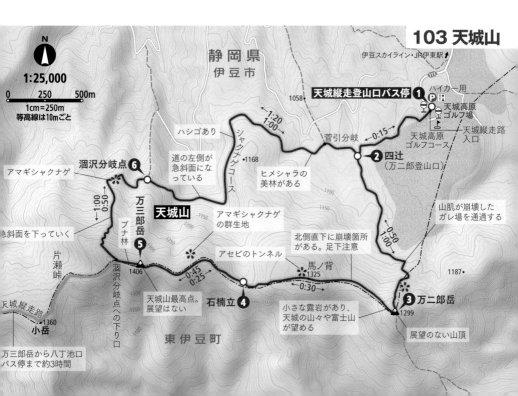

103 天城山

N

1:25,000

0　250　500m

1cm=250m
等高線は10mごと

静岡県
伊豆市

伊豆スカイライン・JR伊東駅

天城縦走登山口バス停 ❶
ハイカー用 P
天城高原ゴルフ場
天城縦走路入口
天城高原ゴルフコース

1058・

1:20
1:00

菅引分岐　0:15

❷ 四辻
（万二郎登山口）

ハシゴあり

シャクナゲコース

・1168

道の左側が急斜面になっている

ヒメシャラの美林がある

山肌が崩壊したガレ場を通過する

アマギシャクナゲ
涸沢分岐点 ❻

アマギシャクナゲの群生地

天城山

1:00
0:50

万三郎岳
ブナ林
❺
1406

1150
1200
1250

北側直下に崩壊箇所がある。足下注意

馬ノ背
1325

0:50
1:00

1187・

急斜面を下っていく

アセビのトンネル

0:45
0:25

0:30

片瀬峠

涸沢分岐点への下り口

天城山最高点。展望はない

石楠立 ❹

小さな露岩があり、天城の山々や富士山が望める

❸ 万二郎岳
1299

展望のない山頂

天城縦走路

・1360
小岳

1300
1250

万三郎岳から八丁池口バス停まで約3時間

東伊豆町

104 関東平野にすっくと立つ茨城県の名峰

百 | 標高877m　茨城県

筑波山
つくばさん

登山レベル：初級　技術度：★　体力度：★　日程：日帰り
総歩行時間：3時間　総歩行距離：約5.8km
累積標高差：登り784m　下り477m　登山適期：通年

公共交通機関【行き】つくばエクスプレスつくば駅→関東鉄道バス（約40分）筑波山神社　【帰り】つつじヶ丘→関東鉄道バス（約50分）→つくばエクスプレスつくば駅　**マイカー**　常磐自動車道・土浦北ICから国道125号、県道14・42号を経由して筑波山神社付近の市営駐車場（有料）まで約20km。　**問合せ先**　つくば観光コンベンション協会☎029-869-8333　関東鉄道つくば中央営業所☎029-836-1145

女峰山から見た男体山

🏔 山の魅力

山頂直下までケーブルカー、ロープウェイが通じる観光地だが、いったん山に入れば、ブナの森や奇岩など変化に富んだ山歩きが楽しめる。日本百名山で一番低い山でもある。

コース概要　ケーブルカー乗り場の脇から登山道に入る。杉林のなかを登り、中ノ茶屋跡、男女川の源泉を過ぎ、急坂を登れば御幸ヶ原。男体山を往復し、最高峰の女体山へ。山頂からはつつじヶ丘へと下る。大仏岩、ブナやミズナラの森、奇岩群を経て弁慶茶屋跡へ。ここから30分ほどの下りでつつじヶ丘だ。

105 尾瀬ヶ原の北にそびえる登山のできない山

三百 | 標高2004m　群馬県・新潟県

景鶴山
けいづるやま

登山レベル：—　技術度：—　体力度：—　日程：—
総歩行時間：—　総歩行距離：—
累積標高差：—　登山適期：—

公共交通機関【往復】上越新幹線上毛高原駅→関越交通バス（約1時間50分）→尾瀬戸倉バス停→関越交通バス（約30分）→鳩待峠　**マイカー**　関越自動車道・沼田ICから国道120・401号を経由して戸倉の駐車場（有料）まで約34km。　**問合せ先**　片品村むらづくり観光課☎0278-58-2112　片品村観光協会☎0278-58-3222　関越交通鎌田営業所☎0278-58-3311

至仏山の登山道から見た景鶴山と尾瀬ヶ原

🏔 山の魅力

至仏山、燧ヶ岳とともに尾瀬ヶ原から見上げたときにすぐそれとわかる山。国の特別天然記念物である尾瀬を形成した火山の一つであり、尾瀬国立公園の特別保護地区にも含まれている。

コース概要　山頂部に独特のスタイルをした岩峰があって歩行欲をそそる山だが、環境保護などの面から、現在は全面的に登山が禁止されている。以前は林床が雪に覆われる残雪期に登る人も少なくなかったが、やはり眺めるだけの山と捉えたい。眺めるなら、尾瀬ヶ原の龍宮小屋あたりがおすすめだ。

106 落葉広葉樹の美しい森を縦走気分で歩く

二百 | 標高1449m（掃部ヶ岳）　群馬県

榛名山
はるなさん

登山レベル：初級　技術度：★★　体力度：★★　日程：日帰り
総歩行時間：4時間30分　総歩行距離：約9km
累積標高差：登り728m　下り728m　登山適期：4月中旬〜11月中旬

公共交通機関【往復】JR高崎線高崎駅→群馬バス（約1時間30分）→榛名湖バス停　**マイカー**　関越自動車道・渋川伊香保ICから国道17号、県道35・33号を経由して観光案内所まで約22km。観光案内所とその上部の市営駐車場（無料）を利用。　**問合せ先**　高崎市榛名支所産業観光課☎027-374-6712　群馬バス総合バスセンター☎027-371-8588

氷室山から見た榛名富士（右）と烏帽子岳

🏔 山の魅力

妙義山、赤城山とともに上毛三山の一つ。登山道の多くが落葉広葉樹林に覆われ、新緑や紅葉の時期の美しさは格別だ。ユウスゲやレンゲツツジの咲くゆうすげ園にはぜひ立ち寄りたい。

コース概要　榛名山の外輪山を歩くコース。榛名湖バス停から天神峠へと登り、氷室山、天目山を越えて松之沢峠へ。峠から磨墨（するす）岩、磨墨峠を経てヤセオネ峠へと至る。ここから相馬山の往復はクサリ場やハシゴがあるので注意したい。往復後は磨墨峠からゆうすげ園を抜け、車道を榛名湖バス停へと戻る。

107 浅間山を間近に望む大パノラマの山頂

二百 **標高1757m** 群馬県

浅間隠山(矢筈山)
あさ ま かくしやま や は ず やま

登山レベル：初級　技術度：★　体力度：★　日程：日帰り
総歩行時間：2時間40分　総歩行距離：約4km
累積標高差：登り478m 下り478m　登山適期：4月上旬～11月上旬

公共交通機関【往復】JR北陸新幹線軽井沢駅→草軽交通バス(約40分)→北軽井沢→タクシー(約20分)→登山口　**マイカー** 関越自動車道・高崎ICから県道27号、国道406号、県道54号を経由して登山口の駐車場(無料)まで約50km。**問合せ先** 高崎市倉渕支所地域振興課☎027-378-4522　北軽井沢観光協会☎0279-84-2047　草軽交通☎0267-42-2441　草津観光タクシー☎0120-37-2450

浅間隠山の山頂直下から浅間山を望む

山の魅力

群馬県の浅間隠温泉郷周辺から浅間山方面に目を向けたとき、その姿を隠してそびえることからその名が付けられた。手軽に登れる山頂からの展望はすばらしく、山麓には温泉も多い。

コース概要 登山口駐車場から少しだけ高崎側に戻った登山口から登山道へ。尾根に上がると浅間隠山が姿を見せる。北軽井沢方面との最初の分岐を右に行き、2カ所目の北軽井沢分岐から山腹を九十九折に登る。急傾斜の道を南峰まで登れば山頂まであと少し。笹原の快適な道を歩けば、ほどなく浅間隠山の山頂だ。

---

108 ギザギザの岩山の山腹を行くユニーク山歩き

二百 **標高1162m**(谷急山) 群馬県

妙義山(中間道)
みょう ぎ さん

登山レベル：初級　技術度：★★　体力度：★★　日程：日帰り
総歩行時間：4時間20分　総歩行距離：約7.8km
累積標高差：登り792m 下り792m　登山適期：通年

公共交通機関【往復】JR信越本線松井田駅→タクシー(約10分)→道の駅みょうぎ　**マイカー** 上信越自動車道・松井田妙義ICから県道51号を経由して道の駅みょうぎまで約2.5km。道の駅の登山者用駐車場(無料)を利用する。**問合せ先** 富岡市観光交流課☎0274-62-5439　下仁田町商工観光課☎0274-64-8805　ツバメタクシー(松井田)☎027-393-1181

中之岳神社の駐車場から見た妙義山の金洞山

山の魅力

榛名山、赤城山とともに上毛三山に数えられ、その特異な姿は、耶馬溪、寒霞渓とともに日本三大奇勝のひとつでもある。稜線の縦走は危険なので、山腹の中間道を歩くのがおすすめだ。

コース概要 道の駅みょうぎから妙義神社へと登り、境内を左に進んで中間道に入る。本来なら、ここから第一見晴や大黒ノ滝、第二見晴、第四石門、七曲りなどを巡って道の駅みょうぎに戻るコースだが、第二見晴の鉄階段の破損、第四石門付近の土砂崩れにより2023年7月現在、通行不可。復旧は未定。

---

109 秩父の名山のクラシックコースを歩く

二百 **標高1304m** 埼玉県

武甲山
ぶ こう さん

登山レベル：初級　技術度：★★　体力度：★★　日程：日帰り
総歩行時間：4時間10分　総歩行距離：約6.9km
累積標高差：登り787m 下り787m　登山適期：通年

公共交通機関【行き】西武池袋線横瀬駅→タクシー(約10分)→一の鳥居 【帰り】秩父鉄道浦山口駅　**マイカー** 圏央道・狭山日高ICから国道299号を経由して一の鳥居の駐車場(約30台、無料)まで42km。**問合せ先** 横瀬町観光協会☎0494-25-0450　秩父市観光課☎0494-25-5209　秩父ハイヤー☎0494-24-8180　秩父丸通タクシー☎0494-22-3633

羊山公園から見上げた武甲山

山の魅力

北斜面の秩父市街側は石灰岩の採掘で無残な姿になっているが、南側から西側にかけての巨杉の森や明るいカラマツ林はいまも健在だ。山頂には、立派な武甲山御嶽神社が立つ。

コース概要 一の鳥居から橋を渡ってしばらく行くと登山口。不動滝の水場を通過し、大杉の広場から杉木立の急斜面を登る。トイレが見えてくれば武甲山御嶽神社だ。展望台は裏手にある。なお、2023年7月現在、浦山口駅に下るコースは通行止めのため、山頂からは南面のシラジクボを経由して一の鳥居へと戻ろう。

110 奥多摩三山の一座にケーブルカー駅から登る

二百 標高**1266**m 東京都

大岳山
おおだけさん

登山レベル：初級 技術度：★★ 体力度：★★ 日程：日帰り	
総歩行時間：4時間35分 総歩行距離：約9.9km	
累積標高差：登り980m 下り980m 登山適期：4月上旬〜12月上旬	

公共交通機関 【往復】JR青梅線御嶽駅→西東京バス（約10分）→御岳山ケーブル滝本駅→ケーブルカー（6分）→御岳山駅
マイカー 中央自動車道・八王子ICから国道16・411号を経由して滝本駅の有料駐車場まで約30km。 **問合せ先** 青梅市シティプロモーション課☎0428-22-1111 西東京バス氷川支所☎0428-83-2126 御岳登山鉄道☎0428-78-8121

麻生山から見た大岳山

山の魅力

ハイカーに人気の御岳山から尾根続きにあり、特徴的なスタイルはすぐにそれとわかる。御前山、三頭山とともに奥多摩三山に数えられていて、奥多摩登山のレベルアップに最適。

コース概要 御岳山駅から山上集落を過ぎ、武蔵御嶽神社を参拝する。山道に戻り、長尾平分岐から平坦な道を歩く。休憩舎からひと登りすると芥場峠。樹林帯の道を簡単なクサリ場を越えて歩けば大岳山荘（休業中）だ。大岳神社の前から急登し、小さな岩場を越えれば大岳山の山頂に到着する。下山は往路を戻る。

----

111 ブナ林がいまも多く残る、富士山を望む頂へ

三百 標高**1531**m 東京都・山梨県

三頭山
みとうさん

登山レベル：初級 技術度：★ 体力度：★ 日程：日帰り	
総歩行時間：2時間50分 総歩行距離：約5.4km	
累積標高差：登り675m 下り675m 登山適期：4月上旬〜12月上旬	

公共交通機関 【往復】JR五日市線武蔵五日市駅→西東京バス（約1時間10分）→都民の森入口バス停 **マイカー** 圏央自動車道・あきる野ICから都道7・33・206号を経由して、都民の森まで約35km。バス停横に無料駐車場がある。 **問合せ先** 檜原村産業環境課☎042-598-1011 檜原都民の森管理事務所☎042-598-6006 西東京バス五日市営業所☎042-596-1611

広々とした三頭山（西峰）の山頂

山の魅力

東京都の南西部、山梨県との境に位置し、奥多摩三山の一座でもある。都内でブナの原生林が残るのはこの山だけといわれ、新緑や紅葉の時期は多くのハイカーたちが訪れる。

コース概要 都民の森入口バス停から急な舗装路を森林館へ。左へと三頭大滝に向かう。大滝からすぐの分岐は右に行き、沢沿いの道から山腹を登ればムシカリ峠。雑木林の道をひと頑張りすれば三頭山（西峰）の山頂だ。山頂から中央峰、展望台のある東峰を越え、途中からの急坂を下ると鞘口峠。右に下れば森林館だ。

----

112 相模湾と富士山、2つの展望が楽しめる

三百 標高**1252**m 神奈川県

大山
おおやま

登山レベル：初級 技術度：★ 体力度：★ 日程：日帰り	
総歩行時間：3時間 総歩行距離：約6.4km	
累積標高差：登り670m 下り670m 登山適期：4月上旬〜12月上旬	

公共交通機関 【往復】小田急小田原線伊勢原駅→神奈中西バス（約30分）→大山ケーブルバス停→徒歩（約15分）→大山ケーブル駅→大山ケーブルカー（6分）→阿夫利神社駅 **マイカー** 新東名高速・伊勢原大山ICから県道611号などを経由して大山ケーブルバス停周辺の有料駐車場まで約5km。 **問合せ先** 伊勢原市商工観光課☎0463-94-4729 神奈川中央交通西伊勢原営業所☎0463-95-2366

山頂からの丹沢三ノ塔と富士山

山の魅力

ケーブルカーを利用して登れることから人気の高い丹沢前衛の山。"雨降山"とよばれる信仰の山でもある。山頂からは大きな展望が広がり、富士山だけでなく東京スカイツリー®も望める。

コース概要 大山ケーブルバス停からこま参道を抜け、ケーブルカーで阿夫利神社駅へ。駅から石段を登ると十六丁目。ゆるやかな尾根道を登れば二十五丁目で、山頂は近い。阿夫利神社奥社の鳥居を過ぎれば大山の山頂だ。山頂から不動尻分岐をめざし、急坂を下れば見晴台。あとは阿夫利神社駅へと戻ればいい。

113 金太郎伝説も残る富士山の展望台

金時山
きんときやま

登山レベル：初級　技術度：★★　体力度：★　日程：日帰り
総歩行時間：3時間10分　総歩行距離：約4.9km
累積標高差：登り655m 下り587m　登山適期：4月上旬～12月上旬

▶**公共交通機関**◀【行き】新宿駅西口→小田急箱根高速バス（約2時間）→金時登山口バス停　【帰り】乙女口バス停から行きと同行程　▶**マイカー**◀東名高速・御殿場ICから国道138号を経由して金時登山口まで約10km。

山の魅力

箱根外輪山の一座で、山頂からの富士山の展望を求めて1年を通して登山者の絶えることがない。春～初夏、紅葉期の休日の山頂は、立錐の余地もないほどに混雑する。山頂には茶店が2軒とトイレ（有料）があって何かと安心。平日の好天時に登りたい山だ。

金時山山頂から眺めた富士山

コース概要 金時登山口バス停から北に延びる車道を歩き、途中から右へと登山道に入る。樋状の道を登ると金時山・明神ヶ岳分岐で、左に行けば茶店のある矢倉沢峠だ。峠から笹原の尾根道を行くと大岩が現れ、やがて公時（きんとき）神社分岐に到着する。道は傾斜を増し、岩場やロープ場を登る。ここを過ぎればすぐに金時山の山頂だ。富士山の眺めを楽しみ、西へと長尾山を目指す。簡単なクサリ場を通過すれば長尾山の平坦な頂だ。木段の道を下ると富士山展望台のある乙女峠。左へと直角に曲がり、樹林帯を下れば乙女口バス停だ。

▶**問合せ先**◀
箱根町観光課　　　　☎0460-85-7410
箱根町観光協会　　　☎0460-85-5700
小田急ハイウェイバス　☎03-5438-8511

---

114 駒ヶ岳山頂から富士山や芦ノ湖を眺めに

箱根山
はこねやま

登山レベル：初級　技術度：★　体力度：★　日程：日帰り
総歩行時間：10分　総歩行距離：約1km
累積標高差：登り30m 下り30m　登山適期：通年

▶**公共交通機関**◀【往復】箱根登山鉄道箱根湯本駅→伊豆箱根バス（約1時間）→箱根園バス停・箱根駒ヶ岳ロープウェー箱根園駅→（7分）→駒ヶ岳頂上駅　▶**マイカー**◀小田原厚木道路・箱根口ICから箱根園駅の駐車場。

山の魅力

日本有数の観光地、箱根のシンボルでもあり、駒ヶ岳山頂からの大きな展望や照葉樹の森歩きが楽しめる山。山麓には温泉も多い。火山活動の影響で、今のところほぼすべての登山道が通行禁止になっているが、駒ヶ岳のみはロープウェイで登ることができる。

金時山の登山道から見た箱根連山の最高峰、神山（左）

コース概要 駒ヶ岳頂上駅からはすぐに山頂に向かわず、駅の横にある展望台から眼下の芦ノ湖を眺めに行こう。山頂からだと芦ノ湖が見えないのだ。遊覧船が浮かぶ湖面の景色を楽しんだら、右（東方向）へと回り込んで相模湾展望広場に寄り道していく。空気の澄んだ日なら、海の上をゆっくりと進む船も確認できることだろう。広場から遊歩道を歩き、最後に石段を登れば箱根駒ヶ岳の山頂だ。立派な箱根元宮が立つ山頂からは富士山が大きい。火山活動がおさまったら、箱根山最高峰の神山までぜひ足を延ばしてほしい。

▶**問合せ先**◀
箱根町観光課　　　　　　☎0460-85-7410
伊豆箱根バス小田原営業所　☎0465-34-0333
箱根駒ヶ岳ロープウェー　　☎0460-83-1151

山の嫌われ者・ヤマビル

登山はありのままの自然に身を置くだけに、時にその洗礼を受けること
も。ひっそりと近づきいつの間にか吸血するヤマビルもその一つだ。

ヤマビルとは

　日本のヒルで唯一の陸生吸血種で、大きさは静止時2～3cm、伸長時4～6cm。人や動物の呼気や熱、臭いなどに素早く反応し、のこぎりのような歯で皮膚に食らいつく。踏んでもつぶれないほど丈夫で、引っ張ってもちぎれないほど弾力性に富む。半年以上絶食状態が続いても生存しているほど、生命力も強い。ただし、寄生虫の宿主となったり、病原体を伝染させることはないといわれる。

服に付着したヤマビル

どこにいる？　2023年7月現在、約35以上の都府県で生息が確認され、なかでも丹沢や鈴鹿は特に生息数が多いエリアとなっている。主に沢沿いの道や林道・登山道脇の湿った場所、草むら、落ち葉の重なった場所、登山道のベンチの下などに潜んでいる。

活動時期　4～11月頃の雨や雨上がりの日に活発に活動するといわれるが、気温が10℃、湿度60％を超えれば冬でも活動する。

人体への被害　吸血時に、ヒルジンという血液が凝固しない物質を送り込む。痛みはないが数時間止血せず、数日はかゆみが残る。

対策は？

やっかいなヤマビルも、事前・事後対策を適切に行えば被害を受けずにすむ。

❶足元・首筋の防御：登山靴やズボンの裾、服の襟元などに高濃度の塩水や市販のヒル除けスプレーをこまめにかける。

❷降雨時・降雨直後の登山を避ける：ヤマビルは梅雨時や降雨時のように湿度の高い日に活発に行動する。安全対策の意味でも、これらの日の登山は回避したい。

❸休憩後は体やザックをチェック：ヤマビルはほんの少しの間に取り付いていることも。休憩時は相手に隙をさらけ出しているような状況だけに、出発前に必ず靴のまわりや中にヒルが付着していないかをチェックしよう。

吸い付かれた際は？
それでも体に付着していたら、以下の方法で体から引き離す。

●塩や20～30％の濃縮塩水、消毒用エタノール、酢などをかける。

●吸盤をはがすようにして、爪でこそげとる。

　なお、引き離したら繁殖を防ぐ意味でも、塩やヒル除けスプレーなどで必ず駆除をしておくことが大切だ。

　吸血された場合は、傷口を指でつまみヒルの唾液成分（ヒルジンなどが含まれる）を搾り出す。消毒用エタノールや水で傷口を洗い、虫刺され薬を塗布し、絆創膏を貼っておく。

ヒル除けスプレー。1000円前後で購入できる

※参考：神奈川県庁ホームページ

北アルプスとその周辺

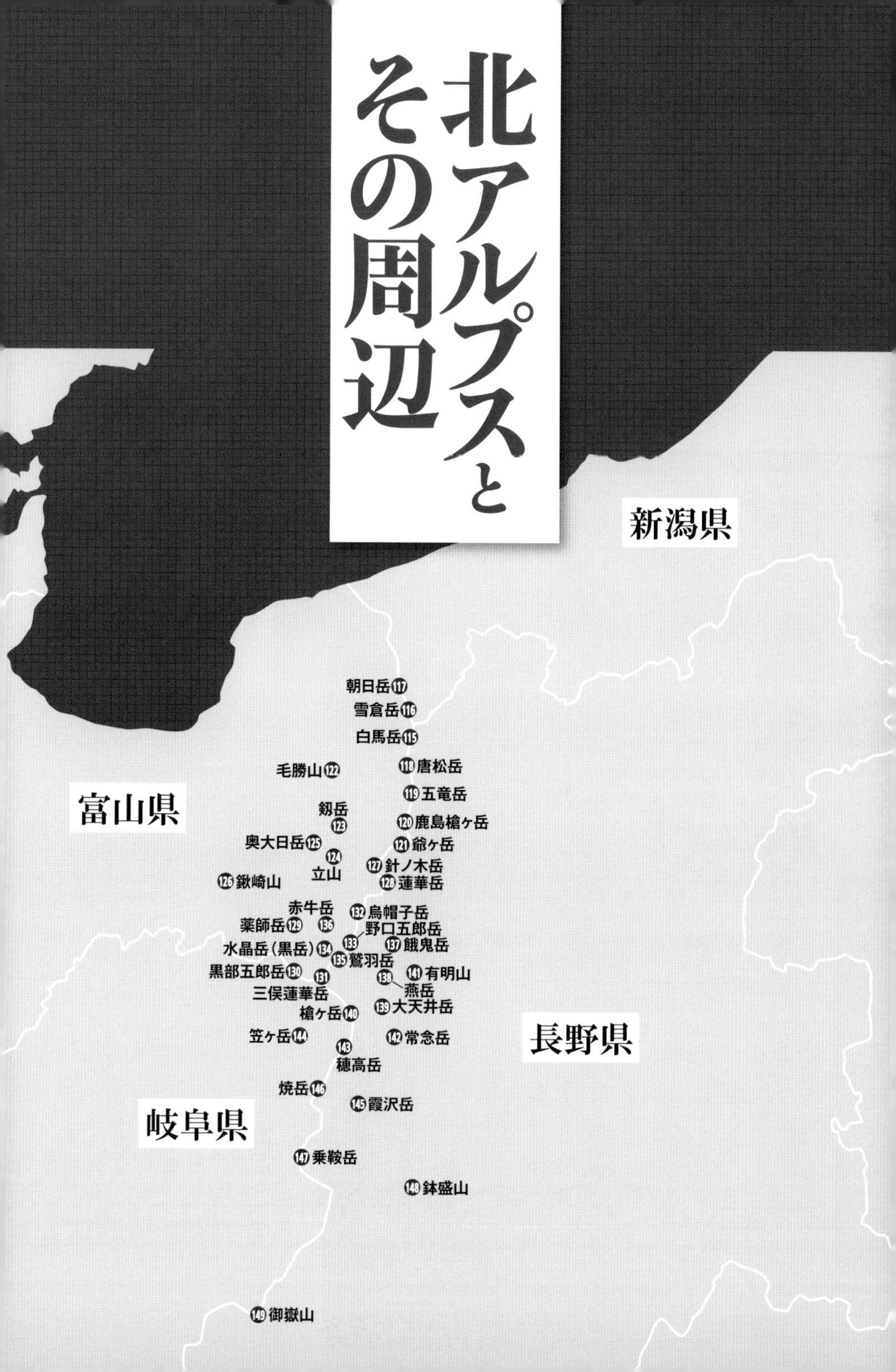

新潟県
富山県
長野県
岐阜県
朝日岳117
雪倉岳116
白馬岳115
毛勝山122
118唐松岳
119五竜岳
剱岳
123
120鹿島槍ヶ岳
奥大日岳125
121爺ヶ岳
124
立山
127針ノ木岳
126鍬崎山
128蓮華岳
赤牛岳
132烏帽子岳
薬師岳129
136
野口五郎岳
133
137餓鬼岳
水晶岳（黒岳）134
135鷲羽岳
141有明山
黒部五郎岳130
131
138
燕岳
三俣蓮華岳
139大天井岳
槍ヶ岳140
笠ヶ岳144
142常念岳
143
穂高岳
焼岳146
145霞沢岳
147乗鞍岳
148鉢盛山
149御嶽山

白馬岳・雪倉岳・朝日岳

しろうまだけ　ゆきくらだけ　あさひだけ

白馬岳	百
雪倉岳	二百
朝日岳	三百

標高**2932**m（白馬岳）
標高**2611**m（雪倉岳）
標高**2418**m（朝日岳）

長野県・富山県・新潟県

登山レベル：**上級**

技術度：★★★
体力度：★★★★

日　程：前夜泊2泊3日

総歩行時間：**21**時間**5**分

1日目：**6**時間**30**分
2日目：**7**時間**15**分
3日目：**7**時間**20**分

総歩行距離：**29.2**km

累積標高差：登り**3165**m
　　　　　　下り**2939**m

登山適期：**7**月中旬〜**9**月中旬

地形図▶1：25000「白馬町」「白馬岳」
　　　　　「越後平岩」「黒薙温泉」

白馬岳山頂でのご来光。立山や槍・穂高も見える

上級
中級
初級

白馬岳・雪倉岳・朝日岳

🏔 山の魅力

『日本百名山』で深田久弥は白馬岳を「大雪渓があり、豊富なお花畑があり、眺望がすこぶるよい」と記している。雪倉岳、朝日岳も、大雪渓こそないものの、この言葉が当てはまる。2泊3日と行程は長いが、残雪の輝きと天然記念物の高山植物群を誰もが堪能できるのがこのコース最大の魅力だ。

>>> DATA

公共交通機関【行き】JR大糸線白馬駅→アルピコ交通バス（約30分）→猿倉バス停　【帰り】蓮華温泉バス停→糸魚川バス（約1時間）→JR大糸線平岩駅

マイカー　長野自動車道・安曇野ICから国道148号などを経由して猿倉駐車場（無料）まで約60km。

ヒント　白馬駅〜猿倉間のバスは、毎日運行する期間は7月上旬〜8月だけで、他の期間は土・日曜、祝日のみ。6月は運行がない。蓮華温泉からのバスは1日2

〜4本で、全便JR北陸新幹線糸魚川駅発着。マイカーの場合、猿倉駐車場が満車のときは、手前の二股駐車場、または八方山麓駅周辺の駐車場（いずれも無料）に停めてバスやタクシーを利用する。

問合せ先
白馬村観光局　☎0261-72-7100
糸魚川市商工観光課　☎025-552-1511
アルピコ交通白馬営業所　☎0261-72-3155
糸魚川バス　☎025-552-0180

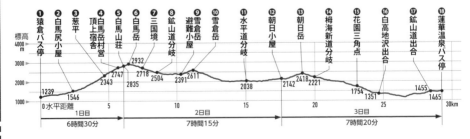

❶猿倉バス停	❷白馬尻小屋	❸葱平	❹頂上宿舎	❺白馬山荘	❻白馬岳	❼三国境	❽鉱山道分岐	❾避難小屋	❿雪倉岳	⓫水平道分岐	⓬朝日小屋	⓭朝日岳	⓮栂海新道分岐	⓯花園三角点	⓰白高地沢出合	⓱鉱山道出合	⓲蓮華温泉バス停

標高
4000m
3000
2932
2747　2718　　　2611
2343　2835　2504　2391
2000
1239　　　　　　　　　　　　　2038　　2142　2418　2221　　1754　　　　　1455
1546　　　　　　　　　　　　　　　　　　　　　　　　　　　　1351　　　　1465
1000
0 水平距離　5　　　　10　　　　15　　　　20　　　　25　　　30km
1日目　　　　2日目　　　　　　　　　3日目
6時間30分　　7時間15分　　　　　7時間20分

欄外情報　立ち寄り温泉◎白馬岳蓮華温泉ロッジ：新潟県側からの北アルプスへの玄関口に立つ温泉山小屋で野天風呂は混浴。☎090-2524-7237。入浴料800円（野天風呂だけの入浴は500円）。9時30分〜17時。

コース概要

1日目 ❶**猿倉バス停**の横からブナ林の登山道に入り、林道に出たら鑓温泉への分岐を左に見送って長走沢を横切る。林道終点から再び登山道を歩き、低木帯を抜ければ大雪渓の起点となる❷**白馬尻小屋**だ。ここから葱平まで約2kmの大雪渓登りが始まる。初級者はここで軽アイゼンを取り付けよう。雪渓上ではベンガラのコース表示に従って慎重に登る。杓子尾根からの落石にも注意が必要だ。黄色いミヤマキンポウゲが雪渓横の斜面を覆う。雪渓上部の崩壊地は巻き道を行き、❸**葱平**からは花咲く尾根道をたどる。急斜面の小雪渓をトラバースしてお花畑を歩けば❹**村営白馬岳頂上宿舎**はすぐ。❺**白馬山荘**は20分ほど先だ。

2日目 本日はロングコース。早朝に出発し、大パノラマの❻**白馬岳**山頂からは馬ノ背とよばれるヤセ尾根を❼**三国境**へと下る。白馬大池への道と別れて左に折れ、❽**鉱山道分岐**、❾**雪倉岳避難小屋**を過ぎれば細長い山頂の❿**雪倉岳**だ。このあたりはお花畑がすばらしい。雪倉岳から細い稜線を下り、カールの末端でコースは左に大きく曲がる。赤男山との鞍部から小桜ヶ原の湿原を歩けばやがて⓫**水平道分岐**。左へと木道に入り、アップダウンの頻繁な水平道を行く。いつしか道は朝日岳からの登山道と合流し、左へと草原の木道を歩けば、お花畑のなかに立つ⓬**朝日小屋**に到着する。

3日目 小屋から朝日岳を目指す。森林限界を抜け、木道を行けば⓭**朝日岳**の山頂だ。剱・立山連峰から雪倉岳、白馬岳のパノラマが広がる。山頂からは⓮**栂海新道分岐**（吹上のコル）へと下り、右へ山腹の道を行く。道はやがて五輪尾根を下るようになり、整備された木道が現れればやがて⓯**花園三角点**。さらにカモシカ坂を下って⓰**白高地沢出合**を過ぎ、瀬戸川の仮設橋を渡ったらいったん登り返す。⓱**鉱山道出合**を

※欄外注（吹き出し）
2日目の白馬岳～朝日小屋間は距離が長く、急な天候悪化の際の逃げ場も少ないので、天候の予測も重要となる。

村営白馬岳頂上宿舎には、夏山診療所が開設される。この小屋には白馬山頂郵便局も開設され、消印は「白馬山頂局」。

Column

安全のヒント

要注意ポイントは白馬大雪渓。雪に不慣れな人には6本歯のアイゼンが必要になる（猿倉荘で軽アイゼンを有料でレンタルしている）。また、杓子岳側からの落石にも注意が必要。雪渓上に岩がたくさん落ちているところでは休憩しないことだ。この大雪渓をこなせれば、あとは初級レベルでも歩き通せるが、それなりの体力は要求される。

栂池から見た白馬大雪渓の全容

経て蓮華ノ森自然歩道をたどればほどなく、野天風呂の待つ⓲**蓮華温泉バス停**だ。

プランニングのヒント

初日の山小屋、村営白馬岳頂上宿舎・白馬山荘までは休憩を入れずに6時間前後の登りが続き、そのほとんどが白馬大雪渓を歩くことになる。雪渓歩きに慣れていない場合や登山者で渋滞しているときは、より多くの時間が必要となる。前日のうちに猿倉荘か白馬尻小屋まで入っておけば余裕をもって歩くことができるだろう。

赤い三角尾根の朝日小屋

白馬岳から三国境へと歩く

雪倉岳への道から三国境方面を振り返る

雪渓歩きに不安のある人は、JR白馬駅前の北アルプス総合案内所や猿倉荘などで軽アイゼンをレンタルしよう。また、逆コースなどで大雪渓を下る場合は、白馬山荘でレンタルすることになる。

なお、朝日岳まで縦走せずに白馬岳のみを歩きたい場合は、サブコースでも紹介した、三国境から白馬大池経由で栂池に下るコースがおすすめ。すばらしい展望とお花畑の広がる1泊2日の楽しいコースだ。

白馬大雪渓を登る

山小屋情報

●猿倉荘：☎0261-72-2002（白馬館）。1泊2食付1万2000円。 ●白馬尻小屋：☎0261-72-2002（白馬館）。2023年は休業（テント場は営業）。以降未定。 ●白馬岳頂上宿舎：☎0261-75-3788（白馬村振興公社）。1泊2食付1万5000円〜（個室あり）。 ●白馬山荘：☎0261-72-2002（白馬館）。1泊2食付1万5000円〜（個室あり）。 ●朝日小屋：☎080-2962-4639。1泊2食付1万2000円。 ●白馬岳蓮華温泉ロッジ：☎090-2524-7237。1泊2食付1万2000円。

サブコース

①三国境から白馬大池を経て蓮華温泉

【コース】三国境→小蓮華山→白馬大池山荘→蓮華温泉

白馬岳を越えた段階で、体力や天候の具合で朝日岳までの縦走は難しいと判断した場合、三国境から新潟県最高峰の小蓮華山、白馬大池、好展望地の天狗ノ庭を経由して蓮華温泉に下るといい。白馬大池畔には、食事付きで泊まれる白馬大池山荘がある。三国境から蓮華温泉まで約4時間（中級）。

②乗鞍岳を経て栂池に下る

【コース】三国境→小蓮華山→白馬大池山荘→乗鞍岳→栂池高原

サブコース①と同様に雪倉岳、朝日岳を割愛した短縮コース。小蓮華山を経て白馬大池山荘まで下ったら、いったん登り返して乗鞍岳へ。ここから3つの小雪渓（1カ所、急な雪渓があるので気をつけたい）を下り、天狗原を経由して栂池ロープウェイの自然園駅へと下る。三国境から自然園駅まで約4時間30分（初級）。

朝日小屋へと続く水平道（実際はアップダウンが多い）は残雪期、通行できないことがある。事前に朝日小屋へ確認を。

五輪尾根から見た白馬岳（右から2つ目のピーク）

1:60,000

1cm=600m
等高線は20mごと

犬ヶ岳・栂海山荘

栂海新道
長栂山
2267

五輪山
2253

新潟県
糸魚川市

N

朝一の急坂なので、ゆっくりと

白高地

逆コースは、蓮華温泉から朝日小屋まで10時間前後かかる。健脚でないと無理

五輪高原

栂海新道分岐 **14**

1:30
2:10

ぬかるみ注意

1:25
2:10

カモシカ坂とよばれる急坂

平岩駅・国道148号

ヤッホー平

蓮華温泉バス停

水谷のコル

朝日岳 **13**
2418

2259

0:40
1:10

五輪尾根

木道

1754

1:25
2:10

瀬戸川出合

弥兵衛平

木道

蓮華温泉ロッジ

白馬岳蓮華温泉ロッジ

0:20 **18**

P

白馬管理センター

1:10
0:45

12 朝日小屋

水平道とはいえ、けっこうなアップダウンがある

2082

15
花園三角点

白高地沢

16 白高地沢出合

2:15
2:25

兵馬ノ平
1466

木道

0:20 **17**

薬師湯
仙気の湯
三国一の湯
黄金湯

1:50

水平道

木道を歩く

小桜ヶ原

16

カモシカ展望台

鉱山道出合

蓮華の森

11 水平道分岐

赤男山

鉱山道

三国境から蓮華温泉まで約4時間

乗鞍沢

残雪が多いときは通行できないことがある。早い時期に歩く際は、朝日小屋に事前の情報収集を

2:40
2:10

ツバメ岩からの落石に注意

2446

登山者は少ない

天狗ノ庭

三国境から自然園駅まで約4時間30分

2308

このあたり一帯は、白馬連山高山植物帯として、国の特別天然記念物に指定されている

朝日町

好展望

雪倉岳 **10**
2611

二重山稜

神の田圃

蓮華展望台

2469

乗鞍岳
2437
2456

自然園駅・栂池高原

雪倉岳避難小屋 **9**

緊急時以外宿泊不可

0:50
0:30

塩谷精錬所跡

白馬大池山荘

悪天候時方向注意

大きなお花畑

2421 **鉢ヶ岳**
2563

1:00
0:50

雷鳥坂

2612

清水岳
2603

8 鉱山道分岐
2504

1:00
0:40

小蓮華山
2766

栂池自然園

小旭岳
2636

視界不良時はコースを間違えないように

2719

1929

清水平

三国境 **7**
2751

展望湿原

ヤセ尾根の通過。滑落に注意

このあたりから雪渓が始まる。自信のない人は、軽アイゼンを準備しておくこと

雁股池

旭岳
2867

0:20
0:13

0:15
0:10

6 白馬岳
2932

0:40
1:00

2023年休業（テント場は営業）。以降未定

富山県
黒部市

村営白馬岳頂上宿舎 **4**

5 白馬山荘

2 白馬尻小屋

2768
丸山

1:00
2:00

2:00
3:00

1:00
1:10

猿倉荘

3 葱平

長野県
白馬村

猿倉バス停 **1**

P

白馬駅・国道148号

杓子岳
2812

落石に注意。雪渓の落石は音がないので、常に上方に目をやりながら歩くこと

白馬鑓温泉小屋

鑓ヶ岳

花と池と絶景の八方尾根から後立山主脈の一峰へ

唐松岳
からまつだけ

唐松岳頂上山荘付近から見た唐松岳（右のピーク）と遠く剱岳。登山者はみんな空身で山頂を往復する

三百

標高2696m

長野県・富山県

登山レベル：中級

技術度：★★
体力度：★★★

日　程：前夜泊日帰り

総歩行時間：**6時間45分**

総歩行距離：**10.1km**

累積標高差：登り**953m**
　　　　　　下り**953m**

登山適期：**7月中旬〜9月下旬**

地形図▶1:25000「白馬町」
三角点▶二等

山の魅力

八方から黒部側の祖母谷へとつながる道は"唐松越え"とよばれる。その長野県側の道が八方尾根だ。八方池山荘から八方池を経て唐松岳頂上山荘に続く尾根筋には至る所に花が咲き、白馬三山や五竜岳、鹿島槍ヶ岳などの絶景が広がる。山小屋泊にすれば初級者でも歩けることだろう。

>>> DATA

公共交通機関【往復】JR大糸線白馬駅→アルピコバス（約5分）→白馬八方バス停→徒歩（10分）→八方アルペンライン八方駅→八方アルペンライン（2回乗り換え。乗車時間計20分）→八方池山荘

マイカー　上信越自動車道・長野ICから国道19号、白馬長野オリンピック道路を経由して八方駅まで約45km。長野自動車道・安曇野ICからは国道148号などを経由して約52km。八方駅周辺に無料駐車場（一部有料あり）が点在する。

ヒント　前夜泊をせずに八方アルペンラインの始発に乗るには、アルピコ交通が新宿から運行する栂池高原行きの夜行高速バス「さわやか信州号」を利用する方法もある（白馬八方で下車）。

問合せ先
白馬村観光局　☎0261-72-7100
アルピコ交通白馬営業所　☎0261-72-3155
八方アルペンライン　☎0261-72-3280

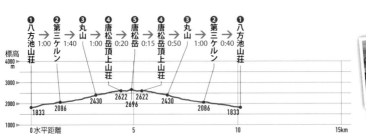

❶八方池山荘		❷第三ケルン		❸丸山		❹唐松岳頂上山荘		❺唐松岳		❹唐松岳頂上山荘		❸丸山		❷第三ケルン		❶八方池山荘
	1:00		1:40		1:00		0:20		0:15		0:50		1:00		0:40	

標高4000m / 3000 / 2000 / 1000

1833　2086　2430　2622　2696　2622　2430　2086　1833

0水平距離　5　10　15km

八方池と白馬三山

欄外情報　山小屋◎唐松岳頂上山荘：八方尾根と後立山連峰縦走路との交差点に立つ。☎090-5204-7876。1泊2食付1万5000円〜、素泊まり1万1000円〜。営業は6月下旬〜10月中旬と春の大型連休。

コース概要 ❶八方池山荘から道は二分する。木道、尾根、どちらを歩いても第二ケルン手前で合流する。左手には迫力ある姿の鹿島槍ヶ岳・双耳峰、五竜岳が望める。八方ケルンを越えると❷第三ケルンで、右下には八方池が見える。八方池に姿を映す白馬三山は八方尾根の名物だ。ダケカンバの樹林が現れると下ノ樺で、さらに上ノ樺を越えれば丸山ケルンの立つ❸丸山。正面には唐松岳が見える。白砂の登山道を進めば❹唐松岳頂上山荘。剱岳が鋭い姿を現す。山荘から❺唐松岳の往復は30分ちょっと。空身で出かけ、山頂からのパノラマを楽しもう。下りは往路を戻る。

プランニングのヒント 八方駅の始発時刻は、期間によって変動し、八方池山荘発の八方アルペンライン最終便も期間によって変動する。6時台の早朝運転便に乗れない場合は日帰りがやや苦しくなるので、その場合は八方池山荘か唐松岳頂上山荘に1泊すれば無理なく歩くことができる。

八方尾根の中間点付近では、高山植物帯の上部にダケカンバ林があるという植生の逆転現象を見ることができる。

花と自然

八方尾根は全体を通して花の宝庫。ユキワリソウやハクサンコザクラ、シラネアオイ、ヨツバシオガマ、ハッポウワレモコウなどが咲き誇り、植物図鑑が手放せない、まさに花の山旅コースだ。

ユキワリソウ（上）とヨツバシオガマ（下）

118
唐松岳

118 唐松岳

鑓ヶ岳・白馬岳
クサリ
標高差約300m。ガレ場の急斜面
天狗の大下り
2411
不帰キレット
一峰
不帰ノ嶮一峰〜二峰間はクサリ、ハシゴのある険路
二峰 2614
不帰ノ嶮
三峰
唐松岳 ❺
大展望 2696
2504
0:15
0:20
❹ 唐松岳頂上山荘
牛首
クサリが連続する
2554 丸山 ❸
0:50
1:00
2361
上ノ樺
下ノ樺
ダケカンバ林
丸山ケルン
八方尾根
1:00
1:40
白馬三山の大展望
八方池
2086
❷ 第三ケルン
第二ケルン
八方ケルン
八方山 1974
八方山ケルン
0:40
八方池山荘 ❶
第一ケルン
1:00
グラートクワッドリフト
八方尾根スキー場
黒菱第3ペアリフト
アルペンクワッドリフト
1684
黒菱平
八方駅
1397
兎平
ゴンドラリフトアダム
ガラガラ沢
八方尾根
P
黒菱第2ペアリフト

富山県
黒部市
大黒岳
2393
最低鞍部
•2071
•2384
五竜岳
•1727

長野県
白馬村

•N•
1:50,000
0   500   1000m
1cm=500m
等高線は20mごと

Hakuba47
ウインタースポーツパーク
白馬五竜スキー場

長大な尾根をたどって後立山の名峰の頂へ

五竜岳
ごりゅうだけ

百

標高**2814m**

長野県・富山県

登山レベル：**上級**

技術度：★★★★
体力度：★★★

日　程：前夜泊1泊2日

総歩行時間：**11時間50分**

1日目：**7時間45分**

2日目：**4時間5分**

総歩行距離：**15.1km**

累積標高差：登り**1755m**
　　　　　　下り**1755m**

登山適期：**7月中旬〜9月下旬**

地形図▶1:25000「白馬町」「神城」
三角点▶三等

唐松岳に続く稜線から見た五竜岳。どっしりとしたその大きさは後立山連峰ナンバーワンといってもいいだろう

🗻 山の魅力

北アルプスでも屈指の長大な尾根、遠見尾根を登って後立山連峰随一のジャイアント、五竜岳の頂に立つ魅力的なコース。体力勝負のコースともとられがちだが、五竜山荘に1泊すればそう苦労せず歩き通すことができるだろう。八方尾根のように登山者も多くなく、じっくり山に取り組める好ルートだ。

>>> DATA

公共交通機関【往復】JR大糸線神城駅→無料シャトルバス（約5分、7〜8月の毎日と9〜10月の土・日曜、祝日を中心に運行。神城駅から歩くと約20分）→白馬五竜テレキャビンとおみ駅→白馬五竜テレキャビン（約8分）→アルプス平駅

マイカー　上信越自動車道・長野ICから国道19号などを経由してとおみ駅まで約40km。長野自動車道・安曇野ICからは約47km。とおみ駅周辺に無料駐車場あり。

ヒント　前夜泊をせずに白馬五竜テレキャビンの始発に乗るには、アルピコ交通が新宿から運行する夜行高速バス「さわやか信州号」を利用する方法もある。北陸新幹線長野駅からは白馬五竜テレキャビンとおみ駅への特急バスの運行もある。

問合せ先

白馬村観光局	☎0261-72-7100
アルピコ交通白馬営業所	☎0261-72-3155
白馬五竜テレキャビン	☎0261-75-2101

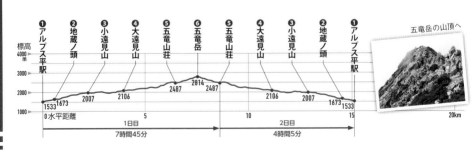

五竜岳の山頂へ

標高
4000m

①アルプス平駅 1533
②地蔵ノ頭 1673
③小遠見山 2007
④大遠見山 2106
⑤五竜山荘 2487
⑥五竜岳 2814
⑤五竜山荘 2487
④大遠見山 2106
③小遠見山 2007
②地蔵ノ頭 1673
①アルプス平駅 1533

0 水平距離　5　10　15
1日目　2日目
7時間45分　4時間5分

20km

欄外情報　山小屋◎五竜山荘：白岳直下に立つ250人収容の山小屋。☎0261-72-2002（白馬館）。1泊2食付1万5000円・素泊まり1万1000円。営業は6月下旬〜10月中旬。テント場あり。

コース概要 ❶アルプス平駅から❷地蔵ノ頭を越え、見返り坂などを経て❸小遠見山へ。いったん下って中遠見山に登り返し、崩壊地を過ぎれば❹大遠見山だ。尾根道を進むと西遠見ノ池。小さな池だが、絶好の休憩ポイントだ。池のすぐ上が西遠見山で、この先のヤセ尾根にはクサリ場も現れる。白岳を越えれば❺五竜山荘。ここから五竜岳の往復には2時間前後かかる。荷物を小屋にデポし、雨具や水など、最低限必要なものを持とう。山頂までは岩稜帯が続き、気が抜けない。2つのピークを黒部側から越え、岩場とハイマツ帯を抜ければ待望の❻五竜岳山頂だ。下りはとにかく慎重に、そして確実に。

プランニングのヒント 長い登りが続く遠見尾根は途中に避難小屋がないため、その日のうちに五竜山荘まで到着しなければならない。山麓に前泊して始発のテレキャビンに乗りたい。疲労が激しいときは、岩場の続く五竜岳は2日目にしたほうがいい。

五竜岳山頂付近の岩場では、×印に行き当たったらコースを見直すこと。落ち着いて岩場全体を丹念に眺めるといい。

Column

安全のヒント

とりたてて困難な箇所は少ないが、五竜岳の頂上付近はクサリ場や険しい岩場が多いので、慎重に行動してほしい。高度感のある場所も出てくるため、ペンキマークをはずさないよう用心して歩こう。午後の行動は雷雨にも注意したい。なお、その年の降雪量によっても異なってくるが、夏の早い時期は白岳の頂上直下に雪渓が残っていることがある。7月の前半に出かけるときは、五竜山荘で残雪の状況を事前に尋ねておくことをおすすめしたい。

クサリ場では一歩一歩着実な行動を

119 五竜岳

唐松岳への道は険しい岩稜

大黒岳 2393

最低鞍部

高山植物が多い

クサリ場や岩場のあるヤセ尾根の通過

白岳 2541

五竜山荘 ❺

ペンキ印を目印に岩稜を登る

五竜岳 ❻ 2814

・2658 G2

クサリ

G4

白馬槍や鹿島槍、剱岳などを見渡す

西遠見ノ池

西遠見ノ池は五竜岳を望む絶好のポイント

西遠見山 2268

0:50 / 1:10

1:40 / 2:30

❹ 大遠見山

▲ 2106

ヤセ尾根

中遠見山 2037

1:10 / 1:30

G5

赤抜

ハシゴ、クサリの連続

富山県

黒部市

北尾根ノ頭 2560

鹿島槍ヶ岳へは八峰キレットの険しい岩場を越える

キレット小屋・鹿島槍ヶ岳

大町市

テレキャビンの最終は16時30分。小遠見山通過時点で間に合わないと判断した場合は、事務所（☎0261-75-2101）まで連絡する

長野県

白馬村

Hakuba47マウンテンスポーツパーク

とおみ駅・神城駅

白馬五竜テレキャビン

アルプス平駅 ❶

地蔵ノ頭 ❷ 1673

見返り坂

一ノ背髪 二ノ背髪

0:15 / 0:30

白馬五竜スキー場

法大スキー小屋

1:00 / 1:15

湿地がある

❸ 小遠見山 ▲ 2007

鹿島槍、唐松岳などの展望

天狗岳 1940

N

1:50,000

0　　500　　1000m

1cm=500m

等高線は20mごと

安曇野のシンボル。2つの秀峰に登る

鹿島槍ヶ岳・爺ヶ岳

鹿島槍ヶ岳	百
爺ヶ岳	三百

標高2889m（鹿島槍ヶ岳南峰）
標高2670m（爺ヶ岳中央峰）

長野県・富山県

登山レベル：中級

技術度：★★★
体力度：★★★★

日　程：2泊3日

総歩行時間：16時間25分

1日目：3時間50分
2日目：7時間15分
3日目：5時間20分

総歩行距離：24.4km

累積標高差：登り2758m

下り2758m

登山適期：7月中旬〜9月中旬

地形図 ▶ 1：25000「黒部湖」「十字峡」「神城」
三角点 ▶ 二等（鹿島槍ヶ岳）
　　　　　三等（爺ヶ岳）

爺ヶ岳の下りから見た鹿島槍ヶ岳。左が南峰で右が北峰

🏔 山の魅力

信濃大町から仰ぐ鹿島槍ヶ岳は双耳の優美な姿を見せて印象深い。多くの人が一度は登りたいと憧れるピークの一つだ。その隣に3つの頭を持つのが爺ヶ岳。どちらも大きな山容で、岩稜の山に見えるが高山植物も豊富。2峰を縦走するプランは北アルプスらしい痛快なものになるだろう。

>>> DATA

公共交通機関【往復】JR大糸線信濃大町駅→アルピコ交通バス・北アルプス交通（約40分）→扇沢バス停

マイカー 長野自動車道・安曇野ICから国道148号などを経由して扇沢の駐車場まで約42km。駐車場は有料と無料がある。混雑時には約8km手前に臨時駐車場（有料）が設置され、扇沢へは無料シャトルバスで移動する。

ヒント 信濃大町駅からのバスは立山黒部アルペンルートの扇沢駅が終点になる。爺ヶ岳への柏原新道登山口には停まらないので扇沢駅から15分ほど歩いて戻る。信濃大町駅からタクシー利用も便利。登山者駐車場は柏原新道登山口に2カ所ほどあるが30台程度なので、満車の場合は扇沢の駐車場に停めるといい。

問合せ先

大町市観光課	☎0261-22-0420
アルピコ交通白馬営業所	☎0261-72-3155
北アルプス交通（バス）	☎0261-22-0799
アルプス第一交通（タクシー）	☎0261-22-2121

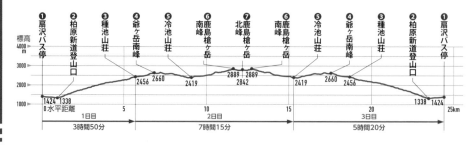

① 扇沢バス停 1424
② 柏原新道登山口 1338
③ 種池山荘 2456
④ 爺ヶ岳南峰 2660
⑤ 冷池山荘 2419
⑥ 南峰 鹿島槍ヶ岳 2889
　 北峰 鹿島槍ヶ岳 2842
⑥ 南峰 鹿島槍ヶ岳 2889
⑤ 冷池山荘 2419
④ 爺ヶ岳南峰 2660
③ 種池山荘 2456
② 柏原新道登山口 1338
① 扇沢バス停 1424

標高4000m 3000 2000 1000m

水平距離 0　5　10　15　20　25km

1日目　2日目　3日目

3時間50分　7時間15分　5時間20分

欄外情報 立ち寄り温泉◎湯けむり屋敷 薬師の湯：大町温泉郷のなかで唯一の日帰り温泉。アルプス温泉博物館を併設し、入館料は入浴料に含まれる。☎0261-23-2834。入浴料750円。7〜21時（冬期は10時〜）。無休。

コース概要

1日目 柏原新道から爺ヶ岳を経て鹿島槍ヶ岳を往復するコースは歩きやすい道が続くが長い行程になる。

眺望と山の花を楽しむアルプスの縦走登山は❶扇沢バス停からスタート。車道を少し戻って❷柏原新道登山口から柏原新道に入り、樹林の尾根にとりついて急坂を登る。しばらくジグザグの道が続くが、アルペンルートの扇沢駅を見下ろすようになれば急登も一段落する。あたりは広葉樹の森で雰囲気がいい。岬とよばれる小尾根をいくつか越え、ゆるい勾配の山腹道をトラバースしながら少しずつ高度を上げていく。はるか先に種池山荘が見えてくれば、南西側には針ノ木岳やスバリ岳が望めることだろう。最後にお花畑のなかの急坂を登り詰めると❸種池山荘だ。本日はここで1泊し、黒部の谷をはさんだ剱岳や立山の展望を楽しもう。

2日目 爺ヶ岳へはハイマツ帯をゆるく登っていく。前方に3つのピークが確認できるはず。まずは❹爺ヶ岳南峰に立つ。ここからは目指す鹿島槍ヶ岳などの展望を楽しもう。爺ヶ岳の最高峰は次の中央峰だが巻き道もある。

爺ヶ岳北峰を過ぎると下りに変わり、小さな起伏を越えて赤岩尾根分岐に出る。ガレ谷をはさんで冷池山荘を望むことができる。滑りやすいザレ場の坂道を下ればすぐに❺冷池山荘に到着する。

この日の宿となる山荘に不要な荷を置かせてもらい、軽いザックで鹿島槍ヶ岳往復に向かうのがいいだろう。とはいえ、往復で約5時間の往復登山となるので、そのことを念頭においた装備や食料、水などを準備して出かけたい。

冷池山荘からは鹿島槍ヶ岳が遠くにその双耳の姿を見せている。距離は3kmもないが、起伏をいくつも越える稜線縦走だ。小屋の裏手のキャンプ場脇を通り、二重山稜

💧 赤岩尾根分岐と冷池山荘の間は露岩とザレ場の急坂となっている。ゆっくり歩を進めたい。それ以外の登山道では顕著な岩稜などはないので安心。

💧 比較的行程が長いので、体調十分で臨もう。山小屋利用のメリットを生かし、できるだけ軽いザックで行動すること。

安全のヒント

コース中に迷いやすいところや通過困難な箇所は少ない。柏原新道の種池小屋下で2カ所ほど沢をトラバースするところがあり、残雪時や雨の日などは滑落や落石に注意したい。また、冷池山荘の前後の道は東側がすぱっと切れ落ちている。視界不良時など、東側に寄りすぎて転落しないように。視界不良時には、布引山と鹿島槍ヶ岳南峰の間の広い尾根も注意したい場所。道迷いする可能性があるので、登山道を踏み外さないよう慎重な行動を。

冷池山荘付近は崩壊地になっている

のような幅広い稜線を進む。ところどころに池や湿地があって高山植物が咲いている。いくつかコブを越えて徐々に高度を上げていく。前方にそびえる大きなピークは鹿島槍ヶ岳の手前の布引山。高く立派に見えるが標高差は思ったほどなく、登り出せばさほどの苦労もなく山頂に立つことができるだろう。前方に、目指す鹿島槍ヶ岳が大きく姿を現す。

布引山からわずかに下るといよいよ鹿島槍ヶ岳の登りとなる。砂礫帯とハイマツの

爺ヶ岳に咲いていたコマクサ

稜線から見た剱岳。真ん中の雪渓は長次郎谷上部

お花畑のなかに立つ種池山荘

コントラストがきれいで、足元にはチングルマなど可憐な高山植物。比較的ゆるい勾配の登山道になっているので、見た目ほどの時間はかからないはず。じっくり歩を進めれば、いつの間にか❻鹿島槍ヶ岳南峰に立つことができる。絶景の山頂からは❼鹿島槍ヶ岳北峰へと吊尾根に道がついている。1時間ほどで往復できるはずだ。

山頂からは往路を戻る。もし早く戻ることができ、体力に余裕があるのなら、❺冷池山荘の人と相談したうえで、同系列の種池山荘まで行ってもいいだろう。冷池山荘から種池山荘までは爺ヶ岳を越えて2時間30分ほどの道のりだ。

（3日目）朝食後、爺ヶ岳へと登り返す。朝日を浴びた剱岳を眺め、振り返って鹿島槍ヶ岳を見る楽しい帰り道だ。爺ヶ岳からは往路をそのまま戻るが、柏原新道は長い下りが続く。スリップや転倒しないよう、

気を抜かずに下りたい。

プランニングのヒント

健脚の人なら、前夜泊1泊2日でも十分に歩ける。宿泊は冷池山荘になるが、山荘から鹿島槍ヶ岳の往復は時間がかかるので、初日に登頂するか2日目に登頂するかは、天気や疲労度などから慎重に判断したい。いずれの場合も、初日、2日目の行動時間は10時間を超えることになるため、疲労が激しい場合も考慮して、冷池山荘や種池山荘にもう1泊できるスケジュールを組んでから挑戦しよう。

サブコース

エスケープルートにもなる赤岩尾根

【コース】大谷原→西俣出合→高千穂平→赤岩尾根分岐→冷池山荘

大谷原から赤岩尾根を登り冷池山荘へ至るこのコースは、コース上で唯一のエスケープルートともなるが、急な岩尾根を歩くコースなので、安易には下山路として選ばないこと。悪天時は冷池山荘で停滞することをおすすめしたい。なお、登・下山口の大谷原にバス便はなく、タクシー利用となる。大谷原〜冷池山荘間は、登り約6時間50分・下り約4時間50分（上級）。また、鹿島槍ヶ岳から北へ主稜線をたどって五竜岳まで縦走するコースは険しい岩稜歩きが続き、上級レベルとなる。余裕があればさらに唐松岳、白馬岳と大縦走もできるが、十分な経験を積んでから挑むコースだ。

山小屋情報

●種池山荘：柏原新道を登りきった稜線上の小屋。☎0261-22-1263（柏原さん）。1泊2食付1万2900円〜。7月上旬〜10月中旬。要予約。　●冷池山荘：爺ヶ岳の北、冷乗越のすぐ先に立つ。☎0261-22-1263（柏原さん）。1泊2食付1万2900円〜。7月上旬〜10月中旬。要予約。　※2つの山荘は同系列の営業で、宿泊予約の連絡先は同じ。また、プランニングのヒントに書いたように、宿泊予定の小屋の変更に備え、予約の際に現地電話を聞いておくといい。

標高3000m近い稜線を行くので悪天時の行動はできない。コース中の唯一のエスケープルートは赤岩尾根コースになる。

富山県
黒部市

北尾根ノ頭
2560

→五竜岳

ロノ沢のコル
2416

鹿島槍ヶ岳北峰〜五竜岳間は
北アルプスでも有数の険路

八峰キレット
キレット小屋
2466

360度の大展望

7 鹿島槍ヶ岳北峰
2842

牛首山
2553

カクネ里を俯瞰

吊尾根
0:30

2889

6 鹿島槍ヶ岳南峰

疲労が激しい時は
南峰から戻ること

立山町

布引山 2683

鎌尾根

非対称山稜の稜線は東側が
切れ落ちている。転落注意

東尾根

一ノ沢ノ頭
△2004

チングルマのお花畑

2:25
1:40

高千穂平

西俣出合

赤岩尾根

5 冷池山荘

2420

冷乗越

赤岩尾根分岐

急坂が続く

エスケープルートとして活用
できる。冷池山荘から大谷原
へ下り約4時間50分（逆コース
は約6時間50分）

鹿島大冷河川公園

1078

JR鹿場駅

丸山
△1377

コバイケイソウ、チング
ルマのお花畑が広がる

西面を巻く

1:10
1:45

ハシゴのある
ヤセ尾根

2631

冷尾根

種池山荘 **3**

2457

爺ヶ岳北峰

棒小屋乗越

1:00
0:40

2670

爺ヶ岳中央峰

2660

4 爺ヶ岳南峰

東尾根

長野県
大町市

残雪のある
ガレ場を横切る

石畳

柏原新道

4:00
2:50

白沢天狗尾根

白沢天狗山
△2036

ケルン

南尾根

急坂が続く

△1897

扇沢バス停

1

1422

0:10
0:15

約20
台

モミジ坂

1340

約10台

2 柏原新道登山口

大町アルペンライン

爺ヶ岳スキー場

柏原新道登山口が満車時は
扇沢に駐車する

→JR信濃大町駅・安曇野IC

→JR信濃大町駅・安曇野IC→

毛勝三山の盟主を目指して長大な尾根を行く

毛勝山
（けかつやま）

富山県

登山レベル：上級

技術度：★★★★
体力度：★★★★★

日　程：前夜泊日帰り

総歩行時間：**11時間20分**

総歩行距離：**12.3km**

累積標高差：登り**1842m**
　　　　　　下り**1842m**

登山適期：**7月中旬〜9月下旬**

地形図▶1：25000「毛勝山」
三角点▶二等

後立山連峰の唐松岳から眺めた残雪期の毛勝三山。右から毛勝山、釜谷山、猫又山。山の後方が富山湾側になる

🏔 山の魅力

北アルプス剱岳の北方、魚津市と黒部市の境にそびえる毛勝三山（毛勝山、釜谷山、猫又山）の主峰。これまでは残雪期にしか登れない山だったが、近年、西北尾根に登山道がつけられた。山頂からの眺めは最高で、後立山連峰や剱岳の姿が雑誌やガイドブックなどでなじんだ眺めとはまったく異なるのが面白い。

>>> DATA

公共交通機関【往復】あいの風とやま鉄道線魚津駅→タクシー（約40分）→片貝山荘

マイカー　北陸自動車道・魚津ICから県道132号、市道東又線を経由して片貝山荘まで約18km。駐車スペースは、山荘へと続く橋を渡らずにまっすぐ走った先、車止めゲートの手前にある。

ヒント　片貝山荘までの道路はとりたてて悪路ではないが、山荘付近は狭い道が続くので運転は慎重に。また山荘の近辺は携帯電話が通じないこともある。タクシーを利用する場合は、時間に余裕をもった迎車時間を往路で決めておくと安心だ。

問合せ先

魚津市商工観光課	☎0765-23-1025
魚津市生涯学習・スポーツ課（片貝山荘の利用申請）	
	☎0765-23-1046
魚津交通（タクシー）	☎0765-22-0640
金閣タクシー	☎0765-22-1030

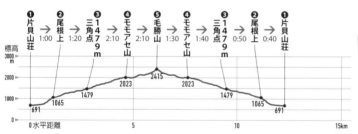

❶片貝山荘 1:00 ❷尾根上 1:20 ❸三角点1479m 2:10 ❹モモアセ山 2:10 ❺毛勝山 1:30 ❹モモアセ山 1:40 ❸三角点1479m 0:50 ❷尾根上 0:40 ❶片貝山荘

標高
3000
m
2000
1000
0

691　1065　1479　2023　2415　2023　1479　1065　691

0 水平距離　　5　　10　　15km

初冬の毛勝山

欄外情報　山小屋◎片貝山荘：前泊に便利。無人小屋（無料）で炊事室や電灯、電源あり（水は要持参）。利用には申請書と山行計画書が必要で、詳細は魚津市ホームページ内を「片貝山荘」で検索。

コース概要 ❶片貝山荘から橋を戻る形で車道に出たら右折。車止めゲートから橋を渡り、阿部木谷の林道を数分歩くと左手に阿部木谷登山口がある。急斜面をはい上がると❷尾根上（おねじょう）で、ここからは尾根通しに歩く。樹林帯を登ると❸1479m三角点（さんかくてん）。低木や笹で登山道が覆われがちな稜線を進んで巨岩を過ぎると、ちょっとした園地のようなモモアセ池がある。複雑な地形に注意して進むと❹モモアセ山（やま）だ。いったん下ってロープ場を越え、次のピークから急斜面を登り返して草地を行けば❺毛勝山（けかちやま）の山頂だ。下りは往路を慎重に戻る。

プランニングのヒント 歩行時間が11時間前後となる三百名山中屈指のロングコース。時間切れになる可能性もあるため早発ちが鉄則だが、暗い時間の出発だと登山口を見逃す恐れがあるので、前日のうちに登山口を確認しておくといい。時期的には昼間の長い夏の登山が望ましいが、いずれにしろヘッドランプは必携のコースである。

7月中はまだ、上部に雪渓の残るところがある。急斜面ではないが、不安な場合は軽アイゼンを持参するといい。

Column

安全のヒント

コース上に水場がないので、水は十分に用意しておく必要がある。また、途中でビバークする可能性も考え、ヘッドランプや予備食、軽量ツエルトなど、その重さが負担にならない程度の非常装備は用意しておかなければならない。なお、この山は残雪期にも毛勝谷から多く登られているが、上部の雪渓は傾斜が大変きつくなる。確実な雪上歩行技術とルートファインディング技術を有していない限り、残雪期の登山は控えたほうがいい。

僧ヶ岳中腹から見た無雪期の毛勝山

122 毛勝山

僧ヶ岳

数台分

片貝山荘 ❶

阿登部東又谷木仙口谷

ロープのある急斜面

❷尾根上

取入口

1801

市道東又線

僧ヶ岳登山口

P

1:00 — 0:40

樹林帯の登り

❸1479m三角点

三階棚滝

1479

1:20 — 0:50

取水堰堤

桃アセ谷

ロープのある急斜面

低木や笹で道が覆われた尾根道

西北尾根

巨岩

△1404

宗次郎谷

モモアセ池

道迷い注意

2:10 — 1:40

モモアセ山 ❹

2023

ロープのある急斜面

西谷ノ頭 1922

富山県
魚津市

2:10 — 1:30

クワガタ池

大清水草原

2028

N

大明神山
△2083

毛勝谷

大明神沢

残雪期にのみ歩かれるコース。上部は傾斜がきつい

毛勝山 ❺

ガレの急斜面

1:50,000

500　1000m

1cm=500m
等高線は20mごと

2415

黒部市

南峰

剱岳をはじめ北アルプス北部の名峰を一望

北アルプスで最も美しいといわれる峻峰

_{つるぎ だけ}
劔岳

百

標高2999m

富山県

登山レベル：上級

技術度：★★★★
体力度：★★★★★

日　程：前夜泊1泊2日

総歩行時間：14時間5分

1日目：4時間

2日目：10時間5分

総歩行距離：15.2km

累積標高差：登り1856m
　　　　　　下り1856m

登山適期：7月中旬～9月中旬

地形図▶1：25000「劔岳」
三角点▶三等

劔沢上部から見た劔岳。映画にもとりあげられるほど人気の山だが、見たとおりアルペン的な山容で、登りも下りもハードだ

🏔 山の魅力

北アルプスの北部を代表する山。岩と雪の殿堂ともいわれ、アルペン的な鋭い風貌は山好きを魅了してやまない。登山コースは少なく、一般登山としては劔沢から往復する別山尾根のみといえる。岩尾根を行く痛快なルートだが、岩登りの要素もあってグレードは高い。シーズン中は登山道の混雑が難点だ。

>>> DATA

公共交通機関【往復】JR大糸線信濃大町駅→アルピコ交通・北アルプス交通（約40分）→扇沢→立山黒部アルペンルート（約1～3時間）→室堂ターミナル。富山側からは、富山地方鉄道立山駅→立山黒部アルペンルート（約1時間15分）→室堂ターミナル

マイカー　長野自動車道・安曇野ICから国道148号で扇沢の駐車場まで約42km。富山側は北陸自動車道・立山ICから県道6号で立山駅の駐車場まで約23km。

ヒント　立山黒部アルペンルートはシーズン中、たいへん混雑する。乗り継ぎがスムーズにできない場合もあり、時間がかかることを考慮してスケジュールを立てたい。

問合せ先

立山町商工観光課	☎076-462-9971
上市町産業課	☎076-472-1111
立山黒部アルペンルート	☎076-481-1500
アルピコ交通白馬営業所	☎0261-72-3155
北アルプス交通	☎0261-22-0799

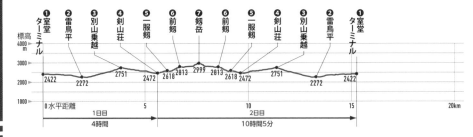

❶室堂ターミナル　❷雷鳥平　❸別山乗越　❹剣山荘　❺一服劔　❻前劔　❼劔岳　❻前劔　❺一服劔　❹剣山荘　❸別山乗越　❷雷鳥平　❶室堂ターミナル

標高4000m　3000　2000　1000

2422　2272　2751　2472　2618　2813　2999　2813　2618　2472　2751　2272　2422

0 水平距離　5　10　15　20km

1日目　2日目

4時間　10時間5分

欄外情報　立ち寄り温泉◎みくりが池温泉：標高2410mにある日本一高所の天然温泉。☎076-463-1441。入浴料1000円。9～16時。宿の営業期間内（4月中旬～11月下旬）は無休。

コース概要

1 日目 初日は剱沢の山小屋へ入る半日コースとなるが、室堂には遅くとも昼前には着いておきたい。

立山を望む**❶室堂ターミナル**を出発。北のほうには剱岳の頭が見えるはず。ミクリガ池、雷鳥荘の前を通って**❷雷鳥平**へと下るが、地獄谷経由のコースは火山性ガスの影響で通行止めになっている。雷鳥平からは称名川を小さな橋で渡り、眼前の雷鳥沢の右手の尾根をジグザグと登る。急坂が続くが、登りが一段落すれば剱岳の雄姿を望むことのできる**❸別山乗越**だ。ここには剱御前小屋がある。乗越の先に目指す剱岳の勇姿が望めるだろう。明日たどる別山尾根の全体が見渡せるのでよく確認しておきたい。乗越の眼下に広がる広大なカールが剱沢で、剱澤小屋と剣山荘が小さく見える。剱岳登山のベースとしてはこの2つの山小屋が便利だが、どちらに泊まっても翌日の行程に大差はない。とりあえずは**❹剣山荘**に向かうこととしよう。

2 日目 今日の行程は長い。足元が見える程度の早朝にスタートしたい。ザックの中身は必要最小限のものにして軽くするのが安全登頂の秘訣だ。

❹剣山荘の裏手からすぐに一服剱への登りが始まる。先は長いのでマイペースで進もう。ほどなく到着する**❺一服剱**のピークからは目の前に前剱の偉容がせまる。いったん武蔵のコルまで下り、ガレ場や大岩の転がる斜面を前剱目指して進む。クサリ場やハシゴが出てくるが、落ち着いて的確に登りたい。**❻前剱**から小さな起伏を越え、右手に急な雪渓が落ちているところが平蔵のコル。ここまでくれば、別山尾根のほぼ半分は登ったと思っていい。

平蔵のコルからは一方通行になり、核心部ともいわれるカニのたてばい(登りルート)へ。見上げると垂直の岩場に見えるが、

別山尾根は岩稜を登り下りするので岩が濡れているとスリップしやすい。悪天時は小屋で停滞して好天を待つこと。

岩場では渋滞が発生することが多い。コースタイムはあてにならないので時間に余裕を持って行動するようにしたい。

安全のヒント

別山尾根のルートはよく整備され、要所にはクサリやハシゴが設置されている。とはいえ岩場が苦手な人や高所恐怖症の人などは無理をしないのが賢明だ。腕力で登るクサリ場ではないので、落ち着いて一歩一歩を確実に刻もう。一方で、穂高の大キレットの登り下りより技術的には難しいという意見もあるが、いずれにしろ自信のない人は事前に岩登りスクールなどで初級の講習を受けるのもいいだろう。猪突猛進で取り付くのは危険だ。

カニのよこばいを下る。落ち着いた行動を

実際はそれほどの斜度はない。足場や手がかりもたいへんしっかりしている。ただ、このあたりは渋滞することが多い。クサリ場の登り方など、上手な人の動きを観察しながら行動するといい。カニのたてばいを過ぎてさらに進むと勾配がゆるくなってガラガラの岩くずの道を行くようになる。左から早月尾根の道を合わせるとわずかで**❼剱岳**の山頂に達する。

山頂からは立山連峰や後立山連峰などの大きな展望が広がるが、あまり広い山頂で

剱岳山頂手前から別山尾根を振り返る。左手に立山

前剱付近の岩場。混雑することが多い

カニのよこばいの順番を待つ登山者たち

上級

中級

初級

剱岳

はない。ひと休みしたら下りにかかろう。

山頂からはカニのよこばいとよばれる下り専用ルートで平蔵のコルまで下る。下りの岩場でもあり、カニのたてばいより緊張するかもしれないが、岩もクサリもしっかりしているので落ち着いて行動すれば大丈夫。平蔵のコルからは、❻前剱の下り専用ルートなどを通って往路を戻ることになるが、決して気を緩めることのないように。前剱や一服剱周辺の事故は決して少なくない。❺剣山荘まで下って初めてホッとひと息ついていいだろう。なお、シーズン中は混雑のためコースタイム通りにいかないことが多い。この点も考慮しておきたい。

プランニングのヒント

ここでは1泊2日の行程としたが、岩場の混雑などで想像以上に時間がかかってしまった場合は、剱岳から下ったあとに剣山

山小屋情報

●剣山荘：☎090-2372-5799。1泊2食付1万3000円。 ●剱澤小屋：☎080-1968-1620。1泊2食付1万2100円～。 ●剱御前小舎：☎080-8694-5076。1泊2食付1万2500円～。 ●雷鳥荘：☎076-463-1664。1泊2食付1万850円～（個室あり）。 ●雷鳥沢ヒュッテ：☎076-463-1835。1泊2食付1万500円～（個室あり）。 ●立山室堂山荘：☎076-463-1228。1泊2食付1万1550円～。 ●ロッジ立山連峰：☎076-463-6004。1泊2食付9200円～（個室あり）。 ●早月小屋：☎090-7740-9233。1泊2食付1万3200円。

すれ違いに注意。登山者の多い人気コースなので、岩場でないところでも接触して転倒、滑落する事故が起きている。

荘か剱澤小屋でもう1泊することになる。このほかのプランとしては、初日は室堂に泊まって翌日、剱岳を往復し、その日は剣山荘か剱澤小屋に宿泊、翌日室堂に戻るという方法もある。また、日程がとれるのなら、立山登山（P260）と組み合わせるプランもおすすめだ。

サブコース

早月尾根コース

【コース】馬場島→早月小屋→剱岳

本文で紹介した別山尾根コースのほかに、剱岳山頂に至るコースとしては早月尾根コースがある。登山口の馬場島からの標高差は約2200mあり、技術的には別山尾根と同程度だが、体力的にはきつくなる。同じ上級でも、こちらのほうがややレベルが高い。行程としては、馬場島から剱岳の山頂まで9時間ほどかかり、下山には6時間ほどかかるので、途中の早月小屋に泊まるのがふつう。マイカーでなければ、剱岳を越えたあと別山尾根コースで室堂へ下ってもいい。その際、剱沢周辺の小屋に泊まるか、一気に室堂まで行ってしまうかは、当日の天気や混雑具合、体力次第だ。また、剱岳登山のあと剱沢を下り、真砂沢ロッジ、ハシゴ谷乗越、内蔵助谷を経て黒部ダムに至るコースもある。剱沢から黒部ダムまで8～9時間かかる上級コースだが、ケーブルカーやロープウェイの混雑を避けて黒部ダムに戻れるメリットがある。

N

1:50,000

0 500 1000m
1cm＝500m
等高線は20mごと

・1563

赤谷尾根

フナグラ谷

東芦見尾見

・大窓

P760
馬場島荘

松尾平

剱岳青少年旅行村

松尾奥ノ平

池ノ平山
・2561
2555

小窓尾根

小窓

△1255
中山

早月尾根

立山川

1921m三角点
1921△

スナクボ岩屋

西仙人谷

小窓ノ王
三ノ窓

早月尾根は標高差2200m以上の激しい登りが続く体力勝負のコース。馬場島から登り約9時間、下り約5時間40分

2224
早月小屋

祠のある山頂、展望は360度

クズバ山
・1876

標高2600m標識
2614

カニのハサミ

八ツ峰

7 剱岳
△2999

獅子頭

カニのたてばい（登り）

クサリとハシゴが連続するコース最大の難所

富山県

上市町

カニのよこばい（下り）

1:30
1:40

平蔵のコル

前剱 6
2813

別山尾根

西大谷山
△2087

クサリあり

1:10
0:50

前剱大岩
武蔵のコル

1:30
0:30

真砂沢ロッジ・黒部ダム

真砂沢雪渓

一服剱 5
△2618

剣山荘 4

剱澤小屋

登山研修所
夏山前進基地

大日山谷

黒百合のコル2472

お花畑が広がる

1:10
1:30

2530

野営場管理所

剱沢キャンプ場

奥大日岳
△2606

2611

剱御前
2777

別山
・2880

中大日岳
2500

七福園

室堂乗越

新室堂乗越

剱岳の迫力ある眺め

1:10
1:30

真砂岳
2861

・2793

大日小屋

天狗ノ鼻

2751

別山乗越

内蔵助山荘

内蔵助カール

ガキ田
獅子ヶ鼻岩

立山高原ホテル

鏡石

地獄谷は有毒ガス発生のため通行止め

雷鳥平 2

剱御前小舎

剱御前坂

2:00
1:30

真砂岳
・2861

関西学院大ヒュッテ

天狗平山荘

天狗平

・2521

ロッジ立山連峰
雷鳥沢ヒュッテ

地獄谷 雷鳥荘

雷鳥沢キャンプ場

野営場管理所

1:05
0:50

富士ノ折立
・2999

立山

弥陀ヶ原ホテル

関西学院大ヒュッテ

みくりが池温泉

室堂ターミナル 1

ホテル立山
2474

立山自然保護センター
室堂ターミナル

立山室堂山荘

立山トンネル

大汝山
3015

大汝休憩所

天望立山荘

国見岳
△2621

室堂
2668

浄土山
2831

雄山神社
一ノ越
2692

一の越山荘

雄山
3003

2681

黒部湖・扇沢

立山町

展望台
富山大学立山研究所

五色ヶ原・薬師岳

北アルプス3000m峰のエントリーコース

立山
たてやま

標高**3015m**(大汝山)

富山県

登山レベル:**初級**

技術度:★★
体力度:★★

日　程:前夜泊日帰り

総歩行時間:**4時間15分**

総歩行距離:**5.3km**

累積標高差:登り**600m**
　　　　　　下り**600m**

登山適期:**7月中旬～9月下旬**

地形図▶1:25000「立山」
三角点▶一等

ミクリガ池から見る立山。台形状の山容で右端が雄山、中央に最高峰の大汝山、左端に富士ノ折立がある。この三山の総称が立山だ

上級 中級 **初級 立山**

🔺 山の魅力

室堂から見上げる立山は台形状の大きな山容で立派だ。雄山、大汝山、富士ノ折立の三山からなり、信仰登山の山として長い歴史を持つ。雄山の登山は比較的簡単で、半日コース。夏休みなどにはファミリーで登山する人も多い。北アルプスの3000m峰登山の魅力と実際を手軽に知ることができるだろう。

>>> DATA

公共交通機関【往復】JR大糸線信濃大町駅→アルピコ交通バスなど(約40分)→扇沢→立山黒部アルペンルート(約1～3時間)→室堂ターミナル。富山側からは、富山地方鉄道立山駅→立山黒部アルペンルート(約1時間15分)→室堂ターミナル

マイカー長野自動車道・安曇野ICから国道148号などを経由して扇沢の駐車場まで約42km。富山側は北陸自動車道・立山ICから県道6号を経由して立山駅の駐車場まで約23km。扇沢の駐車場は有料と無料があり、立山駅の駐車場は無料。

ヒント立山黒部アルペンルートはシーズン中、たいへん混雑する。乗り継ぎがスムーズにできない場合もあり、その点を考慮してスケジュールを立てたい。

問合せ先
立山町商工観光課　☎076-462-9971
立山黒部アルペンルート　☎076-481-1500
アルピコ交通白馬営業所　☎0261-72-3155

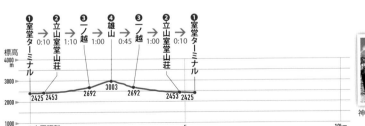

❶室堂ターミナル → 0:10 → ❷立山室堂山荘 → 1:10 → ❸一ノ越 → 1:00 → ❹雄山 → 0:45 → ❸一ノ越 → 1:00 → ❷立山室堂山荘 → 0:10 → ❶室堂ターミナル

標高
4000m
3000
2000
1000
2425 2453　2692　3003　2692　2453 2425
0 水平距離　　　　　　5　　　　　　10km

神社のある雄山山頂

欄外情報 宿泊◎室堂には、ホテル立山、みくりが池温泉、立山室堂山荘、雷鳥荘など温泉のある宿泊施設がある。これらの宿に前泊すれば、余裕をもって立山を楽しむことができるだろう。

コース概要 扇沢、立山駅どちらからも立山黒部アルペンルートを利用して**❶室堂ターミナル**へ。ここはすでに標高2400mを超えている。ターミナルからは一ノ越を目指して遊歩道を行く。**❷立山室堂山荘**を過ぎるとゆるい登りはだんだんと傾斜を増し、最後のジグザグ道を登れば**❸一ノ越**の山小屋の前に出る。岩だらけの雄山が望めることだろう。雄山へは石と岩の積み重なるガレ場の道を登る。登りと下りの道がはっきりしていないので、すれ違いのときは注意したい。急登をしばらく頑張れば**❹雄山**の山頂。立派な造りの雄山神社と、その先に高く峰本社がある。下山は往路を戻るが、**❸一ノ越**までは慎重に。

> 雄山からは大汝山を越えて縦走路が続いているが、長時間の縦走コースになるため、初級者は歩かないように。

プランニングのヒント 扇沢からアプローチした場合、お盆などの特別期を除き、扇沢から始発のトロリーバスに乗っても室堂への到着は9時頃。始発以降は混雑も加わってくるので、室堂での登山開始時間が遅くなる。可能なら室堂に前泊すればベストだ。

Column

安全のヒント

全行程が森林限界上となり、気象条件は厳しくなる。さらに一ノ越〜雄山間は急なガレ場となるので、ぜひ好天の日を選びたい。悪天時の3000m峰は危険な場所と意識しよう。

サブコース

雄山往復だけではもの足りない人は、大汝山を往復するといい。大汝山には休憩所もあり、雄山から往復約35分。ここから先は難易度も上がり、中級者向きの縦走コースとなる。

大汝山の山頂に立つ道標

立山黒部アルペンルート地図

1:25,000

0　250　500m

1cm=250m

等高線は10mごと

高山植物咲く稜線から剱岳を眺める大展望コース

奥大日岳

おくだいにちだけ

二百

標高**2611m**（最高点）

富山県

登山レベル：**中級**

技術度：★★★
体力度：★★★

日　程：前夜泊1泊2日

総歩行時間：**10時間50分**

1日目：**6時間35分**
2日目：**4時間15分**

総歩行距離：**15.8km**

累積標高差：登り**808m**
　　　　　　下り**2268m**

登山適期：**6月下旬〜10月上旬**

地形図▶1：25000「立山」「剱岳」
三角点▶三等

室堂から地獄谷越しに眺めた奥大日岳（右）と大日岳。剱岳の展望台としても貴重な静かな山だ

🏔 山の魅力

稜線上に連なる奥大日岳、中大日岳、大日岳は大日三山とよばれ、立山同様、古くから信仰の山として登られてきた。山頂からは平安時代初期の錫杖の頭も発見されている。剱岳を眺めつつ花いっぱいの稜線を歩く魅力あふれるコースでもあり、その稜線に立つ大日小屋での一夜は思い出深いものになることだろう。

>>> DATA

公共交通機関【行き】JR大糸線信濃大町駅→アルピコ交通・北アルプス交通（約40分）→扇沢→立山黒部アルペンルート（約1〜3時間）→室堂ターミナル。富山側からは、富山地方鉄道立山駅→立山黒部アルペンルート（約1時間15分）→室堂ターミナル　【帰り】称名滝バス停→称名滝探勝バス（約15分）→富山地方鉄道立山駅

マイカー　長野自動車道・安曇野ICから扇沢の駐車場（有料と無料がある）まで約42km。富山側は北陸自動車道・立山ICから立山駅の駐車場（無料）まで約23km。

ヒント　立山黒部アルペンルートは混雑するので、余裕のあるスケジュールを。称名滝探勝バスは1日6便（滝発の最終は15時30分）。

問合せ先
立山町商工観光課　　　　☎076-462-9971
立山黒部アルペンルート・称名滝探勝バス
　　　　　　　　　　　　☎076-481-1500
アルピコ交通白馬営業所　☎0261-72-3155

標高
3500
m
2500
1500
500

①室堂ターミナル 2425
②雷鳥平 2272
③新室堂乗越 2383
④奥大日岳 2606
⑤大日小屋 2501
⑥大日岳 2418
⑤大日小屋 2418
⑦大日平山荘 1756
⑧大日岳登山道入口 1039 965
⑨称名滝バス停

0 水平距離　　5　　　　10　　　　15　　　　20km

1日目　　　　　　　　2日目
6時間35分　　　　　　4時間15分

欄外情報　山小屋◎大日小屋：☎090-3291-1579。1泊2食付1万2000円〜、素泊まり8000円〜。7月上旬〜10月上旬。
大日平山荘：☎090-3295-1281。1泊2食付1万3000円〜、素泊まり1万円〜。7月中旬〜10月上旬。

コース概要 ❶室堂ターミナルから❷雷鳥平へ。浄土川を木橋で渡って別山乗越への登山道と分かれ、左へと登る。登り着いた稜線が❸新室堂乗越で、ここから左手の尾根道をいく。室堂乗越、続いてカガミ谷乗越を過ぎ、奥大日岳最高点の南西側斜面を歩けば❹奥大日岳の山頂だ。展望を楽しんだ後は急なガレ場を下って岩場を通過する。花咲く七福園を過ぎ、中大日岳を越えれば❺大日小屋だ。❻大日岳を往復しておこう。翌日はハードな下りの日。急坂を約2時間下ると❼大日平山荘で、このあたりでいったんゆるんだ傾斜も、牛ノ首からは再び猛烈な急斜面となる。両手も総動員してヤセ尾根を慎重に下れば、やっと❽大日岳登山道入口に下り立つ。舗装路を右へ行けば、ほどなく❾称名滝バス停に到着する。

プランニングのヒント 室堂に前泊して早朝に出発すれば、大日平山荘まで行くこともできる。奥大日岳最高点は山頂の東側にあるピークだが、通行禁止になっている。

奥大日岳の下りと中大日岳の登りは急峻な岩場。牛ノ首から大日岳登山口への下りは急下降が続く。行動は慎重に。

花と自然

大日岳登山道入口からバス停とは反対側に歩くこと約15分の場所に、落差日本一（350m）の称名滝の展望台がある。時間に余裕があれば、日本の滝百選の名瀑を見学に行きたい。写真右側に落ちるハンノキ滝は、立山連峰の雪解け水が流れ込む初夏にだけ現れる滝だ。

展望台からの称名滝（左）とハンノキ滝

125 奥大日岳

N

1:60,000
500　1000m
1cm=600m
等高線は20mごと

富山県
立山町

上市町

西大谷山△ 2087

早乙女岳 2093

奥大日岳 △ 2606

最高点は通行禁止になっている

❹

奥大日岳最高点 2611

新室堂乗越 ❸
0:30
0:40

剱岳

2390

山頂は稜線から北に外れている

❻ 大日岳 △ 2501

0:15
0:20

七福園

2:20

カガミ谷乗越 室堂乗越

剱岳を望む

0:25
0:20

1779

大日平山荘まで急斜面の下りが続く

❺ 中大日岳 2500

クサリ・ハシゴ

クサリのある岩場のトラバース

1:50

ロッジ立山連峰

雷鳥平 ❷

雷鳥沢ヒュッテ
雷鳥荘

0:50
1:05

みくりが池温泉

立山室堂山荘

浄土山 2831△

かなりの急斜面を下る。スリップ注意

牛ノ首 1521

ハシゴ・クサリ

2:40
2:00

湿原

・2023

ザクロ谷

3:05
1:55

大日平

ガキ田

獅子ヶ鼻岩

不動滝

立山有料道路

天狗平山荘

鏡石

天狗平

立山高原ホテル

ソーメン滝

室堂
❶ 室堂ターミナル

ホテル立山

登山道入口 ❽

P 立山駅へ

大観台

八郎坂

称名滝展望台

上ノ小平へ

称名滝

ネハンの滝

❼ 大日平山荘

弥陀ヶ原

△1612

往復30分

弥陀ヶ原ホテル

天望立山荘

関西学院大ヒュッテ

天狗山 ・2521

国見山 2621△

立山の西にそびえる北アルプス北部の展望台

鍬崎山
（くわさきやま）

三百

標高**2090m**

富山県

登山レベル：**上級**

技術度：★★★
体力度：★★★★★

日　程：前夜泊日帰り

総歩行時間：**12時間30分**

総歩行距離：**13.8km**

累積標高差：**登り1778m**
　　　　　　下り1778m

登山適期：**6月上旬～10月中旬**

地形図▶1：25000「小見」
三角点▶二等

瀬戸蔵山付近から、目指す鍬崎山を望む。三角錐の美しい姿が印象的だ。困難な箇所はないが、コースは長い

🏔 山の魅力

佐々成政の黄金埋蔵伝説で知られ、山頂からの薬師岳の眺めがすばらしい。剱岳、立山など人気の山が近くにあるせいか、知る人ぞ知る山だが、三角錐の美しい姿を一度目にしたなら、誰もが登ってみたい気持ちを抱くに違いない。ただ、スキー場のゴンドラが撤去されたため、山頂までは大変長い。

>>> DATA

公共交通機関 【往復】富山地方鉄道立山駅→タクシー（約10分）→あわすのスキー場。または、立山駅→（徒歩35分）→あわすのスキー場

マイカー 北陸自動車道・立山ICから県道6号を経由してあわすのスキー場まで約21km。スキー場周辺に4カ所の無料駐車場がある。

ヒント 長野県側の扇沢から立山黒部アルペンルートを利用してアクセスすることもできる。トイレは登山口の多目的センターミレットと百間滑、大品山にある。

問合せ先
立山町商工観光課　☎076-462-9971
あわすのスキー場　☎076-460-3688
立山黒部アルペンルート　☎076-481-1500
協和タクシー　☎076-463-3939
立山交通（タクシー）　☎076-463-1188
アルペン交通（タクシー）　☎076-463-3315

① 登山口 →0:40→ ② 百間滑 →2:20→ ③ 瀬戸蔵山 →0:50→ ④ 大品山 →2:00→ 独標1756m →1:30→ ⑥ 鍬崎山 →1:00→ 独標1756m →1:30→ ④ 大品山 →0:40→ ③ 瀬戸蔵山 →1:30→ ② 百間滑 →0:30→ ① 登山口

標高3000m

2090

1756　　　　1756

1320　1404　　　　　　　1404　1320

609　　　　　　　　　　　　　　　609
705　　　　　　　　　　　　　　　705

0水平距離　　　　5　　　　10　　　15km

鍬崎山の山頂

欄外情報 前泊宿◎歩行時間が12時間を超えるだけに前泊が大前提。登山口に平井山荘（☎076-482-1876）、松井山荘（☎076-482-1735）、ゲストハウスしろいきせき（☎076-482-1240）がある。

コース概要 あわすのスキー場の❶登山口（とざんぐち）から百間滑遊歩道で❷百間滑（ひゃっけんなめ）へ。龍神の滝手前で進路を右に変えて尾根に上がる。階段道を登って稜線上の❸瀬戸蔵山（せとぐらやま）へ。少し下ってブナ林の木段を登ると❹大品山（おおしなやま）。ここから本格的な登山道で、いったん下って尾根道をたどる。道なりに進めばやがて露岩のクサリ場となり、慎重に越えれば❺**1756m独標**（どっぴょう）だ。独標から山頂に向けて最後の登りに入る。道はだんだん細い稜線になり、やがて❻鍬崎山（くわさきやま）の山頂に飛び出す。下山は往路を戻る。

プランニングのヒント 以前は立山山麓スキー場のゴンドラリフトで稜線上に立てたが、近年撤去されたために山麓から登るほかなくなってしまった。下山時に大品山手前の分岐で右の道へ進むと、直接登山口に下ることができる。往路にたどる瀬戸蔵山経由の道より整備こそ行き届いていないが、20分ほど時間が短縮できる。ところどころで急な下りがあり、スリップに注意。

ここで紹介したコースには水場がない。長い行程なので、特に気温の高い日に歩く際は十分な水を用意して臨みたい。

安全のヒント

1756m独標の手前にはクサリ場がある。とりたてて困難ではないが、中央部は手がかり、足がかりが少ないので、濡れているときは特に慎重に行動してほしい。また、大品山までは整備された遊歩道のようなコースだが、ここを過ぎると本格的な登山道となる。状況次第でヤブっぽくなってしまう場所やせた尾根道が現れる。そんなところでは登山道をはずさないよう、一歩一歩着実に進むようにしよう。視界不良のときは要注意だ。

1756m独標の直下にあるクサリ場

126 鍬崎山

登山口から大品山に登るコース。
登り約3時間30分、下り約2時間30分

瀬戸蔵山から大品山までは遊歩道として整備されている

北面（常願寺川側）は切れ落ちている

ネズコの巨木

露岩のクサリ場

幅の狭い尾根道

360度の展望

立山駅〜登山口間 徒歩35分

1:50,000
500　1000m
1cm＝500m
等高線は20mごと

長い雪渓を登って大パノラマと花の2峰の頂へ

針ノ木岳・蓮華岳

針ノ木岳 **二百**
蓮華岳 **三百**

標高**2821m**（針ノ木岳）
標高**2799m**（蓮華岳）

長野県・富山県

登山レベル：**中級**

技術度：★★★
体力度：★★★

日　程：前夜泊1泊2日

総歩行時間：**12時間5分**

1日目：**6時間40分**

2日目：**5時間25分**

総歩行距離：**16km**

累積標高差：登り**1953m**
　　　　　　下り**1953m**

登山適期：**7月上旬〜10月上旬**

地形図▶1：25000「黒部湖」
三角点▶三等（針ノ木岳）
　　　　二等（蓮華岳）

針ノ木雪渓の上部。雪上を転がり落ちる落石に注意。中央右の山は爺ヶ岳

🗻 山の魅力

針ノ木岳へと続く針ノ木雪渓は、白馬大雪渓、剱沢雪渓とともに日本三大雪渓の一つ。雪渓を登り詰めた針ノ木峠は戦国時代の武将、佐々成政が真冬にここを越えた峠としても知られる。蓮華岳は、コマクサの大群落がある山として、知る人ぞ知る山だ。雪渓から2つの峰を巡る涼しき山旅。

>>> DATA

公共交通機関【往復】JR大糸線信濃大町駅→アルピコ交通バス・北アルプス交通（約40分）→扇沢バス停

マイカー 長野自動車道・安曇野ICから国道148号などを経由して扇沢まで約42km。駐車場は有料と無料がある。混雑時には8km手前に臨時駐車場（有料）が設けられ、扇沢へは無料シャトルバスで移動する。

ヒント JR北陸新幹線長野駅からアルピコ交通の特急バスで扇沢に向かうこともできる。乗車時間は約1時間45分。扇沢の駐車場は、一番下の大町市営駐車場（2カ所、無料）から上に向かって第3〜第1駐車場（いずれも有料）となる。市営駐車場から扇沢へは徒歩10分ほど。

問合せ先
大町市観光課　　　　　　☎0261-22-0420
アルピコ交通白馬営業所　☎0261-72-3155
北アルプス交通　　　　　☎0261-22-0799

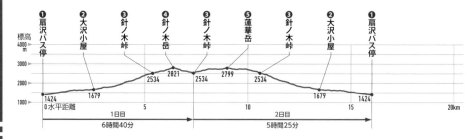

標高
4000m
3000
2000
1000

①扇沢バス停 1424
0水平距離
②大沢小屋 1679
③針ノ木峠 2534
④針ノ木岳 2821
③針ノ木峠 2534
⑤蓮華岳 2799
③針ノ木峠 2534
②大沢小屋 1679
①扇沢バス停 1424

1日目　6時間40分　　　2日目　5時間25分
5　　　10　　　15　　　20km

欄外情報 山小屋◎針ノ木小屋・☎090-2323-7145。1泊2食付1万1000円。お弁当900円。7月上旬〜9月末。大沢小屋・☎0261-22-1584。1泊2食付1万円。7月上旬〜9月頃（2023年は休業）。

コース概要 **❶扇沢バス停**を出発。扇沢バスターミナル切符売り場の奥に登山道入口がある。何度か車道と沢を渡り、樹林帯をゆるやかに登ると**❷大沢小屋**だ。小屋からしばらく進むと針ノ木雪渓が始まる。ノドとよばれるあたりまでは急傾斜の登りが続くが、やがて傾斜はゆるむ。途中で右から合流するマヤクボ沢に迷い込まないように。上部で雪渓をはずれ、夏道をたどると針ノ木小屋の立つ**❸針ノ木峠**に到着する。峠から西へと、岩のゴロゴロした急斜面を登れば大パノラマの**❹針ノ木岳**。小屋に泊まって翌朝は**❺蓮華岳**を往復する。最初は急な登りもあとはなだらかだ。山頂から**❸針ノ木峠**に戻り、慎重に雪渓を下ろう。

> 大沢小屋前のレリーフは1917年、日本で初めての山案内人組合、大町山案内者組合をつくった百瀬慎太郎を描いたもの。

プランニングのヒント 雪渓歩きでは、コースを外れないため、また、音もなくやってくる落石に備えるためにも、集中力が必要だ。できるだけ山麓の宿や大沢小屋に前泊し、体調万全で臨みたい。雪渓で天気が崩れると低体温症の危険もある。十分な装備を。

安全のヒント

雪上歩きに慣れていない人は軽アイゼンとストックが必携。大沢小屋、針ノ木小屋でも貸し出している。雪渓ではベンガラや幟などでコースが示されているのでそれに従おう。

花と自然

蓮華岳山頂一帯のコマクサの群生はすばらしい。7月中旬前後の花期は、よほどの悪天でない限りぜひ登りたい。運がよければ、白いコマクサの姿も見ることができるだろう。

ピンクがかわいいコマクサ

127.128
針ノ木岳・蓮華岳

127.128 針ノ木岳・蓮華岳

富山県 立山町
長野県 大町市

長野・富山県境に延びる展望のよい稜線。扇沢を起点に種池山荘〜鳴沢岳〜針ノ木岳を経由する周回コースがとれる

雪渓の取付点は雪の状態で毎年変化する。山小屋で状況を確認しておきたい

雪渓でのスリップに注意（アイゼン・ストックが有効）

ガス時はマヤクボ沢に入り込みやすい

コマクサの多い砂礫の道

日本で2番目に高い峠とされる

もろい岩の急斜面。クサリ・ハシゴ

1:50,000

1cm=500m
等高線は20mごと

0 500 1000m

北アルプスとその周辺

5日間かけて"西銀座ダイヤモンドコース"を行く

薬師岳・黒部五郎岳・三俣蓮華岳

やくしだけ・くろべごろうだけ・みつまたれんげだけ

薬師岳	百
黒部五郎岳	百
三俣蓮華岳	三百

標高2926m（薬師岳）
標高2840m（黒部五郎岳）
標高2841m（三俣蓮華岳）

富山県・岐阜県・長野県

登山レベル：**上級**

技術度：★★★★
体力度：★★★★

日　程：前夜泊4泊5日

総歩行時間：27時間55分

1日目：5時間
2日目：5時間50分
3日目：6時間50分
4日目：6時間10分
5日目：4時間5分

総歩行距離：44.8km

累積標高差：登り3670m
　　　　　　下り3936m

登山適期：7月中旬～9月中旬

地形図▶1:25000「有峰湖」「薬師岳」「三俣蓮華岳」「笠ヶ岳」

お花畑が広がる黒部五郎岳カール

上級　中級　初級

薬師岳・黒部五郎岳・三俣蓮華岳

山の魅力

信仰の山であり、大きくたおやかな薬師岳。巨大なカールが特徴的な黒部五郎岳。富山、岐阜、長野県の県境でもある三俣蓮華岳。いずれの山も展望は抜群で、周辺の高山植物も豊富。特に黒部五郎岳～黒部五郎小舎のカールコース、三俣蓮華岳～双六小屋間の巻き道は広大なお花畑が広がる。

>>> DATA

公共交通機関 【行き】JR北陸新幹線富山駅→富山地方鉄道バス（約2時間）→折立。または、富山地方鉄道有峰口駅→富山地方鉄道バス（約50分）→折立 【帰り】新穂高温泉→アルピコ交通バス・濃飛バス（約2時間20分・平湯乗り換え）→JR篠ノ井線松本駅。または、新穂高温泉→濃飛バス（約1時間40分）→JR高山本線高山駅

マイカー 北陸自動車道・立山ICから県道6号、有峰林道（有料）を経由して折立駐車場（無料）まで約43km。

ヒント 富山駅・有峰口駅～折立のバスは予約制。マイカーの場合、有峰林道は通行時間などの規制がある（富山県森林政策課☎076-444-3384）。

問合せ先
富山市観光政策課　☎076-443-2072
高山市観光課　☎0577-35-3145
富山地鉄乗車券センター（バス）☎076-442-8122
濃飛バス高山営業所　☎0577-32-1160
アルピコ交通新島々営業所　☎0263-92-2511

標高 4000m 3000m 2000m 1000m

①折立バス停 1353
②三角点 1870
③五光岩ベンチ 2196
④太郎平小屋 2328
⑤薬師峠 2294
⑥薬師岳山荘 2695
⑦薬師岳 2926
⑥薬師岳山荘 2695
⑤薬師峠 2294
④太郎平小屋 2328
⑧北ノ俣岳 2661
⑨黒部五郎岳 2840
⑩黒部五郎小舎 2344
⑪三俣蓮華岳 2841
⑫双六岳 2860
⑬双六小屋 2546
⑭弓折乗越 2564
⑮鏡平山荘 2279
⑯シシウドが原 2089
⑰秩父沢 1725
⑱わさび平小屋 1402
⑲笠新道登山口 1368
⑳新穂高温泉バス停 1087

0 水平距離 5 10 20 30 40 45km
1日目　2日目　3日目　4日目　5日目
5時間　5時間50分　6時間50分　6時間10分　4時間5分

欄外情報 山小屋◎太郎平小屋：☎080-1951-3030。薬師岳山荘：☎090-8263-2523。黒部五郎小舎：☎080-1588-1606。双六小屋：☎090-3480-0434。鏡平山荘：☎090-1566-7559。

コース概要

1日目 ❶折立バス停からブナの多い太郎坂を登る。針葉樹が増えてくれば、やがて展望の広がる❷三角点。樹林帯を抜けて草原を歩けば❸五光岩ベンチに着く。木道を交えたゆるやかな道を❹太郎平小屋へと歩く。

2日目 小屋から❺薬師峠へはなだらかな木道。❻薬師岳山荘を経て薬師岳までも危険な急坂等はないが、広い尾根筋では濃霧時の道迷いに注意。❼薬師岳山頂は展望もよく、東に広がるカールも見渡せる。また、薬師如来像が安置されているお社が立つ。絶景を楽しんだら❹太郎平小屋へ戻る。

3日目 ❽北ノ俣岳まではなだらかな登り。池塘が点在して景色も開け、気持ちのよい歩きとなる。前方に目指す黒部五郎岳、振り返れば薬師岳が望める。最後の急登だけ頑張れば大展望の❾黒部五郎岳だ。このあたりから特徴的な槍ヶ岳の山容も目に入るようになる。山頂から広大なカール内に付けられた登山道で❿黒部五郎小舎へ。

4日目 小舎から三俣蓮華岳までは再びの登り。⓫三俣蓮華岳の山頂も展望はよく、特に遠く屏風のように見える槍ヶ岳がすばらしい。続いて展望のすぐれた⓬双六岳を経由して⓭双六小屋。なだらかな道を行き、⓮弓折乗越から⓯鏡平山荘へ下る。

5日目 小屋からは大した登り返しもなく、順調に標高を下げていく。⓰シシウドが原、木橋のかかる⓱秩父沢を過ぎ、左俣林道に出たら⓲わさび平小屋、⓳笠新道登山口を通過する。あとは⓴新穂高温泉バス停へと下れば、長い縦走も終わりとなる。

プランニングのヒント

　1日10時間以上行動できる体力の持ち主ならば、2泊3日でこなせる。1日目に折立から薬師岳山荘。2日目に薬師岳をピストン後、黒部五郎小舎へ。3日目は三俣蓮華岳経由で新穂高に下山。2、3日目の歩行時間は10時間を超えるが、小屋を早

> 📍登山口近くの前泊には有峰ダム湖畔の有峰ハウス（☎080-8535-7404）が便利。折立行きの直通バスの停留所もある。

> 📍黒部五郎カール内の道では、五郎沢に引き込まれないように。このカール内では、長く沢を下ることはないので注意。

花と自然

　北アルプスでも代表的なカール（圏谷）である、薬師岳の圏谷群（国の特別天然記念物）や黒部五郎カールがコース上に見られる。カールとは氷河の侵食によって高山の山頂や稜線の直下が円形に削られた地形のこと。

薬師岳金作谷カール（上）と黒部五郎カール（下）

朝に出発すれば十分可能だ。ただし、登山レベルはより上がる。

サブコース

　黒部五郎岳〜黒部五郎小舎間は紹介するカール経由のほかに稜線通しの道があるが、後者は主に残雪期に利用されるもので、一般的ではない。また、三俣蓮華岳〜双六小屋間は展望を楽しみたければ稜線ルート、花を楽しみたければ巻き道ルートがおすすめ。巻き道のほうが30分ほどコースタイムを短縮できる。

三俣蓮華岳から見た槍ヶ岳。右には穂高連峰

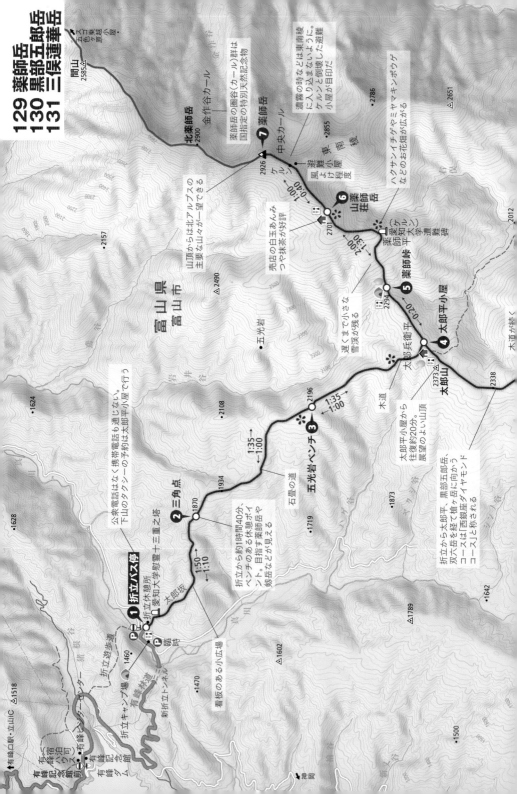

間山
2585公

五三
色ヶ
原小屋
・

五色ヶ原

金作谷

金作谷カール

北薬師岳
2900

薬師岳の圏谷（カール）
群は
国指定の特別天然記念物

7 薬師岳

東南稜

濃霧の時などは東南稜
に入り込まないように。
ケルンと倒壊した避難
小屋が目印だ

中央カール

2926

2855

東

南

稜

2786

△2651

石

俣

風

避難小屋

雪

じ

ヶ

程

谷

度

ハクサンイチゲやミヤマキンポウゲ
などのお花畑が広がる

山頂からは北アルプスの
主要な山々が一望できる

△2157

売店の白玉あんみ
つや珍味が好評

6 薬師
荘岳

2701

1:00 → ← 0:40

富山県
富山市

△2490

五光岩

薬師岳

薬師沢
愛知大学

遭難碑

2012

遅くまで小さな
雪渓が残る

薬師平

5 薬師峠

2294

0:00 ← ← 2:31

太郎兵衛知平

0:20 → ← 0:20

4 太郎平小屋

2373公

太郎山

木道

太郎が縮く

2338

公衆電話はなく携帯電話も通じない。
下山のタクシーの予約は太郎平小屋で行う

2108

五光岩ベンチ **3** 2196

1:35 →
← 1:00

木道

太郎平小屋から
往復約20分。
展望のよい山頂

1873

太郎平小屋から太郎平、黒部五郎岳、
双六岳を経て槍ヶ岳に向かう
コースは「西頭座ダイヤモンド
コース」と称される

△1624

折立から約1時間40分。
ベンチのある休憩ポイ
ント。目指す薬師岳や
頼品岳などが見える

1934

石畳の道

•1719

△1628

2 三角点

1870

1:50 → ← 1:10

折立休憩所
公愛知大学野営壇十三重之塔

大郎坂

折立から約1時間40分、
ベンチのある休憩ポイ
ント。目指す薬師岳や
頼品岳などが見える

看板のある小広場

•1470

△1602

△1789

•1642

•1500

1 折立バス停

P 折立休憩所
P 臨時

折立遊歩道

有峰林道

1460

新折立トンネル

折立キャンプ場

神岡

1518

有峰口駅・立山IC

△1518

有峰（宿泊）
記念館前

有峰ビジターセンター

猪根

有峰記念館

有峰ダム

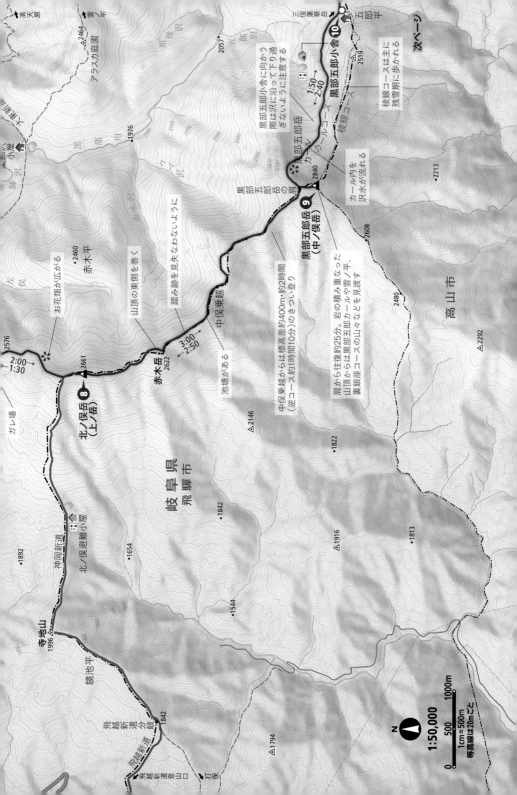

次ページ

三俣蓮華岳

五郎平

黒部五郎小舎 ⑩

黒部五郎小舎に向かうと
際は沢に沿って下り過
ぎないように注意する

△2519

稜線コースは主に
残雪期に歩かれる

カールコース

1:50～
2:40

稜線コース

△2840

黒部五郎岳
の肩

黒部五郎岳 ⑨
(中ノ俣岳)

カール内を
沢水が流れる

△2213

肩から往復約25分。
岩の積み重なった
山頂からは黒部五郎のカールや雲ノ平
裏銀座コースの山々などを見渡す

△2608

中俣乗越からは標高差約400m・約2時間
(逆コース約1時間10分)のきつい登り

△2480

高山市

お花畑が広がる

赤木平

山頂の東側を巻く

踏み跡を見失わないように

△2460

池塘がある

中俣乗越

3:00→
←2:50

2:00→
←1:30

赤木岳
2622

△2146

北ノ俣岳 ⑧
(上ノ岳)
△2661

岐阜県
飛騨市

高天原

雲ノ平

△2464

アラスカ庭園

黒部川

•1976

•2057

2576

ガレ場

神岡新道

北ノ俣避難小屋

•1892

•1654

•1842

△1822

△1916

•1544

•1813

△2292

寺地山
1996

鏡池平

•1842

飛越新道分岐

飛越新道

飛越新道登山口

打保

△1794

1:50,000

N

500   1000m

1cm＝500m
等高線は20mごと

0   500

高山市

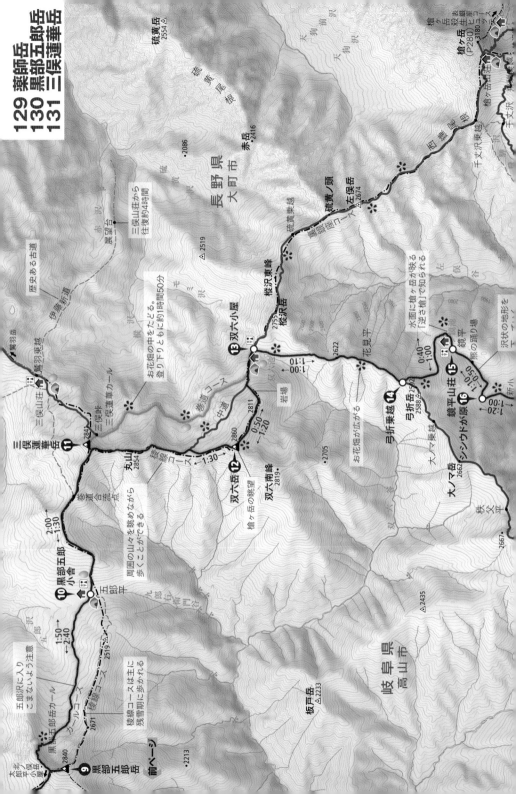

硫黄岳
2554△

長野県
大町市

赤岳
2416・

・2086

三俣山荘から
往復約4時間

歴史ある古道

伊藤新道

△2519

硫黄ノ頭

硫黄岳
左俣岳
2674△

鷲羽岳

真砂乗越

樅沢東峰

樅沢岳
2755

2622

お花畑の中をたどると、
登り下りとも約1時間50分

13 双六小屋

岩場

水面に槍ヶ岳が映る
「逆さ槍」で知られる

0:40
1:00

鏡平

沢状の地形を
エッ

熊の踊り場

花見平

沢コース

巻道コース

中道

2811

0:50
1:20

△2860

14 弓折乗越

弓折岳 2592
2588△

0:50
1:00

15 鏡平山荘

1:20

1:00

三俣峠

三俣蓮華カール

三俣
蓮華 11
岳 △2841

丸山
2854

稜線
コース

巻道合流点

1:30

双六岳 12
双六の眺望

双六南峰
2819・

お花畑が広がる

・2705

1:00

16 シシウドが原

鏡平

大ノマ乗越

秩父平

黒部五郎
小舎

2:00
1:30

周囲の山々を眺めながら
歩くことができる

大ノマ岳
2662

・2667

岐阜県
高山市

五郎平

黒部五郎岳カール

1:50
2:40

△2519

・2435

五郎沢に入り
こまないよう注意

2671

ゴールコース

稜線コースは主に
残雪期に歩かれる

稜線コース

前ページ

板月岳
2233△

△2840

9 黒部
五郎岳

・2213

長野県
大町市

槍ヶ岳殺生ヒュッテ
(P280)ピーク
3180コース

槍ヶ岳

千丈沢乗越

西鎌尾根

天狗前沢

硫黄尾根

北アルプスの真ん中から黒部湖へ長大な縦走路を歩く

烏帽子岳・野口五郎岳・水晶岳(黒岳)・鷲羽岳・赤牛岳

烏帽子岳	二百
野口五郎岳	三百 　水晶岳 百
鷲羽岳	百 　赤牛岳 二百

標高**2628**m(烏帽子岳)
標高**2924**m(野口五郎岳)
標高**2986**m(水晶岳)
標高**2924**m(鷲羽岳)
標高**2864**m(赤牛岳)

長野県・富山県

登山レベル:上級

技術度:★★★★
体力度:★★★★★

日　程:前夜泊3泊4日

総歩行時間:**31時間25分**

| 1日目:7時間35分 |
| 2日目:10時間5分 |
| 3日目:7時間45分 |
| 4日目:6時間(渡船を除く) |

総歩行距離:**46.2km**

累積標高差:登り**4541**m
　　　　　　下り**4360**m

登山適期:7月上旬~9月中旬

ワリモ岳付近から見た鷲羽岳と槍ヶ岳(左)

地形図▶1:25000「烏帽子岳」「薬師岳」「立山」「黒部湖」

上級
中級
初級

烏帽子岳・野口五郎岳・水晶岳(黒岳)・鷲羽岳・赤牛岳

🏔 山の魅力

北アルプスの最深部ともいえるエリアを巡るコース。裏銀座縦走路を鷲羽岳まで歩き、鷲羽岳からUターンして水晶岳、赤牛岳を経て黒部ダムへと下る。

コース中に3000m峰はないが、それに近い標高の山をいくつも越える、非常に達成感の高いコースだ。天気の安定した時期を選んで歩きたい。

>>> DATA

公共交通機関【行き】JR大糸線信濃大町駅→タクシー(約50分)→高瀬ダム　【帰り】黒部湖→トロリーバス(16分)→扇沢→アルピコ交通バス・北アルプス交通(約40分)→信濃大町駅　※帰りのアクセスの問合せは、P260「立山」を参照。

マイカー　長野自動車道・安曇野ICから国道147号、県道326号を経由して七倉山荘前の無料駐車場まで約42km。※帰りは信濃大町駅からタクシーで回収することになる。

ヒント　タクシーは問合せ先にある2社のみ高瀬ダムまで直行する(要予約)。七倉山荘へは公共交通機関利用者は信濃大町駅から「裏銀座登山バス」、マイカー利用者はゆ~ぶる木崎湖から「裏銀座パーキング」が利用できる(詳細は各ホームページ参照)。

問合せ先
大町市観光課☎0261-22-0420　富山市観光政策課☎076-443-2072　立山町商工観光課☎076-462-9971
アルプス第一交通(タクシー)☎0261-22-2121
アルピコタクシー☎0261-23-2323

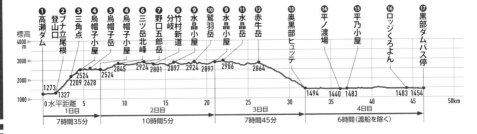

標高図: ①高瀬ダム 1273 → ①登山口 1327 → ②ブナ立尾根 → ③三角点 2209 → ④烏帽子小屋 2524 → ⑤烏帽子岳 2628 → ④烏帽子小屋 2524 → ⑥三ツ岳北峰 2845 → ⑦野口五郎岳 2924 → ⑧竹村新道分岐 2801 → ⑨水晶小屋 2897 → ⑩鷲羽岳 2924 → ⑨水晶小屋 2897 → ⑪水晶岳 2986 → ⑫赤牛岳 2864 → ⑬奥黒部ヒュッテ → ⑭平ノ渡場 1494 → ⑮平乃小屋 1440 → ⑯ロッジくろよん 1483 → ⑰黒部ダムバス停 1454

水平距離: 0 / 5 / 10 / 15 / 20 / 25 / 30 / 35 / 40 / 45 / 50km

1日目 7時間35分 / 2日目 10時間5分 / 3日目 7時間45分 / 4日目 6時間(渡船を除く)

欄外情報　山小屋◎烏帽子小屋:☎090-3149-1198。　野口五郎小屋:☎090-3149-1197。　水晶小屋:☎070-1183-7080。　奥黒部ヒュッテ:☎076-463-1228(立山室堂山荘)。　※いずれも1泊2食付1万2000~1万4000円。

コース概要

1日目 ❶高瀬ダムからトンネルを抜けて不動澤橋を渡れば❷ブナ立尾根登山口。急登の尾根道は❸三角点を経て❹烏帽子小屋まで続く。❺烏帽子岳はこの日のうちにを往復しておくといい。

2日目 三ツ岳へ向けて砂礫の尾根を登る。❻三ツ岳北峰を越え、三ツ岳本峰は西側山腹を巻く。二重稜線を進めば野口五郎小屋で、❼野口五郎岳はすぐだ。次のピーク、真砂岳の先が湯俣への道を分ける❽竹村新道分岐。ここから2時間ほどで❾水晶小屋だ。最小限の荷物を背負い、ワリモ北分岐を経て❿鷲羽岳を往復してこよう。

3日目 ❾水晶小屋から⓫水晶岳（黒岳）へ。山頂からは北へと稜線を行く。温泉沢ノ頭の分岐先にある鞍部から登り返せば⓬赤牛岳。ここから読売新道の長い下りが始まる。特に危険箇所はないが、水晶岳から⓭奥黒部ヒュッテまでは7時間ほど必要だ。

4日目 ヒュッテからは黒部湖上流部の道を行く。ハシゴの多い険しい道を歩けば⓮平ノ渡場で、渡し船（所要約10分）で対岸の⓯平乃小屋へと渡り、黒部湖の西岸を歩く。⓰ロッジくろよんからは遊歩道を歩けば、黒部ダムを経て関電トンネルトロリーバスの⓱黒部ダムバス停に到着する。

プランニングのヒント

　北アルプスのほぼ中央をU字形に歩く長丁場。2日ほどの予備日を含め、余裕をもったスケジュールを組みたい。水晶小屋から赤牛岳を経て奥黒部ヒュッテまでの行程には避難小屋がなく、逃げ道もないため、天候の見極めがキーポイントなる。

サブコース

湯俣温泉に下る竹村新道

【コース】竹村新道分岐→南真砂岳→湯俣温泉→高瀬ダム

　天候悪化や縦走が体力的に難しいと判断した際に利用できる唯一のエスケープルー

高瀬ダムから烏帽子小屋に至るブナ立尾根は、燕岳の合戦尾根、剱岳の早月尾根とともに北アルプス三大急登の一つ。

Column
安全のヒント

　長大なコースのうえ、烏帽子岳へのブナ立尾根と赤牛岳から黒部湖に下る読売新道を除いて樹林帯はほとんどなく、吹きさらしの稜線を歩くことになる。雷雨予測など気象状況の確実な判断が求められるとともに、防風・防寒対策、さらには日焼け対策などをしっかりとして臨むべきだ。北アルプスの2500mを超える稜線はいったん天気が崩れると、真夏でも真冬の寒さになることを肝に銘じておいてほしい。8月の終盤以降は特に天気の急変に注意したい。

草木のない稜線を歩く

ト。急坂が続くが危険箇所はない。竹村新道分岐から湯俣温泉まで約4時間20分（中級）。湯俣温泉から高瀬ダムまで高瀬川沿いの道を歩き（約2時間30分）、ダムからタクシーを呼ぶ。

平ノ渡場からの渡し船（無料）は7～9月が午前2便・午後3便、6月下旬と10月は午前・午後ともに2便運航。詳細は運航を受託する平乃小屋（☎090-2039-8051）まで。

独特のスタイルを見せる烏帽子岳

Column

132.
133.
134.
135.
136

烏帽子岳・野口五郎岳・水晶岳（黒岳）・鷲羽岳・赤牛岳

七倉〜ダム間は一般通行止め。
特定タクシーのみ通行可

餓鬼のコブ (P278)
2508
餓鬼岳 △2647

2429
2490△
東餓鬼岳
2497

△2508

東沢岳
2253

2644

唐沢岳
△2633

ケンズリ

餓鬼岳小屋

東
沢
乗
越

安曇野市

中
房
温
泉

長
野
県

大
町
市

1 高瀬ダム
登山口

0:40

三角点
3
2209
2:30
3:50

1:00
1:30

ブナ立尾根

△2683
2723△

燕岳 (P280)
△2763

△2704
燕山荘
2682

大天井岳

2678

合戦小屋
△2488

2437

0:40
0:55

ニセ烏帽子岳
4

烏帽子小屋

2845
三ツ岳
6

2628

2605

2616

2551

岩場注意

三ツ岳北峰
6

西峰

残雪が多い時は
尾根上の道を行く

ペンキ印を
目印に進む

1:50

△2924

真砂岳
2862

△2379

湯俣温泉〜高瀬ダム間
登りでも約2時間30分

名無避難小屋

名無沢

林道終点

ワリモ沢

高嵐山
△2152

竹村新道
2409

南真砂岳

湯俣岳
△2379

2713

湯
俣
温
泉
晴
嵐
荘

湯俣温泉

地獄噴湯丘

2017

1:50
2792

西側を巻く

山頂から方向が変わる。
進行方向をしっかり確認

野口五郎小屋
7

野口五郎岳
7

55:0

8 竹村新道分岐

△2261

カレ場あり

△2267

2km

N

1:80,000

1cm=800m
等高線は50mごと

2356

赤牛岳
12

4:30
6:30

2864

2803

2742

2818

0:35
0:45

ワリモ岳
2888

鷲羽岳
10
2924

2536

双六温泉・新穂高温泉

2833

2:00

2:50
2:40

温泉沢ノ頭
2904

11 水晶岳 (黒岳)
2986

2:50
2:40

9 水晶小屋

2734

東
沢
乗
越

2841

2:00

2017

2592

2578

△2231

ルート注意

2293
水晶池

ハシゴが濡れ
ている時は
スリップ注意

祖父岳
△2825

ワリモ岳

三俣山荘
(P266)

三俣蓮華岳
△2841

2661

2854

富
山
県

富
山
市

逃げ道がないので、
天気の判断は確実に

2356

2664
高天原

2271

2576

2439

立石岳

高天原
温泉
夢ノ平

黒
部
五
郎
小
舎

高度感ある岩稜

雲ノ平
(東ノ平)

雲ノ平
(西ノ平)

太郎山

黒
部
五
郎
岳

美しい樹林やお花畑が堪能できる静かな山

餓鬼岳
（がきだけ）

二百

標高**2647**m

長野県

登山レベル：**中級**

技術度：★★★
体力度：★★★★

日　　程：前夜泊1泊2日

総歩行時間：**12時間30分**

1日目：**7時間10分**
2日目：**5時間20分**

総歩行距離：**13.5km**

累積標高差：登り**1799**m
　　　　　　下り**1799**m

登山適期：**7月上旬～10月中旬**

地形図▶1：25000「大町南部」「烏帽子岳」
三角点▶三等

餓鬼岳から見たケンズリ。この岩峰は燕岳（左奥）へと続く稜線上にあり、餓鬼岳から燕岳への縦走もおすすめだ。通過困難箇所は特にない

上級
中級
初級

餓鬼岳

山の魅力

燕岳の北、高瀬ダムからせり上がるようにそびえる孤高の山。山腹の美しい樹林帯、山上部のお花畑、山頂からの大展望、昔ながらの味わい深い山小屋、その山小屋から見る安曇野の夜景と、みどころのたいへん多い山だ。静かな山歩きを望む人にはぜひ登ってほしい山である。

>>> DATA

▶**公共交通機関**【往復】JR大糸線信濃大町駅→タクシー（約30分）→白沢登山口

▶**マイカー**　長野自動車道・安曇野ICから国道147号、県道496号などを経由して白沢登山口の駐車場（約20台、無料）まで約26km。

▶**ヒント**　公共交通機関利用の場合、白沢登山口へはJR大糸線信濃常盤駅からタクシ（要予約）ーを利用したほうが安くあがるが、特急や快速は停車しないため、宿泊施設の多い信濃大町駅起点のほうが便利。白沢登山口周辺は携帯電話がつながらない可能性もある。往路で予約しておくか、餓鬼岳小屋から事前に連絡しておくといい。

▶**問合せ先**
大町市観光課　　　　　　　　　　　☎0261-22-0420
大町市観光協会　　　　　　　　　　☎0261-22-0190
アルプス第一交通（信濃大町駅）　　☎0261-22-2121
アルピコタクシー（信濃大町駅）　　☎0261-23-2323
安曇観光タクシー（信濃松川駅）　　☎0261-62-4111

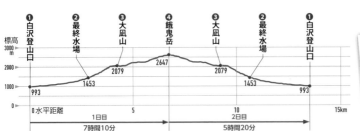

① 白沢登山口　② 最終水場　③ 大凪山　④ 餓鬼岳　③ 大凪山　② 最終水場　① 白沢登山口

標高3000m　2000　1000

2647
2079　　2079
1453　　　　　　1453
993　　　　　　　　　993

0 水平距離　5　　10　　15km
1日目　2日目
7時間10分　5時間20分

白沢を登る登山者

欄外情報　山小屋◎餓鬼岳小屋：餓鬼岳の山頂直下に位置する静かな山小屋。☎0261-22-2220。7月上旬～10月中旬。要予約。テント場あり。宿泊料金については直接、問い合わせを。

コース概要 ❶白沢登山口から白沢沿いに歩き、沢を渡ってしばらく行くと紅葉ノ滝。この滝の前後はクサリ場やハシゴがあるので注意して歩こう。沢筋をたどって魚止ノ滝を過ぎた先が❷最終水場だ。登山道はがぜん傾斜を増し、九十九折の急坂を❸大凪山へと登る。この先はいったん傾斜もゆるむが、山頂が近くなると再び急斜面となり、百曲りに汗をかけば、餓鬼岳小屋に飛び出す。小屋から❹餓鬼岳の山頂まではすぐだ。山頂を往復したら小屋に戻って急登に疲れた体を休めよう。翌日は往路を戻るが、沢筋の道はスリップに注意。

プランニングのヒント 山頂までは単純標高差でみても1600m以上。関東で比べれば、奥多摩湖畔から雲取山の山頂まで歩くよりも標高差がある。1日で往復する人も多くいるようだが、山小屋泊が妥当だろう。南側の燕岳にある燕山荘に1泊した後、餓鬼岳へと縦走するプランもおすすめ。燕山荘から餓鬼岳まで約6時間40分（中級）。

標高差の大きなこのコースは、最終水場からまだ4時間30分以上登らなければならない。水の補給は忘れないように。

花と自然

餓鬼岳は植生の豊かな山。中腹あたりはブナやミズナラの大木、上部の尾根筋ではクルマユリやシナノキンバイ、コバイケイソウ、山頂付近にはコケモモやコマクサなどが目を楽しませてくれる。

シナノキンバイ（上）とクルマユリ（下）

137

餓鬼岳

137 餓鬼岳

長野県
大町市

白沢登山口 ❶

徒渉

クサリ

増水時注意

沢筋をたどる。スリップ注意

砂防堰堤

タクシーはここまで入るが、携帯電話がつながらない可能性あり

信濃常盤駅・国道147号

❷最終水場

ジグザグの急坂。スリップ・落石注意

岩に「ガキ」の印

わかりづらいピーク

大凪山 ❸

九十九折の急坂

百曲り

餓鬼のコブ

ワイヤーのあるヤセ尾根

好展望。餓鬼岳から往復5時間30分

沢岳 633△

西餓鬼岳 △2441

餓鬼岳 ❹

餓鬼岳小屋

ハシゴ

ケンズリ周辺は岩場が多いので歩行注意

松川新道分岐

餓鬼岳〜燕山荘間はどちらから歩いても約6時間40分

ケンズリ

東沢乗越・燕岳・中房温泉

1:55,000

0　500　1000m

1cm=550m

等高線は20mごと

北アルプスの花形コース、表銀座を歩く

燕岳・大天井岳・槍ヶ岳

（つばくろだけ・おてんしょうだけ・やりがたけ）

燕岳・大天井岳 **二百**
槍ヶ岳 **百**

標高**2763**m（燕岳）
標高**2922**m（大天井岳）
標高**3180**m（槍ヶ岳）

長野県・岐阜県

登山レベル：**上級**

技術度：★★★★
体力度：★★★★

日　程：前夜泊3泊4日

総歩行時間：**25時間20分**

1日目：**5時間35分**
2日目：**7時間15分**
3日目：**4時間55分**
4日目：**7時間35分**

総歩行距離：**38.7**km

累積標高差：登り**3454**m

下り**3404**m

登山適期：7月中旬〜9月下旬

地形図▶1：25000「有明」「槍ヶ岳」「穂高岳」「上高地」

燕岳の通称「イルカ岩」と槍ヶ岳（右）。あの槍の穂先までここから11時間30分ほどかかる。左に見える山は大天井岳

🏔 山の魅力

北アルプス入門の山として人気の高い燕岳から大天井岳を経て、日本第5位の高峰、槍ヶ岳を目指すのが表銀座コース。北アルプスの縦走コースのなかでは比較的歩きやすく、お花畑、大展望、そして槍の穂先の岩登りと魅力いっぱいだ。銀座の名のとおり歩く人も多いので何かと安心でもある。

>>> DATA

公共交通機関　【行き】JR大糸線穂高駅→南安タクシー（バス・約55分）→中房温泉　【帰り】上高地→アルピコ交通バス（約1時間5分）→アルピコ交通上高地線新島々駅

マイカー　長野自動車道・安曇野ICから中房温泉手前の無料駐車場（3カ所）まで約28km。

ヒント　下山後の上高地からのバスはアルピコ交通ホームページか上高地窓口で予約（便指定）が必要。上高地からは松本駅や新宿行きの直行バスもある。

中房温泉付近の駐車場はハイシーズンはすぐ満車になるので、混雑しそうなときは、穂高駅近くの登山者用無料駐車場からバスやタクシーを利用する方法がある。

問合せ先
安曇野市観光課　☎0263-71-2053
松本市アルプスリゾート整備本部　☎0263-94-2307
アルピコ交通新島々営業所　☎0263-92-2511
南安タクシー（バス・回送も）　☎0263-72-2855
安曇観光タクシー（バス・回送も）　☎0263-82-3113

標高
4000m

①中房・燕岳登山口	②第3ベンチ	③燕山荘	④燕岳	③燕山荘	⑤大下りの頭	⑥切通岩	⑦大天井岳	⑧大天井ヒュッテ	⑨ヒュッテ西岳	⑩水俣乗越	⑪槍ヶ岳山荘	⑫槍ヶ岳	⑪槍ヶ岳山荘	⑬水俣乗越分岐	⑭槍沢ロッヂ	⑮横尾	⑯徳沢	⑰明神	⑱上高地バスターミナル

2011 / 1455 / 2704 / 2763 / 2704 / 2674 / 2696 / 2922 / 2641 / 2686 / 2471 / 3082 / 3180 / 3082 / 2091 / 1820 / 1619 / 1562 / 1529 / 1505

0 水平距離 5　10　15　20　25　30　35　40km

1日目　2日目　3日目　4日目

5時間35分　7時間15分　4時間55分　7時間35分

欄外情報　山小屋◎燕山荘・大天荘・ヒュッテ大槍☎0263-32-1535。　大天井ヒュッテ・槍ヶ岳山荘・槍沢ロッヂ☎0263-35-7200。　ヒュッテ西岳・殺生ヒュッテ☎0263-77-1488（中房温泉）。

コース概要

1日目 ❶中房・燕岳登山口から合戦尾根を急登する。❷第3ベンチを過ぎ、合戦小屋からしばらく登れば展望が開け、間もなく❸燕山荘。❹燕岳を往復してこよう。

2日目 縦走のスタート。展望がよくアップダウンも少ない快適な道だ。蛙岩を過ぎると❺大下りの頭に到着。次の❻切通岩はクサリと長いハシゴで喜作レリーフのある鞍部に下る。この先の分岐を左へ行き、❼大天井岳に登る。山頂からは南面の道を歩いて❽大天井ヒュッテへ。ここからは山腹の道やヤセ尾根を歩いて❾ヒュッテ西岳を目指す。

3日目 まずは水俣乗越までの急な下り。ハシゴやクサリ場も多数あり、注意が必要だ。ニセ乗越とよばれるヤセ尾根を越えると❿水俣乗越に着く。

ここから槍ヶ岳に向け、東鎌尾根の核心部が始まる。連続するハシゴやヤセ尾根の登下降が続く。滑りやすい雨の日は十分な注意が必要だ。ヒュッテ大槍を過ぎ、槍沢側をトラバースすれば⓫槍ヶ岳山荘に到着。今コースいちばんの難所でもある⓬槍ヶ岳は三点支持をしっかりと守り、慎重に往復してこよう。

4日目 最終日は上高地に向けて下るのみ。⓭水俣乗越分岐まで下れば傾斜は落ち、⓮槍沢ロッヂ、⓯横尾を過ぎれば人がぐんと増える。⓰徳沢、⓱明神を経て⓲上高地バスターミナルへと向かおう。

プランニングのヒント

燕岳の合戦尾根は、北アルプス三大急登の一つ。余力を残せるよう丁寧に登りたい。3日目、頑張って槍沢ロッヂまで下ってしまえば、最終日は上高地までのんびり下ることができる。なお、足に自信のある人なら、初日に大天井ヒュッテまで行くことで、2日目に槍ヶ岳に登頂することも可能だ。この場合、2泊3日の行程となる。

北アルプス三大急登はほかに、剱岳の早月尾根、烏帽子岳（裏銀座コース）のブナ立尾根（P274）がそうよばれている。

天気の悪化で槍ヶ岳をあきらめる場合は、水俣乗越から南面の槍沢へ下るといい。槍沢までの所要時間は30分〜40分。

Column

安全のヒント

槍ヶ岳の穂先はクサリや鉄バシゴの連続する険しい岩場になっている。難所というほどではないが、岩場に不慣れな人は苦労するかもしれない。慎重な行動を。表銀座コースは北アルプスの数あるロングトレイルのなかでは比較的歩きやすいが、そうはいっても、歩行距離は40km近くになる。体調の管理と天気の見極めが何よりも大切だ。エスケープルートは、コース後半の水俣乗越から槍沢へ下る道だけ。初級者同士の山行は避けたい。

槍ヶ岳の穂先。慎重に行けばそう難しくはない

サブコース

大天井岳から常念岳、蝶ヶ岳へ

【コース】大天井岳→東大天井岳→常念岳→蝶ヶ岳→徳沢→上高地

槍ヶ岳・穂高岳の展望コースとして人気があるこのコースもおすすめだ。特に通過困難箇所はなく、山小屋も稜線上に常念小屋、蝶ヶ岳ヒュッテの2軒がある。大天井岳から常念小屋まで約3時間。常念小屋から蝶ヶ岳ヒュッテまで約5時間。蝶ヶ岳ヒュッテから徳沢まで約2時間40分。中級。

東鎌尾根のハシゴ地帯。雨のときはスリップ注意

欄外情報 マイカー回送◎マイカーの場合、南安タクシー（豊科）と安曇観光タクシー（穂高）のサービスを利用すれば縦走登山が楽しめる。詳細は両社のホームページを参照。

281

松川村

JR
JR穂高駅・安曇野IC

馬羅尾山
1852

有明山
2268
P有明
2山
4

中房温泉
❶中房・燕岳
登山口
❷立有明荘前

黄鬼岳
2490

東沢岳
2497

清水岳
2245

高岩きや徒歩の多い道。通行注意。

0:55
1:30

第3ベンチ あたりで標高2000mを超える

北中川谷をハシゴで鞍部に下り立つ

安曇野市

2467

2253

東
乗
越

1828

1740

合戦沢ノ頭
2488

2:05
3:10

合戦小屋
(売店)

❷第3ベンチ

急登の連続

横通岳
2767

東天井岳
2814

北燕岳

❹ 2763

2704

2683
2723

❸ 燕山荘

0:25
0:30

2682
蛙岩

2678

大下り

1:00

1:10

為右衛門吊岩

❺大下りの頭

1:15
1:30

切通岩
❻

0:30
0:55

2832

大天井

大天荘

湯俣山荘

地獄晴場丘

湯俣
温泉
晴嵐
荘

2267

大天井岳
2766

❼

新
喜
作
新
道

❽ 大天井
ヒュッテ

富士見台

高瀬ダム

いわな沢

名無避難小屋

2017

牛首山
2553

牛首の展望台

1:05
0:50

貧女ノ沢

2526
2549

ビックリ平

赤岩岳
2769

2643

❾ヒュッテ西岳

西
岳

2:40
3:40

高嵐山
2152

湯俣岳
2379

やせ尾根の急な下り。通過注意

水俣
乗越

1:30
1:00

ハシゴや岩稜の登下降が続く。滑落注意

2:00
2:55

槍ヶ岳山頂は混雑することがあるので、時間に余裕をもって

南真砂岳
2713

南真砂岳
2862

野口五郎岳
2924 (P274)
野口五郎小屋

2261

硫黄岳
2554

硫黄尾根

2511

2459

赤岳
2416

2749

千天沢

北
鎌
尾
根

2899

3180

大槍
ヒュッテ
槍ヶ岳
山荘

❿

⓫⓬

鳥帽子岳
2628

2883

0:30

槍ヶ岳
ヒュッテ

⓫

大町市

富山市

2734

2674

2734

千丈沢乗越

西
鎌
尾
根

硫黄乗越

2648

2519

千丈沢

大天井岳～常念岳～蝶ヶ岳～徳沢区間
大天井岳～常念岳～蝶ヶ岳〈逆コース12時間50分〉
10時間40分

黒沢山 △2051

1:80,000

N

2km

1cm=800m
等高線は50mごと

豊科駅

大平ノ原

P

林道三股ゲート

P

△1597

鍋冠山 △2194

△2073

前常念岳 △2662

2355

2207

2112

2359 △

2073

2616 ▲大滝山荘

2615 大滝山 △

2457

2330

△1865

常念岳 2857
(P286)

2512

2462

2592

2255

2664 △蝶ヶ岳三角点

▲蝶ヶ岳ヒュッテ
蝶ヶ岳 2677
蝶ヶ池 △横尾分岐

2542

2605

長塀山 △2565

2582

2480

2330

2365

岩魚(休業中)小屋

中山 △2492

1642

1916

2014

2162

2233

長く高低差
のある下り

上高地まで
起伏のない
道が続く

長塀尾根

急坂

長野県
松本市

横尾山荘 15 横尾

2255

1:10

徳澤園

16 徳沢

徳沢ロッヂ

1562

2200

△2247

赤沢山

1987

14 槍沢口

0:45
1:10

カブト岩

1:20
1:40

△2565

屏風岩ノ頭

△2535

△1846

新村橋

1545

2216

工事のため、2027年
までこちらの道に迂
回する期間がある

1:10

00:1

明神橋

▲明神館

明神

水俣乗越分岐

13 水俣 △2524
中岳 3:20
天狗原岐

屏風ノ耳

2337

天狗ノ頭 2535

山のこや

1:00

徳本峠

17 明神

中岳 △3033
2986

南岳 △3033

北穂高小屋

2841 2748

ザイテングラート

北穂高岳 3106

北穂高 △3103
3110

涸沢 2794
涸沢小屋

前穂高 3090

2931 明神岳 △2726

岳沢小屋

2264

2450 △六百山

上高地ビジターセンター

槍平小屋

奥丸山 △2440

△2355

滝谷避難小屋

南岳小屋

涸沢岳 2841

涸沢ヒュッテ

穂高岳山荘 2983

奥穂高岳 3190 前穂高岳 3163

1:00

上高地バスターミナル

18

上高地温泉

岐阜県
高山市

△1845

浦田富士 2742

ジャンダルム
天狗岳 天狗ノ頭 2909

間ノ岳 2907

明神池

西穂高岳 2909 △
2701

2452

2242

2181

静かでハードな、安曇野のシンボル「信濃富士」

有明山
（ありあけやま）

二百

標高 **2268m**（北岳）

長野県

登山レベル：**中級**

技術度：★★★
体力度：★★★★

日　程：前夜泊日帰り

総歩行時間：**8**時間

総歩行距離：**7.9km**

累積標高差：登り**1359m**
　　　　　　下り**1004m**

登山適期：**7月上旬～10月中旬**

地形図▶1：25000「有明」
三角点▶二等

燕岳合戦尾根の上部から振り返って見る有明山。台形の平坦な山頂部がこの山の特徴であるとともに、急登をしのばせるスタイルでもある

▲ 山の魅力

信濃富士ともよばれ、安曇野のシンボルとして地元の人々から愛され続けてきた山。北岳、中岳、南岳の三山からなり、台形のどっしりしたスタイルは大きな存在感を放つ。静かな山を好む登山者には好適な山だろう。ただし、歩行時間は8時間におよび、なかなかハード。強い体力を要求する山でもある。

>>> DATA

公共交通機関【行き】JR大糸線穂高駅→南安タクシー・安曇観光タクシー（バス・約50分）→有明荘　【帰り】馬羅尾林道終点→タクシー（約20分）→JR大糸線信濃松川駅　※穂高駅までなら約40分。

マイカー　長野自動車道・安曇野ICから国道147号、県道309号などを経由して穂高駅近くの登山者用駐車場（無料）まで約7km。駐車場は穂高神社（駅東側）の南側にある。

ヒント　マイカーの場合、登山者用駐車場には南安タクシー・安曇観光タクシーが運行する中房温泉行きのバス停がある。下山後は林道終点からタクシーを呼ぶ。

問合せ先
松川村経済課　　　　　　　　☎0261-62-3109
安曇野市観光課　　　　　　　☎0263-71-2053
南安タクシー（バスも）　　　☎0263-72-2855
安曇観光タクシー（バス）　　☎0263-82-3113
安曇観光タクシー（信濃松川駅）☎0261-62-4111

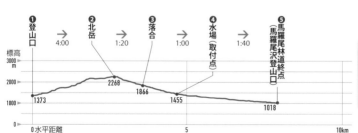

① 登山口 →(4:00) ② 北岳 →(1:20) ③ 落合 →(1:00) ④ 水場（取付点）→(1:40) ⑤ 馬羅尾林道終点（馬羅尾沢登山口）

標高3000m / 2000m / 1000m / 0
1373 / 2268 / 1866 / 1455 / 1018
0 水平距離　5　10km

南岳にある有明山神社奥社

欄外情報　立ち寄り温泉◎馬羅尾天狗岩温泉すずむし荘：JR大糸線信濃松川駅から徒歩約30分の公営温泉宿。☎0261-62-8500。入浴料600円。10～21時。木曜休（祝日の場合は営業）。

コース概要

有明温泉の有明荘裏にある❶**登山口**から登山道に入る。最初はゆるやかな道もやがて胸を突く急登となり、大汗をかかされる。木の根が張って歩きづらい道を行くと、その先には急峻な崖のトラバースやクサリ場、ロープ場もあり、スリリングな気分も味わわせてくれる。道が稜線に出ると山頂は間近で、有明山神社奥宮の分岐点に到着する。最高点の❷**北岳**は神社から南にすぐだ。分岐点まで戻り、東方向へと落合を目指す。❸**落合**から狭く急な道を下ると❹**水場（取付点）**。ここから馬羅尾沢に沿って下る。大曲りを経てなおも沢沿いに歩き、堰堤をハシゴで下れば、❺**馬羅尾林道終点**にかかる橋が見えてくる。

プランニングのヒント

穂高駅と登山者用駐車場からの中房温泉行きバスは、夏の登山シーズンには朝4時台の運行があり、バスを利用して日帰りするには、これに乗ることが条件。他の期間は、6時台または11時台が始発便となるので注意したい。

有明山では、西側に位置する燕岳合戦尾根に匹敵するかそれ以上にハードな登りが待つ。万全の体調で登りたい。

Column

安全のヒント

コースは急坂が連続し、ロープ場やハシゴ、クサリ場も点在するので、雨後などはスリップしないよう慎重に。馬羅尾沢沿いの道は雨で木橋が流されることもあるので、事前に松川村役場に確認しておきたい。また、馬羅尾沢を歩く際は、赤ペンキ印を見逃さないように。

馬羅尾沢の上流部にある不動滝

141 有明山

大町市

清水岳 2245

馬羅尾林道終点 ❺
（馬羅尾沢登山口）

1:40
2:00

大曲り

不動滝

水場（取付点）❹

タクシーはここまで入る

2166

燕岳登山口が近いため、シーズン中は早朝から満車になることが多い。土・日曜や祝日は前夜から入ると安心だ

急坂が続く。道が狭い箇所もあるので、滑落に注意

1:40
1:00

❸ 落合
1904

徒渉もある河原歩きでは、赤ペンキ印を見落さないように

長野県
松川村

1714

国道信濃松川4駅7号

1291

中房川

中房温泉
急坂

4:00
3:10

ハシゴが連続する

クサリやハシゴのあるトラバース道

2283

有明山奥神社宮

1:20
1:50

急坂

1616

八合目付近で稜線に出る

北岳 ❷
2268

分岐点

東側は絶壁

有明山

足下が崖になっている。転落注意

有明温泉

中岳
南岳
2248
有明山神社奥社

1900

奥社までは往復40〜50分

N

1:35,000

❶ 登山口

有明荘

穂高市街・安曇野IC

安曇野市

0   500   1000m
1cm=350m
等高線は10mごと

槍・穂高の大展望が待つ安曇野のシンボル

常念岳
（じょうねんだけ）

百

標高2857m

長野県

登山レベル：中級

技術度：★★★
体力度：★★★

日　程：前夜泊1泊2日

総歩行時間：10時間40分

1日目：7時間10分

2日目：3時間30分

総歩行距離：11.8km

累積標高差：登り1555m

下り1555m

登山適期：7月上旬～10月中旬

地形図▶1：25000「信濃小倉」「穂高岳」
三角点▶なし

常念岳～蝶ヶ岳にかけての稜線は穂高連峰の展望台。左から前穂高岳・奥穂高岳・涸沢岳・北穂高岳。手前の岩壁は屏風岩

上級

中級

初級

**常
念
岳**

🏔 山の魅力

槍・穂高の前衛ともいえる常念山脈の主峰で、安曇野のシンボルとして慕われる端正な姿の山。難易度の高い岩場や通過困難箇所がなく、北アルプス入門の山としてもよく歩かれている。槍・穂高の展望や高山植物などの魅力も多い。コース上には常念小屋があって、天気急変の際などにはありがたい。

>>> DATA

公共交通機関【往復】JR大糸線穂高駅→タクシー（約30分）→一ノ沢登山口

マイカー　長野自動車道・安曇野ICから県道310・309号、一ノ沢林道などを経由して一ノ沢登山口まで約15km。登山口の手前1.2km（登山口まで徒歩約20分）に30台ほど停められる無料駐車場がある。

ヒント　サブコースで紹介した、常念岳から蝶ヶ岳への周回コースをマイカー利用で歩きたい場合、かつてはマイカー回送サービスを活用できたが、現在、両登山口は対象地となっていない。三股登山口から一ノ沢登山口へのタクシー移動もそれなりに料金がかかるので、穂高駅周辺などの駐車場から行き帰りともタクシーを利用したほうが効率的かもしれない。

問合せ先

安曇野市観光課	☎0263-71-2053
安曇観光タクシー	☎0263-82-3113
南安タクシー	☎0263-72-2855

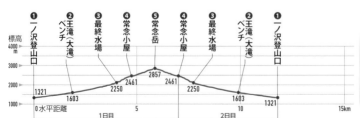

常念岳山頂のお社と山座同定盤

欄外情報　山小屋◎常念小屋：山小屋直通☎090-1430-3328。松本事務所☎0263-33-9458。1泊2食付1万5000円。幕営料2000円。営業期間は4月下旬～11月上旬（積雪の状況により前後する場合あり）。

コース概要 胸突き八丁までは比較的なだらかだが、沢の徒渉が多いのでその点は注意。笠原沢出合から先は残雪の多い場所。初夏に訪れる場合は事前情報を得ておこう。❶一ノ沢登山口から❷王滝(大滝)ベンチを過ぎると徐々に傾斜は増し、胸突き八丁に至る。急登は長くは続かないが、滑落には十分気をつけてほしい。❸最終水場で休憩し、稜線まではさらに急登にあえぐ。稜線上の❹常念小屋に出れば、槍・穂高の絶景が見の前に広がる。ここからはゴロゴロとした岩の登りになるので浮き石に注意しよう。前常念岳への分岐を見送ればほどなく、絶景の待つ❺常念岳だ。❹常念小屋に戻って1泊ののち、往路を戻ろう。

プランニングのヒント 健脚で早出ができる場合は日帰りが可能。足に自信がない人やゆっくりと山を楽しみたい人は常念小屋に宿泊する計画を立てよう。小屋のある常念乗越はコマクサなどの高山植物も多いので、のんびりと散歩するのも楽しい。

沢沿いのコースであるため、大雨後などで沢が増水しているときは注意が必要。常念小屋のホームページなどで情報収集を。

> ### サブコース
>
> Column
>
> お隣の蝶ヶ岳に向けての縦走も面白い。一ノ沢登山口～常念小屋～常念岳～蝶ヶ岳ヒュッテ～蝶ヶ岳～三股・林道ゲートというコースだ。常念岳から蝶ヶ岳の稜線は高山植物が多く展望もすばらしい。ただし、常念岳から最低鞍部までの標高差400mの下りがややつらい。一ノ沢登山口から三股まで約14時間(中級)、1泊から2泊の行程となる。なお、三股からは(逆コースの場合は一ノ沢からも)バス便がないので、タクシーを呼ぶことになる。
>
>
>
> 蝶ヶ岳側の最低鞍部から見た常念岳

142

常念岳

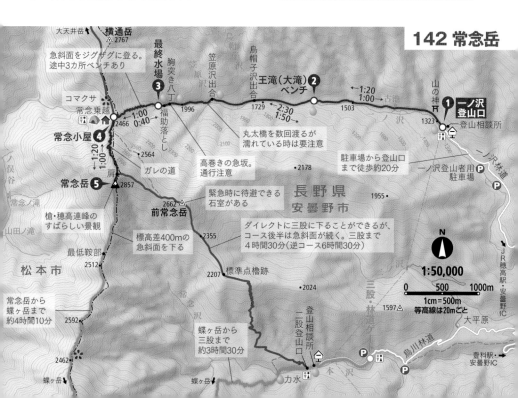

北アルプスの代表選手。日本第3位の岩峰に立つ

穂高岳（奥穂高岳）
（ほたかだけ（おくほたかだけ））

百

標高3190m（奥穂高岳）

長野県・岐阜県

登山レベル：上級

技術度：★★★★
体力度：★★★

日　程：前夜泊2泊3日

総歩行時間：17時間45分

1日目：6時間20分
2日目：6時間5分
3日目：5時間20分

総歩行距離：35.8km

累積標高差：登り2204m
　　　　　　下り2204m

登山適期：7月中旬～9月下旬

地形図▶1：25000「穂高岳」
三角点▶一等（前穂高岳）

北穂高岳付近から見た奥穂高岳。山頂から右に延びる岩稜にあるピークのなかでいちばん大きいのはジャンダルム

🔺 山の魅力

剱岳、槍ヶ岳と並んで北アルプスのアルペン的なピークを代表する山。穂高連峰は北穂高岳、前穂高岳など複数のピークが連なっているが、その最高峰が奥穂高岳である。穂高一帯は岩の山だが、高山植物も豊富で多くの花々を見ることができる。山頂近くは痛快な岩尾根歩きが楽しめることだろう。

>>> DATA

公共交通機関 【往復】①アルピコ交通上高地線新島々駅→アルピコ交通バス（約1時間5分）→上高地バスターミナル　②JR高山本線高山駅高山濃飛バスセンター→濃飛バス・アルピコ交通バス（約1時間）→平湯温泉（乗り換え）→濃飛バス（約25分）→上高地バスターミナル

マイカー 長野県側からは国道158号沿いの沢渡駐車場（有料）から、岐阜県側からは平湯温泉のあかんだな大駐車場（有料）から、シャトルバスなどで上高地に入る。

ヒント 上高地へはアルピコバスが東京、大阪などから直通バス「さわやか信州号」を運行している。

問合せ先
松本市アルプスリゾート整備本部　☎0263-94-2307
アルピコ交通新島々営業所（沢渡からのシャトルバスも）
　　　　　　　　　　　　　　　☎0263-92-2511
濃飛バス高山営業所（平湯温泉からのシャトルバスも）
　　　　　　　　　　　　　　　☎0577-32-1160
上高地タクシー共同配車センター　☎0263-95-2350

標高
4000m

3000

2000

1000

❶上高地バスターミナル	❷明神	❸徳沢	❹横尾	❺本谷橋	❻涸沢	❼白出のコル	❽奥穂高岳	❼白出のコル	❻涸沢	❺本谷橋	❹横尾	❸徳沢	❷明神	❶上高地バスターミナル
1505	1529	1562	1619	1781	2297	2982	3190	2982	2297	1781	1619	1562	1529	1505

0水平距離　　5　　10　　15　　20　　25　　30　　35　　40km

1日目	2日目	3日目
6時間20分	6時間5分	5時間20分

欄外情報 立ち寄り入浴◎上高地アルペンホテル、森のリゾート小梨（小梨平キャンプ場）、上高地温泉ホテル（天然温泉）、上高地ルミエスタホテル（天然温泉）、徳沢ロッヂ（宿泊客優先）などで立ち寄り入浴ができる。

コース概要

1日目 上高地周辺で前泊しない場合は、できるだけ早いシャトルバスで上高地に入りたい。❶上高地バスターミナルから昼間なら観光客も闊歩する梓川沿いの歩道を、明神池のある❷明神、キャンプ場のある❸徳沢へと歩く。勾配のほとんどない道は❹横尾まで続く。梓川のせせらぎや明神岳を眺める景色のいい道だ。

横尾で槍ヶ岳への道と別れ、吊り橋で梓川を渡って横尾谷に入る。左岸の山道を進むと、やがてゆるい登りが始まる。対岸に見える岩山は有名な屏風岩である。

❺本谷橋で川を渡る。吊橋のたもとや河原ではたくさんの人が休んでいるが、沢水を飲んではいけない。涸沢の谷に入り右岸に付けられた山道を行く。急坂は特になくゆるい傾斜で高度を上げていく。夏の早い時期には谷に雪渓が現れる。

低木のなかの道を進むとだんだんと穂高の山並みが迫ってくる。やがて❻涸沢で、石畳の道になり涸沢ヒュッテが現れる。涸沢カールの先に見える小屋は涸沢小屋だ。ここからは目指す白出のコルが見えるはず。ザイテングラートを歩く登山者もわかることだろう。今日はどちらかの小屋で泊まることにする。

2日目 涸沢から白出のコルにある穂高岳山荘までは標高差700mほど。見た目よりも時間がかかると思ったほうがいい。

涸沢小屋で北穂高岳南稜への道を分け、カールの中腹をトラバースするように斜上していく。夏はまだ雪渓のあることが多い。ザイテングラートの登りは急で、ガレ場のジグザグ道。ちなみにザイテングラートとはドイツ語で小さな岩尾根のこと。その名のとおり、岩場や雪渓も出てくる。お花畑になぐさめられながら頑張ろう。

❼白出のコルに立つ穂高岳山荘は、ほかの涸沢の山小屋同様に快適な小屋だ。広場

> 9月下旬になると早朝の登山道は凍結する可能性がある。日陰の岩場などでは十分に注意して行動する必要がある。

> 涸沢はキャンプ指定地となっているのでここにテント泊するのもいい。涸沢ヒュッテにはレンタルテント（4人用）がある。

安全のヒント

夏の早い時期、涸沢カールには残雪が豊富。雪渓のトラバースなどの場面が出てくるが、踏み跡を忠実にたどること。奥穂高岳への岩場はハシゴやクサリが設置されてよく整備されているので心配は少ない。ただ、穂高岳山荘からすぐ上の鉄バシゴ上部は浮き石もあるので、落石を起こさないよう丁寧に登り下りしたい。また、涸沢からザイテングラートに入るトラバース道は涸沢岳側からの落石に注意したい。休憩時も上部に目を配ろう。

穂高岳山荘からすぐの鉄バシゴ。慎重な行動を

は登山者の憩いの場になっている。

小屋からは早々に急な岩場に取り付く。鉄バシゴがあるので慎重に登りたい。混雑する時期には渋滞するところだ。続いてクサリ場を過ぎ、どんどんと高度を上げていく。岩屑だらけのザラ場をジグザグと進むと、やがて遠くに山頂らしい高みが見えてくる。もうひと頑張りで❽奥穂高岳のピークだ。ここは北アルプスの最高峰。大きなケルンがあって周囲の展望は最高だ。西穂高岳へと続く岩稜には、奇怪な岩峰ジャン

横尾大橋を渡って涸沢へと向かう

本谷橋付近から屏風岩を見上げる

秋の涸沢。手前が涸沢ヒュッテで奥が涸沢小屋

ダルムが目に付く。前穂高から北穂高岳への連なりもよくわかる。遠くには槍ヶ岳も見えるはず。眼下には涸沢カール、南には上高地まで見下ろすことができる。

　このまま前穂高岳を経て上高地に下ってしまいたいところだが、吊尾根、前穂高岳から岳沢に下るコースは一般路とはいえかなりの悪路、急坂である。ここでは岩場に注意しつつ往路を戻ることにしよう。

③日目　**⑥涸沢**から**④横尾**へは山道が続くが、あとはのんびり。**①上高地バスターミナル**まで梓川の流れと一緒に下る。

プランニングのヒント

　上高地の出発が遅い時間になる場合は横尾山荘に宿泊し、2泊3日の行程とするといい。この場合、2日目は穂高岳山荘に宿

下山後の上高地から新島々駅または松本駅行きのアルピコ交通バスは、アルピコ交通ホームページか上高地窓口で、乗車する便の予約が必要。

山小屋情報

●涸沢ヒュッテ：☎090-9002-2534。1泊2食付1万3000円～・素泊まり9000円～。　●涸沢小屋：☎090-2204-1300。1泊2食付1万3000円～素泊まり9000円～。　●穂高岳山荘：☎090-7869-0045。1泊2食付1万3500円・素泊まり9500円。　●徳沢ロッヂ：風呂あり。☎0263-95-2526。1泊2食付1万3000円～。　●氷壁の宿 徳澤園：風呂あり。☎0263-95-2508。1泊2食付1万4500円～。●横尾山荘：風呂あり。☎0263-95-2421。1泊2食付1万4000円・素泊まり1万円。※いずれの山小屋も4月下旬～11月上旬の営業で要予約。徳沢ロッヂ以外の小屋はテント場あり。

上高地バスターミナル前のインフォメーションセンターには有料のシャワー施設がある。営業時間は8～16時。

泊し、翌日、上高地に下山することになる。初日に穂高岳山荘まで上がり、1泊2日でこのコースを歩くのはなかなかきつい。健脚のうえに、岩場歩きに熟練していることが条件となる。

サブコース

吊尾根から前穂高岳を経て上高地へ

【コース】奥穂高岳→吊尾根→前穂高岳→岳沢小屋→上高地

　奥穂高岳と前穂高岳の3000m峰をつなぐ吊尾根を経て、岳沢から上高地へと下るコース。涸沢から奥穂高岳に登るコースより一段階難しくなり、前穂高岳から岳沢へと下る重太郎新道のクサリ場では滑・転落事故も発生している。慎重な行動が望まれる。また、吊尾根では低体温症による遭難も起きている。天気の見極めも重要な要素だ。コースタイムは、初日に涸沢に泊まった場合、涸沢から上高地まで約10時間30分。穂高岳山荘に泊まった場合、上高地まで約8時間。登山レベルは上級となる。

　なお、奥穂高岳に至るコースは何本かあるが、西穂高岳から続く稜線は一般コースではなくクライミングの要素が加わるバリエーションコース、新穂高温泉側の白出沢コースは登山道が荒れている上級コース、槍ヶ岳～大キレット～北穂高岳～涸沢岳～奥穂高岳の縦走も上級コースとなる。一般的といえるのは、ここで紹介したコースだけと思っていい。

岐阜県
高山市

長野県
松本市

主な地名・山小屋・登山ポイント

- 中岳 3084
- 槍ヶ岳山荘
- 2986
- 天狗原
- 天狗池
- 天狗のコル
- 赤沢山 2670
- 槍ヶ岳山荘
- ババ平
- 中山 2492
- 槍平小屋
- 南岳新道
- 天狗原稜線分岐
- 南岳 3033
- 南岳小屋
- 赤沢岩小屋
- 槍沢ロッヂ 1773
- 一ノ俣
- 槍見河原
- ワサビ沢
- 藤木レリーフ
- 滝谷出合
- 険しい岩稜を歩く上級コース
- 滝谷避難小屋
- 雌滝
- 大キレット
- 本谷橋 ⑤
- 0:50 / 1:20
- 雄滝
- 長谷川ピーク 2841 A沢のコル
- 富士山以外では日本最高所の山小屋
- 屏風岩
- 横尾岩小屋跡
- 横尾 ④
- 横尾山荘
- 蝶ヶ岳
- ナメリ滝
- クサリやハシゴが連続する
- 北穂高小屋
- 北穂高岳 南峰
- 北峰 3106
- 涸沢小屋
- 涸沢 ⑥
- 1:20 / 1:50
- S ガレ
- 屏風ノ頭
- 屏風ノ耳 2565
- 横尾大橋
- 横尾避難小屋
- 槍見台
- 冬期のみ使用可
- 蒲田富士 2742
- 荷継小屋跡
- 涸沢岳 3110
- クサリ、ハシゴ
- 1:40 / 2:40
- 南稜
- 南稜取付
- 涸沢ヒュッテ
- 上部からの落石に注意
- 屏風のコル
- 1602
- 上級コース
- 白出のコル ⑦
- 白出大滝
- 穂高岳山荘
- 0:45 / 1:00
- ザイテングラート
- **穂高岳**
- 360度の大展望
- 慶応尾根の鼻
- パノラマ新道
- クサリやハシゴがある。落石に注意
- 奥穂高岳 ⑧ 3190
- ジャンダルム 3163
- 南稜ノ頭
- 五・六のコル
- 北尾根
- 遭難碑ケルン
- 奥又白谷河原
- 1:10
- 天狗のコル
- 吊尾根は険しい岩場が続く
- 奥又白池
- 中畠新道
- 間ノ岳 2907
- 紀美子平
- 前穂高岳 3090
- 茶臼ノ頭 2535
- 工事のため、2027年までこちらの道に迂回する期間がある
- 西穂高岳 2909
- 岳沢パノラマ
- 岳沢小屋
- 重太郎新道
- 明神岳 2931
- 東稜
- 1846
- 新村橋
- 治山林道
- 蝶ヶ岳 2162
- 奥穂高岳〜前穂高岳〜上高地間 り約6時間30分、登り約8時間
- クサリ・ハシゴのある急坂が続く
- 長七ノ頭 2320
- 東 南 稜
- 徳澤園
- 徳沢 ③
- 徳沢ロッヂ
- 1555
- 岳 沢 前明神沢
- 風穴
- 南 明 神 沢
- 穂高神社奥宮
- 嘉門次小屋
- 山のひだや
- 古池
- 1:00
- 岳沢登山口
- 自然探勝路
- 明神池
- 1548
- 白沢出合
- ザ・パークロッジ上高地
- 上高地西糸屋山荘
- ホテル白樺荘
- 上高地アルペンホテル
- 岳沢湿原
- 河童橋
- 森のリゾート小梨キャンプ場
- 梓川左岸歩道
- 1:00
- 明神橋
- 明神館
- 明神 ②
- ワサビ沢
- 上高地ビジターセンター
- 五千尺ホテル
- 上高地インフォメーションセンター（登山相談所併設）
- 帝国ホテル前
- **上高地バスターミナル ①**
- 六百山 2450
- 徳本峠・霞沢岳
- 八右衛門沢
- 渡・新島々駅・平湯

N

1:50,000
0　500　1000m
1cm＝500m
等高線は20mごと

個性的な容姿。北アルプス南部の孤高のピーク

笠ヶ岳 (かさがたけ)

| 百 |

標高2898m

岐阜県

登山レベル：**上級**

技術度：★★★
体力度：★★★★★

日　程：前夜泊1泊2日

総歩行時間：**15時間35分**

1日目：**9時間5分**
2日目：**6時間30分**

総歩行距離：**21.2km**

累積標高差：登り**2284m**
　　　　　　下り**2284m**

登山適期：**7月中旬～10月上旬**

地形図▶1：25000「笠ヶ岳」
三角点▶二等

抜戸岩付近から見た笠ヶ岳。山頂がぐんぐんと近づいてくる快適で楽しい稜線縦走だ。笠ヶ岳山荘は山頂右下のピークの横に立つ

🏔 山の魅力

笠ヶ岳は山麓からは遠い山だが、北アルプス南部の山々からなら容易に判別できる。名前のとおり笠のような帽子のような山頂部がよく目立つからだ。槍・穂高連峰と対峙するかのように、ひとつ西の山並みに位置する。独立峰と見まがうほどの立派な風貌を持ち、山頂までの道のりも長い。

⟫⟫⟫ DATA

公共交通機関 【往復】JR篠ノ井線松本駅→アルピコ交通バス（約2時間20分・平湯乗り換え）→新穂高温泉バス停。または、JR高山本線高山駅→濃飛バス（約1時間40分）→新穂高温泉バス停。

マイカー 長野自動車道・松本ICから国道158号、471号、県道475号を経由して新穂高温泉まで約65km。名古屋・大阪方面からは高山清見道路・高山ICから新穂高温泉まで約55km。

ヒント 新穂高温泉へは東京からのバス「毎日あるぺん号」や、大阪・名古屋から高速バスが運行。新穂高温泉の駐車場のうち、登山者向けは最も遠い新穂高第3駐車場（無料）とバス停そばの2カ所の有料駐車場。

問合せ先

高山市観光課	☎0577-35-3145
高山市上宝支所	☎0578-86-2111
アルピコ交通松本バスターミナル	☎0263-32-0910
濃飛バス高山営業所	☎0577-32-1160

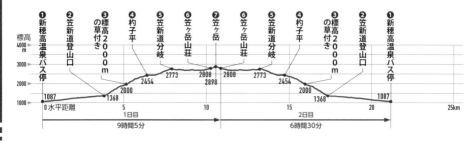

欄外情報 山小屋◎笠ヶ岳山荘：☎090-7020-5666（直通）または☎0578-89-2404（栃尾荘）。7月上旬～10月上旬。1泊2食付1万4000円。テント場あり。新穂高温泉の宿泊は、奥飛騨温泉郷観光協会（☎0578-89-2614）まで。

コース概要 **①新穂高温泉バス停**から蒲田川沿いの林道を歩き、1時間ほどで到着する**②笠新道登山口**を左に。ここから始まる笠新道は猛烈な急登が続くので、そのつもりで行動したい。**③標高2000mの草付き**を過ぎ、杓子平まではひたすら折り返しの急登だ。**④杓子平**でいったん傾斜はゆるむが、この先はお花畑を眺めながらの再びの急登となる。やっとたどりついた**⑤笠新道分岐**からは、打って変わって稜線漫歩。穂高連峰の眺めがすばらしい。正面に見える笠ヶ岳がどんどんと近づいてくる。途中の抜戸岩はその名のとおりの岩のゲートで、ここを過ぎれば大岩の転がるキャンプ場の先に**⑥笠ヶ岳山荘**がある。小屋から**⑦笠ヶ岳**の山頂まではわずか。大展望を楽しんだら小屋で一泊し、翌日、往路を戻ろう。

プランニングのヒント 小屋まで9時間近くかかる長いコース。万全の体調で臨むためにも、新穂高温泉や笠新道登山口先のわさび平小屋に前泊するのがおすすめだ。

杓子平は氷河のつくったカール。ガレ場に咲く花は北アルプスらしい氷河圏谷の高山植物だ。花の最盛期は7月上〜中旬。

安全のヒント

特に通過困難な場所や迷いやすい箇所はないコースだが、笠新道分岐から笠ヶ岳にかけてはハイマツ帯の稜線で、風や雨をさえぎる場所はない。もし行動中に天気が悪化したら、しっかりした装備で対応しなければならない。なお、笠ヶ岳の山頂から南へと新穂高温泉に続く古い登山道があるが、こちらは正真正銘の上級コース。歩く人が少ないので、後半のクリヤ谷付近ではGPSや地図、コンパスが必要になるかもしれない。立ち入らないほうがいい。

穂高連峰をバックに笠新道を登る

144 笠ヶ岳

楽しい稜線歩き
笠新道分岐 ⑤
1:10
1:20
抜戸岩
2737
2753
•2582
大ノマ岳・弓折乗越
△2813
抜戸岳

初夏は雪田からの融水あり

鏡平山荘・弓折乗越
下丸山
•1852
小池新道
奥丸沢

登奥丸山口山丸山口

1:20
1:40

笠ヶ岳山荘 ⑥ 小笠
播隆平
緑ノ笠
•2654
•2898

杓子平 ④
2472
1:20
2:00

杓子平までひたすら急登が続く

小池新道登山口

槍・穂高連峰の壮観な眺め

笠ヶ岳 ⑦

0:15
0:20

8月まで雪田の融水あり

•2248

③ 標高2000mの草付き

わさびの名水

左俣林道

1942

中崎尾根・わさび平分岐

岐阜県
高山市

1:50
2:30

笠新道

② 笠新道登山口

わさび平小屋

1816•

中崎尾根

雷鳥岩

クリヤの頭
•2440

猛烈な急坂が続く

笠新道登山口から往復35分

1670

中崎山
△1744

奥穂高岳登山口

最後の水場

1:00
0:50

•2281

風穴

1650

林道歩き

右俣林道

ネポリ沢

不明瞭な箇所が多く、また体力も要求される上級コース。安易に歩かないこと

中崎山荘・奥飛騨の湯
有料
•1814

中尾高原口バス停

新穂高ロープウェイ
P 有料

新穂高温泉駅
新穂高センター

穂高平小屋

穂高平

N

1:55,000

0   500   1000m
1cm=550m
等高線は20mごと

① 新穂高温泉バス停

平湯温泉・高山・松本

隠れた名峰から穂高岳の絶景を堪能する

霞沢岳
かすみざわだけ

二百

標高2646m

長野県

登山レベル：**中級**

技術度：★★★
体力度：★★★★

日　程：前夜泊2泊3日

総歩行時間：**13時間45分**

1日目：**3時間40分**

2日目：**7時間25分**

3日目：**2時間40分**

総歩行距離：**22.9km**

累積標高差：登り**1885m**
　　　　　　下り**1885m**

登山適期：**6月中旬～10月中旬**

地形図 ▶ 1：25000「上高地」
三角点 ▶ 二等

焼岳へ登る途中から見た霞沢岳。徳本峠からの登山道ができるまでは、上高地から沢を詰めて登るしかなかった山だ

🔺 山の魅力

霞沢岳の起点となる徳本峠はかつて、上高地に入るための唯一の登路だった。長い長い島々谷を登り詰めた峠から望む穂高岳の雄姿には、きっと誰もが大きな感動をおぼえたことだろう。この徳本峠から霞沢岳へと続く登山道は危険こそないものの長い。だが、山頂から広がる大展望は疲れを忘れさせる。

>>> DATA

公共交通機関 P288「穂高岳」を参照。
マイカー P288「穂高岳」を参照。
ヒント 上高地へは新宿や大阪からアルピコ交通バス「さわやか信州号」、新宿からのバス「毎日あるぺん号」、名古屋から名鉄バスといった直行便が運行している（いずれも運行日注意）。下山後の上高地から新島々駅または松本駅行きのアルピコ交通バスは、アルピコ交通ホームページか上高地窓口で乗車便の予約が必要。

問合せ先

松本市アルプスリゾート整備本部	☎0263-94-2307
アルピコ交通新島々営業所 （沢渡からのシャトルバスも）	☎0263-92-2511
濃飛バス高山営業所 （平湯からのシャトルバスも）	☎0577-32-1160
毎日企画サービス（毎日あるぺん号）	☎03-6265-6966
名鉄高速バス予約センター	☎052-582-0489
上高地タクシー共同配車センター	☎0263-95-2350

断面図

①上高地バスターミナル ②明神 ③徳本峠 ④ジャンクションピーク ⑤K1ピーク ⑥霞沢岳 ⑤K1ピーク ④ジャンクションピーク ③徳本峠 ②明神 ①上高地バスターミナル

標高4000m 3000m 2000m 1000m

1505　1529　2136　2428　2587　2646　2587　2428　2136　1529　1505
0水平距離　5　10　15　20　25km
1日目　2日目　3日目
3時間40分　7時間25分　2時間40分

欄外情報 山小屋◎徳本峠小屋：1923年創設、2023年に100周年を迎えた歴史ある山小屋。☎090-2767-2545。宿泊料金については問い合わせを。7月中旬～10月中旬。要予約。テント場もある。

コース概要 **①上高地バスターミナル**から平坦な道を歩き、**②明神**のすぐ先で橋を渡って白沢出合を右へ。少しの間、林道を歩き、橋を2つ渡った先から登山道に入る。道はぐんぐんと傾斜を増し、峠の手前で霞沢岳への道を右に分ければ、徳本峠小屋のある**③徳本峠**だ。翌日、霞沢岳へ向けて出発。**④ジャンクションピーク**を越え、稜線伝いに何度か登下降する。湿地帯を過ぎ、ガレ場を登ると**⑤K1ピーク**。すばらしい眺めが広がる。さらにK2ピークを越えれば**⑥霞沢岳**の山頂だ。下山は**③徳本峠**までゆっくりと往路を戻ることにしよう。

プランニングのヒント 初日は上高地をゆっくり出発しても大丈夫。今回のコースプランでは、翌日は霞沢岳の往復後、再度徳本峠小屋泊となるが、足に自信のある人ならそのまま上高地に下ることもできる。ただし、上高地バスターミナル発の最終バスに乗り遅れることのないよう、時間切れには十分に注意したい。

K1ピークの手前は急傾斜のガレ場になっていて足元がやや不安定。このあたりから山頂までは一歩一歩を確実に。

花と自然

霞沢岳登山の帰りにぜひ立ち寄りたいのが明神だ。明神橋を渡った先にある明神池畔には、頭上にそびえる明神岳をご神体とする穂高神社奥宮があり、このあたり一帯は神域となっている。かつて、上高地に入るには徳本峠越えの道しかなく、その昔の上高地とは、今の明神のことをさしていたのではないかともいわれている。明神には歴史ある宿泊施設が3軒あるので、明神を2日目の宿泊地として最終日は朝もやの明神池を観賞するのもおすすめ。

透明な水をたたえる明神池

Column

145

霞沢岳

145 霞沢岳

荒々しい姿の活火山は、槍・穂高連峰の大展望台

焼岳
（やけだけ）

百

標高**2455m**（南峰）

長野県・岐阜県

登山レベル：**中級**

技術度：★★★
体力度：★★★

日　程：前夜泊日帰り

総歩行時間：**6時間40分**

総歩行距離：**9.6km**

累積標高差：登り**1037m**
　　　　　　下り**1048m**

登山適期：**6月下旬〜10月上旬**

地形図▶1：25000「焼岳」
三角点▶二等

上高地の大正池付近から見上げた焼岳。大正池は大正時代の噴火によって梓川がせき止められたものだが、泥流の跡がいまも残る

山の魅力

大正時代の大噴火で梓川をせき止めて大正池を形成した、今も活動を続ける活火山。立ち枯れの木こそ少なくなったとはいえ、その大正池から眺める焼岳は上高地を代表する景観でもある。火山活動の影響で最高点の南峰には立てないが、北峰からは上高地や槍・穂高連峰をはじめとしたパノラマが広がる。

>>> DATA

公共交通機関【行き】①アルピコ交通上高地線新島々駅→アルピコ交通バス（約40分）→さわんどバスターミナル→タクシー（約30分）→中の湯温泉旅館　②JR高山本線高山駅高山濃飛バスセンター→濃飛バス・アルピコ交通バス（約1時間）→平湯温泉→タクシー（約15分。※安房トンネル（有料）経由）→中の湯温泉旅館　【帰り】P288の「穂高岳」を参照。

マイカー　長野県側からは国道158号沿いの沢渡駐車場（有料）から、岐阜県側からは平湯温泉のあかんだな大駐車場（有料）から登山口までタクシーを利用。

ヒント　マイカーでの往復登山の際は、新中の湯登山口（約10台分駐車可）を利用する。

問合せ先
松本市アルプスリゾート整備本部　☎0263-94-2307
アルピコ交通新島々営業所
（沢渡からのシャトルバスも）　☎0263-92-2511
濃飛バス高山営業所　　　　　　☎0577-32-1160
上高地タクシー共同配車センター　☎0263-95-2350

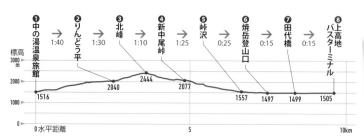

❶中の湯温泉旅館 →1:40 ❷りんどう平 →1:30 ❸北峰 →1:10 ❹新中尾峠 →1:25 ❺峠沢 →0:25 ❻焼岳登山口 →0:15 ❼田代橋 →0:15 ❽上高地バスターミナル

標高3000m 2000m 1000m 0

1516　2040　2444　2077　1557　1497　1499　1505

0水平距離　　　　5　　　　10km

大正池からの穂高岳連峰

欄外情報　前泊◎中の湯温泉旅館：新中の湯登山口近くにある温泉宿で、宿泊者には上高地の送迎サービスもあって便利だ。宿泊料金もリーズナブルで前泊に向いている。☎0263-95-2407

コース概要 ❶中の湯温泉旅館から少しの間ゆるやかな道を行くが、やがて急傾斜となり、再びゆるやかになると❷りんどう平。階段状の道を登り、草付きの斜面をひと頑張りすれば焼岳の北峰と南峰との鞍部に出る。右へと回り込むと北峰の肩に出るので、ここから❸北峰を往復しよう。山頂からは北峰の肩に戻って急斜面を下り、中尾峠を経由して焼岳小屋のある❹新中尾峠へ。峠から上高地への下山道を歩き、アルミ製ハシゴを下って❺峠沢を過ぎれば❻焼岳登山口だ。❼田代橋まで来れば❽上高地バスターミナルはもう近い。

焼岳小屋から上高地へと下る途中の3段のアルミ製ハシゴは慎重に下ること。濡れているときは特に注意が必要だ。

プランニングのヒント 中の湯温泉旅館に前泊する場合は、釜トンネル手前の中の湯バス停から送迎がある。中の湯バス停から新中の湯コース登山口まで歩くと約1時間。なお、紹介したコースは上高地へと下山するために中級コースとしているが、中の湯温泉旅館から往復登山をする場合は初級コースと考えていいだろう。

安全のヒント

焼岳は1915年(大正4)の噴火による泥流で大正池を形成し、1962年(昭和37)の水蒸気噴火では、噴石によって2人の負傷者が出ている。長らく登山禁止となっていたが、1990年代から登山規制が解かれ、現在は多くの登山者で賑わっている。ただし、現在も火山活動は活発で、最高点の南峰やその北側にある正賀池は立ち入り禁止となっている。いまのところ噴火警戒レベルは低いが、活動中の活火山であることは常に留意しておきたい。

水蒸気が吹き出す山頂付近の噴気口

焼岳登山口
割谷山 2224
西穂山荘
秀綱神社
焼岳 2229
焼岳小屋
❹新中尾峠
2074
焼岳展望台
中尾峠
スリップ注意
アルミ製の三段のハシゴを下る
0:15
西穂登山口
中ノ瀬園地
ウェストン碑
五千尺ホテル
上高地インフォメーションセンター
❼田代橋
❽上高地バスターミナル
上高地アルプス山荘
帝国ホテル前
上高地帝国ホテル
六百山 2450
2258
2405
八右衛門沢

峠沢 ❺
1:25 ← 1:50
0:25 ← 0:40
❻焼岳登山口
焼岳研究路

1:10 1:30
焼岳 2393 2444
❸北峰
肩
2455 南峰
南峰や正賀池へは立入禁止
2027

❷りんどう平
1:00 1:30
ベンチ
2037

大正池ホテル
大正池
このコースは上高地から逆コースを歩いても、ほぼ同時間の行程となる
田代池
田代湿原

長野県
松本市

K1ピーク
K2ピーク
2646
霞沢岳(P294)
2514
2553

新中の湯コース
登新中の湯山口
中の湯

(休止中)ト伝の湯
中の湯売店
中の湯

中の湯温泉旅館への送迎車の手配はここで行う(宿泊者のみ利用可)

❶中の湯温泉旅館

中の湯バス停から中の湯温泉旅館へ徒歩約45分

N
1:55,000
0 500 1000m
1cm=550m
等高線は20mごと

天気がよければ手軽に登れる3000m峰

乗鞍岳
（のりくらだけ）

百

標高**3026**m（剣ヶ峰）

長野県・岐阜県

登山レベル：**初級**

技術度：★★
体力度：★

日　程：前夜泊日帰り

総歩行時間：**2時間55分**

総歩行距離：**5.8km**

累積標高差：登り**442m**
　　　　　　下り**442m**

登山適期：**7月上旬～9月下旬**

地形図 ▶ 1：25000「乗鞍岳」
三角点 ▶ 一等

乗鞍エコーラインから見た乗鞍岳。右の平坦なピークは蚕玉岳で、その右が朝日岳。水分をたっぷりとるなど、高山病対策はしっかりと

🏔 山の魅力

立山とともに北アルプス3000m峰入門の山。体力度だけでみれば、最も楽に登れる3000m峰といっていいだろう。そのせいか、学校登山の生徒もよく見かけるが、高山植物が咲き誇るお花畑、森林限界を超えた岩の道、コース全体を通しての大展望と、高山の魅力はすべて兼ね備えている。

>>> DATA

公共交通機関【往復】①アルピコ交通上高地線新島々駅→アルピコ交通バス（約50分）→乗鞍高原観光センター→シャトルバス（約50分）→乗鞍山頂（畳平）　②JR高山本線高山駅→濃飛バス・アルピコ交通バス（約1時間）→平湯温泉→シャトルバス（約1時間・2023年は乗鞍スカイライン通行止めのため運休）→乗鞍山頂（畳平）

マイカー　長野自動車道・松本ICから観光センターの駐車場（無料）まで約40km。岐阜県側からは、高山清見道路・高山ICからシャトルバス（2023年は運休）のバス停があるほおのき平駐車場（無料）まで約30km。

ヒント　7月中旬～9月中旬にかけ、観光センターを午前3～4時に出発する「乗鞍ご来光バス」が運行されている。（2023年は運休）

問合せ先
松本市アルプスリゾート整備本部　☎0263-94-2307
アルピコ交通新島々営業所　　　☎0263-92-2511
濃飛バス高山営業所　　　　　　☎0577-32-1160

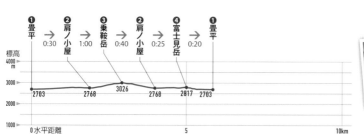

❶畳平		❷肩ノ小屋		❸乗鞍岳		❷肩ノ小屋		❹富士見岳		❶畳平
	0:30		1:00		0:40		0:25		0:20	
2703		2768		3026		2768		2817	2703	

標高 4000m / 3000 / 2000 / 1000
0 水平距離　　5　　10km

畳平お花畑の遊歩道

欄外情報 山小屋◎肩ノ小屋：標高2800m、乗鞍岳の登り口に立つ。1泊してご来光を眺めてからの登山も楽しい。☎0263-93-2002。1泊2食付1万1000円。6月下旬～10月上旬。

コース概要 乗鞍山頂バス停のある**❶畳平**（たたみだいら）から畳平お花畑にいったん下り、軽く登り返して広く平坦な道を行く。ほどなく**❷肩ノ小屋**（こや）。トイレもあり、ひと休みにいい。小屋から登りにかかる。岩礫の道は滑りやすく不安定なので、下りの際はスリップに注意したい。傾斜が強まってくると朝日岳との鞍部（くらぶ）で、乗鞍岳の剣ヶ峰はもう目の前。小さな蚕玉岳（こだまだけ）を越えた先の分岐はどちらも山頂に通じるが、多くは左へと頂上小屋（売店）を経由して**❸剣ヶ峰**（けんがみね）に立ち、山頂から別の道を分岐へと下っているようだ。山頂からは往路を戻り、剣ヶ峰を望む**❹富士見岳**（ふじみだけ）に寄り道しよう。そのまま北方向へと下れば**❶畳平**はすぐだ。

プランニングのヒント 3000m峰だけに高山病の影響は無視できず、甘くみているとバテる。また、天気が崩れたときの怖さは高山ならではのものだ。しっかりした雨具、防寒着を用意するとともに、天気の安定した日を狙って登る周到さも必要になってくる。

長野県側の観光センターからタクシーで畳平に行く場合は、沢渡共同配車センター（☎0263-93-3336）に配車を依頼する。

岐阜県側の乗鞍スカイラインは、2022年の大雨災害で2023年は通行止め。平湯方面からのシャトルバスも運休のため、畳平へは長野県側の乗鞍高原からアクセスする。2024年には仮設道路ができる予定。

花と自然

登山口の畳平周辺は高山植物の宝庫。ハクサンイチゲやヨツバシオガマ、コマクサ、クロユリ、コバイケイソウなどが咲き競う。肩ノ小屋付近にも高山植物は多く、ライチョウを見ることができるかもしれない。

畳平のクロユリ（上）とコバイケイソウ（下）

147 乗鞍岳

畳平
乗鞍山頂（畳平）
乗鞍神社本宮

平湯温泉・JR高山駅
大黒岳
鶴ヶ池

長野県
松本市

畳平お花畑。ハクサンイチゲやミヤマキンポウゲなどのお花畑が広がっている。一周30分

里見岳
△2824

岐阜県
高山市

不動岳
2875

コマクサが咲く

摩利支天岳
乗鞍観測所
2873

ここから登山道になる
室堂ヶ原

東大宇宙線観測所・
2772

五ノ池

❹富士見岳
2817

通年マイカー規制が敷かれている（岐阜県側の乗鞍スカイラインも同様）

冷泉小屋

位ヶ原山荘

位ヶ原

2436△

乗鞍高原観光センターバス停・新島々駅

❷肩ノ小屋

歩きづらい石屑の道。浮き石の踏み抜きやスリップ、落石に注意

朝日岳
2975

水分岳・
権現池

北アルプスや
中央アルプスなどの大展望

蚕玉岳

乗鞍岳

雪山岳・

頂上小屋（売店）

3026

乗鞍本宮本殿／朝日権現社

どちらの道を歩いてもいい

中洞権現

❸剣ヶ峰

大雪渓・肩ノ小屋口

乗鞍大雪渓

大雪渓・肩ノ小屋ロバス停～肩ノ小屋間
登り50分、下り30分

N

1:25,000

0　　250　　500m

1cm=250m

等高線は10mごと

槍・穂高連峰の新鮮な眺めをこの山で体験

鉢盛山
（はちもりやま）

三百

標高**2447**m

長野県

登山レベル：**初級**

技術度：★★
体力度：★★

日　程：日帰り

総歩行時間：**4時間25分**

総歩行距離：**4.7km**

累積標高差：登り**728m**
　　　　　　下り**728m**

登山適期：**7月上旬〜10月下旬**

地形図▶1：25000「古見」
三角点▶一等

山麓から見上げた鉢盛山。稜線まではきついが、山頂の展望所からはすばらしい眺めが広がる

🏔 山の魅力

梓川の支流、奈川をはさんで乗鞍岳のほぼ真東にそびえる。その名のようにどっしりとした山容をもち、山頂南側の谷筋は木曽川の源流となっている。標高が2500m近くあり、山頂から眺める槍・穂高連峰や乗鞍岳、御嶽山などが、雑誌などではあまりお目にかかれない独特の景観を見せてくれる。

>>> DATA

公共交通機関 【往復】JR中央本線塩尻駅→レンタカー（約1時間）→新登山口

マイカー 長野自動車道・塩尻ICから国道19・20号、県道292号、林道鉢盛山線を経由して新登山口まで約35km。新登山口の少し上部に10数台分の無料駐車場あり。

ヒント 新登山口へと通じる林道鉢盛山線を通行する際は、林道ゲートを開けるための鍵を事前に朝日村観光協会から借りる必要がある（通行可能期間は例年、7月上旬頃〜10月下旬頃）。申請は、登山予定日の1週間前までに必要で、入山ゲート通行許可申請書は観光協会のホームページからダウンロードできる。申請後は、観光協会で鍵を受け取る（24時間可能）。なお、天気などの理由による日程変更は可能（要連絡）。

問合せ先
朝日村観光協会　　　　　☎0263-87-1935
駅レンタカー塩尻駅営業所　☎0263-54-1456

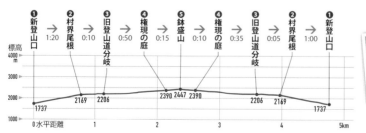

❶新登山口		❷村界尾根		❸旧登山道分岐		❹権現の庭		❺鉢盛山		❹権現の庭		❸旧登山道分岐		❷村界尾根		❶新登山口
	1:20		0:10		0:50		0:15		0:10		0:35		0:05		1:00	
1737		2169		2206		2390	2447	2390			2206		2169		1737

標高4000m 3000 2000 1000

0水平距離　1　2　3　4　5km

山麓からの鉢盛山

欄外情報 山小屋◎鉢盛山避難小屋：山頂直下に立つ無人避難小屋。緊急時のみ使用可能。

駐車場から来た道を少し戻ると**❶新登山口**がある。木段を登り、カラマツ林のなかの笹原の道を行く。稜線に出るまでは急登が続き、このコースいちばんの踏ん張りどころだ。やがて、緑色の道標が立つ**❷村界尾根**で、ここからはなだらかな道が続く。**❸旧登山道分岐**を過ぎ、気持ちいい森の道を歩く。ひと汗かくと湿地のある**❹権現の庭**で、鉢盛山避難小屋を通過すればほどなく**❺鉢盛山**の山頂だ。山頂は樹木に覆われ展望がないので、少し先の電波塔まで行ってみよう。槍・穂高連峰や乗鞍岳、御嶽山が、これまで目にしたことのない姿を見せてくれる。下りは往路を戻るが、村界尾根からの急坂はスリップ注意。

プランニングのヒント 公共交通機関を利用してアクセスする場合、首都圏を早朝に発っても日帰りはなかなか大変。朝日村に宿泊施設は少ないので、特急の停まる塩尻市内に前泊し、翌日の早い時間にレンタカーで出発するのがおすすめだ。

鉢盛山には木祖村と松本市島々などからの登山道も通じているが、迷いやすい箇所があり、難易度が上がるので注意。

Column

花と自然　林床に咲く花

山頂まで樹林の多い山で、大きく広がるお花畑は望めないが、上部尾根筋の林床には白く可憐なゴゼンタチバナや日本固有種のオサバグサ、秋にはトリカブト、リンドウなどの花を見ることができる。

ゴゼンタチバナ（上）とオサバグサ

148

鉢盛山

148 鉢盛山

1:25,000

0　250　500m

1cm=250m
等高線は10mごと

火山情報に注意しつつ、広大な山頂部の火口湖を周遊する

御嶽山

（おんたけさん）

百

標高3067m（剣ヶ峰）

岐阜県・長野県

登山レベル：中級

技術度：★★★
体力度：★★★

日　程：**1泊2日**

総歩行時間：**12時間15分**

1日目：**5時間15分**

2日目：**7時間20分**

総歩行距離：**16.1km**

累積標高差：登り**1604m**
　　　　　　下り**1591m**

登山適期：**7月上旬〜10月上旬**

地形図▶1:25000「胡桃島」「御嶽山」
三角点▶一等

奇岩が林立する高天原の「鉄平石」から御嶽の北側を展望する。摩利支天山の稜線越しに見える噴煙の左のピークが最高峰の剣ヶ峰

上級
中級
初級

御嶽山

🗻 山の魅力

均整のとれた雄大な山容を誇り、眺める山としても人気が高い。広大な山頂部の北端に位置する高天原から五ノ池周辺にかけては火口から離れているため2014年の噴火の影響を免れた。剣ヶ峰周辺とは好対照の穏やかな山容が広がり、コマクサの群生地やお花畑も見られ、雷鳥も健在が確認されている。

>>> DATA

🚃 **公共交通機関**【往復】JR中央本線木曽福島駅→タクシー（約1時間30分）→濁河温泉。または、JR高山本線飛騨小坂駅→タクシー（約1時間20分）→濁河温泉

🚗 **マイカー** 高山清見道路・高山ICから国道361号、県道463・435号経由で濁河温泉まで約50km。中央自動車道・中津川ICからは国道19号、国道361号、県道463・435号経由で約103km。中央自動車道・伊那ICからは国道361・19号、県道463・435号経由で約80km。濁河温泉の登山口に無料の市営駐車場がある。

💡 **ヒント** 木曽福島駅から濁河温泉行きのバスは廃止されたため、タクシーでのアクセスとなる。

☎ **問合せ先**
下呂市観光課　　　　　　　　　　☎0576-24-2222
木曽おんたけ観光局（木曽町）　　☎0264-25-6000
おんたけタクシー（木曽福島駅）　☎0264-22-2054
はとタクシー（飛騨小坂駅）　　　☎0576-62-2163

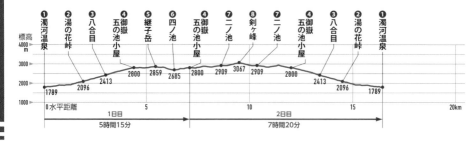

欄外情報 山小屋◎御嶽五の池小屋：☎090-7612-2458。 二ノ池山荘：☎090-4668-7000。 二の池ヒュッテ：☎090-4368-1787。 濁河温泉（約5軒）：☎0576-62-3111（下呂市小坂振興事務所）。

コース概要 信仰登山が盛んな長野側の王滝口と黒沢口に比べ、岐阜県側の小坂口は比較的静かなコース。**❶濁河温泉**奥の登山口から原生林遊歩道と新道を経由して**❷湯の花峠**へ。さらに登って**❸八合目**、宿泊地の**❹御嶽五の池小屋**に着いたら荷物をデポしてコマクサの多い**❺継子岳**と**❻四ノ池**を周回してこよう。ただし継子岳からの下りはルート不明瞭箇所があり要注意。翌日は南進し、**❼二ノ池**、御嶽山最高点の**❽剣ヶ峰**を往復する。**❹御嶽五の池小屋**に戻ったら、往路を**❶濁河温泉**へと下る。

プランニングのヒント ここでは御嶽五の池小屋に宿泊するプランとしたが、登山口の濁河温泉に前泊するなどして早朝から歩けるなら、二ノ池畔の2軒の山小屋に泊まるのもいい。マイカー登山でなければ、剣ヶ峰から黒沢口を下って飯森高原駅や中の湯に向かうのもおすすめ（下山地からはJR木曽福島駅行きのバスが運行）。コース中に水場がないので、事前に用意しておくこと。

2023年7月現在の火山状況は噴火警戒レベル1。田の原から剣ヶ峰までと黒沢口から剣ヶ峰までの入山が可能になったが、入山前に火山状況を確認し、入山する場合はヘルメットは必携。

サブコース

二ノ池までの入山が可能になり、御岳ロープウェイや中の湯から入山して二ノ池、さらに五ノ池や三ノ池への周遊が可能になった。女人堂から三ノ池への横道の状況は要確認。

花と自然

飛騨頂上から高天原へ向かう道沿いと継子岳から四ノ池への砂礫の稜線にコマクサの群生地があり、三ノ池周辺や賽ノ河原でも見られる。また四ノ池周辺の湿地帯も花が多い。

飛騨頂上付近に咲くコマクサ

御嶽山

149 御嶽山

1:50,000
0　500　1000m
1cm＝500m
等高線は20mごと

コース中に水場がないので、事前に用意しておくこと。

日本三百名山選外の3000m峰

日本には3000mを超える山が21山あり、その多くが日本三百名山に選定されている。しかし、それだけの高さがありながら選ばれなかった山もある。

選外の3000m峰名鑑 ★は本書のガイドで登る山

涸沢岳 からさわだけ

3110m（北アルプス）
長野県・岐阜県
上高地から登り9時間30分
穂高岳（奥穂高岳・P288）と北穂高岳の中間にある。涸沢槍（写真右）が印象的。

北穂高岳 きたほたかだけ

3106m（北アルプス）
長野県・岐阜県
上高地から登り9時間25分
南北2つのピークからなる、穂高連峰第三の高峰。難易度は奥穂高岳より高い。

大喰岳 おおばみだけ

3101m（北アルプス）
長野県・岐阜県
上高地から登り10時間10分
槍ヶ岳（P280）の約0.7km南の縦走路上にあり、槍ヶ岳とセットで登りたい。

前穂高岳 まえほたかだけ

3090m（北アルプス）
長野県
上高地から登り6時間20分
穂高連峰の一峰。山頂から北東へ8つのピークを連ねる北尾根が延びている。

中岳 なかだけ

3084m（北アルプス）
長野県・岐阜県
上高地から登り10時間30分
槍・穂高縦走路上の一峰。大喰岳同様、槍ヶ岳とセットで登りたい。

荒川中岳★ あらかわなかだけ

3084m（南アルプス）
静岡県
椹島から登り11時間40分
悪沢岳（東岳・下巻P124）、荒川前岳とともに荒川三山の一峰をなす。

西農鳥岳★ にしのうとりだけ

3051m（南アルプス）
山梨県・長野県
広河原から登り10時間
農鳥岳（下巻P118）の最高点。塩見岳（下巻P122）や農鳥岳などの山々を一望。

南岳 みなみだけ

3033m（北アルプス）
長野県・岐阜県
新穂高温泉から登り9時間20分
奥穂高岳と槍ヶ岳の中間に位置。山頂西面の南岳新道が最短コース。

その他にも右記の3000m峰があるが、これらの山は、他の山の付属扱いとなっている。また、南アルプスの農鳥岳（3026m）は日本三百名山だが、実際の主峰はここで取り上げた西農鳥岳になる。

その他の3000m峰

●ジャンダルム（北ア・3163m→奥穂高岳）

●荒川前岳（南ア・3068m→荒川中岳）

●小赤石岳（南ア・3081m→赤石岳）

●中白峰（南ア・3055m→間ノ岳）

※参考：建設省国土地理院刊『日本の山岳標高一覧1003山』

アクセス難易度 高 の山へ

本書では149の山を掲載しているが、登山口に至るまでのアクセスをみると、公共交通で楽に行ける山からアプローチが困難な山までさまざま。特に三百名山は登る季節が限定されたり道路状況がよくないなど、アクセスの難易度の高い山が少なくない。このページでは、できるだけ効率よくアクセスするためのプランニングのヒントを紹介したい。

【 北海道 】

北海道の場合、空港からレンタカーでアプローチするケースがほとんどだが、アクセスに苦労する山となると、林道を奥深くまで走行しなければならない山、空港から遠い山が考えられる。具体的には、日高エリアの幌尻岳、カムイエクウチカウシ山、ペテガリ岳、神威岳の4山だろう。

幌尻岳(P38) ヒント

日高自動車道の無料区間と道道を使って「とよぬか山荘」へ

こちらはJR日高本線側からアプローチする。JR日高本線は鵡川駅から先（様似方面）が全線廃線となったため、新千歳空港が出発点。この山は平取町豊糠にある「とよぬか山荘」から登山口の林道ゲートまでシャトルバスでしか入れないので、初日は「とよぬか山荘」に前泊すれば行程が楽になる。なお、「とよぬか山荘」まで新千歳空港から100km以上走らなければならないが、北海道の道路は市街地を除けばほぼスムーズに流れるので、道道＋日高自動車道（無料区間）の組み合わせで走れば問題ないだろう。

この山は登山自体に3日間かかるが、もし他の山に行くとしたら、日高エリアの山に向かうより、行きのアクセスで走った同じ国道237号沿いの芦別岳や十勝岳、オプタテシケ山へと北上したほうが効率的だろう。この3山なら、帰りは新千歳空港より旭川空港のほうがずっと近い。ただし、レンタカーは乗り捨てになる。

スタート
新千歳空港（レンタカー）

経由
日高自動車道・日高富川IC・国道237号・道道71号・とよぬか山荘（→シャトルバス）

ゴール
林道第二ゲート

走行距離 約120km
所要時間 約3時間

カムイエクウチカウシ山(P40)

ヒント

登山口ゲートから先の
長い林道は自転車で行く手も

　日本三百名山に選ばれた日高4山のなかでは唯一、帯広側からのアクセスとなる。日高連峰で最難関の山の一つとなるが、とかち帯広空港から登山口の道路ゲートまではずっと舗装路で、そこまでのアクセスはむしろ楽。問題はゲートから先の林道だ。登山スタート地点の七ノ沢出合までの往復にはたっぷり4時間かかる。ただし高低差があまりないため、ゲートから自転車で行けば時間稼ぎになる。レンタル自転車もあるので、帯広観光コンベンション協会(☎0155-22-8600)や中札内村観光協会(☎0155-68-3390)などに問い合わせてみるといい。

スタート
とかち帯広空港(レンタカー)

経由
国道236号・道道111号・札内川ヒュッテ・林道(→徒歩・自転車)

ゴール
七ノ沢出合

走行距離	約47km
所要時間	約1時間40分

スタート
新千歳空港(レンタカー)

経由
日高自動車道・日高富川IC・国道235号・道道348号・林道

ゴール
神威山荘

走行距離	約155km
所要時間	約4時間

ペテガリ岳(P42)・神威岳(P46)

ヒント

新千歳空港からレンタカーで
半日走る疲労も考えてプランを

　どちらの山も登山口は神威岳西麓の神威山荘となる。この2山は空港からとにかく遠い。おまけに高速道路もほとんど使えない。新千歳空港から神威山荘まで約160km、とかち帯広空港からも約130kmある。空港から半日行程だ。空港に午前に到着する便に乗り、神威山荘で前泊するのが王道だろう。幸い、神威山荘には駐車場もあり、余分な荷物は山荘か車にデポしておくことができる。

　この2山に登る場合、神威岳は山荘から日帰り、ペテガリ岳は山荘から2泊3日となる。一度の山行で2山をまとめて登るのは体力的にもかなりきつく、よほどの体力自慢でない限り、おすすめできない。登山口が同じなので登りたい気持ちもあるだろうが、どうしてももう1山登りたいのなら、新千歳空港近くの樽前山、たんちょう釧路空港が近い雌阿寒岳あたりなら体力的にも厳しくない。ただし、たんちょう釧路空港からは羽田便と、道内の新千歳、札幌丘珠空港への便しかない(季節運航を除く)。

東北の山でプランニングに苦労しそうな山となると東北・秋田・山形新幹線の駅や空港から離れた山ということになる。青森県西部の白神岳、岩手県の三陸海岸沿いの五葉山、秋田・山形県境の神室山、新潟県境に近い山形県の摩耶山、そして福島県西部の会津朝日岳などだ。

白神岳(P74)

ヒント

鉄道なら新幹線の秋田駅から
レンタカーで

スタート
JR秋田新幹線秋田駅(レンタカー)

経由
秋田自動車道・能代南IC・国道101号

ゴール
白神岳登山口

走行距離	約115km
所要時間	約3時間

　JR五能線の白神登山口駅から歩ける山でもあるが、停車する本数が極端に少なく、列車利用の登山にはやや無理がある。レンタカーを利用するなら、JR奥羽本線東能代駅よりJR秋田新幹線秋田駅のほうがいいだろう。歩行時間の長い山なので、不老不死温泉あたりで前泊する必要があるが、帰りがけに能代周辺で1泊した翌日、森吉山や太平山に寄ることができる。

　また、JR東北新幹線の新青森駅か青森空港からレンタカーで走ってもいい。こちらからアプローチすれば、十二湖の湖沼群や西目屋村のブナ林、そして岩木山や八甲田山もぐっと近くなる。

スタート
東北新幹線新花巻駅(レンタカー)

経由
釜石自動車道・宮守IC・国道107号・県道193号

ゴール
赤坂峠

走行距離	約80km
所要時間	約2時間

五葉山(P94)

ヒント

始発の新幹線を使えば
首都圏からの日帰りも可能

　JR東北新幹線を使うなら新花巻駅か北上駅がいい。JR釜石線は運行本数が少ないのでレンタカーとなるが、釜石自動車道を途中まで利用すれば、その後は渋滞の心配もなく赤坂峠に到着できる。歩行時間の短い山なので、一番の新幹線で到着してレンタカーを活用すれば日帰りも十分可能だ。また、花巻温泉などを起点にした場合、早池峰山や和賀岳、焼石岳などがだいたい40km圏内となって連続登山も可能になる。

　なお、名古屋(小牧空港)、大阪(伊丹空港)、福岡方面からは、便数こそ多くないものの、いわて花巻空港への直行便がある。

摩耶山(P108)

ヒント

新幹線の山形駅・新潟駅から
レンタカー利用がおすすめ

山形県の山ではあるが、新潟県の県境に近い海側の山のため、JR山形新幹線山形駅、JR上越新幹線新潟駅のどちらからでもレンタカーでアクセスできる。時間的な差はあまりない。マイカーの場合は、関越自動車道や山形自動車道を経由して日本海東北自動車道を利用するが、東京から出発すると関越自動車道経由のほうが80kmほど距離が短くなる。いずれにしろ、車を使えば往復約2時間の林道歩きがカットできる。

山形経由の場合は、月山や蔵王山が、新潟経由の場合は杁差岳、二王子岳などが沿線の山となるが、新潟からなら思い切って佐渡島の金北山にも足を延ばせる。山形経由にするのなら、蔵王山などは体力的にも楽だが、郡山から磐越自動車道を水戸方面に走り、なかなか行きづらい大滝根山に立ち寄るのもおすすめだ。

スタート
山形新幹線山形駅（レンタカー）

経由
日本海東北自動車道・あつみ温泉IC・県道348号・国道345号

ゴール
越沢登山口

走行距離	約120km
所要時間	約2時間30分

スタート
関越自動車道・小出IC（マイカー）

経由
県道70号・国道252号・289号

ゴール
赤倉沢登山口

走行距離	約75km
所要時間	約2時間

会津朝日岳(P136)

ヒント

福島の山だが
新潟県からのアクセスが楽

2022年に11年ぶりに復旧したJR只見線だが、山深いエリアだけに、今もアクセスには苦労する。レンタカーやマイカーを使うことを考えると、福島県の山ではあるが、新潟県側からアクセスしたほうが時間的には早い。レンタカーならJR上越新幹線浦佐駅、マイカーなら関越自動車道小出ICからスタートする。

会津朝日岳から奥只見湖をはさんだ向かい（北側）には浅草岳と守門岳があり、さらに周辺には、会津駒ヶ岳、燧ヶ岳、平ヶ岳、越後駒ヶ岳、粟ヶ岳などの名山が目白押しだ。会津側に目を向ければ、猪苗代湖の北側に、磐梯山、安達太良山、吾妻山、一切経山がかたまっている。また、只見から国道289号と401号を経由して南会津町に入り、こちらもアクセスに恵まれているとはいえない帝釈山～田代山を「ついで登山」するのもいいだろう。

【関東周辺】

都市近郊エリアである関東とその周辺の山々はアクセスに恵まれ、日帰りで歩ける山が多い。だが、そんなエリアでも男鹿岳、諏訪山、国師ヶ岳はアクセスに苦労する。

男鹿岳（P154）

マイカーでアプローチして車中泊

　栃木・福島県境にあって残雪期を中心に登られる山。登山者の多くは福島県側のコースをたどるが、公共交通だと山麓の町での前泊が必須だ。歩行時間が約9時間ととても長いので、融通の利くマイカーでアプローチしたい。最寄りの東北自動車道西那須野塩原ICから登山口まで2時間近くかかるため、前夜に出発し、登山口で車中泊するといい。

スタート
東北自動車道・西那須野塩原IC（マイカー）

経由
国道400号・121号・県道369号

ゴール
釜沢橋先ゲート

走行距離 約65km
所要時間 約1時間50分

諏訪山（P190）

下仁田ICからのアクセスが近い

　群馬県の最奥、埼玉・長野両県と境を接する上野村にある。公共交通でアクセスするのは困難な山で、これまでは秩父から峠越えの道や関越自動車道本庄児玉ICから神流川沿いの道をマイカーで延々と走ってアプローチしていた。現在は上野村と、同じ群馬県の下仁田町をつなぐ湯の沢トンネルを使えば、遠回りになるが、上信越自動車道下仁田ICからのアクセスが時間的に最も早い。

スタート
上信越自動車道・下仁田IC（マイカー）

経由
国道254号・県道45号・湯の沢トンネル・国道299号

ゴール
楢原登山口

走行距離 約30km
所要時間 約1時間

国師ヶ岳（P200）

大混雑の駐車場対策は早着オンリー

　一般車が通行できる峠としては日本最高所の大弛峠は、国師ヶ岳だけでなく、人気の金峰山への最短コース登山口としても知られる。ツアーバスも運行するが、アクセスはマイカーが中心で、休日の大混雑は必至。駐車できなかった車が林道にずらり並ぶさまは壮観だ。対策は早着のみ。土日や祝日は午前6時の到着では林道駐車組になること間違いなしだろう。また、標高が高いため、春や秋の早朝・夜間走行には路面凍結にも注意したい。

スタート
中央自動車道・勝沼IC（マイカー）

経由
県道38号・国道140号・県道206号・川上牧丘林道

ゴール
大弛峠

走行距離 約43km
所要時間 約1時間20分

日本一の人気山岳エリアだけにアクセスは充実し、大都市圏からの高速バスや夜行登山バスなどもある。苦労するのは、剱岳北方の毛勝山、そして大混雑必至の立山黒部アルペンルートだろう。

毛勝山（P254）

マイカーは複数のドライバーで

ヒント

スタート
関越自動車道・練馬IC（マイカー）
経由
関越自動車道・上信越自動車道・北陸自動車道魚津IC・県道132号
ゴール
片貝山荘

走行距離	約390km
所要時間	約5時間

歩行時間が11時間を超える三百名山屈指のロングコース。山麓の無人小屋に前泊することになるため、食材や装備などを余分に積めるマイカーでのアクセスが望ましい。ただ、東京と大阪からは約400km、名古屋からも約300km走らなければならないので、事故を避けるためにもドライバーは最低2人以上必要だろう。公共交通を使う場合、あいの風とやま鉄道線魚津駅からタクシーで40分ほどだが、登山口周辺は携帯電話がつながらない可能性もあり、下山後の迎えには入念な打合せが必要になる。

スタート
長野自動車道・安曇野IC（マイカー）
経由
国道147号・148号・県道45号
ゴール
扇沢

走行距離	約43km
所要時間	約1時間10分

※立山黒部アルペンルートのホームページには混雑予想カレンダーが掲載されているので活用したい。

立山黒部アルペンルート（P256 剱岳など）

午後スタートなら混雑しない

ヒント

トロリーバスやケーブルカーを乗り継いで一気に標高約2500mの室堂まで運んでくれる便利なルートだが、とにかく乗り継ぎでの混雑が激しい。夏の最盛期には2時間待ちすることさえあるほどだ。混雑を避けるヒントを紹介したい。

①**一番に乗る**：長野県の扇沢駅も、富山県側の立山駅も、8時前後には混雑が始まる。お盆などの混雑期はより早い時間から込み始めるので、まずは始発に乗ることを目標に。

②**午後に乗る**：混雑期でも午後の室堂行きはすいている。室堂での前泊を前提にすれば、混雑を気にすることなくのんびりアクセスできる。

③**室堂直行バスに乗る**：富山側からのアクセスに限られるが、あるぺん村ツーリストや富山地鉄バスでは夏～秋にかけ、富山駅などから室堂への直行バスを運行している。また、東京からは「毎日あるぺん号」が直行バスを運行する。室堂への到着はそれぞれ7～9時ごろで、立山黒部アルペンルートを利用した場合に比べても時間的に遅れをとることはそうないだろう。

日本三百名山全リスト

このリストは、公益社団法人 日本山岳会が選定した日本三百名山に、深田クラブ選定の日本二百名山から荒沢岳を追加したものです。

日本百名山 　()は深田久弥本での名称

山名	標高	都道府県	上下巻	コースNo	山名	標高	都道府県	上下巻	コースNo
利尻山(利尻岳)	1721m	北海道	上巻	1	水晶岳(黒岳)	2986m	富山県	上巻	134
羅臼岳	1661m	北海道	上巻	2	鷲羽岳	2924m	長野県・富山県	上巻	135
斜里岳	1547m	北海道	上巻	3	槍ヶ岳	3180m	長野県・岐阜県	上巻	140
雌阿寒岳(阿寒岳)	1499m	北海道	上巻	4	常念岳	2857m	長野県	上巻	142
大雪山	2291m	北海道	上巻	7	穂高岳	3190m	長野県・岐阜県	上巻	143
トムラウシ山	2141m	北海道	上巻	8	笠ヶ岳	2898m	岐阜県	上巻	144
十勝岳	2077m	北海道	上巻	11	焼岳	2455m	長野県・岐阜県	上巻	146
幌尻岳	2052m	北海道	上巻	13	乗鞍岳	3026m	長野県・岐阜県	上巻	147
羊蹄山(後方羊蹄山)	1898m	北海道	上巻	22	御嶽山	3067m	岐阜県・長野県	上巻	149
八甲田山	1585m	青森県	上巻	27	越後駒ヶ岳(魚沼駒ヶ岳)	2003m	新潟県	下巻	158
岩木山	1625m	青森県	上巻	28	平ヶ岳	2141m	新潟県・群馬県	下巻	162
八幡平	1613m	岩手県・秋田県	上巻	30	巻機山	1967m	新潟県・群馬県	下巻	163
岩手山	2038m	岩手県	上巻	31	苗場山	2145m	新潟県・長野県	下巻	164
早池峰山(早池峰)	1917m	岩手県	上巻	37	雨飾山	1963m	長野県・新潟県	下巻	169
鳥海山	2236m	秋田県・山形県	上巻	43	妙高山	2454m	新潟県	下巻	170
月山	1984m	山形県	上巻	44	火打山	2462m	新潟県	下巻	171
朝日岳	1871m	山形県	上巻	47	高妻山	2353m	長野県・新潟県	下巻	173
蔵王山	1841m	山形県・宮城県	上巻	51	四阿山	2354m	群馬県・長野県	下巻	177
飯豊山	2105m	福島県	上巻	52	浅間山	2568m	群馬県・長野県	下巻	179
吾妻山	2035m	山形県・福島県	上巻	53	蓼科山	2531m	長野県	下巻	181
磐梯山	1816m	福島県	上巻	55	八ヶ岳	2899m	長野県・山梨県	下巻	183
安達太良山	1700m	福島県	上巻	56	美ヶ原	2034m	長野県	下巻	186
会津駒ヶ岳	2133m	福島県	上巻	61	霧ヶ峰	1925m	長野県	下巻	187
燧ヶ岳(燧岳)	2356m	福島県	上巻	64	木曽駒ヶ岳	2956m	長野県	下巻	189
那須岳	1917m	栃木県・福島県	上巻	65	空木岳	2864m	長野県	下巻	191
男体山	2486m	栃木県	上巻	71	恵那山	2191m	長野県・岐阜県	下巻	198
日光白根山(奥白根山)	2578m	栃木県・群馬県	上巻	72	甲斐駒ヶ岳	2967m	山梨県・長野県	下巻	200
皇海山	2144m	栃木県・群馬県	上巻	73	仙丈ヶ岳(仙丈岳)	3033m	山梨県・長野県	下巻	201
至仏山	2228m	群馬県	上巻	75	地蔵岳(鳳凰山)	2841m	山梨県	下巻	203
谷川岳	1977m	群馬県・新潟県	上巻	77	北岳	3193m	山梨県	下巻	204
武尊山	2158m	群馬県	上巻	79	間ノ岳	3190m	山梨県・静岡県	下巻	205
本白根山(草津白根山)	2171m	群馬県	上巻	81	塩見岳	3052m	静岡県・長野県	下巻	207
赤城山	1828m	群馬県	上巻	82	荒川岳(悪沢岳)	3141m	静岡県	下巻	208
両神山	1723m	埼玉県	上巻	86	赤石岳	3121m	静岡県・長野県	下巻	209
甲武信ヶ岳(甲武信岳)	2475m	山梨県・埼玉県・長野県	上巻	88	聖岳	3013m	静岡県・長野県	下巻	210
金峰山	2599m	長野県・山梨県	上巻	90	光岳	2592m	静岡県・長野県	下巻	213
瑞牆山	2230m	山梨県	上巻	91	白山	2702m	石川県・岐阜県	下巻	232
雲取山	2017m	東京都・山梨県・埼玉県	上巻	94	荒島岳	1523m	福井県	下巻	239
大菩薩嶺(大菩薩岳)	2057m	山梨県	上巻	95	伊吹山	1377m	岐阜県・滋賀県	下巻	244
丹沢山	1567m	神奈川県	上巻	99	大台ヶ原(大台ヶ原山)	1695m	三重県・奈良県	下巻	249
富士山	3776m	山梨県・静岡県	上巻	101	八経ヶ岳(大峰山)	1915m	奈良県	下巻	252
天城山	1406m	静岡県	上巻	103	大山	1729m	鳥取県	下巻	267
筑波山	877m	茨城県	上巻	104	剣山	1955m	徳島県	下巻	269
白馬岳	2932m	長野県・富山県	上巻	115	石鎚山	1982m	愛媛県	下巻	275
五竜岳	2814m	長野県・富山県	上巻	119	久住山(九重山)	1791m	大分県	下巻	286
鹿島槍ヶ岳(鹿島槍岳)	2889m	長野県・富山県	上巻	120	祖母山	1756m	大分県・宮崎県	下巻	288
剱岳(剣岳)	2999m	富山県	上巻	123	阿蘇山	1592m	熊本県	下巻	289
立山	3015m	富山県	上巻	124	霧島山	1700m	宮崎県・鹿児島県	下巻	295
薬師岳	2926m	富山県	上巻	129	開聞岳	924m	鹿児島県	下巻	298
黒部五郎岳	2840m	富山県・岐阜県	上巻	130	宮之浦岳	1936m	鹿児島県	下巻	299

日本二百名山

※太字は日本百名山の選考の際にリストアップされていた山

山名	標高	都道府県	上下巻	コースNo	山名	標高	都道府県	上下巻	コースNo
天塩岳	1558m	北海道	上巻	5	杁差岳	1636m	新潟県	下巻	150
石狩岳	1967m	北海道	上巻	9	二王子山	1420m	新潟県	下巻	151
ニペソツ山	2013m	北海道	上巻	12	御神楽岳	1386m	新潟県	下巻	152
カムイエクウチカウシ山	1979m	北海道	上巻	14	**守門岳**	1537m	新潟県	下巻	154
ペテガリ岳	1736m	北海道	上巻	15	中ノ岳	2085m	新潟県	下巻	159
芦別岳	1726m	北海道	上巻	17	八海山	1778m	新潟県	下巻	160
夕張岳	1668m	北海道	上巻	18	**荒沢岳**※	1969m	新潟県	下巻	161
暑寒別岳	1492m	北海道	上巻	19	**鳥甲山**	2038m	長野県	下巻	165
樽前山	1041m	北海道	上巻	21	佐武流山	2192m	長野県・新潟県	下巻	166
北海道（渡島）駒ヶ岳	1131m	北海道	上巻	25	**岩菅山**	2295m	長野県	下巻	167
白神岳	1235m	青森県	上巻	29	黒姫山	2053m	長野県	下巻	174
秋田駒ヶ岳	1637m	秋田県	上巻	33	**飯縄山(飯綱山)**	1917m	長野県	下巻	176
森吉山	1454m	秋田県	上巻	34	戸隠山	1904m	長野県	下巻	177
姫神山	1124m	岩手県	上巻	36	天狗岳	2646m	長野県	下巻	182
和賀岳	1439m	秋田県・岩手県	上巻	38	経ヶ岳	2296m	長野県	下巻	189
焼石岳	1547m	岩手県	上巻	40	南駒ヶ岳	2841m	長野県	下巻	192
栗駒山	1626m	宮城県・岩手県	上巻	41	安平路山	2363m	長野県	下巻	194
神室山	1365m	秋田県・山形県	上巻	42	小秀山	1982m	長野県・岐阜県	下巻	195
以東岳	1772m	山形県・新潟県	上巻	46	鋸岳	2685m	長野県・山梨県	下巻	199
船形山(御所山)	1500m	宮城県・山形県	上巻	49	農鳥岳	3026m	山梨県・静岡県	下巻	206
会津朝日岳	1624m	福島県	上巻	58	上河内岳	2803m	静岡県	下巻	211
帝釈山	2060m	福島県・栃木県	上巻	63	池口岳	2392m	静岡県・長野県	下巻	214
女峰山	2483m	栃木県	上巻	70	櫛形山	2052m	山梨県	下巻	215
仙ノ倉山	2026m	新潟県・群馬県	上巻	78	**笊ヶ岳**	2629m	山梨県・静岡県	下巻	216
白砂山	2140m	群馬県・長野県	上巻	80	七面山	1989m	山梨県	下巻	217
荒船山	1423m	群馬県・長野県	上巻	83	**大無間山**	2330m	静岡県	下巻	219
御座山	2112m	長野県	上巻	85	金剛堂山	1650m	富山県	下巻	225
和名倉山(白石山)	2036m	埼玉県	上巻	87	大日ヶ岳	1709m	岐阜県	下巻	235
茅ヶ岳	1704m	山梨県	上巻	92	位山	1529m	岐阜県	下巻	236
乾徳山	2031m	山梨県	上巻	93	能郷白山	1617m	岐阜県・福井県	下巻	241
三ツ峠山	1785m	山梨県	上巻	97	**笈ヶ岳**	1841m	石川県・岐阜県・富山県	下巻	243
御正体山	1681m	山梨県	上巻	98	**御在所岳**	1212m	三重県・滋賀県	下巻	245
毛無山	1964m	静岡県・山梨県	上巻	100	釈迦ヶ岳	1800m	奈良県	下巻	253
愛鷹山	1504m	静岡県	上巻	102	伯母子岳	1344m	奈良県	下巻	254
榛名山	1449m	群馬県	上巻	106	武奈ヶ岳	1214m	滋賀県	下巻	256
浅間隠山(矢筈山)	1757m	群馬県	上巻	107	金剛山	1125m	奈良県	下巻	262
妙義山	1162m	群馬県	上巻	108	氷ノ山	1510m	兵庫県・鳥取県	下巻	264
武甲山	1304m	埼玉県	上巻	109	**蒜山(上蒜山)**	1202m	岡山県・鳥取県	下巻	266
大岳山	1266m	東京都	上巻	110	三瓶山	1126m	島根県	下巻	268
雪倉岳	2611m	新潟県・富山県	上巻	116	三嶺	1894m	徳島県・高知県	下巻	270
毛勝山	2415m	富山県	上巻	122	東赤石山	1710m	愛媛県	下巻	271
奥大日岳	2611m	富山県	上巻	125	笹ヶ峰	1860m	愛媛県・高知県	下巻	272
針ノ木岳	2821m	長野県・富山県	上巻	127	英彦山	1199m	福岡県・大分県	下巻	280
烏帽子岳	2628m	長野県・富山県	上巻	132	雲仙岳	1483m	長崎県	下巻	282
赤牛岳	2864m	富山県	上巻	136	**由布岳**	1583m	大分県	下巻	284
餓鬼岳	2647m	長野県	上巻	137	大崩山	1644m	宮崎県	下巻	291
燕岳	2763m	長野県	上巻	138	**市房山**	1721m	宮崎県・熊本県	下巻	293
大天井岳	2922m	長野県	上巻	139	尾鈴山	1405m	宮崎県	下巻	294
有明山	2268m	長野県	上巻	141	高千穂峰	1574m	宮崎県	下巻	296
霞沢岳	2646m	長野県	上巻	145	桜島	1117m	鹿児島県	下巻	301

※先に選定された日本三百名山では山上ヶ岳が選ばれ、荒沢岳は日本二百名山に選ばれている。

日本三百名山

※太字は日本百名山の選考の際にリストアップされていた山

山名	標高	都道府県	上下巻	コースNo	山名	標高	都道府県	上下巻	コースNo
ニセイカウシュッペ山	1883m	北海道	上巻	6	入笠山	1955m	長野県	下巻	188
オプタテシケ山	2013m	北海道	上巻	10	越百山	2614m	長野県	下巻	193
神威岳	1600m	北海道	上巻	16	奥三界岳	1811m	長野県・岐阜県	下巻	196
余市岳	1488m	北海道	上巻	20	南木曽岳	1679m	長野県	下巻	197
ニセコアンヌプリ	1308m	北海道	上巻	23	アサヨ峰	2799m	山梨県	下巻	202
狩場山	1520m	北海道	上巻	24	茶臼岳	2604m	長野県・静岡県	下巻	212
大千軒岳	1072m	北海道	上巻	26	山伏	2013m	静岡県	下巻	218
乳頭山(烏帽子岳)	1478m	秋田県・岩手県	上巻	32	黒法師岳	2068m	静岡県	下巻	220
太平山	1170m	秋田県	上巻	35	高塚山	1621m	静岡県	下巻	221
五葉山	1351m	岩手県	上巻	39	奥茶臼山	2474m	長野県	下巻	222
摩耶山	1020m	山形県	上巻	45	熊伏山	1654m	長野県	下巻	223
祝瓶山	1417m	山形県	上巻	48	白木峰	1596m	富山県・岐阜県	下巻	224
泉ヶ岳	1175m	宮城県	上巻	50	人形山	1726m	富山県・岐阜県	下巻	226
一切経山	1949m	福島県	上巻	54	医王山	939m	富山県・石川県	下巻	227
大滝根山	1192m	福島県	上巻	57	大門山	1572m	富山県・石川県	下巻	228
二岐山	1544m	福島県	上巻	59	**大笠山**	1822m	富山県・石川県	下巻	229
七ヶ岳	1636m	福島県	上巻	60	三方岩山	1736m	石川県・岐阜県	下巻	230
荒海山	1581m	福島県・栃木県	上巻	62	猿ヶ馬場山	1875m	岐阜県	下巻	231
男鹿岳	1777m	福島県・栃木県	上巻	66	経ヶ岳	1625m	福井県	下巻	233
釈迦ヶ岳(高原山)	1795m	栃木県	上巻	67	野伏ヶ岳	1674m	福井県・岐阜県	下巻	234
八溝山	1022m	茨城県・福島県	上巻	68	川上岳	1625m	岐阜県	下巻	237
太郎山	2368m	栃木県	上巻	69	鷲ヶ岳	1671m	岐阜県	下巻	238
袈裟丸山	1961m	群馬県・栃木県	上巻	74	冠山	1257m	福井県・岐阜県	下巻	240
朝日岳	1945m	群馬県	上巻	76	**藤原岳** ※標高未確定。	1140m	三重県・滋賀県	下巻	242
諏訪山	1550m	群馬県	上巻	84	倶留尊山	1037m	三重県・奈良県	下巻	246
国師ヶ岳	2592m	山梨県・長野県	上巻	89	三峰山	1235m	三重県・奈良県	下巻	247
黒岳	1793m	山梨県	上巻	96	高見山	1248m	三重県・奈良県	下巻	248
景鶴山	2004m	群馬県・新潟県	上巻	105	竜門岳	904m	奈良県	下巻	250
三頭山	1531m	東京都・山梨県	上巻	111	山上ヶ岳※	1719m	奈良県	下巻	251
大山	1252m	神奈川県	上巻	112	護摩壇山	1372m	奈良県・和歌山県	下巻	255
金時山	1212m	神奈川県	上巻	113	蓬莱山	1174m	滋賀県	下巻	257
箱根山	1438m	神奈川県	上巻	114	六甲山	931m	兵庫県	下巻	258
朝日岳	2418m	新潟県・富山県	上巻	117	比叡山	848m	滋賀県・京都府	下巻	259
唐松岳	2696m	長野県・富山県	上巻	118	愛宕山	924m	京都府	下巻	260
爺ヶ岳	2670m	長野県・富山県	上巻	121	大和葛城山	959m	大阪府・奈良県	下巻	261
鍬崎山	2090m	富山県	上巻	126	扇ノ山	1310m	鳥取県	下巻	263
蓮華岳	2799m	長野県・富山県	上巻	128	那岐山	1255m	岡山県・鳥取県	下巻	265
三俣蓮華岳	2841m	長野県・富山県・岐阜県	上巻	131	伊予富士	1756m	愛媛県・高知県	下巻	273
野口五郎岳	2924m	長野県・富山県	上巻	133	瓶ヶ森	1897m	愛媛県	下巻	274
鉢盛山	2447m	長野県	上巻	148	三本杭	1226m	愛媛県	下巻	276
粟ヶ岳	1293m	新潟県	下巻	153	道後山	1271m	広島県・鳥取県	下巻	277
浅草岳	1585m	新潟県・福島県	下巻	155	吾妻山	1238m	広島県・島根県	下巻	278
米山	993m	新潟県	下巻	156	篠山	1065m	高知県・愛媛県	下巻	279
金北山	1172m	新潟県	下巻	157	多良岳	996m	佐賀県	下巻	281
青海黒姫山	1221m	新潟県	下巻	168	鶴見岳	1375m	大分県	下巻	283
焼山	2400m	新潟県	下巻	172	大船山	1786m	大分県	下巻	285
斑尾山	1382m	長野県	下巻	175	涌蓋山	1500m	大分県	下巻	287
鉢伏山	1929m	長野県	下巻	180	傾山	1605m	大分県・宮崎県	下巻	290
横手山	2307m	群馬県・長野県	下巻	184	国見山	1739m	熊本県・宮崎県	下巻	292
笠ヶ岳	2076m	長野県	下巻	185	高隈山	1236m	鹿児島県	下巻	297
					脊振山	1055m	佐賀県・福岡県	下巻	300

※深田クラブの二百名山では荒沢岳を選定

山名索引 （五十音順）

あ

山名	読み	ページ	区分け	コースNO
餓鬼岳	がきだけ	278	二百	137
笠ヶ岳	かさがだけ	292	百	144
鹿島槍ヶ岳	かしまやりがたけ	250	百	120
霞沢岳	かすみざわだけ	294	二百	145
月山	がっさん	106	百	44
カムイエクウチカウシ山	かむいえくうちかうしやま	40	二百	14
神威岳	かむいだけ	46	三百	16
神室山	かむろさん	100	二百	42
茅ヶ岳	かやがたけ	206	二百	92
唐松岳	からまつだけ	246	三百	118
狩場山	かりばやま	62	三百	24
金峰山	きんぶさん・きんぽうさん	202	百	90
金時山	きんときやま	239	三百	113
草津白根山(本白根山)	くさつしらねさん(もとしらねさん)	184	百	81
雲取山	くもとりやま	210	百	94
栗駒山	くりこまやま	98	二百	41
黒岳 ※関東	くろだけ	216	三百	96
黒岳(水晶岳) ※北アルプス	くろだけ(すいしょうだけ)	274	百	134
黒部五郎岳	くろべごろうだけ	268	百	130
鍬崎山	くわさきやま	264	三百	126
景鶴山	けいづるやま	236	三百	105
毛勝山	けかつやま	254	二百	122
袈裟丸山	けさまるやま	170	三百	74
毛無山	けなしやま	226	二百	100
乾徳山	けんとくさん	208	二百	93
国師ヶ岳	こくしがだけ	200	三百	89
御所山(船形山)	ごしょざん(ふながたやま)	116	二百	49
甲武信ヶ岳	こぶしがだけ	198	百	88
五葉山	ごようざん	94	三百	39
五竜岳	ごりゅうだけ	248	百	119

か

山名	読み	ページ	区分け	コースNO
蔵王山	ざおうざん	120	百	51
爺ヶ岳	じいがたけ	250	三百	121
至仏山	しぶつさん	172	百	75
釈迦ヶ岳(高原山)	しゃかがたけ(たかはらやま)	156	三百	67
斜里岳	しゃりだけ	16	百	3
常念岳	じょうねんだけ	286	百	142
暑寒別岳	しょかんべつだけ	52	二百	19
白石山(和名倉山)	しらいしやま(わなくらやま)	196	二百	87
白神岳	しらかみだけ	74	二百	29
白砂山	しらすなやま	182	二百	80
後方羊蹄山(羊蹄山)	しりべしやま(ようていざん)	58	百	22
白馬岳	しろうまだけ	242	百	115
水晶岳(黒岳)	すいしょうだけ(くろだけ)	274	百	134

さ

☑ 装備チェックリスト

本三百名山は最も標高の低い比叡山（848 m）から最高峰の富士山（3776 m）まで4.5倍におよぶ標高の違いがあり、同時に、北は利尻島から南は屋久島まで、気候もまったく異なる。ウエアや装備もそれぞれの山で異なるが、ここではさまざまなシーンで最低限必要と思われる装備を紹介した。

	夏の日帰り	春・秋の日帰り	夏の小屋泊（食事付き）	夏の小屋泊（素泊まり）		夏の日帰り	春・秋の日帰り	夏の小屋泊（食事付き）	夏の小屋泊（素泊まり）
●ウエア					□ 時計	◎	◎	◎	◎
□ パンツ（ズボン）	◎	◎	◎	◎	□ カメラ	△	△	△	△
□ 速乾性下着	◎	◎	◎	◎	□ 手帳・ペン	○	○	○	○
□ 長袖シャツ	◎	◎	◎	◎	□ ライター・マッチ	○	○	◎	◎
□ 防寒着（フリースなど）	○	○	◎	◎	□ ビニール袋	○	○	○	○
□ 替え下着・替え靴下	○	○	◎	◎	□ 新聞紙	△	△	○	○
□ アンダータイツ	△	△	○	○	□ ビニールシート・マット	△	△	△	△
□ 高機能タイツ	△	△	△	△	□ ヘルメット	△	△	△	△
□ 帽子（日よけ用）	◎	◎	◎	◎					
□ 帽子（保温用）	○	○	○	◎	**●生活用具**				
□ 手袋	○	◎	○	◎	□ タオル	○	○	○	○
□ バンダナ・手ぬぐい	◎	◎	◎	◎	□ 洗面用具	△	△	○	○
□ ネックウォーマー	×	○	△	△	□ 日焼け止め	◎	◎	○	○
□ ウインドブレーカー	○	◎	○	○	□ ウェットティッシュ	○	○	○	○
					□ トイレットペーパー	○	○	○	○
●登山装備					□ コッヘル・食器	△	△	△	○
□ 登山靴	◎	◎	◎	◎	□ コンロ（ガスバーナー）	△	△	△	○
□ スパッツ	△	△	△	△	□ 昼食（食料）	◎	◎	◎	◎
□ ストック	△	△	△	△	□ 行動食・おやつ	◎	◎	◎	◎
□ 軽アイゼン	△	△	△	△					
□ ザック	◎	◎	◎	◎	**●緊急時対応品**				
□ ザックカバー	◎	◎	◎	◎	□ ファーストエイドキット	◎	◎	◎	◎
□ 折りたたみ傘	△	△	△	△	□ レスキューシート	○	○	○	○
□ レインウエア	◎	◎	◎	◎	□ ラジオ	○	○	○	○
□ シュラフ・マット	×	×	○	◎	□ 携帯電話	◎	◎	◎	◎
□ 水筒	◎	◎	○	◎	□ 非常食	◎	◎	◎	◎
□ 保温ポット（携帯ポット）	○	○	○	○	□ 健康保険証のコピー	◎	◎	◎	◎
□ ヘッドランプ（予備電池も）	○	○	◎	◎	□ 超軽量ツエルト	△	△	△	△
□ ナイフ	△	△	△	△	□ 細引き・ロープ	△	△	△	△
□ サングラス	△	△	△	△	□ ホイッスル	○	○	○	○
□ カップ	○	○	○	○	□ ポイズンリムーバー	○	○	○	○
□ コンパス	◎	◎	◎	◎	□ クマよけ鈴	△	△	△	△
□ 山地図・地形図	◎	◎	◎	◎	□ 虫除け	○	△	○	△
□ コースガイドのコピー	◎	◎	◎	◎	□ ゴーグル・防じんマスク	△	△	△	△
□ 高度計・GPS	○	○	○	○					

◎は必携、○はあると便利、△はコースや個人差によって必要、×は不要。

夏の避難小屋泊
上記の夏の小屋泊（素泊まり）の装備に加え、シュラフ、シュラフマット、水保管用の折り畳み式ポリタンク、燃料の予備などが必要になる。

残雪期の登山
上記の「春・秋の日帰り」装備のうち、アンダータイツ、ウインドブレーカー、スパッツ、ストック、サングラス、細引き・ロープは必須となり、状況次第では、10本歯以上のアイゼン、ピッケルなども準備したい。

登山計画書

年　　月　　日

御中

氏名 団体名		所在地				
		連絡先				
目的の山域						
予定コース						
交通手段			車のナンバー			

担当	氏　名	性別	生年月日	血液型	現住所	緊急連絡先

月・日	行　動　予　定
・	
・	
・	
・	
・	
・	
・	

エスケープルート、非常時の対応策等

共同装備、個人装備等

＊このページをコピーしてお使い下さい

日本三百名山 山あるきガイド上

2023年 9 月15日　初版印刷
2023年10月 1 日　初版発行

編集人　　　　志田典子
発行人　　　　盛崎宏行
発行所　　　　JTBパブリッシング
　　　　　　　〒135-8165　東京都江東区豊洲5-6-36
　　　　　　　豊洲プライムスクエア11階

企画・編集　　ライフスタイルメディア編集部
　　　　　　　担当：今城美貴子
編集・制作　　森田秀巳、秋田範子
文・写真　　　伊藤文博、古林鉄平、近藤智則、
　　　　　　　近藤珠美、谷丸宣吉、羽根田治、
　　　　　　　樋口一成、松倉一夫、吉田祐介
写真協力　　　相坂真理子、川﨑博、熊谷洋人、
　　　　　　　田口裕子、那須昌棋、走出秀昭、
　　　　　　　森田泰夫、山田 宏、渡辺幸雄、
　　　　　　　フォトライブラリー、関係市町村
協力　　　　　公益社団法人 日本山岳会
表紙・デザイン　トッパングラフィックコミュニケーションズ
　　　　　　　（淺野有子）
　　　　　　　彈デザイン事務所
地図製作　　　千秋社
組版　　　　　千秋社
印刷　　　　　凸版印刷

◎本書の地図の作成にあたっては、国土地理院長の承認を得て、同院発行の50万分の1地方図、2万5千分の1地形図及び数値地図50mメッシュ（標高）を使用しました。
◎本書の取材・執筆にあたり、ご協力いただきました関係各位に、厚くお礼申し上げます。
◎本書の掲載データは2023年7月現在のものです。料金はすべて大人料金です。定休日は、年末年始、盆休み、ゴールデンウィークは省略しています。
◎本誌掲載の料金は、原則として取材時点で確認した消費税込みの料金です。ただし各種料金は変更されることがありますので、ご利用の際はご注意ください。
◎宿泊料金は原則として消費税、サービス料込みで掲載しています。別途諸税がかかることがあります。
◎記載の交通の運賃・料金・割引きっぷ等の金額が変更されていることがありますので、ご利用の際はご注意ください。
◎各種データを含めた掲載内容の正確性には万全を期しておりますが、登山道の状況や施設の営業などは、気象状況などの影響で大きく変動する事があります。安全のために、お出かけ前には必ず電話等で事前に確認・予約する事をお勧めします。山では無理をせず、自己責任において行動されるようお願いいたします。事故や遭難など、弊社では一切の責任は負いかねますので、ご了承下さい。

編集、乱丁、落丁のお問合せはこちら
https://jtbpublishing.co.jp/contact/service/

JTBパブリッシング お問合せ 🔍

おでかけ情報満載　https://rurubu.jp/andmore

JTBパブリッシング
https://jtbpublishing.co.jp/